DIGA O NOME DELA

A marca FSC® é a garantia de que a madeira utilizada na fabricação do papel deste livro provém de florestas que foram gerenciadas de maneira ambientalmente correta, socialmente justa e economicamente viável, além de outras fontes de origem controlada.

FRANCISCO GOLDMAN

Diga o nome dela

Tradução
Maria Luiza Newlands

Companhia Das Letras

Copyright © 2011 by Francisco Goldman

Grafia atualizada segundo o Acordo Ortográfico da Língua Portuguesa de 1990, que entrou em vigor no Brasil em 2009.

Título original
Say Her Name

Capa
Daniel Trench

Foto de capa
Edu Marin Kessedjian

Preparação
Ciça Caropreso

Revisão
Adriana Bairrada
Carmen T. S. Costa

Dados Internacionais de Catalogação na Publicação (CIP)
(Câmara Brasileira do Livro, SP, Brasil)

Goldman, Francisco
    Diga o nome dela ; Francisco Goldman ; tradução Maria Luiza
Newlands. — 1ª ed. — São Paulo : Companhia das Letras, 2014.

    Título original: Say Her Name
    ISBN 978-85-359-2437-4

    1. Ficção norte-americana I. Título.

14-03018   CDD-813

Índice para catálogo sistemático:
1. Ficção : Literatura norte-americana 813

[2014]
Todos os direitos desta edição reservados à
EDITORA SCHWARCZ S.A.
Rua Bandeira Paulista, 702, cj. 32
04532-002 — São Paulo — SP
Telefone: (11) 3707-3500
Fax: (11) 3707-3501
www.companhiadasletras.com.br
www.blogdacompanhia.com.br

Vladimir: Quem sabe se nos arrependêssemos...
Estragon: De ter nascido?

Esperando Godot, Samuel Beckett

Não é simplesmente a morte — é sempre a morte de alguém.

Serge Leclaire

Cara Finada! Desde o teu precoce fim
Medito, é a tarefa que imponho a mim,
Sobre ti, sobre ti; tu és o livro,
A biblioteca inteira onde vivo,
Ainda que cego,
Ou quase assim.

"Elegia para sua mulher", Henry King,
bispo de Chichester

Eu não iria querer ser mais ligeiro
Nem viçoso do que agora se você estivesse comigo Ah, você
Foi a melhor parte de todos os meus dias

"Animais", Frank O'Hara

... e talvez você descubra quando for para o céu, depois da
dança no Departamento de Imigração de Xangai. E talvez
encontre sua fantasia de urso num armário lá no céu.

"My Shanghai Days", Aura Estrada

1.

Aura morreu em 25 de julho de 2007. Voltei ao México para o primeiro aniversário de sua morte porque desejava estar onde tinha acontecido, naquela praia na costa do Pacífico. Agora, pela segunda vez em um ano, eu voltaria novamente sem ela para a nossa casa no Brooklyn.

Três meses antes de morrer, em 24 de abril, Aura tinha feito trinta anos. Vinte e seis dias depois, faríamos dois anos de casados.

A mãe e o tio de Aura me responsabilizaram pela morte dela. Não que eu não me considere culpado. Se eu fosse Juanita, sei que também iria querer me colocar na prisão. Mas não pelas razões que ela e seu irmão alegaram.

De agora em diante, se você tiver alguma coisa para me dizer, faça-o por escrito — foi o que Leopoldo, tio de Aura, me disse ao telefone quando me comunicou que estava atuando como advogado da mãe de Aura contra mim. Não nos falamos desde então.

Aura

Aura e eu

Aura e a mãe dela

A mãe dela e eu

Um triângulo de amor e ódio, ou sei lá

Mi amor, isto está mesmo acontecendo?

Où sont les axolotls?

Sempre que Aura se despedia de sua mãe, fosse no aeroporto da Cidade do México ou quando estava saindo do apartamento da mãe à noite, ou mesmo quando se separavam depois de uma refeição em um restaurante, a mãe fazia o sinal da cruz sobre ela e sussurrava uma pequena oração pedindo à Virgem de Guadalupe para proteger sua filha.

Os *axolotls* são uma espécie de salamandra que nunca evolui para além do estado larval, algo como girinos que nunca se transformam em sapos. Costumavam ser abundantes nos lagos ao redor da antiga Cidade do México, e foram um dos alimentos favoritos dos astecas. Até recentemente, dizia-se que ainda havia *axolotls* nos canais de água salobra de Xochimilco; na realidade, eles estão praticamente extintos até mesmo naquele lugar. Sobrevivem em aquários, laboratórios e zoológicos.

Aura adorava o conto de Julio Cortázar sobre um homem que fica tão fascinado pelos *axolotls* no Jardin des Plantes, em Paris, que se transforma em um *axolotl*. Todos os dias, às vezes até três vezes por dia, o homem sem nome dessa história visita o Jardin des Plantes para contemplar os estranhos e pequenos animais em seu aquário apertado, com seus corpos translúcidos leitosos e delicadas caudas de lagarto, suas caras astecas triangulares, planas e rosadas, e os pés minúsculos com dedos quase humanos, os galhinhos esquisitos avermelhados que brotam de suas guelras, o brilho dourado de seus olhos, a maneira como quase não se movimentam, só de vez em quando ao agitarem as guelras ou nadarem abruptamente com uma única ondulação de seus corpos. Parecem tão incomuns que ele se convence de que não são apenas animais, que têm alguma misteriosa relação com ele, estão escravizados dentro de seus corpos em silêncio, mas que de alguma forma, com seus olhos dourados pulsantes, estão lhe implorando que os salve. Um dia, o homem está como de costume olhando para os *axolotls*, o rosto junto do tanque, mas, no meio da mesma frase, o "eu" agora está no interior do tanque olhando para o homem através do vidro, a transição acontece assim sem mais nem menos. A história termina com o *axolotl* esperando ter conseguido comunicar alguma coisa ao homem, ter unido suas solidões silenciosas, e o homem já não visita o aquário porque está em algum lugar escrevendo uma história sobre o que é ser um *axolotl*.

A primeira vez que Aura e eu fomos juntos a Paris, cerca de cinco meses depois de ela ter ido morar comigo, ela quis mais do que tudo ir ao Jardin des Plantes para ver os *axolotls* de Cortázar. Já estivera em Paris, mas só recentemente descobrira a história de Cortázar. Parecia que a única razão de voarmos até Paris havia sido para ver os *axolotls*, embora, na verdade, Aura tivesse uma entrevista na Sorbonne, pois estava pensando numa transferência de Columbia. Na nossa primeira tarde, fomos direto ao Jardin des Plantes e pagamos para entrar no pequeno zoológico do século XIX. Em frente à entrada da casa dos anfíbios, ou viveiro, havia um cartaz emoldurado com informações em francês sobre anfíbios e espécies ameaçadas de extinção, ilustrado com uma imagem de um *axolotl* de perfil, suas guelras vermelhas, a cara feliz de extraterrestre e braços e mãos de macaco albino. No interior, os tanques enfileirados em torno da sala, pequenos retângulos iluminados encaixados na parede, cada um enquadrando um habitat úmido diferente: musgo, samambaias, pedras, galhos de árvores, poços de água. Fomos de um tanque a outro, lendo os cartazes: várias espécies de salamandras, tritões, rãs, mas não *axolotls*. Circulamos novamente pela sala, caso nos tivessem de alguma forma escapado. Por fim Aura foi até o guarda, um homem de meia-idade, de uniforme, e perguntou onde estavam os *axolotls*. Ele não sabia nada sobre *axolotls*, mas algo na expressão de Aura pareceu fazê-lo se deter para refletir; então lhe pediu que esperasse, deixou a sala e, um momento depois, voltou com uma mulher um pouco mais jovem do que ele usando um jaleco azul. Ela e Aura conversaram em voz baixa em francês, portanto não consegui entender o que diziam, mas a expressão da mulher era vivaz e amável. Quando saímos, Aura ficou parada um momento num silêncio atordoado. Então me disse que a mulher se lembrava dos *axolotls*; chegou a dizer que sentia falta deles. Mas que eles tinham sido levados dali alguns anos antes e agora estavam em algum laboratório da universidade. Aura estava vestida com seu casaco de lã cinza-escuro, um cachecol de lã esbranquiçada enrolado no pescoço, mechas do cabelo preto e liso espalhadas em confusão em torno de suas faces redondas e macias, rubras como se queimadas pelo frio, mas não fazia tanto frio assim. Lágrimas, só algumas, não uma inundação, lágrimas quentes e salgadas transbordaram dos olhos marejados de Aura e deslizaram pelo rosto.

Quem chora por uma coisa assim?, lembro-me de ter pensado. Beijei as lágrimas, respirando o calor salgado de Aura. Seja o que for que tanto afetou Aura pelo fato de os *axolotls* não estarem mais lá, parecia ser parte do mesmo mistério, no final do conto de Cortázar, que o *axolotl* espera que o homem vá revelar ao escrever uma história. Sempre desejei saber como era ser Aura.

Où sont les axolotls? — ela escreveu em seu caderno. Onde estão eles?

Aura foi morar comigo no Brooklyn cerca de seis semanas depois de ter chegado a Nova York, vinda da Cidade do México com suas muitas bolsas de estudos, incluindo uma Fulbright e uma do governo mexicano, a fim de começar a estudar para um doutorado em literatura de língua espanhola na Universidade de Columbia. Vivemos juntos quase quatro anos. Em Columbia, ela dividia seu alojamento universitário com outra estudante estrangeira, uma garota coreana, botânica altamente especializada. Estive no apartamento delas apenas duas ou três vezes antes de fazer a mudança das coisas de Aura para a minha casa. O apartamento parecia uma linha ferroviária, com um corredor comprido e estreito, dois quartos, uma sala na frente. Era um apartamento de estudante, cheio de coisas de estudantes: a estante Ikea, um conjunto de panelas e utensílios antiaderentes cor de carvão, um pufe vermelho tipo saco, um aparelho de som, uma caixinha de ferramentas também da Ikea ainda fechada em sua embalagem de plástico transparente. A cama no chão, cheia de roupas amontoadas. Aquele apartamento me fez sentir uma nostalgia danada — dos tempos de faculdade, da juventude. Morri de vontade de fazer amor com ela ali, na mesma hora, na bagunça suntuosa daquela cama, mas ela ficou nervosa com a possibilidade de sua colega de quarto chegar de repente, e não fizemos isso.

Eu a tirei desse apartamento, deixando sozinha sua colega de quarto, com quem Aura se dava bem. Mas, um mês e tanto depois, quando teve certeza de que ficaria comigo, Aura encontrou outra estudante para ocupar sua vaga, uma garota russa que deveria agradar à coreana.

Lá, na Amsterdam Avenue com a 119th Street, Aura morava ao lado do campus. No Brooklyn, tinha de andar de metrô pelo menos por uma hora para chegar a Columbia, geralmente durante a hora do rush, e ela precisava ir quase todos os dias à universidade. Podia tomar o trem F, fazer uma baldeação na 14th Street e atravessar um labirinto de escadas e túneis compridos, escuros e gelados no inverno, para pegar os trens expressos 2 e 3, depois embarcar no trem local na 96th Street. Ou podia andar vinte e cinco minutos do nosso apartamento até Borough Hall e pegar o 2 ou 3 lá. Acabou preferindo a segunda opção, e era o que fazia quase todos os dias. No inverno, a caminhada podia ser dura por causa do frio, especialmente com os casacos de lã fina que ela usava, até que por fim a convenci que me deixasse comprar para ela um desses casacos North Face acolchoados e com capuz, no qual ela ficava embrulhada, de náilon azul e de plumas de ganso do alto da cabeça até abaixo dos joelhos. Não, *mi amor*, ele não está fazendo você parecer gorda, não você em especial; todo mundo parece um saco de dormir ambulante vestindo isso, mas e daí? Não é melhor estar confortável e agasalhada? Quando ela usava o casaco com o capuz, a gola fechada sob o queixo e com aqueles seus olhos negros brilhantes, parecia uma menininha iroquesa dentro de sua "faixa canguru". Aura quase nunca saía no frio sem ele.

Outra complicação do longo percurso diário de ida e volta era que ela costumava se perder. Distraía-se e passava do ponto ou pegava o trem na direção errada e, absorta em seu livro, seus pensamentos, seu iPod, só se dava conta quando já estava mergulhada no meio do Brooklyn. Então me ligava de um telefone público em alguma estação de metrô de que eu nunca tinha ouvido falar, *Hola, mi amor*, bem, cá estou eu na estação Beverly Road, vim para o lado errado de novo — decidida a manter a voz num tom trivial, nada de mais, apenas mais uma nova-iorquina sobrecarregada lidando com um dilema rotineiro na vida da cidade, mas mesmo assim deixando transparecer um certo ar de derrota. Não gostava que caçoassem de sua mania de pegar a direção errada do metrô ou de se perder mesmo quando estava perto de casa, mas às vezes eu não conseguia me conter.

Desde o primeiro dia de Aura em nosso apartamento no Brooklyn até quase o último, acompanhei-a até a estação de metrô todas as manhãs — exceto quando ela ia de bicicleta a Borough Hall e a deixava trancada lá, embora essa rotina não tenha durado muito tempo, porque os bêbados e viciados sem-teto do centro do Brooklyn sempre roubavam o selim, ou então quando chovia, ou quando ela estava tão atrasada que tomava um táxi para Borough Hall, ou nas raras ocasiões em que saía voando porta afora como um pequeno furacão enlouquecido porque já era tarde e eu continuava preso no banheiro gritando para ela esperar, e nas duas ou três vezes em que ficou tão chateada comigo por uma ou outra coisa que não quis de jeito nenhum que eu a acompanhasse.

Em geral, porém, eu ia com ela até a parada do trem F em Bergen ou a acompanhava até Borough Hall, embora às vezes combinássemos que, quando ela ia para Borough Hall, eu iria apenas até a deli do francês na Verandah Place — eu precisava trabalhar e não podia perder quase uma hora indo e vindo da estação todos os dias — embora ela tentasse me convencer a ir até mais longe, até a Atlantic Avenue, ou afinal até Borough Hall, ou mesmo até Columbia. Então eu passava o dia na Biblioteca Butler — alguns semestres antes eu dera um workshop sobre escrita em Columbia e ainda tinha meu cartão de identificação — lendo, escrevendo ou tentando escrever em um caderno, ou me sentava diante de um dos computadores da biblioteca vendo meus e-mails ou matando o tempo com os jornais on-line, começando sempre pela seção de esportes do *Boston Globe* (eu cresci em Boston). Costumávamos almoçar no Ollie, depois ir gastar dinheiro em DVDs e CDs no Kim ou folhear livros na Labirinth Books, saindo carregados de pesadas sacolas de livros que nenhum de nós dois tinha tempo sobrando para ler. Nos dias em que ela não me convencia a acompanhá-la a Columbia de manhã, às vezes me telefonava e pedia que eu fosse lá apenas para almoçar com ela, e na maioria das vezes eu ia. Aura dizia, Francisco, não me casei para almoçar sozinha. Não me casei para ficar sozinha.

Durante essas caminhadas matinais para o metrô, Aura era sempre quem mais falava, ou a única que falava, sobre suas aulas, professores, outros alunos, alguma nova ideia para um conto ou romance ou sobre a mãe dela. Mesmo quando estava sendo especialmente *neuras* contando de suas ansiedades habituais, eu tentava arranjar novos incentivos, ou então reformulava ou repetia os anteriores. Mas o que eu mais adorava era quando ela cismava de parar a cada poucos passos para beijar e mordiscar meus lábios como se fosse um bebê tigre, e da mímica da risada silenciosa depois do meu ai, e da maneira como se queixava, *¿Ya no me quieres, verdad?* se eu não segurava sua mão ou não estava com o braço em torno dela no instante em que ela queria. Eu adorava o nosso ritual, exceto quando realmente não adorava nada, quando me preocupava, Como é que vou conseguir escrever outro maldito livro com esta mulher que me faz levá-la ao metrô de manhã e me convence a ir a Columbia almoçar com ela?

Ainda imagino muitas vezes Aura ao meu lado na calçada. De vez em quando, imagino que estou segurando sua mão e ando com o braço um pouco esticado para o lado. Ninguém se surpreende mais ao ver pessoas falando sozinhas na rua, supõem que estejam falando em algum aparelho com bluetooth. Mas as pessoas reparam naquelas com olhos vermelhos e molhados, cujos lábios estão contorcidos no esgar de um soluço. Eu me pergunto o que acham que estão vendo e o que imaginam ter causado o choro. Na superfície, uma janela se abriu breve, alarmantemente.

Um dia, naquele primeiro outono depois da morte de Aura, eu estava no Brooklyn, na esquina da Smith com a Union, e notei uma idosa parada na esquina oposta, esperando para atravessar a rua, uma senhora do bairro, de aparência comum, cabelo cinzento arrumado, um pouco curvada, com uma expressão doce no rosto engelhado e pálido, olhando como se estivesse apreciando a luz do sol e o clima de outubro enquanto esperava pacientemente o sinal de trânsito abrir. O pensamento me veio como uma bomba silenciosa, Aura nunca vai descobrir o que é ser velha, nunca vai olhar para trás para contemplar sua longa vida. Foi o que bastou, pensar na injustiça daquilo e na senhora encantadora e talentosa que Aura certamente estaria destinada a se tornar.

Destinada. Estaria eu destinado a entrar na vida de Aura quando o fiz, ou me intrometi onde não devia e a desviei de seu caminho já traçado? Será que Aura teria se casado com outra pessoa, talvez algum aluno de Columbia, aquele estudante que se sentava alguns lugares adiante dela na Biblioteca Butler, ou o da Pastelaria Húngara, que não conseguia parar de espiá-la com ar tímido? Como é possível que qualquer outra coisa diferente do que aconteceu possa ser definida com exatidão como destino? E o que dizer da sua livre e espontânea vontade, da responsabilidade dela por suas escolhas? Quando o sinal abriu e eu atravessei a Smith Street, será que aquela senhora idosa reparou no meu rosto quando passou? Não sei. Meu olhar turvo estava fixo na calçada e eu queria voltar para o nosso apartamento. Aura estava mais presente lá do que em qualquer outro lugar.

O apartamento, que na ocasião eu alugava havia oito anos, era o andar do salão de uma *brownstone* de quatro andares. Na época em que os Rizzitano, a família italiana à qual o prédio ainda pertencia, moravam lá, ocupando todos os quatro andares, o salão devia ter sido a sala de estar deles. Mas era o nosso quarto. Tinha um teto tão alto que, para trocar uma lâmpada no lustre, eu precisava subir em uma escada de um metro e meio e ficar na ponta dos pés em cima de seu topo oscilante, me esticando o mais que pudesse, embora acabasse me curvando, agitando os braços na tentativa de me equilibrar. Aura, me observando de sua mesa no canto, disse certa vez, Você parece um pássaro amador. Uma sanca de gesso contornava o alto das paredes, caiada de branco como elas, uma fileira neoclássica de rosetas repetidas sobrepondo-se a outra mais larga de folhagens enroladas. Duas janelas compridas, com peitoris largos e cortinas, davam para a rua, e entre as janelas, indo do chão ao teto como uma chaminé, a característica mais extravagante do apartamento: um espelho imenso numa moldura barroca de madeira pintada de dourado. Agora o vestido de casamento de Aura cobria parcialmente o espelho, pendurado num cabide e num barbante que eu tinha amarrado nos arabescos dourados de cada lado da extremidade superior. E na prateleira de mármore ao pé do espelho, havia um altar com alguns pertences de Aura.

Quando voltei do México daquela primeira vez, seis semanas depois da morte de Aura, Valentina, que estudava com Aura em Columbia, e Adele Ramírez, amiga de ambas que viera do México e estava hospedada na casa de Valentina, foram me buscar no aeroporto de Newark na camionete BMW do marido de Valentina, um banqueiro do setor de investimentos. Eu trazia cinco malas: duas minhas e três cheias de coisas de Aura, e não apenas suas roupas — eu me recusara a jogar fora ou dar quase tudo dela —, mas também alguns livros e fotos, e todos os seus diários, cadernos e papéis avulsos. Tenho certeza de que se, naquele dia, meus amigos homens tivessem ido ao aeroporto em vez delas, tudo teria sido muito diferente. Ao entrar em nosso apartamento, provavelmente lançaríamos um olhar incrédulo ao redor e diríamos, Vamos para um bar. Entretanto, antes que eu acabasse de trazer as malas para dentro, Valentina e Adele já estavam trabalhando na construção do altar. Corriam pelo apartamento como se soubessem melhor do que eu onde tudo estava, escolhendo e carregando tesouros, de vez em quando pedindo minha opinião ou sugestão. Adele, uma artista visual, agachada sobre a plataforma de mármore ao pé do espelho, arrumando: o chapéu de brim com uma flor de pano costurada que Aura havia comprado em nossa viagem a Hong Kong; a sacola de lona verde que ela levara para a praia naquele último dia, com tudo dentro exatamente como ela tinha deixado, a carteira, os óculos escuros e os dois livros finos que estava lendo (Bruno Schulz e Silvina Ocampo); sua escova de cabelo, longos fios de cabelo preto emaranhados nas cerdas, o tubo de papelão com o jogo chinês de pega-varetas que ela comprou no shopping perto do nosso apartamento na Cidade do México e que levava para o TGI Friday's de lá, onde nos sentávamos bebendo tequila e jogando pega-varetas duas semanas antes de ela morrer; um exemplar do *Boston Review*, onde foi publicado seu último ensaio em inglês no início daquele verão; seu sapato favorito (e único) Marc Jacobs; seu pequeno frasco turquesa de bebida; outras bugigangas, lembrancinhas, adereços; fotografias; velas; e, vazias no chão ao pé do altar, sua reluzente bota de borracha para chuva de listras preto e branco e solas pink. Valentina, de pé diante do espelho imponente, declarou, Já sei! Onde está o vestido de noiva de Aura? Fui buscar o vestido no armário e trouxe também a escada.

Era exatamente o tipo de coisa de que Aura e eu zombávamos: um altar mexicano folclórico no apartamento de uma estudante de graduação como expressão de uma identidade política piegas. Mas pareceu a coisa certa a fazer no momento, e no primeiro ano de morte de Aura, e depois ainda, o vestido de noiva permaneceu ali. Eu sempre comprava flores para colocar no vaso no chão, acendia velas e comprava velas novas para substituir as que acabavam.

O vestido de noiva de Aura foi confeccionado por uma estilista mexicana dona de uma butique na Smith Street. Tínhamos feito amizade com a proprietária, Zoila, que era de Mexicali. Em sua loja, falávamos sobre o quiosque de tacos autênticos que abriríamos um dia para ganhar dinheiro com os jovens bêbados e famintos que à noite saíam aos montes dos bares da Smith Street, nós três fingindo que falávamos realmente sério sobre ingressar nesse negócio promissor. Depois Aura descobriu que os vestidos de noiva sob medida de Zoila eram recomendados pelo site Daily Candy como alternativa econômica aos de Vera Wang. Aura foi três ou quatro vezes ao ateliê de Zoila, em um loft no centro do Brooklyn para provar o vestido, e cada vez que voltava para casa chegava mais ansiosa que na prova anterior. De início, quando foi buscar o vestido pronto, ficou decepcionada, achando-o mais simples do que imaginava que ficaria, e não muito diferente de alguns vestidos comuns vendidos por Zoila em sua loja por um quarto do preço. Era uma versão quase minimalista do vestido de uma jovem do interior do México, feito de algodão branco e fino, com enfeites simples de bordados em seda e rendas e babados que o ampliavam na barra.

Mas no fim Aura chegou à conclusão de que gostava do vestido. Talvez ele só precisasse estar em seu habitat legítimo, o cenário semidesértico da cidade de Atotonilco, um santuário católico, em meio a uma igreja antiga de missão, a cactos, arbustos e ao oásis verde que era a *hacienda* restaurada que tínhamos alugado para o casamento, sob o azul vívido e depois amarelo--acinzentado da imensidão do céu mexicano, com turbulentos rebanhos de nuvens indo e vindo por ele. Talvez fosse essa a genialidade da criação de Zoila para o vestido de Aura. Uma espécie de vestido liofilizado, aparentemente simples como papel de seda, que num passe de mágica ganhou vida no ar rarefeito e carregado das planícies altas do México central. Um vestido perfeito para um casamento em agosto no interior mexicano, o sonho juvenil de um vestido de noiva, afinal. Agora ele estava um pouco amarelado, as alças escurecidas pelo sal do suor, e uma das faixas de renda que circundavam a porção inferior do vestido, acima de onde começava a se ampliar, fora em parte arrancada do tecido, um rasgão igual a um buraco de bala, e a barra estava desbotada e rasgada por ter sido arrastada na lama, girada e pisada durante a longa noite da nossa festa de casamento, que foi até o alvorecer, quando Aura tirou o sapato que usara na cerimônia e calçou o sapato de dança que havíamos comprado numa loja de noivas na Cidade do México, uma mistura de calçado branco de enfermeira com tênis de plataforma de discoteca dos anos 70. Uma relíquia delicada, esse vestido de casamento. À noite, com a ilusão de profundidade do espelho e o brilho refletido de velas e lâmpadas, a moldura barroca ao redor como se fosse uma coroa de ouro, o vestido parece que está flutuando.

***

Apesar do altar, ou talvez em parte por causa dele, nossa faxineira foi embora. Flor, vinda de Oaxaca e agora criando três filhos no Harlem espanhol, vinha limpar a casa uma vez a cada duas semanas, mas disse que ficava triste demais quando estava em nosso apartamento. A única vez que Flor veio, eu a vi se ajoelhar para rezar diante do altar, a vi pegar as fotos de Aura e apertá-las contra os lábios, borrando-as com seus beijos e lágrimas enfáticos. Ela imitou as palavras confiáveis de Aura elogiando seu trabalho, o tom exaltado e feliz de sua voz, Ah Flor, você parece que faz milagres! *Ay, señor*, disse Flor. Ela estava sempre tão contente, tão cheia de vida, tão jovem, tão boa, ela sempre perguntava dos meus filhos. Como ela poderia fazer seu trabalho agora, daquela forma que sempre deixava Aura tão satisfeita, Flor me perguntou, em tom suplicante, se não conseguia parar de chorar? Depois levou sua tristeza e suas lágrimas para casa com ela, para seus filhos, explicou-me mais tarde ao telefone, e isso não era bom, *no señor*, ela não podia mais fazer isso, sentia muito, mas tinha de se demitir. Não me dei ao trabalho de procurar outra faxineira. Creio que pensei que ela ficaria com pena de mim e voltaria. Finalmente, tentei telefonar para insistir que voltasse e ouvi uma mensagem gravada explicando que aquele número não estava mais disponível. Então, meses depois de ir embora, ela inacreditavelmente se arrependeu e ligou para deixar seu novo número de telefone — parece que se mudara — na secretária eletrônica. Mas, quando liguei de volta, o número estava errado. Talvez eu o tivesse anotado errado, sou meio disléxico mesmo.

Agora, quinze meses depois da morte de Aura, ao voltar para casa sem ela de novo — e dessa vez sem ninguém para me esperar no aeroporto —, encontrei o apartamento exatamente como o havia deixado em julho. A cama estava desfeita. A primeira coisa que fiz foi abrir todas as janelas, deixando entrar o ar frio e úmido de outubro.

O MacBook de Aura ainda estava lá, na mesa dela. Eu poderia recomeçar onde ela havia parado, trabalhando, organizando, tentando juntar suas histórias, ensaios, poemas, seu romance apenas iniciado e seus escritos inacabados, os milhares de fragmentos que, na realidade, ela deixara em seu computador, do seu jeito labiríntico e disperso de armazenar arquivos e documentos. Achei que me sentia preparado para mergulhar nessa tarefa.

No quarto havia pétalas velhas de rosas mortas, mais escuras do que sangue, no chão ao redor do vaso colocado diante do altar, mas o vaso estava vazio. Na cozinha, as plantas de Aura, apesar de não terem sido regadas por três meses, ainda estavam vivas. Encostei o dedo na terra de um vaso e notei que estava úmida.

Então me lembrei que tinha deixado a chave com os vizinhos do andar de cima, pedindo-lhes para molhar as plantas de Aura enquanto eu estivesse fora. Eu pretendia ir ao México para o aniversário de um ano e só ficar um mês, mas havia ficado três, e eles cuidaram delas durante todo esse tempo. Tinham jogado fora as rosas murchas, que devem ter começado a apodrecer e a cheirar mal. E guardaram minha correspondência numa sacola de compras, que deixaram perto do sofá próximo à porta de entrada do apartamento.

Na praia, nós — eu e alguns banhistas que viram ou ouviram meus gritos de socorro — puxamos Aura para fora da água e a colocamos na inclinação semelhante a uma trincheira cavada pelas ondas, depois a levantamos novamente, a levamos para onde o chão era plano e a deitamos na areia quente. Enquanto ansiava por ar, fechando e abrindo a boca, sussurrando apenas a palavra *"aire"* quando precisava que eu pressionasse meus lábios nos dela outra vez, Aura disse algo que de fato não me lembro de ter ouvido, assim como lembro muito pouco do que aconteceu, mas sua prima Fabiola, antes de sair à procura de uma ambulância, ouviu e depois me contou. O que Aura disse, uma das últimas coisas que ela me disse, foi:

Quiéreme mucho, mi amor.

Me ame muito, meu amor.

No quiero morir. Não quero morrer. Deve ter sido a última frase completa que ela falou, talvez suas últimas palavras.

Será que isso soa como uma tentativa de redenção da minha culpa? É esse o tipo de declaração que eu deveria proibir a mim mesmo de fazer? Claro, a súplica de Aura e a invocação de amor iriam influir bastante bem nas emoções e simpatias de qualquer júri, mas não estou em um tribunal. Preciso me postar às claras diante dos fatos, não há como enganar este júri que estou enfrentando. Tudo importa, e tudo é prova.

2.

Isto está realmente acontecendo, *mi amor*? Estou mesmo de volta ao Brooklyn sem você outra vez? No decorrer do primeiro ano de sua morte e agora, nas ruas, à noite, batendo perna, subindo por um lado do quarteirão e descendo pelo outro, demorando-me diante das vitrines embaçadas pelo vapor e olhando cardápios que conheço de cor, que comida escolho hoje para levar para casa, em qual restaurante barato vou jantar hoje à noite, em que bar vou parar e tomar uma bebida, ou duas, três ou cinco, onde não me sinta tão destoantemente sozinho — mas onde será que não me sinto assim?

Os cerca de cinco anos da minha vida antes de conhecer Aura foram os mais solitários por que já passei. O ano e alguns meses depois da morte dela foram mais solitários ainda. Mas o que dizer dos quatro anos entre os dois tempos? Será que fui um homem diferente do que eu era antes desses quatro anos, um homem melhor, por causa do amor e da felicidade que vivi? Por causa do que Aura me deu? Ou fui apenas o mesmo velho que, por quatro anos, teve uma sorte inexplicável? Quatro anos — será que esses poucos anos podem ter tanta importância na vida de um homem adulto? Ou quatro anos podem significar tanto que sempre vão pesar mais do que todos os outros juntos?

Depois que ela morreu, durante mais ou menos o primeiro mês, não sonhei com Aura, embora na Cidade do México tivesse sentido sua presença em todos os lugares. Então, no outono, quando ela deveria estar começando suas aulas, tive meu primeiro sonho, e sonhei que precisava com urgência comprar um celular. No meio de um campo verde exuberante atravessado por um riacho prateado, encontrei uma cabana de madeira que era uma loja de telefones celulares e entrei. Estava desesperado para telefonar para Wendy, colega de faculdade e amiga de Aura. Queria perguntar a Wendy se Aura sentia falta de mim. Queria perguntar a Wendy, com estas palavras exatas, *Ela está sentindo falta da nossa rotina?* Saí da cabana com o celular novo, prateado com botões de safira, para o campo, em direção ao rio, mas não consegui fazê-lo funcionar. Frustrado, atirei-o longe.

Você sente falta da nossa rotina doméstica, *mi amor?*

Isto está realmente acontecendo conosco?

Degraw Street, onde morávamos, supostamente assinala a fronteira entre Carroll Gardens e Cobble Hill. Nosso apartamento era no lado Carroll Gardens da rua, com Cobble Hill do outro lado. Quando me mudei para lá, uns quatro anos antes de conhecer Aura, Carroll Gardens ainda parecia ser o bairro italiano clássico do Brooklyn, com cantinas antiquadas onde mafiosos e políticos costumavam comer, estátuas da Virgem nos gramados, velhos jogando bocha nas pracinhas; nas noites de verão, em especial, com tantos valentões extrovertidos circulando, eu sempre me sentia um pouco ameaçado quando andava por lá. Cobble Hill foi onde nasceu a mãe de Winston Churchill e parecia não ter mudado, tendo como referência sua igreja episcopal com o interior em estilo Tiffany, casas com pitorescos pátios internos para carruagens e um parque. Agora os dois bairros tinham praticamente se fundido, ocupados em sua maioria por jovens brancos bem-sucedidos. O 11 de Setembro tinha acelerado o processo — era aquele bairro familiar agradável e sossegado do outro lado da ponte do Brooklyn. Agora, durante o dia, você caminhava em meio a longas fileiras irregulares de carrinhos de bebê nas calçadas da Court Street e almoçava ou tomava café em lugares cheios de jovens mães, babás e uma quantidade constrangedora de escritores. Os clubes masculinos dos italianos transformaram-se em bares da moda. Em todas as ruas, os prédios de arenito pardo, anos antes convertidos em apartamentos, estavam sendo reformados e voltando a ser residências de uma só família. A alguns quarteirões de distância, do outro lado da BQE, a via expressa Brooklyn-Queens, fica Red Hook, o porto e o cais; à noite, ouvem-se as sirenes de nevoeiro dos navios, que Aura adorava; com um leve movimento de nadadora, ela se aninhava mais perto de mim na cama e se aquietava, como se os longos lamentos fossem passar flutuando por nós como peixes-diabos no escuro.

Aqui era a ioga de Aura, aqui o spa onde ela fazia uma massagem quando estava estressada, aqui a sua butique de roupas favorita e ali a segunda em sua preferência; essa era a nossa peixaria; aqui foi onde ela comprou aqueles óculos legais com lentes amarelas; o nosso lugar dos hambúrgueres e bebidas de fim de noite; o nosso lugar dos cafés da manhã; "o-restaurante-onde-nós-sempre-brigamos" — foi isso que se tornou percorrer essas ruas, uma oração silenciosa em cada estação da via-sacra. O bairro é cheio de pizzarias italianas e de fornos de tijolo, e uma única, pequena e antisséptica loja da Domino's Pizza na esquina da Smith e da Bergen, junto à saída do metrô, cujos clientes, na maioria, são moradores dos conjuntos habitacionais da Hoyt Street e adolescentes negros e latinos de uma escola secundária das proximidades. Uma noite, estávamos chegando em casa bem tarde depois de beber com amigos quando, sem dizer nada, Aura passou correndo pelas portas de vidro da Domino's e parou no balcão não mais que um minuto, juro, e depois voltou com uma caixa de pizza gigante nas mãos e um sorriso de olha-só-o-que-ganhei. Todas as pizzarias grandes estavam fechadas àquela hora, mas aposto que naquele momento nenhuma teria satisfeito aquela fome de Aura como a Domino's. Toda noite, onde ela cresceu na Cidade do México, em meio aos conjuntos residenciais do sul da cidade, um exército de entregadores de capacete em suas motocicletas, milhares e milhares deles, zumbia e corria como abelhas pelas vias expressas e ruas engarrafadas, distribuindo pizzas para apartamentos, famílias e mães solteiras que trabalhavam fora, como a de Aura. Agora, nunca passo por uma Domino's sem vê-la saindo pela porta com a pizza e aquele sorriso.

A igreja católica cor de barro que ficava em frente ao nosso apartamento, de portas fechadas há anos, estava sendo transformada em um condomínio (os construtores, judeus ortodoxos, e a equipe de trabalho, mexicana); Aura teria gostado do novo Trader Joe's perto do cruzamento da Atlantic Avenue com a Court Street; na Smith Street, a casa de tacos que teríamos em sociedade com Zoila foi aberta, mas a boutique dela fechou no ano passado e ainda não sei para onde foi. Dobrando a esquina, está o desmazelado mas popular café Wi-Fi, onde Aura muitas vezes gostava de estudar e trabalhar quando não estava em Columbia. Achava mais fácil se concentrar lá do que em casa. Lá eu não a incomodava pedindo atenção, sexo ou digitando ruidosamente no quarto ao lado, nem sua mãe a interromperia com telefonemas do México. Eu entrava e a via sentada diante de uma das mesas encostadas na parede de tijolos, um *bagel* meio comido em cima do respectivo saco de papel encerado, uma caneca de café, o cabelo preso com uma presilha ou uma faixa vermelha, ou amarrado para trás para afastá-lo do rosto enquanto ela se curvava sobre o laptop, já de fones de ouvido, aquele ar determinado, concentrado, mordendo levemente o lábio inferior, e eu ficava parado olhando-a ou fingindo que nunca a tinha visto, esperando que levantasse os olhos e me visse. Eu também costumava vir a esse café para trabalhar. Ela não se importava. Nós compartilhávamos uma mesa, almoçávamos ou dividíamos um *bagel* ou um biscoito. Agora só entro de manhã para comprar um café para viagem. Enquanto espero na fila inevitável, olho para as mesas e para o comprido banco azul junto à parede, para os estranhos sentados ali com seus computadores.

Eu não tinha jogado fora nem tirado do lugar as roupas de Aura, todas ainda estavam na cômoda e no closet dela. Seus casacos e jaquetas de inverno, inclusive o acolchoado de plumas, estavam pendurados num gancho ao lado da porta da frente. Pelo menos uma vez por dia, eu abria uma gaveta e levava uma pilha de roupas dela ao meu nariz, frustrado por terem mais o cheiro da madeira da gaveta do que o de Aura, e às vezes eu jogava tudo em cima da cama e deitava de bruços sobre as roupas. Eu sabia que em algum momento teria de me desfazer dessas coisas — das roupas dela, pelo menos —, que haveria alguém que não podia comprar um casaco acolchoado e cuja vida poderia ficar mais suportável por causa dele, talvez até mesmo ser salva. Imaginei uma mulher ou menina imigrante ilegal em algum lugar insuportavelmente frio, a cidade industrial frigorífica em Wisconsin, um cortiço em Chicago sem aquecimento. Mas não estava preparado para me separar de nada. Ainda não era nem uma discussão que eu tinha comigo mesmo, apesar de ter tocado no assunto com alguns amigos de Aura. No início, eles pareciam obcecados com a ideia de que, para o meu próprio bem, eu precisava me livrar de algumas coisas dela. Ninguém sugeriu que eu me livrasse de tudo. Por que, para começar, não fazê-lo um pouco de cada vez, doar alguns casacos de inverno para a campanha de agasalhos? No final, é claro, eu guardaria algumas coisas especiais, como o vestido de casamento, "para me lembrar dela". Durante aqueles primeiros meses, afastei-me da maioria dos meus amigos homens e me desliguei da minha família — da minha mãe e dos meus irmãos — e só queria ficar perto de mulheres: das amigas de Aura, mas também de algumas mulheres de quem fora próximo muito antes de Aura.

Com exceção da mesa em que eu escrevia no canto do cômodo central — entre a cozinha e nosso quarto — e de algumas estantes antigas, Aura e eu aos poucos fomos trocando e nos livrando de todos os móveis dos meus tempos desleixados de solteiro. Aura ficava frustrada por não termos ido para um apartamento novo, livre dos vestígios e das lembranças do meu passado sem ela, um lugar que poderia tornar inteiramente nosso, embora tivesse transformado por completo o apartamento em que moramos. Às vezes eu chegava em casa e a encontrava empurrando até os móveis mais pesados de um lado para outro, mudando a decoração de uma forma que nunca tinha me ocorrido ou até me parecia impossível, como se o apartamento fosse uma espécie de quebra-cabeça complicado que só poderia ser resolvido empurrando móveis e com o qual ela estava obcecada, ou que talvez nunca pudesse ser resolvido, mas ela sempre fazia o lugar ficar mais bonito.

O último móvel que compramos, em uma loja de segunda mão a cerca de cinco quarteirões de casa, foi uma mesa de cozinha estilo anos 50, o tampo de fórmica decorado com incrustações em azul-celeste e branco-perolado, alegre como uma pintura de criança de um céu ensolarado com nuvens. Também na cozinha estava o guarda-comida pintado de verde que compramos numa loja de antiguidades em uma pequena cidade rural de Catskills num fim de semana em que fomos visitar Valentina e Jim na casa de campo deles; mais ou menos dois meses depois de o termos comprado, a proprietária da loja nos ligou exasperada — não era seu primeiro telefonema — para nos dizer que, se não fôssemos buscar logo o móvel, ela iria colocá-lo de novo à venda e não nos devolveria o dinheiro. Esse móvel de cozinha não foi nenhuma pechincha. Guarda-comidas de fazenda desse tipo podiam ser encontrados pelo mesmo preço nas lojas de antiguidades do nosso bairro e na Atlantic Avenue. Mas alugamos um utilitário no Brooklyn para ir buscar o nosso, e fomos passar o fim de semana numa espécie de pavilhão de caça ítalo-americano, com uma Jacuzzi de acrílico com ferragens reluzentes de latão e uma lareira a gás artificial na nossa cabana, onde nos enfurnamos com livros, vinho, um jogo de futebol na TV com o som desligado, às gargalhadas ao tentar transar na ridícula Jacuzzi, e quando estávamos com fome íamos ao restaurante, decorado com anos e anos de fotos autografadas dos Yankees de New York, para repetir, no perpétuo bufê de coma-quanto-quiser, espaguete com almôndegas gigantes, lasanha de linguiça e assim por diante. No final, o móvel acabou nos custando quatro vezes mais o que teríamos pagado se tivéssemos comprado um no Brooklyn.

Na nossa cozinha, além do guarda-comida, havia todas as nossas outras coisas de culinária — utensílios, panelas, frigideiras — praticamente intocadas desde que foram usadas pela última vez por Aura. Sua torradeira, que estampa em cada torrada a cara da Hello Kitty — eu ainda cheguei a usar, rindo da tolice de menina de Aura sempre que espalhava manteiga na gatinha. A sorveteira Cuisinart que Aura comprou apenas para fazer sorvete de *dulce de leche* para sua festa de aniversário de trinta anos, o cilindro metálico de congelamento da sorveteira ainda no fundo do congelador. A mesa de jantar comprida da ABC Carpet and Home, que compramos com o dinheiro que ganhamos como presente de casamento e que, com suas extensões nas duas extremidades, garantiu espaço suficiente, ainda que apertado, para os mais de vinte amigos que tinham vindo para a festa. Fizemos *cochinita pibil*, carne de porco macia escorrendo molhos condimentados de limão e colorau, enrolada em folhas de bananeira assada e seca como um pergaminho, *rajas con crema* e arroz verde, e Valentina veio cedo e preparou almôndegas com molho *chipotle* em nossa cozinha, e havia um bolo de aniversário maravilhoso, superberrante, de uma padaria mexicana em Sunset Park — com glacê branco, laranja e cor-de-rosa e fatias de frutas cristalizadas formando um anel em cima, servido com o sorvete de Aura. Seu presente de aniversário nesse ano foram dois bancos rústicos longos para as pessoas se sentarem à mesa. Ela queria que déssemos muitos jantares.

Não é verdade que para ser feliz em Nova York você precisa ser rico. Não estou dizendo que mais uns vinte, trinta ou cinquenta mil dólares por ano não teriam melhorado nossa situação e nos tornado talvez ainda mais felizes. Mas pouca gente que me conhecia ou conhecia Aura antes de ficarmos juntos teria imaginado que tínhamos algum talento para a vida doméstica.

As três bolsas de estudos simultâneas de Aura formavam um salário surpreendente, ao menos para uma estudante em tempo integral. Como eu nunca lhe pedi para pagar o aluguel ou quase nada mais, ela tinha dinheiro para gastar e poupar. Queria usar suas economias para um dia comprarmos juntos uma casa ou um apartamento, se eu mesmo alguma vez conseguisse economizar dinheiro suficiente, o que eu estava determinado a fazer. Quando fui fechar a conta de Aura, fiquei surpreso com o quanto havia lá. Agora eu estava praticamente vivendo dessas economias, das bolsas de estudos, mas também do que ela vinha guardando desde a adolescência. Eu já gastara o dinheiro do seguro para pagar as faturas dos cartões de crédito que usara para as despesas médicas e hospitalares de Aura, além dos gastos com ambulância no México. Pagara apenas cerca de metade dessas despesas, afundando ainda mais em dívidas. De modo que eu estava endividado. E por quê? Por trabalhar como professor apenas meio período no Departamento de Inglês da pequena faculdade de Connecticut, eu não tinha direito à licença remunerada por luto. Mas como eu não iria conseguir dar aulas no semestre seguinte à morte de Aura, pedi demissão. Sabia que em breve teria de arrumar um emprego. Que tipo de emprego? Não fazia ideia. Mas não me via dando aulas novamente. Tinha minhas razões. Haviam desaparecido em mim o entusiasmo e a energia que um showman dedicado como eu, não um professor experiente de literatura, necessita para prender a atenção de uma sala de aula repleta de jovens de vinte anos que se aborrecem facilmente. Apaixonado por Aura, casado, escancaradamente feliz, eu tinha sido um bom e divertido palhaço de literatura.

As plantas que Aura mantinha na escada de incêndio já estavam mortas desde o inverno passado, e agora havia ali apenas vasos de plástico e de barro cheios de terra e restos de plantas, caules cinzentos e folhas enrugadas. Mas a cadeira dobrável de plástico ainda estava lá fora, manchada da sujeira da cidade, porém intocada por qualquer ser humano desde a última vez em que Aura sentara nela, com o cinzeiro de vidro junto a seu pé, lavado por mais de um ano de chuva. Às vezes, os esquilos saltavam do corrimão da escada de incêndio para o assento, bebiam a água da chuva ou a neve derretida acumulada em sua leve concavidade. Quando fazia um tempo bom, Aura gostava de se sentar lá fora, na escada de incêndio, naquela pequena gaiola enferrujada, os pés apoiados nos degraus que levam ao patamar acima, cercada por suas plantas, lendo, escrevendo em seu laptop, fumando um pouco. Ela não era uma fumante inveterada. Em certos dias, fumava alguns cigarros, em outros nenhum. De vez em quando fumava maconha, geralmente quando alguém na faculdade lhe dava um pouco. Eu ainda tinha um último saquinho de maconha quase vazio na gaveta do nosso armário da cozinha. Para Aura, era como se a escada de incêndio fosse um jardim, igual ao jardim de verdade dos fundos da casa dos nossos vizinhos do andar de baixo, acima do qual ela ficava sentada. Eu a provocava, dizendo que ela parecia o Kramer do *Seinfeld*, que fazia coisas assim e comemorava o Quatro de Julho sentado em uma cadeira de jardim na frente da porta de seu apartamento, fingindo que o corredor era um quintal de subúrbio, tendo na mão uma cerveja, um charuto e um cachorro-quente.

Certa manhã, me vi parado na cozinha, olhando pela janela para a cadeira na escada de incêndio como se nunca a tivesse visto. Foi quando pensei em chamá-la de Cadeira da Jornada de Aura. Imaginei Aura descendo sentada, bem devagar, por uma longa faixa de luz translúcida amarelo-rosada, segurando um livro aberto nas mãos e pousando suavemente na cadeira, de volta de sua longa e misteriosa viagem. Ela levantava os olhos do livro, me via olhando pela janela da cozinha e dizia, como sempre, com sua voz alegre e meio rouca, *Hola, mi amor.*

Hola, mi amor. Mas aonde você foi? Por que ficou tanto

tempo fora? Sei que você não se casou só para sair assim e me deixar sozinho aqui!

No fim de semana anterior à nossa ida ao México, no final de junho, Valentina e Jim nos convidaram outra vez para irmos à casa de campo deles. Estávamos voltando para a cidade no entardecer de domingo, quando Aura e Valentina disseram que queriam parar numa loja ali perto, à qual tínhamos ido na véspera. Jim, eu e a cachorra fedorenta deles, Daisy, ficamos esperando no carro e, minutos depois, vi Aura saindo da loja abraçada a uma nova aquisição, uma colcha que mais parecia a maravilhosa túnica multicolorida de José em uma embalagem de plástico transparente e que ela me disse ter custado apenas cento e cinquenta dólares. Um bom preço, concordei, para uma colcha tão bonita e nova em folha, e ainda por cima não era nenhuma relíquia mofada da vovó. Um folheto contava que a artista norte-americana passara anos viajando por terras estrangeiras para estudar têxteis; agora ela desenhava essas colchas, que depois eram feitas à mão por costureiras de sua oficina na Índia.

Alguns dias depois, quando estávamos fazendo as malas, Aura saiu do closet trazendo a colcha dobrada nos braços e colocou-a na mala aberta no chão. Ela queria levar a colcha para o apartamento do México. E depois iria trazê-la de volta ao Brooklyn no outono? *Así es, mi querido Francisco,* respondeu-me com aquela formalidade levemente sarcástica, indicativa de que ela previra a minha incredulidade. Quase nunca eu me opunha às vontades de Aura, com exceção, admito, do seu desejo de nos mudarmos para um apartamento maior ou para algum outro que tivesse um jardim, onde pudéssemos ter um cachorro, porque realmente ainda não podíamos nos dar a esse luxo. Mas dessa vez eu me opus. Não faz sentido, eu disse, levar a colcha ao México e trazê-la de volta em setembro. Olhe, sozinha ela ocupa quase toda a mala. E já não temos um bom edredom na cama lá do México? Mas a colcha é tão bonita, insistiu Aura. E acabamos de comprá-la. Por que deixar o inquilino aproveitá-la antes de nós? Talvez devêssemos deixar a colcha no México, disse ela, pelo menos lá o apartamento é *nosso*. (Era da mãe dela, na verdade; ela o havia comprado para Aura antes de ela me conhecer, embora depois tivéssemos assumido os pagamentos da hipoteca.) Não precisamos deixar a colcha para o inquilino, argumentei. Você pode guardá-la no armário e nós a inauguramos no outono, quando voltarmos. Imagine como vamos sentir falta da colcha no inverno, se a deixarmos no México.

Sem dizer mais nada, Aura tirou a colcha da mala e levou-a para dentro do armário. Voltou ao quarto e recomeçou a arrumação num silêncio sepulcral. Nos minutos que se seguiram, ela me odiou. Eu era seu pior inimigo. Precisei morder o interior da minha bochecha para não rir.

Depois da morte de Aura, Valentina me disse que a colcha não tinha custado cento e cinquenta dólares; custara seiscentos. Aura tivera receio de me contar.

Mas não foi só por causa do dinheiro, eu sabia. Ela não queria que eu a considerasse o *tipo de mulher* capaz de gastar tanto dinheiro numa colcha de retalhos — mesmo eu sabendo que isso era verdade —, da mesma forma que ficava encabulada sempre que eu percebia que ela estava lendo fofocas sobre celebridades ou visitando sites de moda em seu laptop enquanto líamos ou trabalhávamos na cama, à noite, antes de dormir. Ela equilibrava o computador nos joelhos, a tela afastada de mim, emitindo jatos de digitação em staccato, pulando de janela em janela. Eu não me importava que ela gostasse de sites de celebridades e de moda. Embora fosse exatamente o que a teria incomodado, captar esse vislumbre de si mesma através dos meus olhos, o fato de eu quem sabe adorar que minha jovem mulher inteligente, superliterata, estudante de pós-graduação se divertisse da mesma maneira que qualquer dona de casa jovem e frívola que nunca lia nada mais profundo do que a revista *People*. Que *eu* pudesse gostar disso, que eu supostamente achasse isso bonitinho e sensual, que ela pudesse satisfazer esse voyeurismo *cursi* de macho — que coisa constrangedora! No final de um longo dia, ela gostava de se perder nesses sites; *¿y qué?* Isso não significava nada. Até o fato de eu perceber já era uma distorção ou um exagero da noção de quem ela realmente era. Por que eu não me limitava a manter os olhos em meu próprio livro ou laptop? Minha defesa era que eu estava encantado com quase tudo o que ela fazia e mal podia tirar os olhos dela. Na verdade, só estava esperando que ela deixasse o computador de lado e caísse nos meus braços debaixo das cobertas. Ela também sabia disso.

Quando voltei sozinho do México para o Brooklyn pela primeira vez depois da morte de Aura, era meados de setembro e o tempo estava quente e úmido. Naquele outono de 2007, parecia que o verão se recusava a terminar, que ele pairava sobre a cidade como um castigo. Meu ar-condicionado ficava ligado noite e dia. Por fim, com a primeira queda da temperatura, fui ao armário e, como tinha prometido a Aura, tirei a colcha da capa de plástico e a coloquei sobre a cama. A colcha era feita de faixas finas e horizontais de diversos tecidos — todos os tons imagináveis de cores vivas pareciam estar representados ali, com ligeiro predomínio dos vermelhos — dispostas em fileiras paralelas que corriam longitudinalmente. Parecia mesmo vibrar diante dos meus olhos. A colcha intensificava o aspecto surpreendentemente feminino do que agora era o meu quarto de viúvo. Bichinhos de pelúcia e robôs de brinquedo; um chinelo vermelho-rubi em miniatura pendurado em uma cúpula de abajur; um grande coração de chocolate do Dia dos Namorados de anos antes ainda na embalagem de celofane com fita. Um sofá aveludado de dois lugares a um canto, ao lado da televisão, com grandes almofadas coloridas empilhadas em cima dele. O vestido de noiva sobre o espelho. O anjo alado de Taxco entalhado e pintado, com seu rosto branco e lábios escarlate de querubim adolescente lascivo, pendurado na luminária que se projetava sobre a cama, girando muito devagar e constantemente na ponta de seu fio de náilon, fixando seu olhar de madeira em mim sozinho na cama, da mesma forma como costumava olhar para Aura e eu juntos, depois se afastando devagar.

Muitas vezes, de manhã, quando Aura acabava de acordar, ela se virava para mim na cama e dizia, Ay, *mi amor, que feo eres. ¿Por qué me casé contigo?*, com voz doce e travessa. Ah, meu amor, como você é feio. Por que me casei com você?

¿Soy feo?, eu perguntava, com ar triste. Essa era uma das nossas rotinas. Sí, *mi amor*, ela diria, *eres feo, pobrecito*. E me beijava e nós ríamos. Uma risada, posso dizer por mim, que começava no fundo das minhas entranhas e subia ruidosa por dentro, abrindo-se naquele sorriso tonto que se vê nas minhas fotografias daqueles anos, aquele sorriso apalermado que não me saiu do rosto nem quando pronunciei meus votos de casamento — a expressão de Aura, enquanto isso, apropriadamente emocionada e solene, se bem que um pouco atordoada —, o que torna nossas fotos de casamento um tanto embaraçosas.

Aura guardou a colcha no armário, voltou para o quarto e acabou de arrumar as malas para a sua morte três semanas e um dia depois.

3.

Naquele primeiro dia em que voltei ao apartamento com Valentina e Adele Ramírez, foi como entrar num vazio absoluto, fora do tempo — depois que entrei com as malas, penduramos o vestido de noiva e construímos o altar, eu me perguntei: onde será que Aura guardou seu anel de noivado? (Ou eu teria dito: onde será que ela guarda seu anel de noivado?) Ela não levara o anel para o México, para não correr o risco de o roubarem. Aliás, nunca o punha com regularidade. Era vistoso demais para ser usado na universidade, ela achava. Não queria dar aos colegas da pós--graduação a impressão de ser uma burguesa rica da classe alta mexicana fingindo, hipocritamente, levar a vida austera de uma estudante de pós-graduação de literatura que um dia voltaria para casa ostentando um doutorado da Ivy League como apenas mais uma bugiganga cara. Aura achava, ou melhor, tinha descoberto a duras penas que muitas vezes ela passava às pessoas, em especial aos acadêmicos americanos, essa impressão totalmente falsa.

Eu andava preocupado que Aura tivesse perdido o anel de noivado e estivesse com medo de me contar. Ela perdia coisas o tempo todo — eu também — e eu já dissera a mim mesmo que, caso tivesse perdido, eu não deixaria aquilo me incomodar. Por que deveria me incomodar? Sempre que eu concluía que ela perdera mesmo o anel porque fazia tempo que não o via em seu dedo, também decidia nem mencionar o fato e deixar o desaparecimento passar em silêncio, como se nunca tivesse existido anel nenhum. Era bobagem, provavelmente até errado, gastar tanto em um pedacinho de diamante que talvez tivesse sido extraído na África de alguma forma antiética e até mesmo assassina, mas que até eu podia ver, quando comparado com os outros na bandeja do negociante de diamantes durante a compra, que parecia estar acenando com minúsculas mãos cintilantes e chamando a atenção para o seu brilho feliz. Não que anéis de noivado sejam o único rito permanente ou a única instituição do planeta com uma possível ligação convenientemente esquecida com ações criminosas e sangrentas. Uma vez feito e aceito o importante convite de mudança de vida, não foi o dinheiro bem e com alegria gasto? Depois que botei o anel no dedo de Aura e ela disse sim e nós nos beijamos — eu a pedi em casamento em Puerto Escondido —, talvez a atitude mais satisfatória fosse logo depois jogar o anel no mar, livrando nosso momento e nossas lembranças daquela ninharia cara e da constante preocupação de não a perder. Ou quem sabe Aura poderia ter levado o anel para a Cidade do México, o mostrado a sua mãe, a seu tio Leopoldo e a seus amigos, e depois o jogaríamos fora do alto de algum viaduto, onde um garoto de rua poderia afinal encontrá-lo, alterando a vida dele para o bem ou para o mal. Desse jeito, eu jamais perderia um segundo sequer me perguntando se ela teria perdido o anel e estava mantendo o assunto em segredo.

Quando saíamos para jantar fora no restaurante favorito de Aura no aniversário dela, ou no nosso aniversário de casamento, ou no Dia dos Namorados, ou em qualquer ocasião que achássemos merecedora de uma noitada cara em Nova York, lá estava ele, brilhando no dedo dela. Aquele anel de diamante ia e vinha como uma estrela cadente no céu noturno, visível da Terra apenas duas ou três vezes por ano.

Eu sabia o quanto ela se preocupava com o anel por causa do dia em que quase o perdeu quando estávamos em Austin, no Texas, para uma Feira do Livro. Aura tinha estudado na Universidade do Texas durante os dois anos em que uma greve estudantil fechou a Universidade Nacional Autónoma de México, onde ela se especializava em literatura inglesa. Sua mãe, Juanita, uma das administradoras da universidade, não iria deixar a filha definhando em casa ou desperdiçar tempo vagando pela vasta e quase abandonada cidade apocalíptica que era o campus da Unam durante os anos da greve, deitada na grama com amigos, fumando maconha em *el aeropuerto* — que era como os estudantes chamavam o trecho arborizado do gramado onde se encontravam para ficar chapados — ou na companhia dos grevistas mais famosos nos edifícios cercados e cobertos de pichações. De qualquer maneira, entediada por estar fora da escola, Aura voltara-se totalmente contra a greve e os grevistas. Juanita e dois professores de Aura, que também eram padrinhos dela, mexeram os pauzinhos com alguns antigos colegas mexicanos que na época lecionavam na Universidade do Texas e conseguiram-lhe uma bolsa de estudante estrangeiro.

Em Austin, na UT, Aura morou primeiro num dormitório de estudantes e depois dividiu o andar de uma casa com três estudantes estrangeiras: duas garotas panamenhas e Irina, da Romênia via Israel, uma beleza de pernas compridas e ar de animal abandonado, campeã local de kickbox e baterista numa banda de rock, além de estudante de literatura e escrita de poesia. Mulheres jovens e inteligentes com sotaques carregados que aprenderam a cuidar de si mesmas e umas das outras, e que não se importavam que a faculdade gringa e as meninas do grêmio nunca as incluíssem em coisa alguma desde o primeiro dia. O mais difícil era lidar com os preconceitos predatórios dos rapazes brancos, que acreditavam que todas as fêmeas morenas deviam ser iguais às que vendiam sexo sujo bem barato do outro lado da fronteira, ou que era praticamente obrigatório, uma espécie de cavalheirismo invertido, tratá-las dessa forma. Mas essa era a minha maneira de falar, não a de Aura — ela não usava expressões como "rapazes brancos" e achava bastante ridículo quando eu o fazia. Ela os chamava de *gringos* ou de *los blancos*, nunca sarcasticamente, embora às vezes com indignação. Eis um poema que Aura escreveu em um de seus cadernos durante sua temporada em Austin:

Me vuelvo sucio
Y leo Bukowski aunque lo odie
Parece quisiera ser hombre
Para quitar a las mujeres del camino
Que nadie se escandalice
Esto es privado
Esto es mentira
La poesía es ficticia y no salva a nadie.

No entanto, foram tempos desvairados. Em quase todas as fotografias de Aura e de suas colegas de república, elas estão segurando cervejas, parecendo completamente altas ou como se tivessem passado a noite em claro: cabelos desgrenhados, rostos de meninas travessas, deliciosas. Mas Aura estudava com afinco, escreveu um artigo em inglês sobre Raymond Carver que seu professor leu para a turma, além de trabalhar incansavelmente no que iria apresentar como sua monografia de bacharelado na Unam quando a greve acabasse, sobre W. H. Auden. E, mesmo com toda a suposta loucura, teve apenas um namorado lá, um rapaz judeu de Houston, um músico do estilo country-rock-hippie de Austin. Uma das garotas panamenhas, Belinda, de olhos verdes, três ou quatro anos mais jovem do que as outras, me contou que Aura era quem a impedia de se meter em encrencas em Austin, quem a orientou nas várias crises, disse que Aura foi uma espécie de mãe substituta para ela. Aura porém tinha sua própria mãe substituta no Texas, Irina. Embora, na verdade, Irina fosse mais uma antimãe. Costumava incentivar e até mesmo inebriar Aura com a ideia de que ela deveria desafiar as expectativas de sua mãe de seguir uma carreira acadêmica, o que Aura pelo menos pareceu continuar satisfazendo, obediente, praticamente pelo resto de sua vida. Mas um pouco do estilo e da ousadia de Irina passou para Aura, pelo menos como um tipo de ideal. Em Nova York, Aura teve aulas de kickbox por alguns meses em uma academia perto da Penn Station, pegando o metrô entre Columbia e Brooklyn com luvas de boxe vermelhas penduradas na mochila. Mais tarde, Irina seria uma das três damas de honra de Aura no nosso casamento, junto com Valentina e Fabiola, que foi para a praia conosco naquele último verão. A Feira do Livro em Austin, onde dei a palestra habitual para uma plateia esparsa, foi um fim de semana de reencontro para Irina e Aura, uma oportunidade para suas conversas de garotas durante horas, como nos velhos tempos, e para pôr todos os assuntos em dia, inclusive a surpresa da notícia do nosso noivado.

Quando o fim de semana terminou, Irina foi ao nosso hotel para nos levar ao aeroporto, e estávamos quase chegando lá quando Aura percebeu que não estava usando o anel. Tinha certeza de que o deixara no hotel. Tivemos de voltar. Na recepção, nos deram outro cartão-chave. Não havia nenhum indício de que alguém tivesse entrado no quarto desde a nossa saída. A bandeja com os nossos pratos sujos empilhados do café da manhã ainda estava no chão ao lado da cama desfeita. Procuramos em todos os lugares. Aura começou a parecer um mímico medíocre drogado, balbuciando pelo quarto, depois de esgotar seu repertório de procura. Eu disse que seria melhor voltarmos ao aeroporto, para não perdermos também o nosso voo. Não faz mal, *mi amor*, eu disse, compro um novo para você. No entanto, não poderia dar a ela outro anel como aquele, e me aborrecia em silêncio por Aura não tê-lo valorizado devidamente e o que me tinha custado. Mas ela não havia me pedido nem exigido um anel de noivado caro, argumentei comigo mesmo, e se decidi me endividar mais para comprá-lo o problema era cem por cento meu.

O anel estava perdido: a expressão impotente e arrasada de Aura me dizia que era assim. Ela se sentou de pernas cruzadas no chão, tombou o corpo para a frente com a cabeça entre as mãos e chorou. Apesar de muitas coisas poderem fazer Aura chorar, aquele era o choro desconsolado que irrompia apenas em momentos de tristeza profunda, pavor, mágoa, humilhação extrema ou uma combinação de tudo isso, e que, conforme os minutos passavam, em vez de diminuir, só parecia crescer em histeria e dor e fazia realmente a gente temer por ela ou por sua sanidade. Como era possível emoção tão forte e tantas lágrimas caberem num corpo tão pequeno, eu pensava, olhando-a sem saber o que fazer, atordoado, curvando-me para abraçá-la — eu que quase nunca chorava, que me sentia como se experimentasse uma epifania de sentimento digna de um poeta romântico quando meus olhos ficavam um pouco úmidos durante um filme, e eu tentava chamar a atenção de Aura para isso, como um gato exibindo suas proezas de caça ao largar um rato abatido aos pés de seu dono, piscando muito, segurando os dedos dela e os levando à discutível umidade das lágrimas em meus cílios, *mira mi amor*, estou chorando! No funeral de meu pai, chorei de fato, e por cerca de cinco minutos. Mal desconfiava o que ainda iria jorrar de dentro de mim, que eu iria aprender o que era se sentir engolido pelo próprio choro, a dor me sugando como a medula sendo tirada de um osso. Aura sentou-se no chão do quarto do hotel, ao lado da bandeja cheia de pratos do café da manhã, chorando por ter perdido seu anel de noivado. Irina ajoelhou-se diante dela, segurando uma das mãos de Aura nas suas e levando--a aos lábios, eu estava agachado do outro lado, e nós dois a chamávamos de querida, nós dois dizíamos coisas como, Oh, querida, doce Aura, oh, meu anjo, está tudo bem, não é o fim do mundo, é só um anel, esqueça isso, vamos embora, vamos para o aeroporto. Então Aura fez um gesto com a mão perto da bandeja do café da manhã, esbarrou apenas num dos pratos, e lá estava ele, reluzindo; tinha ficado escondido sob a borda do prato sujo de gema de ovo. Gritos de espanto e de alegria!

No Brooklyn, naquele dia, ocorreu-me que talvez eu nunca mais visse o anel outra vez. Era uma coisa tão pequena, e Deus sabe onde Aura o teria escondido, se de fato não o tivesse perdido. Se o encontrar, talvez devesse vendê-lo, pensei. Estou com um monte de dívidas.

Tenho a impressão de que nunca vou encontrá-lo, comentei com Valentina e Adele.

Espere, deixe-me pensar, disse Valentina. Sou boa em descobrir coisas assim. De qualquer forma, as mulheres tendem a seguir a mesma lógica quando escondem suas joias.

Ela ficou parada no meio do quarto, um braço atravessado sob o peito e as costas da mão sustentando o cotovelo do outro braço, queixo apoiado no punho, óculos seguros por uma haste entre dois dedos, a cabeça girando devagar. Hmmm, disse. Onde. Ondeondeonde... Valentina foi direto para a cômoda de Aura, abriu uma gaveta de baixo, afastou blusas e camisas dobradas, curvou-se para alcançar o fundo e, como se ela própria o tivesse escondido ali, pegou uma caixa de joias mexicana de madeira laqueada e a abriu. Dentro da caixa estava a caixinha de veludo escuro, ela abriu a tampa, e lá estava aquele conhecido brilho feliz.

Acho que eu acabaria o encontrando.

Mais ou menos uma semana depois da morte de Aura, numa das pequenas joalherias do Zócalo, comprei um cordão de prata resistente para usar no pescoço e pendurei nele nossas alianças de casamento, ali mesmo no balcão da loja. (A horrível animação que me acometeu durante as primeiras semanas ao sair diariamente para minhas incumbências de enlutado, como se estivesse providenciando um novo lar e uma vida nova para a minha nova namorada: imprimindo fotografias digitais, procurando livros sobre luto em inglês e espanhol pela internet e em livrarias, comprando roupas escuras, indo a um alfaiate para fazer um terno de luto, experimentando religiões sentado em igrejas, lendo o Kaddish, indo meditar no Centro Budista em Colonia Nápoles.) O joalheiro usou certas ferramentas, inclusive uma serra diminuta, para modificar o fecho de modo que não pudesse ser aberto apenas com as mãos. Nossos anéis eram de platina, com nossos nomes e a data do nosso casamento gravados no interior: Paco & Aura 20/8/2005. No Brooklyn, depois que Valentina encontrou o anel de noivado, decidi acrescentá-lo ao cordão, junto com as alianças de casamento. Tirei o cordão de prata pela cabeça — era a primeira vez que o tirava. Na mesa da cozinha, inseri um prego no minúsculo buraco do fecho, empurrei para um lado e para o outro, procurando alguma pequenina trava, e bati nele com um martelo. O fecho abriu. Enfiei o anel de diamante no cordão, depois apertei o fecho e puxei o cordão com as duas mãos até ter certeza de que resistiria.

Usei o anel de diamante pendurado no pescoço por alguns

dias. Por que pensei que isso me faria sentir melhor, ou que o meu cordão de luto agora teria mais significado, ou uma nova magia, por eu ter acrescentado o anel a ele? Não me senti nada melhor, acordava todas as manhãs com a mesma tristeza e o mesmo estupor sombrio da descrença, aos quais agora se somava a ansiedade que aquele anel sempre pareceu despertar em mim. E se um dia eu fosse assaltado, e o cordão roubado, e eu perdesse o anel de noivado junto com as duas alianças de casamento? Não era o valor do anel que me estressava, embora valesse o suficiente para comprar um Subaru, se eu quisesse. Pensei, Então vou ficar sem nada. Ficar sem nada? São apenas *coisas*! Mas tirei o anel de diamante do cordão e coloquei-o de volta onde Aura o guardava.

Eu ainda tinha o xampu que Aura levara para a praia. Xampu de tratamento de melaleuca com hortelã num saquinho da Sanborns. Sempre que precisava enfrentar algum acontecimento ou tarefa que imaginava que seria particularmente difícil, eu levava o vidro azul para o chuveiro e usava apenas uma pequena dose do xampu de Aura. Eu temia o dia em que o vidro ficaria vazio, como se então fosse se esgotar também tudo o que restara do poder protetor do amor de Aura, o que provocava em mim alguns tensos debates interiores — enquanto a água do chuveiro esquentava ou durante o café da manhã — sobre se determinada ocasião merecia mesmo ou não o uso de mais xampu. Ela também deixou dois potes de esfoliante facial no boxe do banheiro. A primeira vez em que abri o pote cor-de-rosa, o maior deles, achei as marcas dos dedos de Aura escavadas como fósseis na superfície mole e esbranquiçada cor de coco do creme; atarraxei a tampa de novo e o coloquei no alto da prateleira do boxe — e às vezes, embora raramente, e só quando o chuveiro estava desligado, eu abria o pote para olhar de novo as marcas dos dedos dela. E de vez em quando, no banho, eu esfregava o creme facial do pote menor na minha pele, a pasta áspera de limão que trazia de volta o cheiro cítrico de sabonete que eu sentia de manhã naquela face onde eu comprimia meus lábios.

Agora sei o que um psiquiatra diria: que eu estava me agarrando a substitutos externos para compensar a falta do Objeto Perdido interno e daquela parte de mim que se perdera com o Objeto Perdido autônomo. Que, por meio do vodu do creme esfoliante e do xampu, eu tentava trazer de volta o amor de Aura por mim e o meu amor por ela, junto com tudo o mais que, com sua morte, se perdera e não podia mais ser uma parte de mim. Assim é a vida à sombra do Objeto Perdido. Mas eu jamais diria que deixar o xampu no México teria sido melhor. Quando o xampu por fim acabasse, a vida simplesmente se tornaria muito mais sombria, só isso — e por que não se tornaria mais sombria a cada dia que me distanciava de Aura?

Eis um evento que justificou um pouco do xampu de Aura: o primeiro dia, nove meses depois de sua morte, quando finalmente tive ânimo para ir de metrô até Columbia. Comi sozinho no Ollie. Fui olhar CDs e DVDs no Kim. Parei na esquina onde sempre nos despedíamos antes de ela descer o quarteirão até a Casa Hispánica, onde ficava o seu departamento. Casa Pánica, ela e Valentina costumavam chamá-la. Ela quase nunca deixava que eu a beijasse naquela esquina. A nossa diferença de idade a encabulava, era uma das razões, e também não queria dar a seus professores ou a outros alunos assunto para mexericos. Entrei na Biblioteca Butler e sentei-me para tomar uma xícara de café numa cadeira desocupada junto à parede de um marrom cor de quadro de avisos no refeitório lotado, onde muitas vezes esperei por Aura quando tinha a sorte de encontrar uma mesa ou mesmo apenas uma cadeira. Contemplei os alunos indo e vindo, sentando-se, conversando, estudando, usando seus modismos, e pensei em como, quando estava com Aura, ainda estava conectado com o império global da juventude através dela, e que agora não estava mais. (Quando é que vou passar outra vez uma hora e meia acompanhando alguém dentro de uma Sephora ou de uma Urban Outfitters — apenas um exemplo aparentemente trivial, embora com certeza nunca mais vou fazer *algo semelhante*.) Segui pelo corredor até o banheiro masculino e, pela primeira vez em nove meses, fiz xixi num de seus grandes mictórios de mármore, e até fazendo isso me senti fantasmagórico. Fui para o saguão, parei junto de um dos computadores e escrevi um e-mail para Aura dizendo-lhe que eu voltara à Biblioteca Butler pela primeira vez sem ela e o quanto sentia sua falta. Fui para o pátio. Na Broadway, comprei um *New York Times* para ler no percurso de metrô para casa e, como sempre, quando abri a página do obituário e li nos cabeçalhos morto aos noventa... oitenta e oito... setenta e três ... noventa e seis... senti ferver aquela raiva ácida. Sempre que encontrava um obituário de alguém até uns quarenta anos, eu me sentia momentaneamente melhor, sentia uma satisfação horrorosa. Viu só, você não foi a única infeliz que morreu jovem, eu pensava. Porém as listas diárias das baixas americanas no Iraque publicadas no *Times*, a maioria de gente ainda mais jovem do que Aura e um número bastante grande de mulheres, até adolescentes, formavam uma justaposição mais desconcertante, como se tudo estivesse acontecendo em algum outro cassino onde se jogava um jogo diferente de destino, com regras e probabilidades diferentes, ou talvez fosse o mesmo cassino, apenas com mesas de jogos diferentes e uma metáfora diferente para a palavra destino. Não que não houvesse, da mesma forma, crises de náuseas pelo desperdício também dessas vidas, e tentativas de comunicação telepática subterrânea: Olá, Colorado, do trem F rumo ao Brooklyn, meu nome é Francisco... pode me chamar de Frank... como a sua soldado Ramona, minha Aura morreu muito jovem... os meus mais sinceros... conhecemos a tristeza um do outro, por isso nos conhecemos... talvez você queira se juntar ao meu grupo de luto telepático... Os mortos do Iraque não estão listados pelo nome, mas em um artigo na mesma página li que *vinte carros de civis vindos do norte de Basra com caixões amarrados nos tetos foram enterrar seus mortos no cemitério xiita da cidade sagrada de Najaf* e pensei: pelo menos um desses caixões leva uma jovem esposa que era adorada por seu marido; ele segue no carro debaixo do caixão dela. Conhecemos a tristeza um do outro, e a vergonha um do outro. Nós nos conhecemos.

Que diferença faz, afinal, visitar os lugares que nos assombram ou ficar longe deles? Dava na mesma, fosse como fosse era a mesma coisa.

Acabei indo a Columbia, mas quinze meses depois ainda não tinha voltado ao Café le Roy, o restaurante de bairro ao qual Aura e eu íamos na maioria das vezes, sobretudo nos fins de semana para o café da manhã. Aura tinha certeza de que o nome devia ser uma referência ao Triste-le-Roy da história de Borges "Death and the Compass", mas não, acontece que o nome do proprietário era Leroy. Os garçons e gerentes eram na maioria jovens mexicanos, e sempre muito simpáticos conosco, por mais lotado que o restaurante estivesse ou por mais impacientes que se mostrassem as pessoas à espera de mesa. Eles recebiam nossos pedidos em espanhol e falavam inglês com todos os outros; perguntavam com interesse sobre nossa vida e nós perguntávamos sobre a deles. Agora, ao ver o Café le Roy na ida para o metrô, atravessei para seguir pelo outro lado da calçada. Mas eles devem ter me visto, e eu disse a mim mesmo, Aposto que estão pensando que Aura me deixou.

Sempre que a moça equatoriana do caixa do supermercado na nossa esquina, uma garota gordinha e alegre com marcas de acne e óculos fundo de garrafa, perguntava: *¿Y tu esposa, señor?*,

eu respondia que minha mulher estava bem. E ela, rindo, provocava, Ahhh, agora ela faz você fazer todas as compras. *¡Que bueno!*
Eu também não voltara à peixaria. Eu não era mais aquele sujeito que aparecia lá com a mulher ou sozinho, duas vezes por semana, para comprar salmão selvagem do Alasca, sempre em filés para dois, uma certa extravagância, mas era do que Aura gostava, e muitas vezes um ou outro dos dois sujeitos simpáticos que trabalhavam lá levantava uma grande fatia cintilante de salmão cor de tangerina do leito de gelo e começava a cortar assim que um de nós entrava na venda.

Não era mais *ele*. Não era mais um marido. Não era mais aquele homem que vai à peixaria comprar o jantar para o casal. Em menos de um ano, eu era *não mais um marido* por mais tempo do que havia sido um marido. No entanto, vivemos juntos dois anos mais do que isso. E virá o dia em que não terei mais estado com Aura mais tempo do que estive com Aura.

Às vezes, eu acordava com a sensação de ter sonhado com Aura, mas não me lembrava do sonho. Certa manhã, porém, algumas semanas depois de eu ter voltado ao Brooklyn, pela primeira vez tive um sonho de que me lembrei ao acordar. Estava em uma sala austera e fria com paredes de pedra amarelada e percebi que estava dentro de um túmulo. Havia um cobertor de lã de listras marrons e creme com uma forma humana imóvel debaixo dele deitada numa laje de pedra retangular. Eu sabia que era Aura sob o cobertor, porque era o mesmo cobertor guatemalteco de lã gasta que eu tinha em casa, mas agora ele estava esfarrapado e rasgado, como os cobertores em que a gente vê os moradores de rua embrulhados no metrô. Eu subi na laje e me deitei ao lado dela. Então houve um movimento sob o cobertor e percebi que ela se virava devagar para o meu lado. Uma das extremidades do cobertor surrado levantou-se quando os dois braços dela se estenderam para mim, e puxei o corpo tão familiar ao encontro do meu, ao mesmo tempo que a cabeça dela surgia, com seu cabelo preto (tão igual ao cabelo de uma japonesa) em seu desalinho e fragrância matinal debaixo do meu queixo, como acontecia todas as manhãs. Com os braços ao redor do meu pescoço, Aura me abraçou firmemente, me abraçou como costumava me abraçar.

Acordei e me sentei. Não estava assustado porque não tinha sido realmente um pesadelo. Corri um olhar inexpressivo pelo quarto. Então me enfiei de novo debaixo da colcha multicolorida e me concentrei em lembrar os detalhes do sonho. Era a primeira vez, em meses, que sentia um abraço carinhoso — desde a última vez que sonhara que Aura estava me abraçando, algumas noites depois de sua morte. Cheguei a sussurrar *Gracias, mi amor. Te amo.* E fiquei na cama até mais ou menos o meio-dia.

Nenhum dia parecia melhor do que o anterior. Vazio, culpa, vergonha e medo em infinita sucessão. Sentia-me pior por Aura — pensar em tudo o que ela perdera era a maneira mais rápida de me fazer querer cair, gemendo, de joelhos. Muitas vezes eu pensava, Mas pior é perder um filho, perder o único filho, a única filha... uma mãe solteira perder sua única filha! *Ainda pior.*

Antes de Aura ir para a Universidade do Texas, ela e sua mãe nunca tinham ficado separadas por mais de algumas semanas. Com treze anos, fora a um acampamento de verão em Cuba por três semanas; quando adolescente, percorreu parte da Europa em um pacote turístico com sua meia-irmã; mais tarde, Juanita a mandou duas ou três vezes à Europa para escolas de verão em Paris e Cambridge, na Inglaterra. Juanita pagou tudo isso com seu salário de administradora da universidade, muitas vezes ocupando dois cargos ao mesmo tempo, e, em alguns momentos, tendo até um terceiro trabalho de meio período.

Mas Juanita e eu não tivemos nenhum contato. Eu nem sabia o que ela fizera com as cinzas de Aura.

Pensei que poderia viver mais alguns meses do dinheiro que Aura havia deixado em sua poupança, e também do dinheiro do seguro da Universidade de Columbia que eu tinha recebido por ser seu parente vivo mais próximo — fui eu quem reclamou o seguro e deu andamento à papelada.

Quem deveria, por direito, ser considerado o parente vivo mais próximo, o viúvo ou a mãe desolada?

Pelo que eu sabia, Juanita já havia espalhado as cinzas de Aura em algum lugar que ela escolhera por razões inteiramente próprias, e pretendia nunca me dizer onde.

Juanita e seu irmão, ou os advogados da universidade que os estavam orientando, queriam que eu fosse detido e levado à prisão mesmo enquanto esperavam investigadores reunirem provas contra mim — ou talvez fabricarem provas, esse era o perigo. Um ano depois, o risco de tal coisa acontecer parecia ter passado, mas o meu advogado me disse que, caso eu voltasse à praia para o primeiro aniversário da morte de Aura, deveria ir ao gabinete do promotor público de lá e dar a necessária declaração para o arquivamento do caso; apenas uma formalidade, observou ele, mas seria prudente. Vá e conte a sua história. Um caso em aberto, ele disse, é como um animal vivo.

4.

Como naquela canção de José José, "Gavilán o Paloma", em que ele diz ter sido atraído para ela como uma onda, *una ola*, e se aproximou dela e disse *Hola*, foi assim que aconteceu.

Quando cheguei ao Centro Rei Juan Carlos da NYU, a *presentación de libro* de José Borgini estava começando. No pódio, um professor argentino fazia as observações introdutórias habituais, e lancei-me em uma pantomima de pressa contrita pela chegada tardia, quase correndo enquanto puxava minha mala com rodinhas pelo corredor do auditório, arrancava casaco, chapéu e cachecol e os jogava num lugar vazio na fila da frente, depois me lançava escada lateral do palco acima, tropeçava um pouco no degrau mais alto, subia ao tablado com passadas largas e assumia meu lugar à mesa ao lado de Borgini. Ouvi risadinhas na plateia e vi o professor de cavanhaque olhar para mim do pódio, as lentes dos óculos opacas sob as luzes do palco. *Señorrr Paaaco Gohhhldman*, suponho — o sotaque argentino era forte e ele tinha uma voz estridente, quase gritada. Levantei a mão, assenti com a cabeça e, quando fui pegar a garrafa de água Poland Spring, derrubei-a e ela rolou para a frente da mesa, mas eu a apanhei antes que caísse pela beirada. Eu decididamente estava fazendo papel de idiota. Essa foi a primeira impressão que deixei em Aura — ela estava na plateia e sempre ria, deliciada, quando contava a história. *Puxando a mala*, como gostava de dizer com um riso abafado, como se aquela fosse a parte mais engraçada, imitando meu trote pelo corredor com um rápido oscilar da cabeça e ar petulante, estendendo a mão para fora como se segurasse uma alça de mala. Era o meu semestre anual como professor no Wadley College, em Connecticut, e eu costumava ficar no campus uma ou duas noites por semana. Dava uma aula à tarde lá e pegava o trem Metro North para a Grand Central logo depois.

Eu conhecia Borgini um pouco da Cidade do México, embora ele fosse dez anos mais novo do que eu, estivesse na casa dos trinta. Não o via desde que seu último romance ganhara um prêmio importante na Espanha. Agora seu livro estava saindo em inglês e ele me convidara para participar de sua *presentación* em Nova York, da maneira como são feitos os lançamentos de livros no México, com outros escritores falando sobre o livro em vez de o autor fazer uma leitura. Borgini viera de avião de Berlim, onde havia sido há pouco tempo nomeado adido cultural da embaixada mexicana. A outra participante era a romancista mexicana Gabriela Castresana, que se mudara do México para o Brooklyn alguns anos antes, para um apartamento dúplex próprio a apenas alguns quarteirões do meu, onde agora morava com seus dois filhos adolescentes. Gabriela, uma beleza exuberante e carismática de uns quarenta anos, era o tipo de escritora socialmente ágil que, onde quer que fosse, parecia fazer amizade com todos do mundo literário, fossem famosos ou não. Naquela noite, depois do evento, ela daria um jantar para Borgini em seu apartamento e esperava-se que Salman Rushdie comparecesse. Quando ela me contou isso ao telefone, não me contive e perguntei, E o Saul Bellow, será que ele também não quer conhecer o José Borgini? Depois da *presentación*, Borgini permaneceu em seu lugar autografando livros, Gabriela postou-se à beira do palco fazendo sala para seus fãs e eu segui para a mesa de vinhos nos fundos do auditório. Havia apenas uma pessoa lá, uma jovem esguia e bonita, cabelo preto bem curto num corte chique e de brilhantes olhos negros — uma beleza de elfo, uma compleição elegante e encantadora, lábios vívidos, batom vermelho. Ela sorriu para mim com aquele sorriso e eu devo ter sorrido de volta como se mal acreditasse na minha sorte.

Hola!, eu disse, e, segurando seu copo de plástico de vinho tinto e olhando para mim de uma forma que antecipava uma conversa, ela respondeu: *Hola*.

(Olá! Conheça a sua morte.

Olá, minha morte.)

Tinha os dentes superiores separados no meio e uma pinta sob o lado direito do lábio inferior. Vestia um suéter cinza-claro justo, um vestido plissado de lã preta, meia escura e bota de couro. Uma aluna de pós-graduação da NYU, foi o que imaginei. Mas ela parecia jovem o suficiente para ainda estar na graduação. A garota latino-americana dos meus sonhos com dez anos de atraso. Perguntei se tinha gostado da *presentación* e ela respondeu, *Sí, por supuesto, estaba muy bien*, a frase pontuada por um leve aceno abrupto que, junto com seu elogio educado, parecia dizer que, naturalmente, a *presentación* tinha sido a besteirada vazia de sempre, não que ela me culpasse, ou a quem quer que fosse, ou até mesmo que se importasse, porque era raro uma *presentación* não ser assim. Sua voz era incrivelmente charmosa, rouca e áspera, um pouco anasalada, como a de uma personagem de desenho animado, transpirando juventude e bom gênio. O sorriso e a voz de Aura eram sempre o que as pessoas primeiro notavam nela. Além disso, a inteligência, a doçura e algo de espiritual, de outro mundo. (Muitas mensagens de condolências traziam frases assim: Aura tinha algo que não era deste mundo... Aura me lembrava uma criatura encantada da floresta, seus olhos e seu sorriso, as coisas engraçadas que costumava dizer...) Fiquei siderado, cheio de curiosidade e excitação. Eu era o tipo de pessoa que acredita que as coisas aconteciam assim: quando menos se esperava, a gente encontrava alguém, havia uma conexão mágica, uma cumplicidade instantânea e a nossa vida mudava. Apesar das provas em contrário e de tantos alarmes falsos, havia anos que eu vinha esperando confiantemente por um momento como aquele. Uma outra voz dentro de mim me preveniu: Seu idiota, ficou maluco? Olhe para ela, é *jovem demais*.

Afinal, ela não estudava na NYU nem ao menos morava em Nova York. Era aluna na Brown. Viera de Providence.

Quer dizer que você veio até Nova York só para a *presentación* do livro de José Borgini?

Sim, ela respondeu. Deu a impressão de querer contar mais alguma coisa. Por fim, acrescentou, Bem, não só para isso. Pediu licença e voltou à mesa para pegar outro copo de vinho. Eu me preparei para o que sabia que iria acontecer: um aceno amigável de despedida por cima do ombro e depois ela voltaria a se misturar à multidão compacta, provavelmente para se encontrar com quem a acompanhava, e daí a pouco eu a veria junto com seus amigos, todos já encasacados dirigindo-se para a saída, ou talvez ela iria embora com um namorado, ainda que até então não houvesse sinal de namorado nenhum. De qualquer maneira, eu nunca mais conseguiria falar com ela novamente ou reveria aquele sorriso. Decerto ela não viera de Providence apenas para a *presentación* do livro de Borgini *sozinha*.

Mas ela voltou, e agora com uma expressão um pouco ansiosa, o sorriso mais contido. Seu nariz era grande e salpicado de sardas claras ou de sinais pequeninos, mas o engraçado é que de frente parecia pequeno ou de um tamanho normal, arredondado e um pouco arrebitado. Como tudo no rosto dela, até o nariz parecia simpático e cheio de personalidade.

Você veio de Providence com amigos?, perguntei.

Não, não exatamente, ela disse. Vim de ônibus, no ônibus *Bonanza*, para o terminal *Port Authority*. E sorriu com timidez, como se quisesse dizer Gosto muito de pronunciar esses nomes.

Mas o que isso significava, que não viera *exatamente* com amigos?

O que você estuda na Brown?, perguntei, e ela me contou que tinha uma bolsa de pós-graduação para pesquisa sobre literatura latino-americana. Estava tudo explicado. Ela viera a Nova York por causa de um interesse acadêmico nos romances de José Borgini.

Bem, ele é meu amigo, acrescentou ela.

Como não pensei nisso antes? E eu disse: Ahhh, o.k., você é amiga do José. Ótimo. Então vai ao jantar na casa de Gabriela?

Nãããão, ela respondeu com ar pesaroso, Não vou. Franziu os lábios e me olhou fixamente, como se estivesse decidindo se deveria ou não me explicar. Juro que meu coração deu um salto e pensei, Vou levar você para jantar, vou deixar a Gabriela de lado e vamos a outro lugar, mas, antes que eu abrisse a boca, ela explicou que José lhe dissera se tratar de um jantar privado. E que ele se esforçara para fazer com que a convidassem, mas não tinha conseguido. Seria um jantar em *petit comité* para ele conhecer Salman Rushdie.

Petit comité?

Sim, ela disse.

Foi isso mesmo o que ele falou? *Petit comité*?

59

Foi, ela confirmou. Eu não sei bem o que isso quer dizer, o que é um jantar em *petit comité*. Será que vão debater algum grande problema do mundo da literatura e nos salvar? Então, baixando o tom da voz, como se imitasse uma voz paternal grave, que não parecia ter muito a ver com a fala mansa de Borgini, ela disse: *Sabe como são essas coisas, Aura. É o Salman Rushdie.*

A voz grave engraçada, o sorriso e o dar de ombros com ar desolado fizeram-me rir alto. Entendi, disse eu. E, enquanto estivermos em *petit comité*, o que você vai fazer?

Ah, apenas voltar para o hotel e esperar, ela respondeu.

Fiquei confuso. Como Borgini poderia estar envolvido com ela se nem ao menos a estava levando para o jantar? E por que ela deveria voltar para o hotel dele — para o quarto dele? — para esperar? Esperar o quê? Por que ele não a convidara para o jantar?

Isso é loucura, eu disse. Todo mundo em Nova York acaba jantando com Salman Rushdie mais cedo ou mais tarde. (Não que eu já tivesse jantado.) Claro que você pode vir com a gente. E, se não puder, vou jantar com você em outro lugar.

Ah, não, você não precisa fazer isso — com uma súbita gargalhada ofegante, a primeira vez que eu ouvia aquela risada.

Segundos depois, Gabriela passou a caminho da mesa de vinhos e toquei seu braço. Gabriela, eu disse, essa é Aura. Uma amiga de José Borgini. Ela também pode ir ao jantar, não pode?

Gabriela lançou um olhar rápido para Aura, depois para mim, arregalando os olhos enormes, como se os ajustasse a um clarão de luz brilhante. *¿Por qué no?*, disse. Sim, ela pode ir.

No jantar, Borgini sentou-se entalado entre Gabriela e Salman Rushdie — com seus famosos olhos apertados, de pálpebras pesadas e um rosto surpreendentemente angelical sob a cúpula quase careca parecida com a de Pnin; uma fisionomia intrincada, como a de alguém ao mesmo tempo com um bom humor suave e perigosamente mordaz. Borgini, tendo à sua esquerda um corpo masculino muito maior do que o seu conversando com uma mulher também maior, de gestos expansivos, à sua direita, parecia o Rato Silvestre do chá de *Alice no País das Maravilhas*. Salman Rushdie não falava espanhol e logo deixou claro que não pretendia praticar seu francês diplomático naquela noite. Entretanto, o inglês de Borgini não era bom o suficiente para ele acompanhar a conversa. Gabriela, como uma guarda de rua em cruzamento de escola, de vez em quando interrompia a conversa para dar a Borgini uma chance de falar, incentivando-o com uma pergunta, ajudando-o com seu inglês. Acho que Rushdie provavelmente nem se lembra mais de ter encontrado Borgini naquela noite e aposto como não tem a menor lembrança de ter se sentado à minha frente e tampouco do meu nome. Eu me pergunto se ele até mesmo se lembra de Aura. Eu estava achando tudo ótimo — Aura e eu deixados a sós num canto da mesa — a melhor coisa que poderia ter acontecido. Quase nem me lembro de ter olhado para o sr. Rushdie do outro lado, e não estava nem um pouco inibido por me ver na presença de uma figura mundial tão importante, como provavelmente estaria caso não estivesse sentado ao lado de Aura. Tendo ao fundo a voz de Salman Rushdie, com seu inglês polido, apocopado, e seu riso abafado de menino, eu ia me apaixonando por Aura. (Lembra-se de nós, sr. Rushdie? O senhor teria sabido dizer, olhando para nós com seus famosos olhos de falcão, com sua percepção de grande romancista, que estávamos nos apaixonando, ou que pelo menos eu estava? E o que mais? A mais leve sombra de um destino horrível? Escrito nas estrelas, o senhor achou? Será que vou sobreviver a isto? Será que mereço sobreviver?) Minha atenção estava toda em Aura. Se Borgini olhava para ela do outro lado da mesa com expressão sinistra, ou aborrecida, ou qualquer outra, ela parecia indiferente. Estávamos sentados perto um do outro num canto da mesa, os joelhos se tocando, bebendo vinho, conversando e rindo. Ela dizia alguma coisa, eu ria, eu dizia alguma coisa, ela ria. Estabelecemos um jeito de conversar um com o outro que passaria a ser o *nosso* jeito de conversar. Gostávamos de fazer graça um para o outro, sempre. Não importava se o que estávamos dizendo era engraçado ou não. Eu gostaria de poder lembrar de tudo o que falamos no jantar daquela noite, mas é claro que não consigo. Descobri que ela tinha apenas vinte e cinco anos (droga!). Sua bolsa de estudos na Brown terminaria em abril. Fazia pesquisas lá para sua dissertação de mestrado da Unam em literatura comparada, que tratava da influência de Borges em escritores ingleses como Hazlitt, Lamb e Stevenson. Era candidata a programas de doutorado nos Estados Unidos e na Europa. Recentemente, a casa em Providence onde alugava um quarto pegara fogo e ela tivera de se mudar; por sorte as chamas não atingiram seu quarto, assim pudera salvar a maioria de seus pertences, embora a água das mangueiras dos bombeiros tivesse encharcado o chão e estragado alguns de seus livros e roupas de cama. Disse que todas as suas roupas estavam cheirando a fumaça, mesmo as que tinha mandado lavar a seco, e ergueu o braço para que eu sentisse o cheiro de seu suéter. Segurei seus dedos nos meus e levantei sua mão um pouco enquanto abaixava meu nariz para a manga e inalava, e talvez houvesse um aroma apenas perceptível de fumaça de madeira, também de cigarro, um leve perfume e aquela fragrância de calor corporal como que entranhada na lã que eu ainda iria encontrar em seus suéteres mais de um ano depois de sua morte. Olhei em seus olhos e disse, É mesmo, fumaça, estou sentindo o cheiro. De qualquer forma, ela disse, não possuía muitas coisas, e deixara o computador e os livros mais importantes em seu compartimento de estudo na biblioteca. Contou-me sobre seus amigos em Providence, Mauricio, um estudante gay de literatura, também do México, e Frances, uma garota negra gordinha, que também morava na casa destruída pelo fogo, estudante de arte na Risd (Rhode Island School of Design). Mas o orientador de Aura na Brown, um eminente professor chileno de literatura comparada, o professor T__, que antes a adorava, de repente se virou contra ela. Numa reunião em sua sala, o professor T__ tinha dito a Aura que ela nunca iria ter sucesso como estudiosa de literatura porque lhe faltava seriedade. Era uma jovem rica e frívola, disse ele, que achava que o objetivo principal da universidade era diverti-la. Ele é bonito?, perguntei. *Uy*, não, ela estremeceu, *está muy feo*. Tem uns sessenta anos, é divorciado e de uma vaidade ridícula. Cabelo e barba de um vermelho de raposa, obviamente tingidos. Há alguma coisa errada com um de seus olhos, a pupila se afasta para o lado, explicou ela, como um pequeno peixe preto sempre batendo do mesmo lado do aquário. O sorriso de Aura fazia qualquer pessoa se sentir acolhida em sua vida, mas também a deixava vulnerável a repugnantes erros de cálculo. Eu disse, Parece um caso de paixão não correspondida, o que é compreensível, embora sem dúvida não justifique que ele tenha falado com você desse jeito. Não sou uma garota rica, disse Aura, mas às vezes passo essa impressão às pessoas. Não sei por quê. Bem, isso não é necessariamente um insulto, observei. O que você respondeu depois que ele te disso isso? Nada, ela disse. Me senti muito humilhada, fiquei triste, voltei para o meu quarto e chorei. E liguei para a minha mãe. Ela disse "mom" em inglês. Quando contou à mãe o que o professor T__ dissera, a mãe ficou ainda mais aborrecida do que Aura. Ameaçou pegar um avião no México e vir dar um soco na cara do homem. Bom, ele teria merecido, eu disse. Pois é, concordou Aura, aquele babaca desgraçado, que *babaca*. Embora provavelmente tenha aprendido a falar assim no Texas, ela falava inglês com algo parecido com um sotaque antiquado do Brooklyn, como um esquilo rouco de desenho animado com sotaque do Brooklyn. Desde então vinha evitando o professor T__. Passava o tempo todo na biblioteca, trabalhando em sua pesquisa sobre Borges e os escritores ingleses, e na academia. Gostava especialmente de ir à ginástica às três da manhã, ela me disse, para se exercitar na máquina elíptica. Durante a semana de exames, a academia nunca fechava.

Até pouco tempo antes, na Brown, Aura usara reflexos roxos no cabelo. Porém só descobri isso depois de sua morte, quando Mauricio, seu amigo da Brown, lembrou o fato em um e-mail de pêsames. *Quando a conheci*, escreveu, *Aura tinha o cabelo pintado de roxo. Antes de nos tornarmos amigos, eu pensava nela como a garota de cabelo roxo. De alguma forma, aquilo realmente ficava bem nela. De repente, um dia, o cabelo apareceu todo preto e assim permaneceu. Por um tempo, depois que o cabelo deixou de ser roxo, eu ficava um pouco triste quando a via, como se algum marginal o houvesse roubado dela num assalto e todos nós soubéssemos que não havia maneira nenhuma de tê-lo de volta.*

Naquela noite, passamos o tempo todo do inglês para o espanhol e vice-versa. Dava para perceber que Aura tinha orgulho de seu inglês — era melhor do que o meu espanhol, embora eu nunca tenha admitido isso para ela. A maioria das garotas da Cidade do México que eu conhecia falava inglês com uma cadência melódica suave, como se quisessem soar moças parisienses tentando falar inglês, mas não era o caso de Aura.

Por que é que, quando você fala inglês, perguntei a ela, você parece uma judia de Nova York? Tínhamos saído da casa de Gabriela e íamos andando pela calçada com Borgini, a quem estávamos ignorando. Salman Rushdie tinha desaparecido — em uma bolha flutuante ou num táxi.

Ah-rá! Ela tinha uma explicação para isso. Porque sua mãe estava sempre trabalhando e, quando ela era criança, tinha passado muitas horas sozinha no apartamento delas assistindo à televisão, e aprendeu inglês pela televisão, com *Seinfeld* em especial. Elas tinham TV a cabo e *Seinfeld* era o programa favorito dela e de sua mãe.

Naquela noite, Aura me contou um pouco sobre a mãe. Durante a maior parte da vida de Aura, sua mãe havia trabalhado como secretária, principalmente no Departamento de Psicologia, e como administradora na Unam. Durante suas horas livres, entretanto, também tinha sido aluna, tendo aulas de psicologia e, finalmente, se graduando no curso, que quase terminara na Universidade de Guanajuato antes de Aura nascer. Então começou a frequentar aulas de pós-graduação, uma por semestre. Agora só precisava apresentar sua tese de pós-graduação para obter um doutorado em psicologia.

Acabamos no Zombie Hut, na Smith Street, para um último drinque. Tínhamos bebido vinho no jantar, mas ali mudamos para vodca. O último drinque transformou-se em mais um, em outro e talvez em mais outro, embora Borgini fizesse sua vodca com tônica render tanto quanto todas as nossas bebidas. Fiquei impressionado pela forma como ele parecia intimidado. Sentou-se de frente para Aura segurando seu copo como se fosse a haste de metal do metrô dentro de um trem cambaleante, como se não conseguisse achar o domínio pessoal de que precisava apenas para levar o copo aos lábios em um só movimento, como se não conseguisse nem ao menos engolir. Tenho certeza de que o Zombie Hut era o último lugar onde Borgini queria estar, comigo em sua cola — que idiota declarado ele deve ter achado que eu era, dando abertamente em cima de Aura depois de levá-la ao *"petit comité"* do qual ele a havia mentirosamente, covardemente, ou apenas enganosamente, excluído. Mas ele não se atreveu a reclamar. Estava, como se diz, muito *chapado*. No entanto, lá no Zombie Hut, Aura não poderia se mostrar mais indiferente ao fato de Borgini não convidá-la para o jantar ter revelado tanto sobre ele. A essa altura, de qualquer maneira eu já me convencera de que não poderia haver nada entre eles. Deviam ser apenas amigos. Será que Borgini era gay?

Bati na mesa e gritei: Chega, vou para longe daqui!

Aura recitava poesia em inglês, o punho fechado subindo e descendo devagar. Parecia uma aluna (bêbada) declamando numa sala de aula. Seus lábios adoráveis pareciam formular cada palavra como os personagens de desenhos animados feitos de barro, ou massa, como se seus lábios e as palavras do poema fossem feitos da mesma substância maleável, e as palavras tomassem forma no ar, sólidas e vívidas, mastigáveis, beijáveis.

O quê!?! Será que tenho de estar sempre suspirando, ansiaaando?

Às vezes, sua voz subia de tom:

Minha vida e minha linhagem são liiivres...

E então descia para um barítono cômico:

livres como a estrada [estraaada]

E descia mais ainda, com a cabeça inclinada, no fim do poema:

E respondi, Meu SENHOR.

Era um poema um bocado comprido! Eu nunca tinha decorado um poema tão longo. Aura disse que se tratava de "O colarinho", de George Herbert. Uma garota da Cidade do México de pé em um bar do Brooklyn recitando poesia religiosa inglesa do século XVII. Isso já teria acontecido alguma vez na história do bairro?

Sei que vou encontrar meu destino
Em algum lugar nas nuvens lá em cima...

Depois de se deleitar com minha incredulidade sobre a recitação de Herbert e tomar um gole de vodca, Aura colocou o copo de volta no balcão e começou a declamar um poema de Yeats.

Os que combato não odeio,
Os que defendo não aaamo

O quanto aquela voz iria ecoar dentro de mim durante os meses seguintes, e como ecoa ainda hoje!

Um solitário impulso de prazer
Levou a este tumulto nas nuvens
... me pareceu um desperdício de alento
um desperdício de alento...

Um dia eu iria descobrir que todas as vezes que Aura ultrapassava seu limite de bebidas alcoólicas, geralmente três, ou até duas, quando estava se sentindo feliz, feliz e amada, ou quando só queria se mostrar, ela recitava poesia, quase sempre esses dois poemas, e com frequência cada um deles mais de uma vez, como um jukebox no qual alguém apertasse as mesmas duas músicas para que tocassem sem parar.

Bati na mesa e gritei, Chega, vou para longe daqui!

No Zombie Hut, ela recomeçou, fez uma segunda rodada.

Sei que vou encontrar meu destino...

Então, o humor de Aura mudou. Ela se esqueceu de mim e tornou a se interessar por Borgini. Naquela noite não me deu mais atenção. Eles saíram do bar logo depois. Tudo aconteceu muito rápido. Estávamos na calçada nos despedindo, eu beijei seu rosto como se só tivéssemos trocado gentilezas superficiais durante o jantar. Eu realmente acreditava, em alguma parte do meu ser bêbado e sedento de amor, que seria eu quem a levaria para casa. Aura se atirou no banco de trás do táxi como se estivesse buscando algo que rolava para longe dela, ele entrou em seguida e fechou a porta. Por um instante, ela foi um vulto escuro sentado no banco de trás de um táxi e eu nunca mais a veria. O táxi desceu a Smith Street. Como o final de uma história de Babel, fiquei parado sob o poste de luz olhando o táxi sumir na rua comprida, vendo-me como um homem iludido, patético, condenado à infelicidade.

Mas tínhamos trocado endereços e números de telefone. Como havia prometido, enviei-lhe um exemplar do meu romance mais recente, publicado quatro anos antes. Semanas e meses se passaram e não recebi resposta. Dizia a mim mesmo, Ela deve ter odiado meu livro. Mas tudo bem, ela é jovem demais. Você realmente precisa esquecê-la.

Aura se ligara pela primeira vez a Borgini na primavera anterior, numa conferência literária na Brown em homenagem ao quadragésimo aniversário da publicação da história de fantasmas do gênero realismo mágico escrita por Carlos Fuentes, *Aura*, co-patrocinada por seu professor nêmesis, que na ocasião ainda não era sua nêmesis. "Cá estamos nós homenageando *Aura*", improvisou Borgini em sua palestra, "e eu encontrei minha própria Aura." Isso causou uma espécie de sensação; o professor T__ talvez tenha achado que o brilho da conferência havia sido de alguma forma roubado por esse romance público demais entre o jovem escritor fascinante e a bela aluna de graduação com mechas roxas no cabelo. Claro, ele descontou em Aura. Provavelmente por isso se virou contra ela. Cinco anos depois, bastava mencionar o professor T__ na presença da mãe de Aura para a raiva dela se reacender. Furiosa, lembrava como quisera voar até Providence para enfrentá-lo e até agredi-lo. Juanita era uma mulher de boa aparência, mas quando enraivecida seu rosto era quase insuportavelmente vívido, como se suas feições ficassem refletidas e ampliadas pelos cacos de um espelho estilhaçado. Ela gostava de dar esse tipo de espetáculo, resmungando insultos como um bandido de rua mexicano, exibindo a proteção feroz de seu amor pela filha. E não se tratava apenas de encenação. Juanita considerava também suas as realizações de Aura — seu sucesso na escola, suas bolsas de estudos para universidades dos Estados Unidos. Havia trabalhado com afinco ano após ano, em duplas jornadas, e até mesmo triplas, para que a filha pudesse ter as mesmas oportunidades de educação que qualquer menina da classe alta mexicana. Quando o professor T__ chamou sua filha de garota rica e frívola, estava fazendo uma negação blasfema de toda a vida de Juanita — foi como Juanita interpretou, em vez de tê-la considerado um reconhecimento indireto de quão bem-sucedida ela havia sido.

Juanita não era leitora de ficção, mas a *Aura* de Fuentes — a bela e jovem Aura da história é o fantasma místico de sua tia de cem anos que, como um súcubo, habita o corpo de sua sobrinha para o sexo — foi um livro que marcou sua geração no México.

"Minha mãe me deu este nome por causa do seu livro, Maestro Fuentes", Aura disse a Carlos Fuentes na conferência. Aura pediu-lhe que autografasse um exemplar para Juanita. Ela e Borgini posaram para uma foto com ele.

No diário que Aura mantinha quando esteve na Brown de abril a dezembro, mencionou uma única vez, e brevemente, embora em tom de arrependimento, o fim aparente de seu relacionamento com Borgini — JB, ela o chamou ali; quase todas as pessoas em seu diário eram citadas pelas iniciais, como uma prudente cortesia. Ela escreveu muito por alto sobre sua viagem a Nova York, nem mesmo mencionando o evento sobre o livro de Borgini ou seu jantar com Salman Rushdie; muito menos aludiu ao fato de ter me conhecido ou de eu lhe enviar meu livro — não há nenhuma indicação nesse diário que nosso encontro tenha lhe causado algum forte efeito. Ela registrou enigmaticamente outra visita, mais tarde naquele mesmo outono, de outro namorado mexicano, a quem se referiu como "P".

Em diversas páginas, mencionou o sossego e o tédio de Providence, que achava lhe serem adequados no momento — gostava dos longos dias de uma fria chuva de outono, em que passava enfurnada no quarto com seus livros ou na biblioteca. Em uma de suas anotações, criticava a si mesma por achar tão fácil escrever sobre introspecção, sem nunca ter se treinado para descrever com precisão como, em um dia ensolarado e ventoso, as ruas de Providence enchiam-se de rodopiantes folhas amarelas, alaranjadas e vermelhas. "Passei grande parte do dia de hoje pensando na minha mãe" — havia mais de um registro assim. "Estou preocupada com mamãe." "Sinto falta da minha mãe." Escreveu sobre o andamento de sua tese com ansiedade, mas também com animação e orgulho crescentes. Queria que a tese a fizesse destacar-se, que comprovasse seu destino. Queria mostrar ao professor T__ como ele estava errado a seu respeito. Descreveu a sensação confiante de refúgio solitário que encontrava em sua leitura e em seus livros:

... essas terras são as únicas, ao que parece, que posso visitar sem nada estragar. Mas talvez isso me ajude, um dia, a encontrar uma maneira de escapar deste pequeno pedaço de terra que já estraguei. Nasci estragada, por causa de um passado que desconheço por completo.

Isso pode soar como uma típica expressão da angústia pós-adolescente e da fixação por si mesma. O que sem dúvida era típico de Aura. Suas inseguranças e medos, sua obsessão com os mistérios de sua primeira infância e com o fato de seu pai biológico a ter abandonado e à sua mãe quando ela tinha quatro anos enchiam tantas páginas de seus cadernos e agendas que é impossível lê-los sem sentir pena dela e se espantar como ela punia a si própria de modo tão implacável. Seria realmente tão infeliz e solitária ou era apenas a retórica exagerada do diário de uma jovem que, como ela mesma comentara, tinha muita facilidade para esse tipo de escrita?

Em uma anotação mais adiante no diário, datada de 24 de abril, dia em que ela fez vinte e seis anos, escreveu que seu pai havia telefonado para lhe desejar feliz aniversário pela primeira vez em mais de vinte anos. A conversa foi breve, ela informava laconicamente, e ele parecia nervoso.

Foi a última vez que Aura falou com o pai.

5.

Esse é todo o conteúdo de um arquivo escrito em inglês e salvo como Toexist.doc no computador de Aura. Todo dia encontro algo no computador dela que nunca li. É comovente descobrir que ela costumava sonhar com aquela fotografia, porque também me obcecava; eu a passei da mesa dela para a minha. Na foto, com cinco anos, Aura está vestindo um macacão de brim amassado e uma camiseta cor-de-rosa. Seu cabelo preto, brilhando à luz de um sol que não se vê, está com um corte de cuia, num estilo meio moleque, uma franja irregular caindo nas sobrancelhas e a parte de baixo das orelhas aparecendo. Aura tinha orelhas grandes, eu também tenho. Nosso filho certamente teria orelhas descomunais. A cerca é bem alta, o que significa que a ter escalado e se empoleirado lá em cima deve ter lhe parecido pelo menos um pequeno triunfo. Assim, a expressão de seu rosto, o sorriso de boca fechada, o olhar direto para a câmera poderiam ser de tranquila satisfação. Mas sua expressão também parece tão docemente confiante e inocente que não se pode deixar de refletir sobre a solidão e vulnerabilidade daquela menina, um estado de espírito intensificado pela massa escura da folhagem e dos ramos grossos que serpenteiam acima dela.

Também parecia uma injustiça com Aura buscar em cada fotografia sua da infância indícios ou presságios de desgraça. No entanto, ainda quando ela estava viva, toda vez que eu olhava aquela foto, sentia uma nova onda de vontade de protegê-la. Imitava o sorrisinho apertado que fazia suas faces se arredondarem, o olhar totalmente confiante. Dizia-lhe que ainda era assim.

Como eu sou?, ela às vezes me perguntava, e eu imitava aquela expressão, e ela dizia Nããããoo, não sou assim, e caíamos na risada.

Encontrei outro parágrafo salvo como Elsueñodemimadre. doc:

O Sonho de Minha Mãe

O sonho de minha mãe, que ao crescer me encarreguei gradual e sistematicamente de fazer desmoronar, era me ver estabelecida como uma acadêmica de francês. O fato de minhas origens estarem no Bajío mexicano e eu não ter a menor facilidade para a língua do meu bisavô jamais a deteve. Por isso, quando eu lhe disse que queria ir para Nova York tentar uma graduação no Departamento de Línguas Hispânicas, o copo de vinho tinto bordeaux que ela estava bebendo quase virou em sua mão e ela fez um escândalo no restaurante em que jantávamos crepes aos quatro queijos.

6.

Sou um balão circundando a Terra, quase nunca descendo ao chão, e ninguém jamais segura a minha corda para puxá-la e me trazer para perto. É difícil para mim, sabe, é tão difícil, custa-me tudo pousar na Terra. Às vezes acho que tem a ver com comer tão pouco. Na Brown, conheci uma garota que me disse ser comprovadamente anoréxica — contou-me tudo a seu respeito e percebi que eu era igual a ela.

Estou de volta ao México. Ao apartamento novo de minha mãe. Um ano difícil me aguarda. Incerto em mais de um sentido.

Aura tinha voltado para a Cidade do México no início de dezembro, depois de seu semestre final na Brown, quando escreveu isso em seu diário. Estava solitária, sentindo-se um pouco perdida e com medo do futuro. No Brooklyn, na mesma época, eu não estava muito entusiasmado com a minha vida; havia cinco anos que não tinha uma namorada ou algum caso constante, ainda que por pouco tempo. No diário de Aura, posso acompanhar seu percurso inocente por todos aqueles meses, desde quando nos encontramos pela primeira vez em Nova York até onde, virando a página, deveríamos estar nos apaixonando, porém é onde o assunto termina, como se nem ela acreditasse no que aconteceu em seguida e abandonasse o diário como se deixa de lado um romance com um enredo disparatado demais. Durante os anos em que ficamos juntos, Aura não manteve um diário com regularidade, de modo que aquele caderno foi o último de dezenas de diários que Aura vinha mantendo desde os seis ou sete anos de idade, desde quando costumava escrever em seu diário tarde da noite, muitas vezes debaixo das cobertas com uma lanterna, enquanto Katia, a filha de seu padrasto, dormia na cama ao lado.

Em algumas horas, vamos sair para Guanajuato para passar o Natal.

Ainda está escuro do lado de fora, mas lá embaixo no Periférico o engarrafamento de todos os dias já está em curso, barulhento como trombetas de plástico, tambores batendo e rugidos loucos num estádio de futebol lotado e enterrado debaixo do chão.

O apartamento novo de Juanita ficava no nono andar de um edifício junto ao Periférico, a via expressa norte-sul urbana. Deviam ser mais ou menos cinco da manhã. A cama de Aura era o sofá-cama do escritório. Ela provavelmente estaria sentada, um caderno de capa mole de couro apoiado nas pernas levantadas, cabelo despenteado pelo sono, a boca levemente contraída de sempre, caneta na mão correndo ligeira, os olhos fixos na página com uma concentração imóvel, transparente, como as bolhas perfeitamente alinhadas de um prumo de carpinteiro. No futuro, Aura e eu passaríamos muitas noites naquele mesmo sofá-cama; porém, quando seu padrasto Rodrigo estava ausente durante nossa visita, o que acontecia com frequência, eu dormia lá sozinho e Aura ia dormir com a mãe. Aura, ao falar ou escrever sobre o padrasto, costumava se referir a ele apenas como "o marido". E Juanita raramente se furtava a depreciar o marido com seu famoso sarcasmo, fosse por causa de dinheiro (falta de), de política (tendências de esquerda), ambição (falta de) ou mesmo de inteligência (menor do que a da mãe e a da filha). Rodrigo distinguia-se por tolerar os ataques: impassível e disciplinado como uma rocha, embora muitas vezes fervendo por dentro e a ponto de explodir. Mas via-se que adorava Aura, tinha orgulho dela e sempre me tratava com gentileza. Costumávamos conversar sobre futebol americano. Ele era grande fã dos Colts, sabe-se lá por quê. Num certo domingo, assistimos a um jogo decisivo dos Colts-Patriots no restaurante Hooters em Insurgentes, e Aura e Juanita se juntaram a nós mais tarde para comer hambúrgueres e tomar cerveja, as duas observando admiradas as jovens e ágeis garçonetes de pernas de fora e patins circulando pelo restaurante com bandejas, muito cheias, equilibradas nos ombros sob as grandes telas luminosas exibindo o jogo de futebol, o que desencadeou em Juanita uma reminiscência sobre Aura ter sido um dervixe sobre patins quando menina; ela a descreveu girando e pulando pelo estacionamento Copilco como se fosse uma estrela olímpica — mas o que me lembro daquela tarde é apenas a sensação de profundo contentamento por pertencer a uma família comum, um sentimento que quase não conhecera em minha vida.

Entretanto, eu ainda não era parte da cena daquela manhã escura, dias antes do Natal, quando Aura, que acabara de voltar da Brown para casa, escrevia em seu diário sentada na cama. Do lado de fora de sua janela, o ar que ardia invisível pelo Vale do México era como um grande porto noturno, os topos iluminados dos altos edifícios isolados ancorando-se nele como juncos chineses futuristas, torres de televisão e de rádio parecendo mastros e guindastes acesos; no horizonte, as montanhas da Sierra del Ajusco, negras como tinta. Na meia hora seguinte, ela viu aquelas montanhas emergirem lentamente da escuridão sem estrelas, a linha irregular de picos pontiagudos delineada por um brilho prateado, manchas de framboesa tingindo aos poucos o céu logo acima; a luz do amanhecer impregnando gradativamente as encostas como uma tintura azul-fosforescente, definindo florestas de pinheiros, faixas sinuosas de estradas e terrenos matizados. Aura descreveu tudo isso minuciosamente em seu caderno. A vida inteira, refletia ela, no DF, em Guanajuato e Taxco — talvez em San José Tacuaya também, embora não se lembrasse —, ela tinha acordado com uma vista para as montanhas de sua janela. Depois veio o horizonte compactado de Austin, as colinas de Providence em forma de bolinho. O que haveria no ano seguinte? Tomara que fossem os arranha-céus e as pontes de Nova York. Quando estava na Brown, foi a Nova York três vezes, uma delas com a mãe, e cada visita a deixava mais convencida de que aquele era o lugar onde queria ficar. Escreveu em seu diário que iria morar num daqueles apartamentos que pareciam um ninho empoleirado no alto de uma avenida espetacular. Assim que pisava em qualquer calçada de Manhattan, sentia-se arrebatada pela infinita correnteza da cidade, poderosa e resoluta — de certa forma, a Cidade do México, também infinita, parecia o avesso de Nova York, como os fios pendentes na parte de baixo de um tapete bem tramado. A cidade de Auden, Bob Dylan, Woody Allen, do outro Dylan trágico, cujos poemas ela também havia decorado em suas aulas de poesia de língua inglesa na Unam, de Seinfeld e Elaine. (Aura tinha uma convicção raramente revelada de que poderia ter sido uma comediante de sucesso. Imaginava-se também como diretora de cinema; durante seu último ano no Colégio Guernica, manteve um caderno em que colou recortes de jornais e escreveu sobre cada filme que viu na Cinemateca Nacional. Chegou a pedir permissão à mãe para se matricular no Centro Nacional de las Artes e estudar interpretação e cinema.

Juanita proibiu, mas tinha sérias razões para temer essa profissão. Seu pai havia atuado em alguns dos filmes mais emblemáticos do México ao lado de estrelas como María Félix e Dolores del Río — fazia o jovem marido encantador morto a tiros nos primeiros cinco minutos do filme, o carteiro namorador que aparece na porta em cima da hora, olhos e dentes cintilantes, para entregar a carta de amor que é o clímax da situação. Mas o pai de Juanita era também um bêbado, viciado em morfina, mulherengo e jogador, e morreu com trinta e dois anos, quando ela ainda era muito pequena. Juanita não tinha lembrança dele.) Aura cresceu assistindo a fitas de vídeo dos filmes de Woody Allen, quase sempre à noite na cama com a mãe, os mesmos filmes vezes seguidas, em especial o romance na cidade de Nova York e as comédias hiperneuróticas. Também adorava as comédias amalucadas, as chamadas *screwball comedies* e, quando menina, representava no chuveiro sequências de *Dorminhoco*, de filmes de Cantinflas e Tin-Tan. Juanita praticamente entronizou Woody Allen como o santo tutelar da casa, com uma fotografia dele emoldurada e pendurada na parede de seu quarto. No entanto, quando Aura manifestou o desejo de fazer sua graduação na Universidade de Columbia, a mãe quase nunca deixava escapar a oportunidade de dizer algo negativo sobre Nova York.

Porém, não seria mesmo o caso de qualquer mãe normal de qualquer lugar do mundo não se preocupar se a única filha, no outono de 2002, anunciasse que queria estudar e morar em Nova York, quando tantas outras cidades do mundo tinham universidades de primeira linha para oferecer? Apesar de seu medo de avião, Juanita visitou Aura em Providence e acompanhou-a até Nova York. Em vez de a viagem acalmar os medos de Juanita, só os intensificou. Nas estações Grand Central e Penn, batalhões de soldados corpulentos, com trajes camuflados e fortemente armados, patrulhavam a área com pastores-alemães. Ao entrar em bibliotecas e museus, guardas revistavam todas as bolsas e sacolas, até acendendo lanternas dentro delas, e Juanita sempre carregava uma bolsa grande, que exigia exames mais demorados. Quando foram ao restaurante onde Woody Allen tocava clarineta, avisaram-lhes que ele não tocaria naquela noite e que, de qualquer maneira, precisariam de uma reserva para entrar. Até o metrô da Cidade do México era mais limpo que o de Nova York. Juanita fez uma pesquisa on-line sobre estupros e assaltos a alunos de Columbia em Morningside Heights e no Harlem. Mas a Cidade do México tinha sua própria modalidade de terrorismo, Aura lembrou à mãe. E Aura por acaso tinha lido que os taxistas de Nova York sequestravam os passageiros e os levavam sob a mira de uma arma até caixas eletrônicos ou coisa pior?

Os avós maternos de Juanita eram franceses, embora ela nunca tivesse ido à França nem falasse a língua. Entretanto, mesmo que Aura jamais realizasse o sonho de sua mãe de se tornar professora da Sorbonne, deveria pelo menos se tornar uma acadêmica no México, na Unam, onde teria emprego garantido, um salário decente e confiável, independência e respeito. Sem dúvida não havia nada de errado em qualquer mãe querer tais coisas para a filha; com a idade de Aura, Juanita já conhecia muito bem as ciladas em que uma jovem sem carreira própria poderia cair. Um dia, se surgisse um marido jovem e bonito, de preferência rico, tanto melhor, embora no México, como em outros lugares — pelo menos era o que a mãe de Aura certamente achava —, nunca se podia contar com um marido que ficasse por muito tempo, ou que se mantivesse sóbrio ou são, e que não acabasse jogando a própria carreira no lixo, juntamente com a família. Na opinião de Juanita, não fazia sentido Aura sair do México e da Unam — onde, enquanto fizesse seu doutorado, já poderia ter um emprego como professora adjunta — para ir estudar literatura latino-americana em Nova York.

Ainda assim, Juanita acompanhou Aura a Columbia para sua entrevista no Departamento de Línguas Hispânicas, que se realizaria na arruinada casa em estilo *beaux arts* onde Federico García Lorca certa vez se hospedara, deslumbrando o corpo docente e os alunos em festas no salão. As duas combinaram que, enquanto Aura estivesse na entrevista, a mãe a esperaria na Hungarian Pastry Shop. Ao que parece, sempre que se perguntava a alguém que tivesse alguma coisa a ver com a Universidade de Columbia onde ir para se conhecer um pouco da vida estudantil, a Hungarian Pastry Shop era a resposta. Em Providence, quando se procurava o endereço da Hungarian Pastry Shop na internet, o local era descrito como um "um café deliciosamente acolhedor". Acontece que era um lugar úmido, pequeno e superlotado parecido com um porão e onde se tinha a sensação de estar num porão, se bem que com balcões de vidro compridos e convidativos, cheios de doces. Talvez fosse um teste de adequação a Columbia — se a pessoa achasse que ele não passava de um café sujo, era sinal de que ela não pertencia àquele lugar. Juanita chegou a comentar que, se esse café realmente representava *el colmo*, o máximo, da vida de estudante em Columbia, então por que ir para Nova York? Havia inúmeros cafés idênticos nas redondezas da Unam, nem muito melhores nem muito piores. Não importa, disse Aura ansiosa. Ela precisava ir para a entrevista. Como a mãe não levara nada para ler, Aura deixou com ela um volume das *Obras completas* de Borges, embandeirado com Post-its coloridos como um navio de jubileu, e foi embora correndo.

A entrevista foi com a chefe do departamento, uma peruana loura e branca como leite, e durou cerca de uma hora. Elas conversaram longamente sobre o trabalho que Aura vinha fazendo sobre Borges e os escritores ingleses. Pouco depois da metade da entrevista, a chefe do departamento disse a Aura que ela seria aceita, e com uma bolsa de estudos integral do departamento.

Quando Aura voltou à Hungarian Pastry Shop, sua mãe estava sentada à mesma mesa junto à parede onde a deixara, ainda de casaco. Não havia nenhuma xícara de café nem prato de doce em cima da mesa. Parecia não ter tocado no livro de Borges. Você não pediu nem uma xícara de café, Ma?, perguntou Aura.

Nããão, *hija*, respondeu a mãe com um suspiro de aborrecimento. O sistema daqui é muito complicado. Acho que a gente precisa ter um QI de gênio e um inglês perfeito para entender. Quando consegui decifrar mais ou menos como funciona, achei que você voltaria da entrevista a qualquer momento, *y ya*, e aí já não quis pedir mais nada.

Ay, Mamá, também não exagere...

Exagerar? Então me diga, *hija*, se é um processo normal fazer os clientes que só vêm aqui tomar uma xícara de café passarem por isto. Primeiro, você precisa ir àquele balcão fazer o pedido — como a testemunha de um crime, Juanita apontou um dedo hesitante para o balcão, fazendo uma pausa como se ensaiasse a cena terrível e confusa em sua mente —, então eles anotam seu pedido num desses pedaços de papel e você também precisa escrever seu nome nele. Depois você volta para o seu lugar e, quando estiver pronto, a garçonete vem trazendo seu pedido numa bandeja com o papel na mão, andando em torno das mesas e chamando seu nome, até você lhe fazer um sinal, para ela saber que você é quem ela está procurando. Para isso, você precisa torcer para ela olhar na sua direção, assim, quando seus olhares se encontrarem, você apenas levanta a mão. Mas o que acontece se a garçonete se afastar de você e for para o outro lado do café? Você precisa gritar seu próprio nome para ela se virar? E por que eu sou obrigada a gritar meu nome num café lotado? *Ees meee, Juaneeeta! A senhora mexicana baixinha aquiii! Alô-ô-ô!* Juanita balançou a mão como se jogasse alguma coisa fora por cima do ombro — *Ay*, não.

Aura, rindo tanto a ponto de seus olhos se fecharem, dizia, ofegante, *Ay, Mamá!*

Não, não, não, *hija*. Por que preciso dar meu nome só para pedir uma xícara de café? Será que vão querer ver meu passaporte e meu visto também?

Ninguém mais conseguia fazer Aura rir daquela maneira, só a mãe. Depois, sempre que íamos à Hungarian Pastry Shop, ela se lembrava desse discurso veemente de Juanita.

A mãe fez questão de não perguntar a Aura como tinha sido a entrevista. As duas decidiram ir beber alguma coisa no West End Bar, outro local imperdível da típica vida estudantil. Teriam que atravessar o campus até a Broadway. Era fim de tarde, já escurecendo. Aura passou com a mãe pelos portões de ferro forjado da universidade e no meio do pátio quadrangular, com os prédios monumentais das bibliotecas em cada extremidade, uma Zócalo hibernal com estudantes caminhando em todas as direções pela grama queimada pelo frio e pelas calçadas margeadas por cercas vivas, indo e vindo de prédios que projetavam múltiplas geometrias de luz no crepúsculo.

Não é lindo, Ma?, disse Aura, parando e fazendo um gesto abrangente. É aqui que vou estudar no próximo ano.

Recomeçaram a andar como se a mãe não a tivesse ouvido. No entanto, assim que chegaram ao outro lado do pátio quadrangular, as faces da mãe estavam banhadas de lágrimas. Juanita abraçou Aura e disse que estava orgulhosa dela e que sabia o quanto ela tinha se esforçado para aquilo. Ao menos naquela noite, fora declarada uma trégua na batalha sobre Nova York. No West End Bar, beberam e celebraram a saga compartilhada de suas vidas — a mãe abandonada sem dinheiro e sem trabalho, sem qualificação profissional nem perspectivas, que fugira de San José Tacuaya com a filha de quatro anos num Volkswagen que não lhe pertencia para começar vida nova na Cidade do México.

Agora, a filha ia fazer um doutorado com bolsa de estudos integral em uma das universidades mais conceituadas do mundo.

Aura esteve com seu pai biológico apenas duas vezes depois dos quatro anos de idade. Tinha vinte e um quando ocorreu o primeiro encontro, num restaurante em Guanajuato. Depois de algumas negociações telefônicas, iniciadas por Aura e secretas, escondidas de sua mãe, ela iria de ônibus da Cidade do México para Guanajuato e ele atravessaria o estado de carro vindo de San José Tacuaya, onde ainda morava, agora com sua nova família. Quando seu pai entrou no restaurante naquele dia, com um terno azul-marinho e uma camisa bege, Aura, que o esperava sentada sozinha a uma mesa, reconheceu-o de imediato. Parecia mais velho do que se lembrava, é claro, o cabelo castanho ficando grisalho e mais curto do que antes. Ao perceber que ela o reconhecia, em sua mesa perto dos fundos do restaurante, seus olhos escuros como carvão se arregalaram, como se estivesse com medo. Mas ele caminhou para ela com seus braços compridos estendidos e aquele sorriso ansioso e gentil que ela nunca havia esquecido e que às vezes surpreendia nas fotos de si mesma, e se levantou para abraçá-lo. Ele tinha as orelhas caídas que ela herdara junto com o nariz comprido e adunco (embora numa versão feminina mais suave, mais agradável). A próxima coisa que percebeu foi que uma das pernas da calça do pai estava manchada de lama seca amarelada. E nem mesmo estava chovendo. Por que ele teria lama em apenas uma perna da calça? Ela soubera pela *tía* Vicky que ele não estava bem financeiramente, mas o terno que usava parecia bom. Aura teve muito medo de envergonhá-lo se perguntasse sobre a lama, e ele também não deu nenhuma explicação. Nos anos seguintes, quase todas as histórias abortadas que Aura tentou escrever sobre o encontro com o pai incluíam a perna da calça enlameada. Nota-se que ela talvez quisesse usar o mistério da lama para representar metaforicamente os mistérios do pai e do passado, mas que nunca conseguia descobrir como fazer isso funcionar num conto. A lama, segundo ela, talvez tivesse — ou deveria ter — uma ligação com os campos de morangos de San José Tacuaya — trabalhar nos lamacentos campos de morangos que cobriam as planícies nos arredores da cidade era o meio de subsistência mais comum da gente pobre de lá. Em seus contos, Aura sempre procurava um modo de associar a perna enlameada da calça com os campos de morangos, e ambos com o encontro de um pai com a filha depois de dezessete anos e com uma verdade ainda não revelada sobre aquela longa separação. O pai nada mais tinha a ver com os campos de morangos, embora antes, quando Aura era sua adorada filhinha e ele um político local em ascensão no PRI (Partido Revolucionário Institucional), tivesse feito campanha e presidido muitas cerimônias nas fazendas de morangos, em comemorações de festivais da colheita e de novos pactos trabalhistas: muitas vezes voltara para casa com o sapato sujo e cheirando a esterco, que precisava ser retirado e deixado do lado de fora.

Uma perna de calça inexplicavelmente enlameada e o abandono nunca muito bem explicado de sua mulher e da filha de quatro anos — será que eles tinham de fato alguma coisa a ver um com o outro? Seria realmente possível transformar a perna de calça enlameada na metáfora de alguma coisa que acontecera dezessete anos antes? A incapacidade de Aura criar esse vínculo narrativo plausível era uma razão de por que ela nunca terminava nenhuma dessas histórias.

Talvez escritores jovens como Aura, assim como os leitores, e também alguns escritores mais velhos — os que não aprenderam a reconhecer uma tarefa inútil nem mesmo quando ela está na sua cara —, às vezes superestimem o poder da ficção em re-

velar verdades escondidas. Se duas coisas quaisquer são seme-
lhantes de alguma forma óbvia — a perna de calça enlameada e
o abandono da mulher e da filha como características do mesmo
homem —, será que isso significa que também deve haver cor-
respondências menos óbvias entre esses fatos? Mais profundas,
reveladoras ou no mínimo metafóricas? Aura estava certa que sim
e cavou muitos túneis longos e profundos sem encontrar o que
procurava, o que não significa que em algum momento não pudesse ter encontrado.

Ou então, talvez, às vezes só seja preciso que alguém nos
diga o que realmente aconteceu.

Colada no álbum de Aura da primeira série, em meio a
desenhos e páginas de vocabulário em livros de colorir, estava
esta carta a seu pai:

Héctor

Te amo papá no se porque se separaron.
Pero de todas formas te sigo
queriendo como cuando estábamos
juntos. ?Oye tú me sigues queriendo
como antes¿ espero que sí porque
Yo hasta te adoro adiós papá te
amo con todo mi ♥. *

Aura alegava não ter nenhuma lembrança definida da separação de seus pais. No decorrer de sua infância, nos anos se-

---

* Amo você papá não sei por que se separaram. Mas ainda amo você de qualquer maneira como quando estávamos juntos. Escute aqui, você ainda me ama
como antes? Espero que sim porque até adoro você adeus papá amo você com
todo o meu ♥.

guintes e provavelmente até seus últimos dias — algo que Aura me disse perto do fim me faz pensar que isso seja verdade —, Aura interrogava regularmente a mãe sobre as circunstâncias da separação. Juanita nunca poderia ter previsto que o amor de Aura por seu pai, ou que sua obsessão por ele, pudesse persistir como persistiu. Arranjar um pai substituto casando-se outra vez rapidamente em nada contribuíra para diminuir a fixação da filha pelo original perdido, e é provável que tenha causado o efeito oposto. O que haveria no amor da menina de quatro anos por seu pai que, durante toda sua infância e adolescência e até aos vinte e cinco anos, se conservou tão cravado dentro dela como uma espada na pedra?

No México, cerca de duas semanas antes de Aura morrer, ela chegou em casa uma tarde, depois de um longo almoço com a mãe, e me disse que estava começando a desconfiar que os "grandes acontecimentos" de seu passado não tinham acontecido exatamente como sempre acreditara ou lhe tinham contado. Ao subir as escadas íngremes para o jirau onde era o nosso quarto de dormir, ela me encontrou deitado na cama em vez de trabalhando ou lendo o livro ao meu lado, e, antes que ela começasse a falar, olhei para Aura com uma expressão esperançosa e perguntei — imitando o jeito brincalhão com que ela muitas vezes gostava de dizer estas palavras, como uma criança convidando a outra para sair e brincar — *¿Quieres hacer el amor?* Mas ela decididamente não estava nem um pouco a fim. Então fez o comentário sobre os grandes acontecimentos, a voz brusca com um laivo de repreensão, e respondi *¿Ah, sí?*, esperando que continuasse a falar. Porém ela se limitou a pegar alguns livros e papéis na mesinha de plástico que usava como escrivaninha quando queria se isolar ali em cima e levou-os para sua mesa lá embaixo. Portanto, o que a mãe teria lhe contado que ela já não soubesse? É fácil dizer agora que eu sabia que Aura não queria falar sobre o assunto naquele momento, mas que tinha certeza de que ela me contaria tudo mais tarde. Talvez tenha sido minha própria preguiça ou desinteresse o que me impediu de insistir na questão — eu estava cansado dos dramas da mãe dela. Eu queria transar, e não falar *mais uma vez* sobre Juanita. Também sabia como Aura protegia a mãe. Se Aura soubera de uma nova versão do passado que refletisse mal em sua mãe — posso imaginar agora uma confissão confusa embriagada, seguida de rápida retratação ou racionalização, qualquer coerência que a conversa brevemente tivesse desaparecendo de repente como uma risada espectral — não seria mesmo provável que ela me contasse toda a história, pelo menos não de imediato. Não sei se teria ou não me contado mais tarde. Simplesmente não sei. Aura e Juanita compartilhavam um mundo secreto.

7.

Em meio à lama dos morangos em gestação que ainda espalham raízes sob a terra e os fertilizantes, as mulheres mantêm abertas as pernas brancas dela e insistem em coro: "Empurre, *Señora Primera Dama*, empurre!". E a *Señora Primera Dama* de quem trata esta sucinta narrativa dos fatos, fatos estes, devo confessar, a despeito da surpresa e da zombaria dos que não acreditam neste tipo de lembrança pré-natal, dos quais também tenho inapagáveis recordações que se manifestam em sonhos e que com lamentável frequência se transformam em pesadelos — mas voltemos aos morangos e à história do meu nascimento.

De "Sobre morangos", um conto inacabado
de Aura Estrada

Antes de conhecê-los em profundidade (antes de ter aprendido tudo sobre sua origem e cultivo), ela adorava morangos. Comia-os o tempo todo. E, quando não estava comendo, gostava de pensar neles: com creme, sem creme, ao natural ou flambados. Não é improvável especular que foi seu amor pelo *Rosaceae Fragaria* que a levou a um casamento apressado com o futuro administrador e procurador da Propriedade dos Morangos. Aquela união também a precipitaria num ódio imprevisto pela fruta terrosa.

De "Uma história de lama",
conto inacabado de Aura Estrada

Onde ele perde a filha, onde a recupera??? A culpa da qual uma pessoa foge até não poder mais fugir dela, até encontrar essa culpa ou ela encontrar a pessoa.

Qual é a grande metáfora para culpa? A lama!!!!

Das anotações de Aura Estrada para
"A visita", um conto inacabado

8.

Antes de seu rompimento com o pai de Aura, Juanita nunca tinha dirigido um carro sozinha. Numas poucas tardes de domingo, nas tranquilas ruas da zona industrial de San José Tacuaya, seu marido lhe dera aulas, sentado a seu lado no seu Ford Falcon, a mão pairando sobre a dela no volante. Mas Juanita arrumou duas malas, pegou um ônibus e atravessou as montanhas de Guanajuato com Aura, que tinha então quatro anos, e pediu emprestado o Volkswagen de Vicky sem dizer para onde estava indo. Lançando-se no barulhento tráfego de caminhões da rodovia, dirigiu com a filha até a Cidade do México, uma viagem de pelo menos cinco horas. Ao crescer, não importa quantas vezes Aura tenha ouvido essa história, ela nunca foi capaz de lembrar coisa alguma sobre essa viagem lendária, nem um detalhe sequer.

Contudo Aura se lembrava do pai: de seu nariz, das bochechas redondas, dos olhos escuros brilhantes. O pai sempre a pegava nos braços, balançava no ar, a carregava de um lado a outro nos ombros. Cantava e tocava músicas cri-cri para ela no violão, ensinava-lhe palavras em inglês e francês. Um zilhão de vezes por dia, dizia que a amava. Aura tinha uma velha fotografia de si mesma montada na elevação macia da barriga do pai com ele deitado na grama do quintal, o pequeno terrier muito branco ao lado, patas dianteiras levantadas, provavelmente latindo. Muitas vezes, quando Aura analisava essa cena, uma vertigem calma se apoderava dela aos poucos, como a leve lembrança física de dedos fazendo cócegas, de cair para a frente, rindo, no abraço dele, a barba em seu queixo como faíscas chamuscando seu rosto. Foi a última vez em que morou numa casa com quintal, com exceção do ano que passou em Austin, onde o pátio pertencia aos meninos que viviam embaixo, no térreo. Foi uma das coisas que Aura sempre desejou: uma casa própria com quintal.

Héctor deixou de me amar, Juanita respondia, geralmente com um suspiro cansado, sempre que Aura perguntava o que tinha provocado a separação. Implorei a ele que nos aceitasse de volta, *nena*, mas ele não quis. Depois disso, vi que precisava sair de lá e encontrar uma maneira de recomeçar a vida. Não tivemos escolha, *hija*.

Aura já tinha ouvido a história — uma história, pelo menos — de como seus pais se conheceram. Juanita conheceu Héctor quando ela estudava na universidade de Guanajuato e morava numa casa alugada com duas das irmãs Hernández, Lupe e Cali, e também com Vicky Padilla — as futuras *tías* de Aura. A mãe de Juanita, Mama Violeta, a fizera sair de Taxco para Guanajuato com catorze anos, para estudar em um internato católico de meninas. As irmãs Hernández eram alunas externas de lá, e a mãe delas, Mama Loly, praticamente adotou Juanita, convidando-a para ir morar com a família. Na época, Juanita também se tornou amiga de Vicky. Guanajuato, construída em encostas íngremes, com sua arquitetura e igrejas coloniais, a universidade famosa, ruas estreitas sinuosas e *plazas* e bares inclinados, era então, como é agora, uma cidade universitária internacional, bem como destino turístico. Os meados dos anos 70 foram tempos de bebidas, drogas e libertinagem em Guanajuato, como em qualquer lugar do mundo. Não posso afirmar com certeza como as irmãs Hernández e Vicky eram naquela época, ou mesmo Juanita, mas todas, à sua maneira, eram consideradas belezas fogosas e destinadas, quando adultas, em graus variados, a desgostos, calamidades e alcoolismo. Foi nessa época que Juanita conheceu Héctor, em uma festa na casa delas. Alguns anos antes, ele tinha namorado Lupe Hernández. O que chamou a atenção de Héctor em Juanita — assim Aura sempre me contava — foi a minissaia de couro que ela usava naquela noite, o jeito como exibiu as pernas e as coxas bem torneadas e claras. Juanita tinha uma gargalhada alta e gostava de fazer observações ousadas e sarcásticas; o traço grosso do delineador preto, desenhado como se feito com Magic Marker úmido, acentuava a dramaticidade tempestuosa do seu olhar. Ela intimidava os rapazes da sua idade. Mas Héctor, advogado e político local, era dez anos mais velho. Estava todo vestido de branco naquela noite e empunhava um violão branco. Não era exatamente bonito, Juanita sempre dizia, mas seu rosto trigueiro era cheio de caráter, era um jovem engraçado, tinha a fala macia e um sorriso triste e doce. Órfão de verdade, adotado por um casal sem filhos em San José Tacuaya — um contador guarda-livros e sua mulher —, ele foi para a faculdade de direito da Universidade de Guanajuato e lá se destacou. Uma mente brilhante, todo mundo dizia, com um futuro brilhante, uma estrela em ascensão no PRI, mais ainda do que o irmão de Juanita, Leopoldo, que já era operador também no partido oficial. Héctor sabia tocar qualquer música dos Beatles no violão e quando cantou "In the summertime" em inglês parecia o cantor Mungo Jerry com sotaque mexicano. Juanita e

Héctor se casaram cerca de dois anos depois desse encontro, e em menos de um ano Aura nasceu num hospital de León, Guanajuato. Eles moravam em San José Tacuaya. O PRI escolheu Héctor como candidato do partido para o cargo de presidente municipal daquela pequena cidade; era como ser prefeito. Naquela época, os candidatos oficiais do partido não perdiam eleições. Em campanha ao lado de sua bela e jovem esposa, de rosto saudável e um longo cabelo castanho ondulado, que usava calça jeans e blusas bordadas de camponesa, ele próprio com o cabelo igual ao de Bobby Kennedy, caindo sobre as orelhas grandes e os olhos, Héctor representava a nova imagem do PRI, um partido revolucionário depurado que aprendera a se renovar naquela década desde o cataclisma sangrento dos massacres de estudantes de 1968, afinal em contato com a juventude e os tempos. Como *primera dama municipal*, a mãe de Aura era obrigada a estar sob os olhos da população do lugar tanto ou até mais do que o marido, ao lado dele em cerimônias e banquetes, encabeçando almoços de mulheres, chás da tarde, benefícios e todos os tipos de festas e acontecimentos importantes nas fazendas de morangos. Quando Héctor decidiu que não a queria mais como esposa, Juanita viu que o espetáculo público de seu abandono e da filha tornaria sua vida insuportável em San José Tacuaya. Era impensável criar Aura em tal ambiente. De qualquer maneira, odiava aquela cidade pequena, enfadonha e obtusa. Uma coisa de que nunca se arrependeu foi a decisão de irem para o Distrito Federal a fim de recomeçarem suas vidas.

Havia outra mulher envolvida, Ma?, Aura às vezes perguntava à mãe.

Quem pode dizer, *hija*? Não seria nenhuma surpresa para mim. Mas Héctor nunca foi muito mulherengo.

Mas e quanto a mim?, Aura perguntava. Por que ele quis me abandonar? Por que não responde às minhas cartas?

Às vezes, até mesmo adultos que tiveram a filha mais maravilhosa do mundo podem deixar de amar, Juanita tentava explicar, e contava de novo a Aura o quanto seu pai a tinha amado. Mas Héctor mudou, ela dizia. Parecia que algo estava errado com ele, psicologicamente falando, Juanita queria dizer. Ele sempre duvidava das coisas boas que a vida lhe dava, *hija*. Tão encantador e brilhante, mas no íntimo nunca foi capaz de se impor sobre o que quer que o predestinava a sempre estragar suas chances pessoais de felicidade.

As coisas não tinham corrido nada bem para seu pai, Aura sabia, desde seus dias gloriosos como presidente municipal. Em vez de subir mais, ele caiu de cabeça — rápido ou gradualmente, ela não sabia. *Tía* Vicky de vez em quando dava notícias dele: estava ensinando direito numa escola da comunidade, mas também tinha uma atividade paralela como entregador de garrafas de refrigerante em mercados, cujos cascos vazios recolhia depois para devolver aos distribuidores. Era difícil de acreditar que o pai descera tanto. Então, anos mais tarde, como se o partido oficial nunca tivesse compreendido o quanto necessitava do jovem e hábil ex-presidente municipal de San José Tacuaya para liderá-lo rumo ao futuro, o PRI, corrompido e odiado, finalmente caiu também.

As lembranças mais remotas de Aura sobre sua vida nova na Cidade do México eram de sua mãe sentada no escuro na sala do apartamento minúsculo delas durante horas, ouvindo músicas tristes em seu toca-discos, o rosto molhado de lágrimas. Aura não podia ouvir nenhuma balada melosa de José José sem lembrar daquele tempo. Ela escreveu cartas para seu pai. A mãe a ajudou, até ela poder escrevê-las sozinha. Em algumas dessas cartas, chegava a perguntar por que ele não deixava as duas voltarem para casa. A mãe enviou as cartas, mas o pai nunca respondeu.

Não demorou muito, Juanita arrumou trabalho como secretária na universidade, no Departamento de Psicologia. Aura e a mãe moravam num apartamento pequeno de um quarto no sul da cidade, num conjunto de prédios altos que ofereciam moradia de baixo custo para funcionários da universidade, embora muitos inquilinos parecessem não ter nenhuma ligação com a entidade e talvez tivessem se mudado para lá ilegalmente, depois da saída de parentes e amigos, pagando as propinas exigidas. O apartamento cheirava a cimento mofado e gás. Em dias de ventania, pedaços dos prédios caíam, resvalando nas laterais, rachando e espatifando vidraças. À noite, Aura ouvia gatos miando e gatinhos com fome choramingando nos doze andares das escadas, mas foi proibida de ir socorrê-los porque, segundo sua mãe, viciados em drogas também viviam lá. Aura costumava imaginar os drogados dormindo nas escadarias de cabeça para baixo como os morcegos, que viviam do sangue de gatos e de crianças perdidas.

Sei que hoje em dia a maioria das pessoas que trabalham na universidade e moram nesses prédios não os acha tão ruins assim. Contudo, as impressões de Aura sobre o que ela às vezes chamava de "A Torre Terrível" não tinham sido moldadas apenas por lembranças infantis de uma época muito difícil — uma noite, aconteceu algo ali de que Aura tinha apenas lembranças fragmentadas, algo que nem mesmo poderia ter cem por cento de certeza de que havia ocorrido. Mas foi como se aqueles poucos cintilantes cacos de lembrança tivessem afetado seus neurônios de uma forma que a deixaram vulnerável a certos estímulos, como o de luz piscando através das árvores ou lampejando atrás de uma cerca fechada, ou até mesmo do modo como uma camisa de listras vívidas passando em uma calçada em um dia de sol pode provocar convulsões em certas pessoas.

Sempre que voltávamos ao México nos feriados ou nos verões, Aura costumava me levar para longas caminhadas que eram como excursões guiadas pelos roteiros diários de sua infância e adolescência nos bairros que cercam a Ciudad Universitaria e através do próprio campus, uma cidade-estado semiautônoma maior do que o Vaticano. Uma vez, indo para um restaurante de sushi na avenida Universidad, quando paramos numa esquina esperando o sinal mudar, ela apontou três torres juntas no horizonte, atrás dos shopping centers, edifícios comerciais e escritórios mais baixos que margeiam a avenida, e disse que lá, naquela *unidad habitacional*, na torre da extrema esquerda, é que ela e a mãe tinham morado nos primeiros anos que passaram na cidade. Os edifícios foram construídos originalmente para hospedar atletas dos Jogos Olímpicos de 1968. Manchados por uma névoa de fumaça e pela luminosidade ardente do sol, pareciam feitos de recortes de papel azul-acinzentados colados no céu amarelo e cinzento. Enquanto Aura contava suas lembranças, eu olhava para o prédio alto, tentando imaginar escadarias cheias de gatos uivando e vampiros viciados em drogas. Quando o semáforo abriu, atravessamos e seguimos pela avenida de mãos dadas. Como a mãe tinha medo de ir jogar o lixo fora à noite nas lixeiras do estacionamento, contou Aura, ela sempre pedia que o vizinho a acompanhasse. O vizinho era um homem gordo e calado que trabalhava na faculdade de Veterinária da universidade. Toda vez que ele abria a porta do apartamento e Aura estava parada do lado de fora, via uma arara azul esquálida em seu poleiro no fundo da sala e os terrários onde ele mantinha cobras e aranhas. O vizinho também tinha um cachorrinho vira-lata amarelo tão calado quanto seu dono, pois nunca latia, embora sempre abanasse a cauda e se sacudisse todo quando o encontravam no corredor. Mas o coitado do cachorrinho tinha uma fobia terrível de elevador. Pelo menos duas vezes por dia, o vizinho levava o cachorro para passear, e portanto pelo menos duas vezes por dia eles tinham de esperar no corredor pelo elevador, que sempre demorava muito para chegar e rangia demais no caminho, e assim, enquanto esperavam, o homem gordo tentava acalmar seu cachorro com carícias e palavras tranquilizadoras, o que nunca adiantava porque, assim que o elevador parava com um sacolejo e as portas se abriam, o cachorrinho, apavorado, perdia o controle da bexiga e fazia xixi no chão. Como se falasse com uma criança irritante mas mimada, o homem gordo repreendia baixinho seu cachorro, numa voz anasalada e resignada que Aura ainda conseguia imitar, Você precisa esperar até sairmos, *perrito necio*, e então voltava ao seu apartamento para ir pegar um pano de chão. Por mais que os vizinhos reclamassem do cheiro de urina de cachorro em frente ao elevador, por mais que fosse uma amolação ter de enxugar o chão toda vez que levava o cachorro para a rua, o vizinho gordo jamais perdeu a paciência ou sequer mencionou a possibilidade de se livrar do cachorro.

Isso é ou não é um exemplo de amor incondicional?, lembro de ter perguntado enquanto andávamos pela calçada.

Depois de um instante em que Aura disse, É, mas acho que seria ainda mais se ele levasse o cachorro para morar em outro lugar, num andar térreo.

Talvez ele não se mudasse porque estava ainda mais apaixonado por sua mãe, repliquei.

Quién sabe, disse Aura. Pobre Áyax.

Ajax como o sabão?, perguntei.

Áy-yax, como na *Ilíada*, e ela agarrou meu queixo e disse, *Ay, mi amor ¿por qué eres tan tonto?* e me beijou. Aquela era outra de nossas rotinas, embora minhas observações idiotas, ao contrário do que parecia indicar a frase zombeteira dela, nem sempre eram intencionais. Aura explicou que no México o sabão também se chama Ajax, mas em espanhol o herói grego é Áyax. Seja como for, a mãe só descia para as lixeiras à noite se Áyax fosse com ela. Talvez Áyax estivesse mesmo apaixonado por minha mãe, disse Aura, e guardasse seu lixo para ter sempre algum quando ela batesse à porta dele, imagino... Foi quando percebi que Áyax era o nome do vizinho, não do cachorro, e já ia fazer um comentário bobo, mas algo me deteve. Foi a maneira como Aura falou, acho, com uma nota de tristeza na voz, como alguém que toca uma vez só, de leve, uma tecla grave de um piano.

Que história engraçada, arrisquei, incentivando-a a continuar. Mas ficou evidente que, sem mais nem menos, o humor dela havia mudado. Como se chamava o cachorro?, perguntei. Não me lembro, disse ela. Chegou mais perto de mim, apoiando a cabeça em meu ombro enquanto andávamos, e mal disse outra palavra até estarmos sentados no restaurante. Para os padrões da Cidade do México, o sushi era muito bom naquele restaurante. Tratava-se de uma empresa familiar, e a família era japonesa, em vez dos habituais mexicanos vestidos com quimonos e faixas de espadachins na cabeça. A decoração era tradicional, com madeira escura de entalhes intrincados e ideogramas japoneses.

Talvez tenha acontecido nas lixeiras, disse Aura, e não na escadaria como sempre pensei.

O que foi que talvez tenha acontecido nas lixeiras?, perguntei com cautela.

Uma coisa realmente horrível, ela disse. Com minha mãe. Não sei, talvez. Você não imagina o que minha mãe aguentou naquela época, Frank. Por isso, sabe, é que nunca posso me zangar de verdade com ela. Acho que ela nunca vai me contar toda a verdade sobre o que aconteceu. Nem em seu leito de morte — Aura teve um tremor exagerado e abraçou a si mesma, como se estivesse com frio. Arregaçou a manga da blusa de algodão tricotado e estendeu o braço para mim. Estava arrepiado. Segurei sua mão e a palma estava suada.

¿Qué te pasa, mi amor?

Ela limitou-se a baixar os olhos para a mesa com ar triste, e assim ficou por uns cinco minutos — talvez menos, mas pareceu ser realmente um longo tempo —, enquanto eu permanecia sentado diante dela quase paralisado.

Bem, eu só tinha quatro ou cinco anos, ela finalmente disse, portanto não me lembro bem — e Aura desviou os olhos para o lado enquanto falava, e a voz se tornou compenetrada e meio infantil. Tínhamos voltado tarde para casa de táxi, isso eu sei. Minha mãe deve ter me levado com ela à casa de Vicky, ou algo assim. Um *vocho verde*, um Volkswagen, como todos os táxis daquela época, sem o banco da frente do passageiro. Eu devia estar dormindo — e ela deve ter me acordado — e ela disse, Aura, fique quieta aqui, eu já volto, só tenho de sair para arranjar um pouco de dinheiro. A voz de Aura estava normal mas ela parecia apavorada, como se estivesse fazendo um esforço enorme para se controlar; seu rosto tremia, parecia que ia arrebentar. Será que realmente me lembro disto ou é alguma coisa que inventei há muito tempo, como se fosse uma história, para preencher uma lacuna ou a minha própria confusão? Não sei.

Quer dizer que você não tem certeza se lembra mesmo dela ter dito isso?, perguntei. Ora, não é normal? Foi há tanto tempo. Mas existe alguma coisa que você tem certeza que se lembra?

Lembro do motorista, disse Aura, pelo menos acho que deve ser uma lembrança de verdade. Primeiro, lembro da nuca dele. Ele tinha uma cabeça realmente grande, mas com cabelo preto curto, meio achatado na parte de cima. Devia ter orelhas — e ela deixou escapar uma risadinha leve, sem alegria —, só que não me lembro das orelhas, só da cabeça. A cabeça dele era igual a um planeta morto. Um planeta morto irradiando antimatéria, entende? Em segundo lugar, o pescoço, porque se parecia com um pescoço de porco. Em terceiro, os olhos. Ele virou a cabeça quando minha mãe saiu do táxi, e foi então que vi os olhos dele. Já reparou — perguntou Aura me olhando quase com ar de súplica — como fico quieta sempre que estamos num táxi e o motorista tem cabeça enorme?

Só aqui no México ou em Nova York também? Na verdade, ainda não tinha reparado.

Mais aqui, ela respondeu. Em Nova York os táxis são diferentes, não é?, com aquelas divisões entre a pessoa e o motorista.

Talvez eu já tenha reparado algumas vezes, mas sem me dar conta de que a cabeça do motorista era a razão, disse eu.

Quando vi o olhar dele, fiquei assustada.

Assustada como?

Aura inclinou a cabeça para o lado e apertou os olhos, deixando só uma fenda entreaberta.

Isso é um bocado assustador — eu disse e sorri, mas ela tinha no rosto aquela expressão que dizia Sei que isso parece engraçadinho para você, mas quero é que acredite e compreenda o que estou tentando explicar. Perguntei, Então, o que você acha que aconteceu naquela noite?

Eles me deixaram sozinha no táxi, disse ela. Os dois saíram, o motorista e a minha mãe. Ele provavelmente trancou as portas, não me lembro. Pode imaginar como foi isso?

Não, não posso, eu disse. Apesar de conseguir imaginar Aura com quatro anos, sentada no banco traseiro do táxi com as pernas esparramadas como se fosse uma boneca esquecida, bochechas gorduchas de boneca e olhos cheios de medo e incompreensão.

Talvez tenham atravessado a *plaza* em frente ao prédio, disse Aura, e entrado nele, não sei. Não lembro se havia alguém por perto nem quanto tempo levou até minha mãe voltar. Mas, quando voltou, ela me puxou para fora do táxi e me levou no colo; lembro que escondi o rosto no ombro dela. Eu provavelmente estava chorando. Mas acho que é só do que me lembro.

Aura disse que refletiu sobre esses fragmentos de lembranças inúmeras vezes ao longo dos anos, inclusive em terapia, tentando juntá-los, mas também perguntou a sua mãe sobre o incidente. *Ayyy* não, *hija*, agora não! — era como costumava reagir ao interrogatório dela. Vai me dizer que realmente se lembra disso? Não foi nada. ¡No *pasó naaada!* Uma vez, quando Aura insistiu, perguntando, Será que você, pelo menos, chamou a polícia, Ma?, a mãe respondeu com uma risada forçada, É claro! Não é o que todo mundo faria? Chamar a polícia? Assim, eles poderiam pagar uma tequila ao *cabrón* e brindar com ele? Brindar por quê, Ma?, Aura perguntou, e a mãe apenas olhou para ela e disse, Por me roubar, *hija*, o que mais seria?

Aura remexia em seu guardanapo. Depois de um momento, com voz baixa e trêmula, disse, Frank, às vezes sinto tanto medo que perco todo o controle. Isso toma conta de mim. Você já viu, sabe o que estou querendo dizer.

Levantei-me do meu lado da mesa e fui me sentar ao lado dela, passei os braços ao redor do seu corpo. Eu já tinha visto aquilo de que ela falava e veria novamente. Uma conversa de fim de noite sobre as bombas que haviam explodido nos trens de Madri em 11 de março, cerca de cinco meses antes, tinha desencadeado a crise a que ela devia estar se referindo, até então a única que eu havia testemunhado. Embora Aura não estivesse em Madrid nem em nenhum lugar próximo no dia dos atentados, o ataque repentino de tremedeira e choro por causa do ato de assassinato em massa não me pareceu exageradamente histriônico; na verdade parecia algo mágico, como a empatia clarividente de uma criança santa, e me lembro de pensar que todo mundo, pelo menos de vez em quando, deveria reagir assim aos horrores homicidas do mundo. Quando aconteceu de novo, porém, estávamos em casa no Brooklyn numa noite fria de inverno assistindo a um DVD sobre a captura do líder terrorista do Sendero Luminoso, Abimael Guzman. Logo no início do filme, quando Guzman ainda estava espalhando a morte de seu sombrio esconderijo, houve um close do rosto branco como cera de Guzman, de seu sinistro desprezo, em seus olhos frios um brilho de serpente, e tudo isso aterrorizou Aura. Ela se afastou da televisão e se encolheu num canto da cama, os braços sobre a cabeça, e logo estava tremendo fortemente e chorando. Não importava que estivéssemos assistindo apenas à interpretação de um ator; era como se o instinto assassino de Guzman, sua indiferença para com o sofrimento que causava e até mesmo a satisfação que extraía daquilo — em outras palavras, a verdadeira maldade — de alguma forma vazassem para o nosso quarto através de alguma fissura na tela da televisão. Aura viu-se dominada por um tal terror naquela noite que me assustou pensar quão pior poderia ter sido se eu não estivesse lá para abraçá-la e tranquilizá-la. Aquelas crises, embora tenham acontecido apenas algumas vezes nos quatro anos em que vivemos juntos, eram como flashbacks abalando um veterano de combate.

Desde a morte de Aura, foi como se eu herdasse, pelo menos em parte, aquela forma de sentir por vezes sintonizada com algo terrível do mundo exterior. Não costumo tremer nem gritar como ela costumava fazer, mas decididamente me descontrolo. Certa tarde, na Cidade do México, compareci a uma exposição comemorativa do quadragésimo aniversário do massacre de estudantes de Tlatelolco, e em seguida fui até a praça onde o fato se deu, a poucos quarteirões dali. Um conjunto habitacional pobre, parente arquitetônico da Terrível Torre, embora com apenas alguns andares, dá para um dos lados da praça de concreto rebaixada; o lado oposto da praça é contornado por um sítio arqueológico — as ruínas de Tlatelolco, onde, depois de uma batalha, acredita-se que conquistadores espanhóis tenham deixado uns quarenta mil guerreiros nativos em estado de decomposição nos canais circundantes e no meio dos escombros causados pelos tiros de canhão. Na tarde do massacre de 1968, os soldados atravessaram furtivamente as ruínas do sítio arqueológico para tomar posição em sua extremidade, e de lá dispararam para baixo sobre as pessoas na praça, a maioria delas estudantes que protestavam, mas também crianças do bairro e transeuntes. Naquela tarde, enquanto eu olhava para baixo, do lugar onde os soldados tinham se postado, a praça estava quase vazia, apenas um pouco de lixo espalhado e crianças brincando, e tudo muito quieto, como se todos os moradores do prédio tivessem se calado ao mesmo tempo, desligado seus rádios e televisões para escutarem melhor o que estava por vir. O calçamento da praça era cinza-escuro, o céu era cinza-pálido, o ar morno e suarento dava a impressão de respirar e as nuvens encharcadas de chuva eram como fantasmas de soldados ocupando suas posições para matar novamente. Havia um jogo de amarelinha torto desenhado com giz na praça, e até isso parecia sinistro, como se camuflasse um alçapão secreto. Pensei em Aura e em como ela facilmente teria encontrado ali a coisa que a aterrorizava. Sentia-se a morte escondida nas sombras, na luz, respirando o ar, soprando um ou outro pedaço de lixo espalhado pela praça. A morte como algo mais forte do que a vida, pronta para irromper do ar com um grito de *banshee* ou a cair silenciosa sobre as crianças que brincavam na praça ou sobre o mundo todo.

Talvez o que senti nesse dia tenha sido uma versão mais branda do terror de que Aura falava no restaurante japonês. Aquela conversa me deu uma nova percepção da profundidade do vínculo de Aura com sua mãe, como algo guardado em um cofre subterrâneo de banco cuja combinação só elas conheciam. Não teria eu a responsabilidade de compartilhar um pouco do que Aura sentia por sua mãe, a mistura de pena, temor e grata veneração? E de fato compartilhei, pelo menos em parte. Era tudo novo para mim, aquele grau de intimidade e confiança e suas exigências: uma expansão da atenção e uma redução concomitante do foco para poder captar tudo que me era possível, passado e presente, dentro do espaço da vida de Aura; para tentar entender pelo menos o quanto ela permitisse; para ser capaz de prever e proteger, para estar sempre pronto. O amor era algo novo para mim, acreditem se quiserem. Como cheguei aos quarenta anos sem nunca ter aprendido ou descoberto isso? E, mais tarde, pouco mais de um ano depois da morte de Aura, eu já sentia pavor de estar perdendo ou de haver perdido essa capacidade de gostar de alguém dessa maneira.

9.

Juanita ficou com as cinzas de Aura. Eu fiquei com os diários. Ela não me deu as cinzas e eu não lhe dei os diários. Raramente me arriscava a levá-los para fora de casa, e passei dias inteiros debruçado neles em minha mesa, copiando frases e parágrafos. Ler os diários da infância era às vezes uma experiência desconcertante, pois o amor que despertavam não era aquele com o qual eu estava familiarizado; o que eu sentia era mais o amor de um pai. O que talvez fosse uma ilusão. Nunca tendo sido pai, como posso saber o que um pai sabe ou como se sente?

Copiava frases como esta, consignada por Aura em seu diário:

¡Somos chamados de *los bichitos*!

Aquele foi provavelmente o primeiro diário que ela manteve, a capa de plástico azul-bebê decorada com Little Bo Peep e cordeirinhos. *Bichitos* era como seu tio Leopoldo chamava o pequeno rebanho de crianças de pijamas — seus três filhos, Aura e a menina nova — brincando no pátio murado dele. Imaginei Leopoldo os observando com um copo de uísque e soda na mão, envolto num guardanapo, bigode e cavanhaque emoldurando a boca de traços finos e ar amargo, a expressão ao mesmo tempo paternalmente severa e confusa. Por que isso parecia deixar Aura, então com seis anos, tão feliz? Porque era engraçado se referir, com a cara mais séria do mundo, aos próprios filhos e à sobrinha como *bichinhos*. Ela também gostava de ser parte de um grupo com seus primos. Aura e a mãe moraram na Torre Terrível por cerca de um ano, e o *tío* Leopoldo morava perto de Coyoacán com a mulher, filhos e um empregado numa casa colonial reformada feita de estuque amarelo e pedras vulcânicas pretas. Aura estava sempre com seus primos naquela época. Mais tarde, depois que Leopoldo se divorciou da mulher e os filhos foram morar com a mãe e seu novo marido abastado, ela quase não os encontrou mais. (Eles não foram ao nosso casamento; só um deles foi ao velório.)

Naquela tarde, havia uma garota nova no pátio, Katia, alta e bonita. Ela ficou num canto como se não soubesse como brincar de pega-pega, até Rafa, primo de Aura, puxá-la pelas mãos para a brincadeira, e depois disso ninguém conseguiu pegá-la; ela saltava de um lado para o outro pelo pátio como uma gazela assustada. O pai de Katia era Rodrigo, um homem alto, vigoroso, de postura ereta, cabelo negro até os ombros e penetrantes olhos amendoados. Sua pele cor de cobre era mais escura que a da filha; a de Juanita era mais clara que a de sua filha. Juanita e Rodrigo foram até o pátio dar boa-noite, depois saíram juntos para ir a um lugar qualquer, e um pouco mais tarde *los bichitos* foram dormir. No dia seguinte, quando tomavam café da manhã e assistiam à televisão, Aura esperava ansiosa pela volta da mãe e Katia pela de seu pai. Finalmente, por volta de meio-dia, os dois chegaram:

Mamá e Rodrigo estavam com as mesmas roupas da noite anterior!

Aura escreveu isso em seu diário. Logo depois, Rodrigo e Katia se mudaram para o apartamento muito pequeno da Torre Terrível de Juanita e Aura. A partir de então, Aura deveria chamar Rodrigo de papá, Katia deveria chamar Juanita de mamá e Aura e Katia seriam irmãs. Mas quem era a mãe de Katia e onde ela estava? Seu nome era Yolanda e ela morava em Orlando, na Flórida, perto da Disney. De uma hora para outra, Yolanda tinha abandonado o marido e a filha; parecia não haver outro homem envolvido. Por que fizera tal coisa? Porque Yolanda tinha um sonho a realizar. Seu sonho era começar uma nova vida em Orlando, nos Estados Unidos. Em sua infância, Katia iria visitar a mãe em Orlando apenas três ou quatro vezes, durante as férias escolares. Conforme o tempo passava, Katia foi tendo cada vez menos contato com a mãe, até por fim não ter mais contato nenhum, nem mesmo telefonemas em seu aniversário. Yolanda arrumou emprego como recepcionista em um restaurante de Orlando, e foi lá que deu início à sua formação autodidata no "negócio da alta gastronomia". Acabou se tornando, quem diria, uma sommelier. Claro que também se tornou cidadã norte-americana. Eles souberam disso porque uma revista chamada *Good Life Orlando* publicou um artigo sobre Yolanda que ela enviou a parentes de Rodrigo em McAllen, no Texas. Sua vida pessoal continuou um mistério para aqueles que deixou para trás. O artigo não fazia menção à existência de nenhum marido, nem no passado nem no presente.

Rodrigo e Yolanda eram de Culiacán, localizada no inclemente, quente e seco Norte. Ele foi para a Cidade do México cursar a universidade, onde se formou em sociologia e foi um astro do time de beisebol como arremessador e defensor externo. Embora Rodrigo fosse um atleta sério, a vida universitária e os tempos transformaram-no em um hippie e defensor de movimentos políticos de esquerda, um frequentador de passeatas, manifestante e debatedor político veemente. Prometeu a si mesmo encontrar uma carreira onde pudesse fazer diferença na vida das pessoas pobres. Entretanto, como logo depois de se formar viu-se com mulher e um bebê para sustentar, foi trabalhar na empresa de construção civil de um tio. Em poucos anos, já não tinha mulher para sustentar, mas ainda tinha uma filha.

Sua menina esguia, que tinha o cabelo castanho e sedoso da mãe, grandes olhos castanhos brilhantes, pele clara com faces rosadas, seria sempre, em qualquer escola que frequentasse, a garota mais bonita da turma, a mais bem-comportada e educada, a mais popular entre as populares, com os melhores hábitos de estudo e boletins quase perfeitos. Aura, dois anos mais jovem do que sua nova meia-irmã, também era boa aluna, embora não tão disciplinada ou constante nas notas, e seu comportamento, ao mesmo tempo que era muitas vezes divertido e traquinas, de vez em quando também se mostrava estranho e problemático. Um exemplo: o ano em que Juanita foi chamada várias vezes ao Colégio Kensington pela diretora, Miss Becky, porque Aura fora apanhada roubando, diariamente, coisas nas malas e mochilas de seus colegas de classe: uma lapiseira do Homem-Aranha, uma carteira Hello Kitty, uma régua da Mulher Maravilha, assim por diante, e parecia que nenhuma punição ou advertência em sala de aula conseguia pôr fim a seus furtos. Antes desses eventos, Juanita e Rodrigo haviam prometido a Aura que, se ela se comportasse bem na escola naquele ano, como recompensa poderia ir com Katia passar parte do verão na casa de Yolanda em Orlando, perto da Disney. Aura estava na iminência de ser expulsa da escola, quando Juanita finalmente entendeu que não havia nada que a filha quisesse menos do que ir ficar em Orlando com sua meia-irmã e a sommelier. Quando desfez a promessa, a onda de crimes de Aura terminou.

Logo Rodrigo encontrou a função que iria exercer por pelo menos duas décadas e meia, numa empresa de consultoria que prestava serviço de desenvolvimento de projetos de casas populares a governos locais de todo o México. Foi o mais perto que ele conseguiu chegar do seu emprego dos sonhos, e viajou pelo país fazendo contato com funcionários, grupos de construtores, líderes comunitários e outros, ouvindo suas ideias, oferecendo suas sugestões. A empresa fazia a ponte entre esses governos e empreiteiros, recebendo uma comissão destes últimos quando os contratos para os projetos eram assinados. Rodrigo não tinha muito a ver com os empreiteiros; limitava-se a entregar seus relatórios e recomendações a seu chefe, único proprietário da empresa. Esse chefe, ex-professor de estudos urbanos de Rodrigo, enriqueceu com os negócios feitos com os empreiteiros. O trabalho mantinha Rodrigo em movimento viajando por todo o México, muitas vezes até cinco dias por semana, algo de que ele parecia gostar; mas pagava muito pouco.

Trabalhando como secretária do chefe do Departamento de Psicologia em meio período como assistente de pesquisa e em um turno da noite na biblioteca, Juanita ganhava mais que o dobro do salário de Rodrigo. Pagou sozinha a parcela de entrada do novo apartamento no conjunto residencial Copilco, inegavelmente um passo adiante da Torre Terrível. Rodrigo e Juanita partilhavam um quarto e as meninas dividiam outro um pouco menor do outro lado do corredor. Havia dois banheiros, uma cozinha separada e um ambiente central que era ao mesmo tempo sala de estar e sala de jantar. Um portão de entrada com uma guarita junto da avenida levava ao estacionamento murado. Ali as crianças podiam brincar na rua, andar de bicicleta e de patins no estacionamento; não era preciso ter medo de escadas nem de ir ou vir do carro estacionado no escuro. Aura tinha um amigo no conjunto cujos pais até lhe permitiam levar o lixo para as lixeiras à noite — algo que minha mãe nunca me deixa fazer,

ela escreveu em seu diário. Aqueles foram os anos da crise de poluição na Cidade do México, quando as crianças muitas vezes deixavam de ir à escola e eram mantidas em casa porque o ar do lado de fora estava venenoso demais para se respirar e os pássaros asfixiados despencavam do céu. Um pássaro morto certa vez caiu na frente da bicicleta de Aura quando ela estava pedalando em círculos pelo estacionamento.

Aura e Katia tinham, ou talvez tenham se empenhado obstinadamente em desenvolver, personalidades opostas. Se o lado do quarto de uma delas era sempre um modelo de arrumação, o da outra menina — adivinhem o de quem? — era uma bagunça. Katia tinha um temperamento calmo, às vezes vivaz e visivelmente seguro de si, e nunca chorava nem se descontrolava, mas também era uma criança emocionalmente distante, com facilidade para se desligar de tudo e de todos ao seu redor. Aura era uma chorona de marca maior, incrível tagarela, respondona e birrenta. Katia desde pequena foi exigente com sua roupa, e mesmo com o orçamento apertado da família sabia como ajudar a madrasta a vesti-la de uma forma que sempre fazia dela uma das meninas mais bem vestidas da escola. Aura preferia calça jeans de veludo cotelê com elástico na cintura, agasalhos largos e macacões; gostava de tênis de cores vivas, botas de borracha e sandálias de dedo, chapéus excêntricos e óculos escuros grandes. A meia-irmã mais velha nunca quebrava seus brinquedos. A mais nova quebrava os seus sem titubear, assim como os da mais velha. Katia gostava de bonecas Barbie. Aura também gostava de bonecas, mas gostava ainda de Transformers, Power Rangers, Tartarugas Ninja, Adolescentes Mutantes, Robotix,

Atari etc. As duas meninas gostavam de livros, mas Aura gostava mais do que Katia...

Li um livro em inglês, *Mulherzinhas*, e entendi tudo muito bem,

ela escreveu em seu diário quando tinha nove anos; mais adiante, porém, censura a si mesma por muitas vezes preferir revistas em quadrinhos — Mafalda, Betty e Veronica, La Familia Burrón, a "livros de verdade". Katia se destacava em jogos de equipe. Aura gostava de andar de bicicleta e de patinar. As duas meninas foram mandadas juntas para a escola de balé. No início, pensou-se que Katia teria um talento natural para ser bailarina, mas ela logo perdeu o interesse, entediada com o trabalho penoso das aulas e ensaios; preferia passar o tempo livre com os amigos. Aura, embora não tivesse realmente um físico de bailarina como Katia, dedicou-se de modo surpreendente ao balé e manteve a prática por anos a fio, tornando-se solista nas apresentações da escola e professora assistente de alunas iniciantes, uma honra a que aspirara por muito tempo. Chegaram até mesmo a falar em mandá-la a Cuba para estudar na famosa escola de balé de Alicia Alonso. Em seu diário, Aura confidenciou que gostaria de não ter de dividir o quarto com Katia, para poder transformá-lo num estúdio de balé, com um espelho do chão ao teto e uma barra.

Como Rodrigo raramente estava em casa durante a semana, era Juanita quem levava Aura e Katia à escola de manhã, ao médico, ao dentista, de vez em quando às sessões de psicoterapia, às aulas de balé e de preparação para a crisma, a festas de aniversário, reuniões de bandeirantes, aulas com professores particulares de francês e de matemática, ao acampamento de verão dos maçons e a todo o resto. Poder ir a pé para a universidade era uma vantagem. Além disso, muitas das amigas mais próximas de Juanita de Guanajuato, as *tías*, agora estavam por perto para ajudar um pouco, tendo se mudado para o DF uma depois da outra, fugindo de casamentos e relacionamentos desfeitos, com seus filhos a tiracolo. Juanita contratou uma empregada, Ursula, que chegava de manhã, vindo da periferia da cidade, e saía às quatro da tarde, para sua longa viagem de volta para casa, a fim de cuidar do jantar do marido e dos filhos.

Minha mãe foi praticamente uma mãe solteira que criou Katia como filha, Aura costumava dizer. Na verdade, ela tratava Katia melhor do que me tratava. Katia era a Senhorita Perfeição e eu era a que tinha todos os problemas. Para Rodrigo, era sempre importante que Katia fosse a bem ajustada, a menos prejudicada e a mais feliz. Ele a defendia de todas as maneiras. E, naquela época, sobretudo porque tinha medo de ser abandonada outra vez, minha mãe concordava com tudo o que Rodrigo quisesse.

Aura falava sobre a quantidade de tempo que passava sozinha quando criança. Sua mãe muitas vezes só chegava em casa do trabalho às nove ou dez da noite.

Depois da escola, Katia gostava de estar com seus amigos e era sempre convidada para brincar na casa deles fora do conjunto residencial de Copilco; ela nunca incluía a irmã menor nesses programas e raramente levava suas amigas a Copilco — uma das poucas vezes em que o fez foi também a última. Ao ir à cozinha para ver que petiscos havia para servir a suas amigas, Katia encontrou uma bandeja de cubos verdes de gelo no congelador, aromatizados com Jell-O ou Kool-Aid de limão. Fora Aura quem fizera os cubos de gelo, mas a cor verde era de Lysol. Aura adorava o cheiro de líquidos limpadores domésticos e descobrira que, quando misturados com um pouco de água e congelados numa bandeja de gelo, exalavam um aroma especialmente refrescante. Aproximava a bandeja do rosto, encostava a ponta do nariz no gelo — o que por si só era uma sensação deliciosa, como ela demonstrou vinte anos mais tarde para seu marido na cozinha deles do Brooklyn, embora com apenas gelo comum na bandeja — e inalava profundamente: *mmmmm*, que sopro pungente e formigante para suas vias nasais! Aura já tinha problemas alérgicos no nariz, agravados pela poluição da cidade. Mais tarde, com treze anos, na sua fase de garota rebelde, fumando tantos cigarros que seu apelido na escola era La Pipa, ela faria uma cirurgia no nariz. Katia serviu um cubo de gelo verde embrulhado num guardanapo a cada uma de suas amigas. Deu um a Aura também, que o levou ao nariz, inalou e olhou em torno, toda contente, para ver se mais alguém estava gostando do seu Lysol congelado, mas o que viu foi Katia e as amigas, as línguas rosadas para fora, lambendo o gelo. Depois, Aura não soube explicar por que não avisara as meninas; nem sequer lhe ocorrera que seriam tão burras a ponto de lamber os cubos de Lysol.

¡*Diabla idiota!*, esganiçou-se Katia, você envenenou minhas amigas! As garotas uivavam, em pânico, Chamem uma ambulância! Aura ficou de boca aberta. Era brincadeira, não era? Algumas meninas, com ânsias de vômito e chorando, telefonaram para seus pais. Você vai passar o resto da vida na cadeia!, gritou Katia. Aura se trancou no banheiro, berrando desnorteada de pavor e vergonha. Apesar de toda a histeria, ninguém ficou enjoada nem vomitou; depois de uma ou duas lambidas, todas as meninas tinham atirado seus cubos no tapete. Mais tarde, deve ter sido difícil para Juanita não morrer de pena de Aura, mas ainda assim ela tinha de ser castigada. Sem bicicleta por duas semanas! Os pais de algumas meninas proibiram as filhas de visitar Katia de novo — uma reação exagerada e cruel que causou profundo constrangimento em Katia na escola.

Eu poderia ter chegado em casa e encontrado seis meninas mortas no chão!, Aura escutou sua mãe se queixando ao telefone a Mama Violeta, sua avó. Juanita se preocupava que a razão de Aura ter dificuldade em distinguir a realidade da fantasia fosse

113

ela passar tempo demais sozinha no apartamento. Mas Juanita precisava trabalhar até tarde para ganhar dinheiro para pagar a escola das duas meninas. O que ela podia fazer?

Para que Aura tivesse companhia durante as tardes, Rodrigo e sua mãe compraram para ela um filhote de terrier escocês numa feira. Aura ficou radiante. Mas a saúde do cachorrinho se deteriorou rapidamente e depois de apenas uma semana ele morreu. Sua mãe tentou explicar que não era culpa de Aura, que os vendedores de animais na feira tinham lhes vendido intencionalmente um cachorro já condenado.

Nos contos inacabados e fragmentos que mais tarde encontrei no computador de Aura, há meninas pequenas narradoras que estão sempre sendo atormentadas por irmãs mais velhas:

"É culpa sua a governanta ter ido embora."

"Não é verdade", retruquei com vigor, quase gritando.

"Foi por sua causa que meu pai não nos levou de carro para a escola hoje", continuou ela.

Engoli a saliva e repeti minhas palavras sem convicção.

Passaram-se cerca de dois anos, durante os quais Rodrigo e Juanita se casaram. Em seu diário, Aura escreveu:

Tenho de tudo, até um diário, e o amor dos meus pais. Tenho dez anos, e minha irmã está sempre ocupada. Sabe, gosto de escrever histórias, e mandei uma para o jornal *La Jornada*.

Mamãe deu uma palestra na universidade, foi *padrísima*, fiquei tão feliz!

Acabei de me vestir e estou cheia, Mamá está impossível, não sei o que está acontecendo com ela, mas a verdade é que não estou gostando muito dela, é exatamente o oposto, a questão é que não nos entendemos, tudo que eu digo deixa ela zangada, mesmo quando eu ainda nem acabei de dizer a primeira palavra da frase. Mas talvez seja só porque estou de mau humor, então vou sair e patinar.

Alguma coisa aconteceu, está tudo esquisito, nada é igual a antes. Papá está sempre fora e quando o vejo nos fins de semana, algo não vai bem.

Acho que preciso de um novo tipo de amiga. Eu gostaria de uma amizade cheia de amor, em que sempre estaríamos dizendo umas às outras o quanto nos amamos, falando por meio de sinais, formando uma grande turma, mas até agora não encontrei esse tipo de amiga.

Hoje foi igual aos outros dias. Não cheguei a ficar entediada mas também não me diverti. Mas à tarde vamos ao shopping Perisur comprar um maiô para Katia.

Fui comer e, como não aguento comer junto com Katia, fui para a cozinha com Ursula. Ela já tinha acabado, mas prometi comer rápido e em silêncio, depois fiquei sentada com Ursula, tomei chá com um pão doce, disse coisas a ela em inglês e expliquei o significado das palavras.

Cárdenas recebeu vários votos, inclusive os da minha mãe e do meu pai, e eu os apoio. Saímos e ficamos parados do lado de fora do edifício do Congresso para apoiar nosso partido. As pessoas do PAN fizeram barulho, mas nós só fizemos o V da vitória com as mãos, e sempre que alguém do PRI saía para falar nós virávamos de costas. Minha mãe conhecia um homem do PRI e, quando ele se aproximou, ela começou a xingá-lo. Eu carregava um cartaz que dizia:

NO

AL FRAUDE

Hoje estou feliz e aprendi que só porque a mãe não pode ficar com a filha o tempo todo não quer dizer que seja uma mãe ruim, não é a quantidade de tempo que importa.

Estou usando sutiã!

Querido Diário:
Certamente você está se perguntando por que estou escrevendo para você. Problemas com sua mãe outra vez ou está se sentindo sozinha? Não, hoje não é isso, é que estou com vontade de escrever. Vou lhe contar tudo o que aconteceu...

Fomos ao Disco Patín à noite. Há uma pista grande e uma pequena, todas as duas iluminadas. Estávamos patinando na grande — um coitado de um *mongolotito* estava nos seguindo, mas fizeram ele sair.
Conheci um instrutor.
Não sei por que Frida ficou com raiva de mim.

Estou me sentindo uma pulga, ninguém presta atenção em mim, estou com vontade de chorar. Me sentir uma pulga é humilhante e muito doloroso para mim. Basta ouvir aquela risada da minha irmã "PERFEITA" que só recebe elogios, cumprimentos e amor, e meu coração se sente jogado no lixo. Mas imagino que é assim que é a vida, algumas pessoas são superiores a outras.

Joguei Atari feito louca, rearrumei minha casa de Barbie, assisti televisão, li, pus a mesa.

Entrar para a *secondaria* [ensino médio] tem sido incrível. O pior tem sido meu relacionamento com minha mãe. Não a aguento mais porque, se ela não se interessa pelas minhas coisas, por que eu tenho de me interessar pelas dela?

Conselhos sobre como não ser igual à minha maldita *perra* mãe

1. Não desestimule seus filhos.
2. Não grite com eles.
3. Faça com que eles passem maravilhosamente todos os dias e nunca descubram o que é o tédio.

Sou uma *pendeja* total de garota. Nunca presto atenção em nada e estou farta de mim mesma, EU ME ODEIO. Quero alguém a quem eu possa dizer tudo isso, alguém para abraçar, abraçar muito e muito apertado. Mas olho em volta e não encontro ninguém.

Querido Diário:

Mamá não está aqui, estou sozinha em casa portanto posso fazer o que quiser, minha mãe me proibiu de sair, mas não me importo, vou sair de qualquer maneira, com aquele homem da motocicleta, a verdade é que ele dirige muito rápido.

Vou com ele, ele me deixa no lugar errado e estou com fome, então entro na loja e enfio umas barras de chocolate no bolso, mas o funcionário me vê e corro para a rua, aí ele me pega pelo ombro e leva as barras de chocolate de volta, da próxima vez que eu for roubar tenho de tomar mais cuidado.

Depois fui naquele mercado horrível e encontrei o Luís, que me deu uísque, no começo achei muito forte, mas depois me acostumei. Por volta de 10h40 decidi ir para casa a tempo, para poder enganar minha mãe.

Tivemos ovos no café da manhã, mas eu não estava com fome, o uísque foi mais do que suficiente. Então tive de ir com minha mãe para o trabalho e, enquanto ela pensa que estou aqui sentada numa das muitas mesas, vou até o 1º andar, para a máquina de Coca-Cola, a encontro e, com cuidado, sem ninguém me ver, dou um soco na máquina e pego um refrigerante. Mmmm, gostoso. Depois subo, e minha mãe não sabe de nada que eu fiz hoje.

Talvez Aura desconfiasse que a mãe estivesse bisbilhotando seu diário, ou pode ser que esta última entrada fosse apenas uma fantasia. Nessa época, porém, Aura começara a andar na companhia de crianças mais velhas do conjunto Copilco, e algumas histórias que me contou não eram muito diferentes dessa, portanto, como saber?

Juanita e eu nunca tivemos a oportunidade de nos sentar juntos para falarmos sobre a divisão dos pertences de Aura; nunca chegamos nem perto de ter essa conversa. Eu teria dado a ela quase tudo que ela quisesse, os diários de infância, com certeza. Recebi um telefonema do primo de Juanita, que me disse que ela queria o computador de Aura, porém eu respondi que não, e não apenas porque fui eu que o tinha comprado para Aura mas porque muito do que estava nele pertencia a nós dois, ou era parte da nossa relação — fotos, música, o site do casamento, textos em que tínhamos trabalhado juntos, e toda a ficção de Aura, tudo estava guardado lá. O que fiz, em vez disso, foi levar o computador a um técnico e pagar-lhe para que copiasse o conteúdo do disco rígido de Aura em discos, exceto, a conselho de um advogado, suas contas de e-mail. No entanto, cerca de um mês depois da morte de Aura, recebi um e-mail do advogado de Juanita — um advogado da universidade, um dos colegas de Leopoldo — dando-me dois dias para desocupar o apartamento de Escandón onde Aura e eu estávamos morando. Na verdade, não era um e-mail dirigido a mim; foi enviado a um amigo meu que viera para o nosso casamento e também para o funeral e que trabalhava como advogado em Nova York, mas Juanita e seu advogado pareciam supor que ele deveria ser o meu advogado, o que não era, embora ele tenha me ajudado a encontrar um no México. Eles provavelmente não tinham nenhum direito legal de me expulsar, o viúvo, de forma tão abrupta, embora o apartamento pertencesse de fato a Juanita, mas eu não tinha nenhum desejo ou vontade de lutar. Não por ter medo do que pudessem fazer comigo. Saí para não ter de enfrentar toda a força do ódio e da acusação deles. Levei tudo o que estava no apartamento. Isso deve ter surpreendido Juanita. Ela provavelmente esperava que eu deixasse mais coisas de Aura ali, inclusive o velho baú de navio onde ela guardava seus diários de infância, seus papéis velhos de escola e coisas assim. Levei também para o Brooklyn os discos com o conteúdo do computador de Aura.

Uma coisa que deixei no apartamento foi um exemplar do livro de aforismos políticos de Leopoldo, autografado para Aura. Coloquei o livro no chão, aberto, lombada para cima, e pisei nele, imprimindo-lhe a minha pegada, depois o chutei para uma pilha de lixo. Deixei também nossos móveis mais baratos, inclusive a mesa de jantar de pinho do mercado de carpintaria Tlalpan, com papéis velhos de Aura da escola e fotografias antigas de família, tudo empilhado com cuidado; deixei ainda um envelope dentro do qual coloquei a pulseira de prata de pingentes que pertencera a Juanita quando pequena, a palavra "Juanita" gravada em sua pequena placa, com um bilhete explicando que Aura usara a pulseira no mar naquele último dia.

Tenho um tio que vai odiar você, Aura me disse logo depois que começamos a sair juntos. E você vai odiá-lo.

Mas eu não odiava Leopoldo. Era um dos poucos parentes de Aura, ela gostava dele e ele parecia gostar dela, então fiz o possível para me dar bem com o sujeito. De qualquer forma, ele era engraçado. Gostava de falar por aforismos. Ao ver um casal de idosos fazendo uma cena de rabujice, gesticulando com uma garçonete em um restaurante em que estávamos, ele observou, no mesmo tom seco e displicente que deve ter usado quando encantou a Aura de seis anos de idade referindo-se a ela e aos primos como bichitos: *Los viejitos sólo deben salir para ser amables,* Os idosos só deviam sair de casa para serem gentis.

Mas também era um homem arrogante, vaidoso e pretensioso que sabia exatamente a impressão que causava e, pelo menos em alguns casos, parecia gostar de fazer as pessoas se perguntarem se realmente ele era tão terrível quanto parecia ou se aquilo tudo seria apenas uma encenação perversa. Como tinha feito com Juanita, Mama Violeta mandou Leopoldo para longe quando ele era muito jovem, mas para uma escola militar em Tabasco, onde, por ser um menino inteligente, sensível e solitário, ele sofreu horrores. A ferida aberta naqueles anos foi a origem de sua postura rígida, de sua formalidade antiquada e de sua misantropia e hostilidade contra tudo e todos.

Nunca percebi realmente que ele me odiava até que, no velório de Aura, eu o surpreendi olhando para mim. Eu estava chorando, os amigos aglomerados ao meu redor, parecia que eu não podia cumprimentar ninguém nem receber um abraço sem cair no choro. Virei a cabeça e dei com Leopoldo me dirigindo um olhar frio, cheio de ódio. Lembro-me de ter pensado, O que será isso?, e de rapidamente ter deixado de pensar no assunto, parecia perfeitamente natural todos estarem agindo como loucos. Logo entendi melhor aquele olhar. Havia mais do que ódio ali. Havia um exame atento nele, o reflexo frio de uma desconfiança e de um raciocínio em desenvolvimento. Ele olhou para mim como se pensasse ser o investigador Porfírio Petrovich e eu Raskól-nikov.

10.

Naquele primeiro inverno depois da morte de Aura, fiquei obcecado em não perder minhas luvas, meu chapéu ou meu cachecol. Desde a primeira vez em que, no jardim de infância, me confiaram a responsabilidade de cuidar de minhas luvas, chapéu e cachecol, é provável que eu nunca tenha conseguido passar um inverno inteiro sem perder todos eles. Com Aura acontecia a mesma coisa, talvez ainda pior do que comigo. Havia pelo menos uma dúzia de luvas sem par, dela e minhas, espalhadas no nosso grande armário como pássaros desacasalados em um viveiro abandonado. No mínimo uma vez a cada inverno, Aura se apaixonava por um novo chapéu de inverno, ainda uma novidade para ela, o qual usava em todos os lugares, mesmo quando não fazia frio, e quando eu me desmanchava todo, exclamando como ela estava bonita e queria cobrir de beijos seu rosto de cores avivadas pelo frio, ao mesmo tempo pensava, É só uma questão de tempo ela perder esse chapéu, e eu nunca errava. Certa manhã, lá estaria eu tentando reconstruir nosso percurso da noite anterior pela cidade, telefonando para cada bar e restaurante a que tínhamos ido, muitas vezes falando espanhol com as equipes matinais de limpeza e os funcionários da cozinha, descrevendo o chapéu que Aura poderia ter deixado lá. Em todos os lugares a que fui no primeiro inverno sem Aura, eu apalpava o tempo todo os bolsos do casaco para me certificar de que as luvas estavam lá, de que os zíperes dos bolsos estavam fechados; não importava quão bêbado eu estivesse, de repente me lembrava de fazer isso. Se notava um zíper de bolso aberto com uma luva enfiada lá dentro, se via um pedaço de luva ou um dedo saliente, suspirava e até xingava a mim mesmo, depois fechava o zíper com tamanha e enfática autorrecriminação que, na rua, no metrô ou na mesa ao lado, muitas vezes atraía olhares assustados e curiosos. *Mi amor*, prometo não perder estas luvas, eu murmurava, como se fossem as luvas dela e dependesse de mim levá-las para casa e entregá-las a ela. E, durante todo aquele inverno, pela primeira vez desde que me lembrava, não perdi minhas luvas nem meu chapéu.

Mas perdi o cachecol numa longa noite de bebedeira, em janeiro, em Berlim, onde passei três semanas durante meu primeiro inverno sem Aura, quando quis fugir do Brooklyn nas férias, e então me recusei a comprar um novo, apesar do frio do inverno naquela cidade, que parece soprar dos campos de batalha das estepes russas cobertas de cadáveres congelados. Quando voltei ao Brooklyn, cerca de uma semana depois, comecei a usar um dos cachecóis de Aura em vez de comprar outro para mim, uma *pashmina* preta com desenhos brancos, bordada com fios prateados. As pessoas diziam, Que cachecol bacana ou Que cachecol bonito, e eu respondia, É da Aura, e às vezes as pessoas, sobretudo as mulheres, comentavam, Sim, eu imaginei que devia ser ou então batiam de leve no meu ombro. E foi com esse cachecol que voltei a envolver meu pescoço quando enfrentei o segundo inverno sem Aura.

Dessa vez, eu ainda nem havia chegado a meados de dezembro quando uma noite, ao me encaminhar para uma saída do metrô, pus a mão no bolso do casaco e percebi que tinha perdido uma luva. Fui ao nosso armário e encontrei a mão esquerda de uma velha luva de algum outro par separado que, quando também perdi, não me importei mais. Porém ainda estava determinado a não perder meu chapéu, um boné de aviador de tecido cinzento com abas forradas de pelo sintético. Aura estava comigo quando o comprei por dez dólares em Chinatown no nosso último inverno.

Aura morou no apartamento de Copilco dos seis anos de idade até ir para a Universidade do Texas. Depois que voltou da Brown, morou por alguns meses no apartamento novo de sua mãe no condomínio de arranha-céus, depois voltou sozinha para o apartamento de Copilco, que a mãe ainda não tinha vendido. Copilco foi onde Aura e eu passamos nossa primeira noite juntos. Assim, muitos momentos decisivos da vida dela aconteceram lá. Quando tinha onze anos, sua avó Mama Violeta veio de Taxco para o que deveria ser uma visita de um mês, talvez um pouco mais; não havia a menor chance de Mama Violeta ir morar com eles. Porém, dias depois, deu-se uma briga que Aura ouviu de seu quarto, a avó insultando horrivelmente sua mãe, e os gritos indignados da mãe mandando Mama Violeta sair dali. E Mama Violeta saiu mesmo, só que não num rompante e depois ficou andando pelo estacionamento até se acalmar, tampouco voltou para pedir desculpas à sua filha pelas coisas horrorosas que havia dito, e vice-versa, como Aura esperava; em vez disso, arrumou a mala, foi embora e nunca mais falou com a filha nem com a neta. Naquela época, Juanita raramente tomava bebidas alcoólicas, ia correr com Rodrigo nos fins de semana e fazia aula de aeróbica; tinha o corpo firme, a pele lisa e fresca e sempre estava bem vestida. Ah, ela era tão linda, você nem imagina, Aura costumava me contar, com um orgulho e uma adoração de menina. Aura nunca soube o que causou a briga entre as duas, ou nunca me contou, mas achava que, se houve um momento que marcou o começo do longo declínio de sua mãe, a princípio quase invisível, foi o daquele rompimento com Mama Violeta.

Seis anos depois, Juanita também expulsou Katia do apartamento de Copilco. A essa altura, Katia não era mais considerada tão perfeita. Entusiasmada com as possibilidades que sua própria beleza oferecia, louca por rapazes e cabeça-dura, ela se bateu com Juanita durante toda a adolescência. Então, apesar de suas notas excelentes, foi reprovada no exame de admissão da altamente disputada Unam. No entanto, quando foi para uma universidade particular com a intenção de estudar administração de negócios e sonhando com uma carreira no mundo da moda, Juanita de alguma forma arranjou o dinheiro para pagar o curso e o entregou a ela. Passaram-se algumas semanas. À tarde e à noite, Katia voltava para casa com sacolas de compras da Palacio de Hierro e de lojas caras, certa vez exibindo uma bota italiana nova que se tornou tão emblemática na memória de Aura que, anos depois, sempre que ia comprar botas em Nova York ou parava para olhar vitrines, tinha a impressão de ver a bota de Katia entre as outras expostas, quase sem uso, um pouco empoeirada e trágica, e lembrava-se da irmã de criação, que desaparecera de repente de sua vida depois de praticamente a ter dominado como uma tirana por tanto tempo. Durante anos, para não aborrecer Rodrigo, Juanita de certa forma fez vista grossa à implicância diária de Katia com a irmã de criação mais nova. Quando, porém, descobriu que Katia fingia estar frequentando aulas de manhã, embora não estivesse nem matriculada no curso e que, além disso, estava gastando o dinheiro com roupas, bota e com o namorado, ela expulsou Katia de casa. Rodrigo não defendeu a filha, e talvez nem tenha ousado tentar. Katia tinha dezenove anos, não era mais uma criança e cometera um crime de uma ingratidão aparentemente diabólica; bem, daí em diante teria de aprender a ser responsável por si mesma. E Katia não perdeu tempo em assumir o controle de sua vida, como se ser expulsa de Copilco e da família fosse exatamente o que estava esperando. Encontrou um lugar para morar, algum trabalho como modelo e, em seguida, um emprego mais estável como secretária num curso de economia de curta duração, depois voltou a frequentar a escola em meio período, pagando os custos sozinha. Rodrigo continuou vendo a filha mais ou menos às escondidas. Juanita nunca perdoou Katia. Mas Katia também nunca perdoou Juanita nem pediu desculpas ou deu qualquer sinal de querer uma reaproximação. Aura e Katia só se veriam novamente dez anos depois.

Ainda que não visse sua avó nem falasse com ela desde os onze anos, Aura mantinha uma fotografia de Mama Violeta num porta-retratos em nosso quarto no Brooklyn. A fotografia mostrava uma mulher de pele clara, ainda que enrugada, de aparência europeia, com braços e pernas compridos e ossudos, rosto flácido, boca relaxada (exatamente como a de Juanita quando ficava triste) e uma turbulência familiar em seus olhos inteligentes e de expressão magoada. Uma almofada de babados que Mama Violeta havia bordado, com flores de caules negros e cores baudelairianas, roxo, cinza-pérola e carmesim, e com o nome AURA bordado em amarelo por cima do vaso de flores, ficava em nossa cama, em cima da colcha multicolorida.

A famosa primeira sessão de terapia de Aura, quando tinha onze anos:

Você acha que sua mãe escuta o que você diz, Aura?

A *sua* mãe a escuta, *doctora*?

Juanita, preocupada com os efeitos de tantas separações e rompimentos nas meninas — o pai de Aura, a mãe de Katia, Mama Violeta —, marcou horas separadas para cada uma com a dra. Nora Banini, psicanalista do Departamento de Psicologia da faculdade. A garota com jeito de elfo, de rosto animado e voz rascante, o cabelo caindo nos olhos, sentada no sofá de couro macio com o corpo inclinado para a frente, cotovelos apoiados no colo, o queixo descansando nos dedos entrelaçados, olhava direto nos olhos de Nora Banini, sentada à sua frente, que persistia serenamente em suas perguntas.

Você parece zangada, Aura, mas acabou de me conhecer, por isso não acho que esteja realmente zangada comigo. É com sua mãe que está zangada?

Mas *eu quero* conhecer você, *doctora*. Você está zangada com *sua* mãe?

Por favor, Aura, me chame de Nora. Será que está zangada com sua mãe por ela ter trazido você aqui? Por que você acha que ela quer que a gente converse?

Vamos conversar sobre a *sua* mãe. Ela trata você bem? Por que não quer conversar sobre a sua mãe, *doctora*?

Aura continuaria com Nora Banini até os vinte e sete anos, embora a essa altura somente quando voltava de Nova York por alguns dias. Katia, pagando ela própria suas sessões, também continuaria indo ao consultório de Nora Banini até depois dos trinta anos, casada e mãe de família.

No verão de 1990 — queda do muro de Berlim, União Soviética à beira do colapso —, Aura foi mandada para um acampamento de verão em Cuba. A essa altura, Juanita, fosse para contrariar Rodrigo, fosse por qualquer outra razão, transformara-se numa sarcástica adversária da esquerda. Então, por que mandar Aura para lá? Aura havia sonhado em estudar balé com a grande Alicia Alonso, mas esses sonhos faziam parte do passado. Com treze anos, tendo adotado uma postura radical depois da eleição presidencial fraudada no México e da invasão do Panamá pelos Estados Unidos, Aura declarava-se ruidosamente comunista e revolucionária nos moldes cubanos. Assim, Juanita previu, ou pelo menos Aura sempre afirmou, bastariam algumas semanas em Cuba para demolir as ilusões utópicas da filha. O acampamento era numa praia e reuniu adolescentes de todo o mundo, muitos de países escandinavos. Foram alojados no que parecia ser um antigo hospital, com longos corredores pintados de verde dando para quartos verdes sem ventilação e seis camas em cada quarto. Na primeira noite, Aura não conseguiu dormir; a insônia deveu-se ao calor sufocante do quarto, à escuridão de breu e ao choro semelhante a um sonar de outra garota mexicana no quarto ao lado, cuja carteira recheada de dólares dada pelos pais já fora roubada. Nos primeiros dias que passou lá, Aura perdeu a sandália na praia, depois o tênis, ou ele também foi roubado. Acabou andando descalça. Todas as refeições consistiam em arroz e feijão, e, depois de cada uma, os acampados tinham de raspar os restos e despejá-los em baldes que circulavam pelas mesas, para que fossem acrescentados ao arroz e feijão da refeição seguinte, que cada vez ia se tornando um mingau mais grudento e com mais aparência de lama. Aura parou de comer. Quando a mãe foi buscá-la no aeroporto Benito Juárez, Aura perdera tanto peso que precisava segurar a calça com as mãos, estava sem nada no pé, a pele cor de caramelo queimada de sol toda marcada de arranhões em carne viva, de tanto coçar as mordidas de insetos, e a roupa não havia sido lavada desde sua saída do México. Quando Juanita perguntou a ela como passara as três semanas no acampamento, ela respondeu, toda alegre:

Me enturmando com os garotos dinamarqueses, Mami!

Para Aura, "comunismo" daí em diante seria algo que sempre lhe provocaria ânsias de vômito associadas a baldes comunitários de arroz e feijão rançosos. Mas sua nova magreza deu-lhe um encanto travesso de garoto que nem ela podia negar. O prazer cheio de ansiedade despertado pelo que descobriu no espelho quando chegou em casa evoluiu rapidamente para o limiar de uma anorexia que iria perdurar além de seus vinte anos. Em algumas semanas, ela conheceu o rapaz que seria seu primeiro namorado, em uma rave de noite inteira ao ar livre no Bosque de Tlalpan. Juanita, naturalmente, proibira Aura de ir a raves, um obstáculo superado por meio do ardil de supostas noites passadas em casa de amigas. Com seu ardil logo desmascarado, Aura ficou dois meses de castigo, período que ela sempre recordava com gosto por causa da descoberta, num domingo à tarde, no escritório de *tío* Leopoldo, de um volume encadernado em azul de obras seletas de Oscar Wilde, um nome que ela reconheceu de calendários da livraria Gandhi e também por causa de uma camiseta usada por *un dark* conhecido como OD, que pintava as unhas e os olhos de preto e era amigo do rapaz que ela conheceu na rave: o rosto de olhos tristes, queixo saliente e penteado igual a duas asas dobradas na camiseta de OD lembrava-lhe o de Mama Violeta. Aura levou o livro para Copilco para lhe fazer companhia nas semanas restantes de encarceramento. Com uma caneta hidrográfica cor-de-rosa, ela escreveu na capa de seu caderno, rodeado por um pequeno punhado de corações cor-de-rosa, "Nunca viajo sem meu diário. A gente deve ter sempre algo sensacional para ler no trem". Quinze anos depois, quando nos mudamos para o apartamento de Escandón, ela tirou esse mesmo volume azul e pesado de uma caixa de livros, levantou-o e contou-me a história; agora ele está no Brooklyn.

Dos Santos, o rapaz que ela conheceu na rave, tinha dezoito anos e era cinco anos mais velho do que Aura. Na verdade dos Santos era sobrenome, mas Aura só usava seu primeiro nome quando telefonava para a casa dele e o pai ou a mãe atendia. No velho baú de navio onde Aura também guardava seus diários, encontrei poemas de dos Santos, centenas deles, resmas de fotocópias abarrotando sacos plásticos de mercearia. Mais ou menos na época em que se conheceram, dos Santos também terminara de escrever um romance de umas seiscentas páginas, que deu ao pai para ler. O pai o fez de bom grado e, quando acabou a leitura, disse ao filho que o livro era um lixo sem valor, sem o menor indício de talento ou promessa. Apesar de sua aparência de timidez, dos Santos era um menino confiante e até ingênuo que venerava o pai, um eminente economista do Itam. Completamente arrasado, jurou que nunca mais escreveria nada, alegando também que não havia nada mais pelo qual valesse a pena viver.

Aura nunca se sentira tão necessária a outra pessoa além de sua mãe. Se há uma coisa que os jovens escritores nunca devem fazer, disse Aura a dos Santos, é pedir que os pais leiam o que eles escrevem: um bom conselho que ela própria raramente seguia. Ela leu o livro de dos Santos e se entusiasmou. Foi sincera, não disse isso apenas para fazê-lo se sentir melhor. Eram páginas de uma prosa desvairada em que ele inventava uma gramática própria, cheias de piadas absurdas e inescrutáveis, e de uma imaginação tão bizarra que ele deveria agradecer por seu pai não tê-lo internado num hospício! (O romance não estava entre os escritos de dos Santos que encontrei no baú.) O entusiasmo e os elogios de Aura, provavelmente acompanhados por beijos do tipo que ela teria aprimorado com os meninos dinamarqueses da praia de Cuba, fez dos Santos recuperar a confiança em seus poderes literários e espírito rebelde, e essa confiança, afinal de contas, fizera dos Santos ser quem ele era, um personagem adolescente, El Poeta, ou algo assim, e não apenas um fracassado de dezoito anos que andava com uma menina de treze. Aura e dos Santos tornaram-se os companheiros mais indispensáveis um ao outro. Ele foi o amigo da linguagem secreta de sinais pela qual ela tanto ansiava.

Onde está o seu senso de humor, mãe?
Amor

Não era anormal: amor. Para uma pessoa se apaixonar, para construir um amor que era jovem e inocente, isso é terrível. Também não há nada de anormal em acreditar que todo mundo estava contra mim — segundo Freud, a paranoia é uma reação natural do amor jovem. Só que, no meu caso, a paranoia não era sem fundamento. Estava firmemente sentada em cima dos ombros da minha mãe, todo o corpo dela formando seu pedestal, quando o rosto dela se transformou numa carranca, ela levantou as mãos para o céu e gemeu assim que o negro objeto de seu ódio veio me visitar: meu Primeiro Namorado, sentado ali — na CADEIRA DELA! —, exibindo uns óculos escuros numa sombria sexta-feira de outono, sob a óbvia influência de maconha. Anime-se, Ma, onde está seu senso de humor? Mas minha mãe, minha mãe solteira, sobretudo no que diz respeito à sua filha de treze anos, púbere, já menstruando, não tem senso de humor. Nem uma gota. Minha mãe solteira, em especial, está sobrecarregada de suspeitas, rígida de severas advertências baseadas em estatísticas, sondagens, as piores situações. Tudo o que não tinha nada, ou muito pouco, mas provavelmente nada mesmo, a ver com o fato de que sua filha estava apaixonada pela primeira vez. Em vez de ternura e preocupação, os castigos e proibições choveram como folhas caindo prematuramente das árvores. Aquele outono nunca foi embora: ele derrubou o futuro à frente num efeito dominó. *Fast forward*, quando o que eu queria era voltar para trás.

Aura Estrada

O desdém inflexível de uma mãe autoritária pelo namorado de sua filha adolescente geralmente vence no final, e dos Santos e Aura formavam um casal que mesmo mães minimamente conscientes incentivariam. Dos Santos acabou recuando na vida de Aura, como se fosse sendo lentamente levado por uma correnteza que nem ele percebia existir, até ir desaparecendo nos anos perdidos de seus vinte e poucos anos. Aura, porém, jamais deixou de acreditar em dos Santos — como anos mais tarde acreditou em mim. Assim que voltávamos à Cidade do México e entrávamos numa livraria, eu sempre sabia o que ela esperava encontrar na mesa de lançamentos: o primeiro romance ou o livro de poesias recém-publicado de José Eduardo dos Santos. E eu pensava, mas nunca dizia, Ele deve estar com uns trinta anos. Se é que vai acontecer, já não deveria estar mais do que na hora?

A última vez que encontrei Lola, a melhor amiga de Aura na Unam, que também foi criada pela mãe solteira na Cidade do México, ela disse:

Eu costumava querer ter uma mãe assim, que eu soubesse que iria olhar por mim e lutar por mim, não importa por quê. Entende o que quero dizer? Uma mãe que luta por você como mãe, mas também da forma como um pai lutaria.

Entendi mais ou menos. Acho que eu também gostaria de ter tido um pai ou mãe assim quando era adolescente, pois meu pai, na verdade, foi o oposto de uma pessoa que lutaria por alguém.

Essa conversa com Lola ocorreu na véspera do último Ano-Novo, num bar da Ludlow Street. Ela ainda estava estudando para o seu doutorado na Universidade de Yale e, como costumava fazer quando Aura estava viva, vinha regularmente a Nova York de ônibus para ver Bernie Chen, um estudante de ph.D. da Universidade de Cornell, agora seu noivo. Cinco anos antes, quando conheci Lola, logo depois de Aura e eu começarmos a sair, ela me chamou à parte e me deu um aviso franco movido a bebida:

Se Juanita aceitar a decisão de Aura de ficar com você, então ela vai ficar com você. Mas se for contra — Lola balançou a cabeça devagar, negativamente —, ela não vai ficar. Você já sabe disso, não sabe?

O que você está me dizendo é que, se a mãe de Aura não quiser que ela fique comigo, você acha que ela pode nos separar.

O poder de Juanita sobre Aura é como aquelas coisas que fazem parte dos mitos, disse Lola. É como se ela pudesse lançar raios lá do México.

Vou me encontrar com Juanita daqui a poucas semanas, eu disse. Em Las Vegas, acredite se quiser.

Lola tentou me animar. Quando Juanita perceber como Aura é feliz com você, ela disse, tudo vai ficar bem. No final das contas, isso é o que mais importa para ela.

Com Katia banida e deixando de ser uma despesa, sobrou mais dinheiro para gastar na educação de Aura. Para fazer um doutorado em literatura comparada, Aura precisava ser fluente em três idiomas, por isso foi mandada para a Europa nos três verões seguintes: duas vezes a Paris para estudar francês, uma vez a Cambridge para cursos de literatura inglesa. As únicas viagens de Juanita e Rodrigo para fora do México haviam sido apenas além das fronteiras de seu país, de automóvel, principalmente para o Texas, mas uma vez para Belize. Era impossível mostrar gratidão suficiente pelos sacrifícios de sua mãe, mas Aura tentou. *Vinte e quatro horas a filha de uma mãe solteira* — era como Aura descrevia a si própria em seu diário. Aura insistia em se referir à mãe como solteira porque, com Rodrigo fora tanto tempo, para todos os efeitos práticos ela era de fato mãe solteira. Mesmo sem conseguir ainda colocar em palavras o que lhe causava uma sensação de mau agouro, Aura muitas vezes sentia-se consumida de preocupação pela mãe. Todos os dias, corria da universidade para casa e assumia o lugar de Ursula na cozinha para preparar o almoço da mãe, dando a Juanita um pretexto para sair do campus e ficar a sós com a filha por umas duas horas, em vez de passar o tempo nos restaurantes e *fondas* habituais com professores e colegas de trabalho — refeições em que, Aura sabia, a mãe às vezes se via incapaz de resistir à segunda ou à terceira tequila, ou até mais, quando os outros também estavam bebendo. Como sua mãe, Aura não sabia cozinhar — Ursula deixava o jantar pronto antes de ir para casa à tarde —, mas começou a aprender com a ajuda de um livro de culinária em inglês com receitas internacionais que ela encontrou numa das caixas de saldos que a livraria Gandhi colocava na calçada. Quase toda semana, ia com sua lista de compras ao supermercado. Aura gostava de cozinhar peixe porque não levava muito tempo para preparar e era considerado mais saudável, mas os nomes em inglês dos peixes de seu livro de culinária não correspondiam aos que ela encontrava na seção de pescado do Superama. Além disso, a maioria dos peixes era cara demais, porém havia um de bom preço chamado *punta de venta*, cujos filés empacotados estavam sempre disponíveis. Vamos ter punta de venta, Ma, ela avisava ao telefonar para a mãe na universidade, a fim de que ela fosse depressa para casa, e sempre que Juanita perguntava, Outra vez?, Aura a tranquilizava, explicando que o peixe estava sendo preparado de maneira diferente da vez anterior, fosse assado, frito, *à la veracruzana* ou até *à la meunier.*

Um dia, Juanita disse, Aura, sabe de uma coisa, você não precisa comprar sempre *punta de venta*, eu lhe dou dinheiro para comprar algo fresco, podemos pagar. *¿Cómo?*, perguntou Aura, confusa. A mãe lhe perguntou se por acaso Aura pensava que *punta de venta* fosse uma espécie de peixe. Claro que ela sabia que era um peixe, Aura disse. Espere aí, quer dizer que *não é*? Então é o quê? A mãe explicou que *punta de venta* era o nome que o supermercado punha na etiqueta de qualquer tipo de peixe cujo preço estivesse com desconto porque chegara ao limite de seu prazo de validade. Ahhh! Elas morreram de rir, e Juanita disse *Mi amor,* você não precisa cozinhar para mim todo dia. Fez-se um breve silêncio. Aura perguntou, Você está dizendo que não quer que eu cozinhe mais para você, Ma? *Hija,* disse Juanita, esse negócio de dirigir do trabalho para casa e de volta para o trabalho todo dia vai acabar me matando, *el tráfico está de la chingada.* Aura deu uma risadinha, à qual a mãe fez eco com uma gargalhada forçada, o que provocou uma nova onda de risadas, não tão frenéticas quanto antes. *Hija, corazón,* Juanita perguntou com doçura, isso tudo não é um pouco demais para você, fazer tantas compras, cozinhar tanto? Você tem mesmo tempo para isso? Não prefere comer com seus amigos?

Nós todos somos apenas uma fantasia, observou Juanita um dia em outra conversa registrada por Aura em seu diário.

Nenhuma das tias de Aura pertencia de fato à família. Não eram do mesmo sangue. Eram família de mentira, de brincadeira. Prótese de família, como Aura as chamava.

E o que faço com isso?, perguntou Aura. Em que isso vai

me ajudar, saber que sou uma fantasia? Nós duas somos, não é só você, a mãe respondeu. E deveria aproveitar a situação, e ser grata por ela, em vez de estar sempre questionando o assunto da maneira como faz. Será que Juanita considerava seu marido, ou seus dois maridos — quem sabe todos os maridos em qualquer lugar e sempre —, também como prótese de família? Destacáveis, apenas parte de uma família de fantasia? Seriam reais apenas as relações mãe-filha?

Ao ler no diário de Aura sobre os meses após nosso primeiro encontro, quando ela voltou da Brown para o México e foi a Guanajuato para o Natal, estranhei não me ver incluído no elenco tão familiar — as *Tías*, Mama Loly, Vicky Padilla, os padrinhos que também eram professores de Aura, Fabiola —, todos esses com quem eu iria passar a data um ano depois como o novo e mais velho namorado de Aura de Nova York. O chefe de Juanita, que costumavam chamar de el Dramaturgo, também foi a Guanajuato naquele Natal. Quando tinha uns vinte anos, ele escreveu uma peça do tipo Jovem Macho Zangado que ainda era encenada com regularidade em escolas mexicanas. Aura participara como atriz em uma produção dessa peça no Colégio Guernica no papel da jovem esposa do macho, cheia de brio mas implacavelmente maltratada. "Odeio arrancar balas do meu próprio corpo, *carajo!*" — havia sido uma de suas falas, e em casa tornou-se um bordão jocoso que todas as mulheres da casa, até mesmo Ursula, repetiam em momentos de angústia real ou irônica. Agora, na casa dos cinquenta, el Dramaturgo era reitor do Departamento de Humanidades, um dos cargos de maior poder na universidade. Logo depois de terminada a greve estudantil que fez Aura ir para Austin, el Dramaturgo contratou Juanita como sua secretária administrativa, por si só um cargo importante. Agora Juanita tinha seu próprio escritório no andar abaixo do dele, com duas secretárias e um salário respeitável. Fora uma escolha inteligente, ainda que não convencional, contratar Juanita — ninguém conhecia melhor os labirintos e os mistérios da enorme burocracia universitária; quase não havia funcionários da universidade, arquivistas, guardas de segurança e motoristas de ônibus do campus que Juanita não chamasse pelo primeiro nome. Ela poderia ter mudado de carreira, se tornado importante no sindicato de funcionários da universidade — as pessoas tinham lhe dito o quão valiosa poderia ser caso desempenhasse esse papel —, mas o coração e a lealdade de Juanita estavam do lado acadêmico da escola, com o ensino e os órgãos de pesquisa que lhe deram meios de sobreviver quando chegara à capital com a filha pequena. A universidade era como uma cidade-estado do Renascimento que acolhera Juanita como uma enjeitada a fim de transformá-la numa de suas grandes damas, uma *connoisseur* do exercício do poder dentro de seus muros.

Pelo menos, escreveu Aura em seu diário, ela agora já estava bem crescida para ser obrigada a chamar el dramaturgo de *"Tío"*. Em sua primeira manhã em Guanajuato, ela foi para a rua, a pedido da mãe, com a incumbência de comprar um presente no mercado que daria a el Dramaturgo — ela escolheu um porta-canetas de madeira entalhada — e flores para a festa em homenagem a ele, naquela tarde na casa da mãe de sua *tía* Vicky, onde elas estavam hospedadas. Uma das últimas estrelas de cinema da Era de Ouro do México, Carlota Padilla fazia agora papéis principalmente de avós e de velhas criadas sábias de família nas telenovelas. Apesar de morar na Cidade do México, ela possuía uma *hacienda* reformada nos arredores de Guanajuato que lembrava um desses conventos da era colonial que são transformados em hotéis cinco estrelas; tinha nos fundos um pomar antigo murado e uma piscina. Aura sentia-se feliz, vagando pelas ruas com seus encargos para a festa, admirando a arquitetura colonial e as montanhas íngremes que rodeiam a cidade. (Ela sempre gostava de citar a frase do bêbado dr. Vigil, de *À sombra do vulcão*: "Guanajuato está localizada em um belo circo de colinas escarpadas".)

Comprei as flores (Mrs. D., de vw), voltei para casa e vi que el Dramaturgo já estava lá, *tequileando* com minha mãe, dando a partida às atividades alcoólicas que, para mim, terminaram em horror. Conversas. Lisonjas — sinceras e falsas. A refeição. Carne. Não como. Tequila. Para mim, chá gelado. Acabo de comer, levanto-me da mesa; danço sozinha num canto, assisto televisão. Mais tequila — minha mãe e seu *jefe*. O marido de minha mãe assume posições inesperadas durante uma discussão veemente sobre política. Chega outro dramaturgo, esse veio de Guadalajara só para visitar el Dramaturgo. Mais tequila. Minha mãe começa a abordar assuntos inquietantes. A tal ponto que, mais tarde, ao sair, dramaturgo #2 cochicha para mim, Siga seu próprio destino. Será que tenho um? Meus nervos estão tensos. Quero começar meu doutorado, ir para uma universidade renomada, escrever, estudar, ter uma vida. Meu padrasto é bom. Ele me adula de todas as maneiras. Não sei se acredito nele. Se metade do que me diz fosse verdade, eu adoraria. Ele está bêbado. Minha mãe também.

Que assuntos inquietantes seriam esses, *mi amor*? Talvez outra preleção zombeteira sobre o absurdo de estudar literatura latino-americana em uma universidade *gringa*? Mas não foi exatamente para isso que Juanita criou e preparou Aura, para ir embora e estudar no exterior? Agora não queria deixá-la ir. Juanita temia ficar sem Aura, temia ser deixada sozinha em seu casamento com um homem que não a amava mais e que não iria ajudá-la, porque a única maneira de poder ajudá-la seria amando-a. Esse temor era transmitido à filha, a mais pesada das malas que ela levaria consigo para Nova York. Aura não poderia amar seu padrasto se ele não tentasse ao menos fazer sua mãe feliz. Não era só culpa dele, ela sabia, mas era apenas com a felicidade de sua mãe que ela se preocupava.

Por que você me abandonou para eu crescer sem um pai?, Aura perguntou ao pai, o rosto afogueado, no restaurante em Guanajuato naquela primeira vez que o encontrou depois de dezessete anos. Por que nem ao menos respondeu às minhas cartas? Até aqui, tudo bem, disse a si mesma. Ainda não chorei. Mas então ela chorou. Apoiou a cabeça nos braços dobrados e chorou de soluçar, e o pai saiu de onde estava sentado, foi para perto dela e pôs a mão em suas costas, com certeza se perguntando por que estava se submetendo àquilo e por que ela estava se submetendo àquilo, e para que viver, afinal, quando a vida acaba virando aquela confusão desgraçada, ele sentado ali com a calça toda suja de lama e a filha que não via fazia dezessete anos em prantos.

Ora, claro que ela ia chorar. Mas ele disse o que tinha de dizer, as mãos esguias juntas sobre a toalha da mesa, explicação que ele provavelmente ensaiara no caminho através do Estado, desde San José Tacuaya:

Achei que você deveria ter somente um pai, *hija*. Depois que sua mãe e eu nos separamos e ela se casou com Rodrigo, eu quis que você o visse como um pai, e o amasse. Achei que seria melhor para você. Não é bom para uma criança ter dois pais. Claro que sempre amei você, que sempre senti falta sua.

Obrigada, Pa, ela disse. Sempre amei você e também senti sua falta. Mas o que havia para agradecer? Posteriormente, quanto mais pensava na resposta de seu pai, mais ela a entristecia e até irritava. Seu pai verdadeiro, ela percebera naquele dia, era uma pessoa inteligente, sensível e imperfeita que vivia no mundo da mesma maneira que ela, sempre se desculpando por existir. Tudo nele — o olhar doce, a voz sussurrada, a delicadeza, a misteriosa lama em sua calça — a enchera de compaixão. Achava que eles poderiam ter se fortalecido com o amor de um pelo outro, com sua cumplicidade inteligente de pai e filha. Algo essencial, de que ambos necessitavam, fora arrancado deles. Aquele era o homem que deveria ter sido seu pai.

Um dia depois do Natal, voltando da casa de Mama Loly, aonde fora se despedir de Fabiola e do clã Hernández, Aura voltou a pé para a casa das Padilla. No momento em que ia enfiar a chave na fechadura, a madeira antiga da grande porta do *zaguán* sacudiu no batente como se por efeito de um terremoto, seguida por uma sucessão de ruídos metálicos na fechadura que fizeram a maçaneta da porta estremecer. Ela esperou um momento, enfiou a chave, abriu com um empurrão a porta pesada e deu com Héctor, seu pai, do outro lado, no vestíbulo de piso de pedra, com ar alvoroçado, o cabelo grisalho desalinhado caindo-lhe na testa. As mãos dele agitaram-se para a porta numa tentativa inútil quando ela a fechou atrás de si. Entreolharam-se, trocaram beijos nas faces, um abraço meio desajeitado, desejaram-se boas festas, então Aura disse, Que surpresa, Pa, o que está fazendo aqui? Ele vestia a mesma roupa da última vez que o vira — o mesmo terno, tinha certeza —, só que sem gravata, mas parecia mais velho, como se tivesse envelhecido uma década em quatro anos. Parecia esgotado e abatido. Não consegui descobrir como abrir a porta, disse ele, e deu um sorriso forçado. Soube por Vicky que você estava aqui, prosseguiu ele, e decidi aparecer para dizer alô, *hija*, mas sinto muito, agora preciso ir embora, como viu eu já estava saindo. *Está bien, Pa*, ela disse, *Feliz año, pues* — o embaraço fez sua voz soar indiferente. *Igualmente, hija*, disse ele. Espero que o Ano-Novo lhe traga toda a felicidade que você merece, e curvou-se para beijar o rosto dela outra vez, dizendo então, *Perdón, Aura*, esta porta tem algum truque para abrir que me escapa. Ela a abriu, pressionando a lingueta da fechadura enquanto a destrancava, girando-a para o lado, e explicou, É meio complicada, Pa, e empurrou a porta com as mãos, segurando-a com o braço estendido, sorrindo e curvando um pouco a cintura num cumprimento que ele aparentemente não notou, despedindo-se dela e saindo às pressas pela porta como se fugisse de uma gaiola.

No final da calçada, ele se despediu dela com um aceno nervoso, dobrou a rua, e essa foi a última vez que Aura viu seu pai. Num canto sombrio da espaçosa sala de estar, ela encontrou sua mãe e Vicky sentadas a uma mesa como uma dupla de soturnas cartomantes, olhos baixos, fumaça de cigarro em espiral e uma garrafa de tequila entre as duas. Estavam rindo, percebeu, e pararam quando ela entrou. Estavam rindo do meu pai, pensou. Não ia lhes dar a oportunidade de fazerem um relato zombeteiro da visita dele, não perguntaria nada, iria direto para seu quarto fazer as malas e sairia para a rodoviária dali a uma hora. Mas Vicky perguntou, Você encontrou o Héctor? Então ela teve de responder, e disse Encontrei, *tía*, ele estava saindo. Ele só veio porque queria ver você, disse sua mãe sem levantar os olhos. Vicky telefonou para avisá-lo que você estava aqui. Eu sei, disse Aura, ele me contou. Obrigada, *tía*... Bom, tenho de arrumar a mala. O que aconteceu, disse sua mãe, foi que ele lembrou que precisava ir embora para recolher garrafas vazias no mercado, por isso estava com tanta pressa. As duas mulheres abafaram um riso escarninho. Aura disse, *Yayaya*, e se dirigiu ao quarto. Ia para a praia com P., que desde o verão vinha sendo e deixando de ser seu namorado. Sairiam do DF numa viagem noturna na primeira classe de um ônibus-leito para Puerto Escondido, em Oaxaca, onde pegariam o ônibus local, percorrendo a costa até aquela extensão intocada de três praias adjacentes separadas por rochedos altos ou promontórios rochosos: Ventanilla, San Agustinillo e Mazunte. Ela ansiava conhecer essas praias desde os catorze anos, quando grupos de colegas seus da escola tinham começado a ir para lá, em viagens que sua mãe nunca permitia que ela participasse. Não existia um só balneário ou hotel turístico na região; em compensação, havia uma porção de lugares que alugavam redes e alguma forma de abrigo; alguns viajantes limitavam-se a pendurar suas próprias redes em bosques de árvores ou armavam barracas na praia e não pagavam nada. O relacionamento de Aura com P. duraria apenas mais alguns meses, porém seu novo amor por aquele pedaço do litoral iria persistir.

Nos quatro anos e sete meses seguintes, ela visitaria essas praias pelo menos mais oito vezes, cinco delas comigo, como se cedendo à atração de um destino irresistível: geografia e sina, uma coisa só. P. levou-a a Ventanilla, a mais selvagem das três praias, onde não existia nem o mais rústico albergue para mochileiros. A maior habitação lá era uma espécie de cabana de dois andares com telhado de sapé projetando-se em duas pontas, chão de madeira rodeado por uma meia parede de ripas finas, o que constituía o alojamento em si, sustentado por mastros feitos de troncos altos de palmeira. Um alpendre coberto de sapé projetava-se da frente da estrutura sobre a areia castanha. Por um preço modesto, o pescador que morava ali com sua família alugava redes ou permitia aos viajantes pendurar suas próprias redes nos mastros debaixo do alpendre, ou ainda armar suas barracas na areia, como P. e Aura fizeram — só pagavam por acesso ao alpendre e, durante o dia, por redes à sombra. A cozinha, a pouca distância da casa, era uma *palapa* aberta nas laterais, onde a mulher do pescador e as irmãs dela preparavam suas refeições e conduziam um restaurante simples, servindo café da manhã e, durante as tardes longas, o peixe, o camarão e a lagosta trazidos pelo marido e os irmãos dele nas lanchas que empurravam da areia para as ondas na escuridão de antes do amanhecer.

Com seus vastos espaços de mar, céu e praia e a vida simples e tranquila que o pescador e sua família levavam — um modo de viver que aparentemente se podia partilhar ou tomar emprestado apenas alugando uma rede —, Ventanilla transformou Aura, uma jovem da megalópole, criada num apartamento pequeno, onde não se podia escapar das outras personalidades opressivas que lá moravam, onde, muitas vezes, como Aura comenta em seu diário, ela não tinha opção melhor que ficar sentada *fervendo de raiva* diante do antagonista do momento, e onde precisava *dominar a arte da argumentação e da observação incisiva para sobreviver.* Ela não sabia que havia um espaço dentro de si para um lugar como Ventanilla. Descobriu lá uma nova maneira de ser, pensava ela, um eu que sempre estivera escondido dela mesma, mais verdadeiro, estava convencida, do que o da menina ansiosa da Cidade do México, preocupada em se autoproteger, desafiadora e insolente.

Ventanilla era um paraíso, ela escreveu em seu diário, que era também um labirinto, por haver lá tanta coisa que ela nunca tinha visto ou experimentado. Até os mamões tinham sabores diferentes dos que já provara. A atividade disciplinada dos pelicanos, desenhando longas linhas retas de voo enquanto deslizavam sobre a água para pescar com seus bicos enormes. Garças brancas empoleiradas nas rochas, pensativas. O vento do oceano soprando em seu rosto o dia todo, vigoroso, arranhando com a areia que trazia mas também acariciando. A descoberta de que era possível passar quase o dia inteiro numa rede lendo, escrevendo, olhando o mar, sonhando acordada ou fechando os olhos e ouvindo os gritos e as risadas dos filhos do pescador, os fragmentos da fala deles soprados pelo vento como frases de uma poesia experimental.

Os dias eram tão longos que ela não tinha certeza se o que acontecera de manhã não havia, na verdade, acontecido no dia anterior; a noite sempre chegava como uma surpresa bem-vinda, refrescando a areia ardente, enchendo o céu e o ar com as cores de bebidas de frutas diluídas, até por fim ficar escuro demais para ler. Tão pouco se esperava ou se exigia da noite que era quase como ser criança outra vez. Adormecer escutando o rugido mecânico das ondas, o conforto de saber que estava em segurança fora do alcance delas. Os filhos do pescador passavam horas jogando futebol com uma bola de plástico tão murcha que mais parecia um chapéu, e as meninas tagarelas que frequentavam uma escola com uma única sala de aula em Mazunte tinham sempre histórias para contar. As meninas carregavam consigo seus filhotes de papagaio e gatinhos de estimação para toda parte como se fossem suas bonecas de pano favoritas. Ela aprendeu o nome de todas as crianças e não parava de tirar fotografias delas, tanto naquela primeira visita quanto nas subsequentes. Mas a extensa linha de selva e palmeiras no fundo da praia a assustava, devia haver cobras ali, e ela imaginava olhos espiando de dentro das sombras verdes. Nas névoas densas do amanhecer, as figuras caminhando na areia pareciam fantasmas de Comala.

Em uma das pontas da praia, erguia-se uma rocha escarpada com uma grande cruz solitária no alto. Milênios de erosão abriram uma janela triangular na formação de enormes rochedos arredondados que se projetam para o oceano ao pé do rochedo, a janela epônima da praia emoldurando cada pôr do sol como se fossem pedaços soltos do céu; ela passava muito tempo tentando imaginar quando e como o vento e o mar tinham penetrado na rocha, o instante em que a luz e os borrifos da água a tinham atravessado pela primeira vez, como deveria ter sido? A praia em Ventanilla era *mar abierto*, exposta inteira ao oceano, trazendo correntezas traiçoeiras e ondas ferozes. Todo mundo avisava que era perigoso nadar ali, embora os surfistas parecessem nada temer.

O mar nos rodeia assim que nos aproximamos dele, ela escreveu em seu diário, nos empurra, nos puxa e nos seduz com o sussurro de sua espuma recuando sobre a areia borbulhante. As ondas pesadas suspensas no ar por miraculosos instantes diante de nossos olhos. Elas caem caem caem com furor, e nos arremessam e arrastam com mais força do que imaginávamos.

Quase todos os dias, quando abro os olhos de manhã, a primeira coisa que vejo, projetando-se do meu cérebro e dos meus globos oculares como lasers de horror, é Aura, quando me disseram que estava morta e corri de volta para sua cama e a vi. Ou a larga faixa de espuma do mar se afastando, mostrando Aura boiando de bruços, e sempre grito NÃO! toda vez que a imagem me volta. O pânico disparando dentro de mim como um silencioso fogo antiaéreo ou descendo através de mim, porque também é igual à sensação de cair quando se está sonhando, só que se está acordado. Ondas de calor em minha testa, suor na espinha, calafrios. Merda. Exclamar às vezes baixo, às vezes em voz alta o suficiente para fazer cabeças se virarem. Parado numa plataforma de metrô ou na rua, ou num bar escuro, mãos contraídas ao lado do corpo, olhando para baixo, cabeça balançando, dizendo Não Não Não não NÃO NÃO não não NÃO! NÃO! — despertando disso com um sobressalto, olhando ao redor.

Tenho pavor de perder você em mim. De volta ao Brooklyn, às vezes ainda me pego tentando saltitar em nossa calçada como você gostava de fazer, meu anjo. Aura costumava me desafiar a tentar, e eu tentava, e lá estava ela, o rosto contraído de tanto rir dos meus esforços amalucados. Aquela sua agilidade para saltitar pela calçada como se pulasse amarelinha, o calcanhar com asas

146

voando ligeiro, batendo atrás, batendo atrás, enquanto também se movia para a frente num impulso exuberante calçada afora, como se impelida de volta para sua infância em Copilco, com as outras meninas amontoadas no estacionamento como ovelhas ao crepúsculo, assistindo. Gostaria que todas as pessoas que estivessem andando na Degraw Street pudessem parar e se lembrar de Aura pulando amarelinha na calçada como ela costumava fazer, em vez de repararem em mim tentando lembrá-la com minhas pernas de meio século de idade, pulando e tropeçando desajeitado na calçada, deixando vizinhos e outros pedestres espantados e desconcertados com minha inútil dança de viúvo.

11.

Minha infância desperdiçada na bolsa sem fundo de minha mãe, um lápis labial e um estojo de maquiagem, talvez uma prova incontestável: uma veia azul pulsando na testa dela. Olhos baixos buscando perdão. Angústia e, mais tarde, raiva insaciável.

Há ruído demais em minha cabeça, a memória fazendo o seu trabalho, lembranças que eu teria preferido esquecer voltam, voltam. Este lugar vai acabar comigo. A sombra de minha mãe. *Aura*, aquele livro desgraçado, uma história e suas coincidências. Ficção transformada em realidade. Ou eu sou uma ficção. Um pesadelo de minha mãe. Não posso ser eu. Talvez seja assim a ideia recorrente da morte. A única maneira de eu me afirmar, de eu me encontrar, de ser um indivíduo, de me empenhar num ato completamente voluntário. Encontrar afinal uma linguagem que ela não compreenda, uma linguagem minha, própria. Mas, ao mesmo tempo, ansiedade, náusea, culpa. Merda de psicanálise que não resolve nada na prática. Saber não é agir. Este lugar onde estou vivendo: puras lágrimas.

Desilusão romântica.

Minha infância destruída: uma ruína.

Uma jovem envelhecida: deixo a esperança morrer.

Com ela, tudo é angústia, ceticismo.

Março, 2003, Copilco — Venho tendo esses sonhos. Homens me perseguindo, tendo que salvar um monte de sujeitos, minha mãe se afogando no mar, meu pai verdadeiro voltando e nos abandonando outra vez, uma piscina devorada pelo mar.

25 de maio, 2003 — Sinto falta de estar amando, de estar envolvida com alguém. De manhã, saio da casa de P. me sentindo zangada, me sentindo tão um nada, tão não amada. Sensação de ser um cubo vermelho no meio do deserto.

3 de junho — Só me vem energia quando me sinto segura. Funciono durante duas semanas, depois passo duas semanas igual a um vegetal em coma que nem ler consegue. Não fui feita para o mundo acadêmico. Desde os dezoito anos me sentia perseguida pela ideia de que deveria ter me dedicado a algo completamente diferente. A alguma profissão que não exigisse de mim esse compromisso com a solidão. Não sei como me comprometer, seja com uma profissão, seja com uma pessoa. Existe algo em mim que se dedica a destruir a confiança que construo tão lentamente. Então passo duas semanas me sentindo criativa e segura de mim mesma e começo a me sentir bem na companhia da minha solidão e dos meus livros (Chesterton, Yeats), mas essas duas semanas abençoadas terminam e, em seguida, mais uma vez, a derrocada do ânimo, a motivação morta, fico o dia inteiro na cama ou olhando para nada em particular, esperando ansiosamente o telefone tocar, contando com a presença masculina nos bares à noite e aquela companhia absurda que só me deixa mais solitária ainda. Ora, quem

estou querendo enganar, tudo isso tem a ver com menstruação e hormônios.

Tenho tantos amigos e me sinto tão isolada aqui nesta casa, a casa da minha infância, onde passei bons momentos mas principalmente momentos enervantes.

Mortos na mesma semana:
Bolaño
Compay Segundo
Celia Cruz
Lupe Valenzuela (ex-mulher de el Dramaturgo)
Bolaño nasceu no mesmo ano da morte de Dylan Thomas (e também de Stálin)

Ventanilla, 3 de julho — Estou outra vez diante do mar. Eles estão espantados por eu ter vindo sem P. desta vez. Espero que gostem de mim por mim mesma. Foi esquisito quando decidi vir para cá, nem ao menos pensei em P., em nós dois aqui. Só pensei no prazer de ver outra vez os rostos morenos lindos das crianças. A mulher do pescador só tem vinte e quatro anos e já cinco filhos. Às vezes tento imaginar como será estudar para um doutorado, tento descobrir se é realmente isso que desejo e fico tomada por uma grande confusão mental. Pelo menos tenho Kafka junto comigo neste momento, suas excelentes histórias póstumas *A Grande Muralha da China*... mas é melhor eu voltar a ler Derrida por razões profissionais... Espero que a escrita não me abandone.

O pensamento é um agente de mudança, tem repercussões na vida.

Setembro de 2003 — Estou em Nova York. Foi dada a partida. O começo é difícil. Quanto a novas ideias — teias de aranha obscurecem meus pensamentos, fios de morte tramados com medo do fracasso e de nunca pertencer a lugar nenhum. Tenho medo de mim mesma. Não entendo esta minha compulsão para buscar a rua e a noite, quando isso me faz tão mal. "Você é um perigo público" — minha mãe está certa.

Fevereiro de 2004 (Paris)

Où sont les axolotls?

12.

Isso é um robô?

Aura estava me mostrando, em seu caderno, um desenho de um sapato de amarrar rodeado por pequenas anotações manuscritas, padrões de linhas oblíquas e ondulantes.

É um sapato que vem quando você chama, disse ela.

Quer dizer que a pessoa chama Sapato, venha aqui, e ele vem andando até você, aonde quer que você esteja?

Isso, ela disse. Bem, você não pode estar *muito* longe. E ele não sobe nem desce escada.

Ele pode ser usado?

Você precisa ser capaz de usá-lo. Robôs, explicou ela, têm de ser úteis, ou não são de fato robôs.

Estávamos em Copilco, sentados num sofá da sala. O caderno comum de espiral com capa de papelão vermelho estava aberto em seu colo. O sapato robô era uma invenção dela, ainda que não passasse de uma ideia. Aura tinha uma certa mania de robôs. Explicou que cada pé de sapato teria sensores programados para reagir à voz de seu dono e que o sapato caminharia na direção da voz quando chamado num quarto ou num apartamento, ou dentro de uma casa, a um determinado alcance. Para situações em que você não quisesse chamar, por exemplo, se precisasse sair furtivamente de um apartamento escuro sem acordar ninguém, mas não quisesse sair sem seu sapato, também haveria um controle remoto. A robótica estaria nos sapatos; a engenharia da caminhada era complicada, mas imagine isso, ela me disse, *como um pentâmetro iâmbico sincronizado que faz a caminhada.*

É uma invenção incrível, eu disse. Ela sacudiu a cabeça como um orgulhoso cavalinho de circo, disse obrigada e virou mais páginas de seu caderno, parando numa com o esboço de um vestido que ela havia criado. Era um vestido estranho, desenhado com lápis de cor azul e amarelo e com arcos vermelhos parecendo rodopiar em torno da saia. Você usaria mesmo isso?, perguntei, e ela respondeu que sim. Desenhar vestidos era uma de suas formas favoritas de rabiscar, e encontrei desenhos de vestidos em todos os seus cadernos de Columbia. Aquele foi nosso primeiro "encontro". Nove meses depois da noite em que conheci Aura em Nova York — desde então não a vi mais nem tive notícias dela —, em final de agosto, no México, ela apareceu no El Mitote, um lugar meio lúgubre frequentado por boêmios e viciados na extremidade do Condesa. Eu bebia no bar com meus amigos Montiel e Lida e lá estava ela parada à minha frente. Olá novamente, minha morte. Tive a impressão de enxergá-la através de uma névoa densa — a fumaça de cigarros no ar, meu espanto e embriaguez tímidos.

Por que você nunca respondeu ao e-mail que eu te mandei?, ela perguntou. Eu disse que não tinha recebido nenhum e-mail dela. Ela me enviara um e-mail, insistiu, no qual me agradecia por ter lhe mandado meu livro e também dizendo que iria a Nova York outra vez. Eu não achava que ela era o tipo de pessoa que deixa de agradecer quando alguém lhe manda um livro, achava? Bem, eu não sabia o que teria acontecido com aquele e-mail, eu disse; provavelmente se perdera.

Naquela noite no El Mitote, ninguém diria, olhando para Aura, que ela era uma estudante de pós-graduação. Seu cabelo não parecia mais tão chique; estava desarrumado e caindo em seus olhos. Ela fora acompanhada de um pequeno grupo de amigos que estava do outro lado do bar. Iria a Nova York dali a três dias, contou-me, para iniciar seu curso de ph.D. em Columbia. Essa notícia desencadeou em mim uma explosão silenciosa de faíscas. Meu voo de volta a Nova York seria dali a duas semanas. Então, não vamos ter tempo de nos encontrar antes de você viajar, eu disse, mas ela replicou, Por que não? Temos tempo, sim. E combinamos de nos encontrar na noite seguinte no San Angel Inn, um restaurante e bar numa antiga mansão *hacienda* onde se pode sentar em sofás de couro robusto junto ao pátio, tomando *margaritas* e martínis servidos em jarras de prata em miniatura, individuais, colocadas dentro de pequenos baldes de gelo. Tenho certeza de que não fui o primeiro sujeito que tentou impressioná--la convidando-a para ir lá, mas pelo menos ela não iria pensar que eu só frequentava pés-sujos como El Mitote.

No sofá de vinil bege em Copilco, ela virou mais algumas páginas do caderno e chegou a uma toda escrita com uma caneta esferográfica turquesa. Era um conto que tinha terminado recentemente. Quer escutar?, perguntou. É bem pequeno, só quatro páginas. Respondi É claro, e ela leu o conto para mim. A história era sobre um rapaz num aeroporto que não se lembra se está partindo ou chegando. Estava escrito num tom minimalista e solitário de aeroporto, com um doce humor impassível. Porém, não escutei com grande concentração, porque muita coisa mais ia se passando pela minha mente. No jantar, eu já estava projetando minhas esperanças, calculando daí a quanto tempo eu poderia ver Aura outra vez em Nova York. Então ela me pegou completamente de surpresa, me convidando para ir a seu apartamento. Seria apenas para ler uma história para mim? Sentado perto dela, eu via seus lábios adoráveis formarem as palavras que estava lendo e me perguntava se iria realmente beijá-la nos próximos minutos, ou horas, ou algum dia.

Os pais de Aura tinham se mudado um ano antes de Copilco para sua nova casa. Na sala, ficara apenas o sofá onde estávamos sentados e a mesa de jantar redonda, de metal cinzento e branco, em que Aura tinha feito milhares de refeições em família. A maior parte dos livros e pertences dela já estava embalada em caixas de papelão. O baú de viagens de navio estava lá. Havia ímãs de palavras na porta da geladeira e um adesivo de "Mantenham Austin Esquisita"; dentro da geladeira, havia uma garrafa de um litro de cerveja Indio pela metade e tampada de novo, e suco de laranja Jumex numa embalagem cilíndrica e lustrosa que eu iria tomar na manhã seguinte depois de escovar meus dentes com a pasta de Aura no dedo. Garrafas vazias de cerveja arrumadas num canto, caixas de pizza vazias entaladas atrás de uma lata de lixo. Aura vinha morando ali sozinha nos últimos seis meses, mais ou menos. Amigos dela que ainda moravam com os pais passavam lá o fim de semana, dormindo no sofá ou no chão. Ela lecionara poesia inglesa e ficção latino-americana no nível básico da Unam enquanto terminava sua dissertação de mestrado sobre Borges e escritores ingleses, preparando-se e fazendo suas provas, meses de tensão e nervosismo, mas também de noites loucas. Não há nenhuma outra cidade onde a noite seja mais longa, mais excessiva e absurda do que no De Efe. Aura estava convencida de que, naqueles últimos anos, todas as vezes que começara a transformar sua vida num verdadeiro desastre, era por ter sucumbido mais uma vez à noite da Cidade do México, onde seria fácil perder o rumo para sempre.

Por meses, a data de sua partida para Columbia lhe parecera incrivelmente distante. No entanto, outro dia mesmo, ao colocar algumas roupas na máquina de lavar, ela pensara, Na próxima vez que eu usar esta meia, já estarei em Nova York. Ah, mas também sentiria falta do México. Ainda estava tagarelando sem parar, agradecidamente animada por causa da festa que sua mãe lhe dera duas semanas antes no apartamento de cobertura de *tía* Cali, com o terraço lá em cima, em comemoração por ela ter passado nas provas e recebido seu título de mestrado: música ao vivo, dança, o novo vestido de festa escarlate que havia usado — e que, quatro anos depois, ainda seria seu vestido favorito para ir a casamentos e festas extravagantes. Trazia na bolsa fotos da festa, que me havia mostrado no nosso jantar daquela noite no San Angel Inn.

Quando Aura acabou de ler sua história sobre o rapaz no aeroporto, eu disse que havia gostado muito, e ela me agradeceu e perguntou do que eu gostara. Enquanto eu falava, ela permaneceu completamente imóvel, como se pudesse escutar meu pulso e o medisse como se fosse um polígrafo. Então, falou que o que eu havia dito não era de fato o que eu pensava, que só dissera aquilo porque gostava dela. Eu ri e disse, É verdade que gosto de você, sem dúvida, mas também gostei da história, acredite, e praticamente narrei-lhe a parte em que o protagonista apanha no chão um folheto jogado fora e lê que, a fim de comemorar uma nova rota para o Havaí de uma companhia aérea mexicana, estão sendo oferecidas bebidas gratuitas no Portão de Embarque 37, e ele vai para lá beber, participa de um sorteio para ganhar uma viagem ao Havaí e não ganha. Ela riu, caindo de lado com os olhos fechados e apertados, como se outra pessoa tivesse escrito a história, como se estivesse ouvindo aquilo pela primeira vez e achasse engraçado. Essa foi a primeira de muitas conversas que teríamos nos anos seguintes sobre o que ela escrevia, e que iriam transcorrer mais ou menos da mesma maneira, primeiro ela alegando que o meu elogio era calculado para conquistar o seu afeto, um pouco de sexo ou apenas paz interior. Naquela noite, no sofá, começamos a nos beijar e acabamos na cama dela, nos beijando e nos tocando. Fiquei tão surpreso com o calor doce e perfumado de seu corpo jovem e flexível e por aquele acontecimento inesperado em minha vida que corri o risco de me deixar levar, como um cachorrinho em disparada num campo de tulipas, e intimamente recomendei a mim mesmo que não perdesse o controle e fizesse amor com ela como um homem adulto, não como um adolescente excitado. Mas então ela me perguntou se eu não me importava que ela ficasse de jeans. O que significava que não iríamos transar. Eu disse, Por mim, tudo bem, mesmo; não há pressa nenhuma. Falei com delicadeza, embora talvez houvesse um traço de desapontamento ou uma defensiva em minha voz. Em tom de queixa, mas também de desafio, como se não de todo conformada com uma tarefa indesejável, embora aparentemente inevitável, ela perguntou, E tenho que fazer sexo oral com você ou algo assim? Eu ri e disse: Claro que não, e me perguntei: O que é que estamos fazendo com as nossas jovens? E acrescentei, claro que queria fazer amor com ela, mas só quando ela se sentisse pronta. *Muy bien*, ela disse. Com o nariz mergulhado em seu cabelo, eu disse, Hmm, você cheira tão bem, não só o seu cabelo; toda a sua cabeça cheira bem, tem cheiro de bolo. Ela riu e disse, Não é verdade. É verdade, insisti, sua cabeça cheira a bolo, bolo de *tres leches*, hmm, meu favorito. Enfiei o nariz no cabelo dela novamente e o inalei, a beijei e até fingi dar uma grande mordida em sua cabeça, repetindo, Sua cabeça cheira a bolo! Pouco depois, adormecemos nos braços um do outro, Aura com seu jeans. No teto, havia centenas de estrelinhas fosforescentes — ela e Lola tinham-nas colado lá em cima, seguindo à risca o mapa de constelações que vinha com as estrelas.

De manhã, quando eu estava no banheiro, ela se debruçou para fora da cama e pegou minha carteira na minha calça jogada no chão. Quando voltei para o quarto, ela estava com minha carteira de motorista na mão. Levantou os olhos e exclamou, Quarenta e sete!

É, eu disse, encabulado.

Pensei que você tivesse pelo menos uns dez anos menos. Achei que tivesse trinta e seis.

Imagino que tenha de agradecer, disse eu. Não, quarenta e sete.

Ela nunca havia perguntado minha idade. Ainda assim, estava surpreso por ela não saber. Pensei que Borgini, pelo menos, tivesse dito alguma coisa sobre o assunto. Nesse mesmo dia, um sábado, Aura iria a um casamento mais tarde. Disse que voltaria cedo; tinha muita coisa para arrumar antes da viagem para Nova York no dia seguinte. Ficaria na casa da mãe. Telefonei para ela naquela noite e Juanita atendeu. Foi a primeira vez que nos falamos, mas ela já sabia meu nome. Frank, foi como me chamou. *Hola* Frahhhhnk, com aquele sotaque mexicano que, quando vinha de Aura, soava como um alegre grasnido de ganso. Nesse dia Juanita falou comigo num tom tão amistoso que imaginei que Aura tivesse conversado com a mãe sobre mim e dito algo simpático. Aura ainda não tinha voltado do casamento, mas levara o celular da mãe consigo, acho que havia perdido o seu ou não sabia onde o colocara. Juanita me deu o número e, quando telefonei, ouvi a mensagem da caixa postal com a voz de Juanita. Aura me ligou mais tarde. Falava com uma algazarra de música e vozes ao fundo. Disse que tinha gostado de estar comigo e desculpou-se por me forçar a escutar sua história do aeroporto, e respondi que tinha adorado ouvir e que também gostara do sapato que vinha quando era chamado. Combinei de telefonar para ela assim que chegasse a Nova York, dali a dez dias. Quando desliguei o telefone, pensei, Daqui a dez dias a vida dela terá mudado completamente.

Há seis anos, eu mantinha o aluguel de um apartamento barato na Cidade do México que geralmente sublocava sempre que voltava para o Brooklyn. Na década de 80, quando trabalhava como jornalista freelance na América Central, meus pagamentos às vezes eram transferidos de Nova York para bancos na Cidade do México, e eu precisava ir até lá para descontá-los e convertê-los em dinheiro vivo. A primeira vez foi em 1984, quando Aura tinha sete anos, e então a megacidade me impressionou, se comparada com Manágua, Tegucigalpa ou Cidade da Guatemala, por ser um lugar radiante, inesgotável, abarrotado de oportunidades e surpresas. Não fazia nem vinte e quatro horas que eu estava no DF, quando encontrei, no museu Rufino Tamayo, um fiapo de garota punk metida numa calça colante e num tênis rosa-néon, uma estudante de arte da Bellas Artes, dezenove anos e um rosto delicado de princesa maia, em quem dei uns amassos na escadaria do museu. Entretanto, nunca mais a vi; no dia seguinte, ela iria para o Yucatán, de onde sua família era, para passar o Natal. Guardaram meu passaporte como caução na recepção do hotel barato do centro da cidade onde eu estava hospedado, até os bancos abrirem, depois do feriado prolongado, para eu poder receber meu dinheiro e pagá-los, e certa tarde, no café do hotel, duas prostitutas — mais velhas do que eu, provavelmente com bem mais de trinta anos — perguntaram se eu queria companhia, e então subiram para o meu quarto minúsculo, duas mulheres lindamente maduras, de calcinhas parecidas com as dos anúncios da revista *Life* da minha infância, uma com uma linha fina de pelo pubiano preto igual a uma labareda lambendo sua barriga larga e macia até o umbigo, a outra de cabelo mais claro, musculosa, com seios pequenos. Foi a única vez em que estive com duas mulheres ao mesmo tempo, na cama de solteiro com um frágil colchão de molas, e elas aplaudiam entusiasmadas cada orgasmo, delas e meu, e quando acabou paguei as duas com meu rádio portátil de ondas curtas porque não tinha dinheiro em espécie, e a mulher de cabelo preto disse que poderíamos repetir no dia seguinte se eu encontrasse alguma outra coisa que quisesse trocar por sexo, e tive a intuição, nada mais do que isso, de que elas eram duas donas de casa e amantes bissexuais que faziam aquilo principalmente para se divertir. Voltei à Cidade do México mais de um ano depois, cerca de seis meses depois do terremoto. O hotel já não existia, mas parte de seu velho muro de tijolos ao fundo ainda estava de pé e, da calçada em frente, dava para ver como os pisos tinham caído, formando um sanduíche de concreto de várias camadas, com entulho se derramando pelos lados. A cidade estava cheia de ruínas assim, mais comuns em certas áreas do que em outras; a parte sul, onde Aura morava, diferentemente do centro, não tinha sido construída em cima da terra fofa do antigo leito de lago, e foi a área menos afetada. (Agora mesmo tive vontade de perguntar, "Aura, o que é mesmo que você lembra daquele terremoto?". Ela me contou isso uma ou duas vezes, mas agora não me recordo exatamente o que foi, perdeu-se o registro do fato.) Acompanhei a cobertura do terremoto pelo noticiário e conhecia muitos jornalistas que tinham sido enviados da América Central para cobri-lo, e alguns tinham voltado completamente arrasados. Não dispor de nenhuma narrativa política para impingir aos horrores do que tinham visto por lá, no mínimo uma que tivesse relação com geopolítica e guerra, parecia tornar o acontecimento ainda mais chocante. Eu tinha um amigo, Saqui, que cobrira mais guerras do que todas as pessoas da minha idade que eu conhecia: no Afeganistão, na África e no Oriente Médio, bem como na América Central. Saqui contou-me que, ao sair a pé do seu hotel na avenida Reforma, na noite em que chegou à Cidade do México, duas noites depois do terremoto, o ar denso de neblina enfumaçada, cimento pulverizado e fumaça acre, viu uma criança morta no chão quando atravessava a avenida, numa das pistas fechadas ao tráfego, uma garotinha de pulôver, jeans e tênis que parecia ter sido passada em farinha de trigo. Havia dois mexicanos parados ao lado dela, e meu amigo disse que olharam para ele de um jeito ao mesmo tempo triste e ameaçador, indicando-lhe que não se aproximasse, e que ele se desviou como se eles lhe estivessem apontando armas, sem nem se atrever a olhar disfarçadamente para trás. Foi para a outra calçada, virou-se e viu os dois homens ainda de pé junto ao pequeno cadáver como se esperassem um ônibus, e ele pensou que aquela era a coisa mais triste e terrível que já presenciara. E as mães, em prantos, paradas do lado de fora das escolas que tinham desmoronado na hora do terremoto, em pleno horário escolar. Dezesseis escolas destruídas, milhares de crianças mortas — escolas que supostamente deveriam ser à prova de terremotos, mas que não eram, consequência direta das negociatas do PRI com empreiteiros; nesse caso havia uma narrativa política, se é que servia de consolo. E os voluntários do mundo inteiro que se juntaram aos milhares de mexicanos nas buscas por sobreviventes no meio do entulho, e os exaustos gritos de alegria sempre que alguém era encontrado vivo. Entretanto, o que mais surpreendeu foi como a cidade voltou a suas atividades de modo inflexível e rápido, as avenidas se enchendo com o tráfego, enquanto as toupeiras humanas das equipes de resgate ainda cavavam e os grupos de mães ainda aguardavam e choravam, o mau cheiro da morte no ar aumentando cada dia mais.

Pelo menos uma vez por ano, eu ia à Cidade do México. Desenvolvi uma rápida lealdade à capital e uma fascinação por seus mistérios medievais, porque algo no DF pós-terremoto lembrava uma cidade medieval comemorando o fim da peste negra com festivais de rua e teatro dos Mistérios. Em 1993, minha namorada e eu chegamos a morar lá por um ano, em Coyoacán, onde provavelmente passamos por Aura, então com quinze anos, e por outros adolescentes e hippies desleixados que se reuniam na *plaza* — frequentada por ela quase todos os fins de semana — ou folheamos livros ao lado dela nas livrarias Parnaso e Gandhi, ou cruzamos com ela sacolejando em sua bicicleta pelo calçamento de pedras da Calle Francisco Sosa. Em 1995, quando me separei dessa mesma mulher, ela ficou em nosso apartamento do Brooklyn e eu me mudei para o DF, sentindo-me livre de um relacionamento fracassado e exultante por estar recomeçando a vida, estimulado pela fantasia romântica de que iria encontrar e me casar com aquela garota que eu beijara na escadaria do Museo Tamayo dez anos antes. Eu era inegavelmente esse tipo de romântico tolo, e apesar de ter toda a certeza de que me lembrava do nome dela, Selena Yanez, não é verdade que a sorte sempre favorece os tolos, porque nunca a encontrei, nem ninguém que a conhecesse.

No decorrer dos anos seguintes, acabei passando muito mais tempo na Cidade do México do que em Nova York, até conseguir um emprego de professor em meio período no Wadley College. Planejava morar no Brooklyn só quando estivesse dando aulas e o resto do ano no México. Meu apartamento ficava na avenida Amsterdam, em Condesa, cinco cômodos mal divididos, com pouca mobília, num prédio quase centenário negligenciado em todos os sentidos pelo proprietário. (Ele hoje está na cadeia, foi preso anos atrás por lavagem de dinheiro para uma quadrilha de sequestradores.) Havia um vazamento de gás permanente na cozinha; luminárias antigas perigosas; pisos de madeira porosa pintados com uma tinta grudenta e descascada num tom castanho de banheiro público; as janelas francesas tinham os caixilhos comidos por cupins e vidraças faltando, o que deixava entrar a chuva e às vezes alguns pássaros extraviados. As únicas peças de mobília que eu tinha lá eram minha cama Dormimundo barata, duas mesas, umas poucas cadeiras e um gaveteiro velho que já estava no apartamento antes de mim. Havia árvores diante das janelas da frente e, nas tardes compridas e chuvosas de verão, eu achava que aquele era o lugar mais sossegado para escrever que eu jamais encontrara. Quando me mudei para lá, o Condesa ainda era um tranquilo bairro residencial de classe média com prédios art déco, uma ou outra mansão antiga, ruas arborizadas, parques, *plazas* circulares com fontes, umas poucas padarias judaicas e cafés bolorentos típicos do Leste Europeu, remanescentes da época em que imigrantes e refugiados judeus tinham povoado o bairro antes de prosperarem e se mudarem com suas famílias para Polanco e para os subúrbios. Mas o Condesa também estava na iminência de passar por uma rápida transformação, tornando-se o bairro mais moderno e *hipster* da cidade e talvez da América Latina, desencadeada, segundo a explicação de costume, pela volta dos descendentes mexicanos desses mesmos judeus, artísticos, boêmios, empreendedores e usuários de cocaína.

Naqueles primeiros meses no México, enquanto procurava por Selena Yanez, tive uma exuberante sucessão de casos e seduções, exatamente o que achava que precisava, por ter vivido relacionamentos seguidos desde a faculdade, em série e às vezes sobrepostos. D., com quem me mudei para Nova York ao terminar a faculdade; Gus (nós nos casamos e nos divorciamos antes dos meus vinte e seis anos e hoje ela é provavelmente a minha melhor amiga); J.; depois M.; e por fim S. Então, antes que me desse conta, caí em outro pesadelo de separações e reconciliações, mais separações do que reconciliações, o relacionamento mais frenético e autodestrutivo de minha vida. Ela era uma mulher com uma dolorosa tendência a se anular, uma artista talentosa talvez destinada a nunca realizar seu potencial, treze anos mais nova do que eu, que se exilara com azedume de sua família de classe alta, a única de quatro irmãs a sair de casa antes de se casar. Era ainda um fenômeno bastante raro na Cidade do México uma jovem de certa educação viver de modo independente, morando em apartamentos minúsculos, como os de Nova York ou Paris. Ela mal sabia o que fazer consigo mesma. Perturbada e cheia de conflitos, era também uma controladora maníaca: na primeira vez que dormi em seu apartamento, ela me pôs porta afora de manhã por ter pendurado uma toalha no suporte errado em seu banheiro. Uma *niña perversa*, como gostava de chamar a si própria, tentadora e deslumbrante, com um brilho opaco nos enormes olhos escuros, e contudo tão doce e tímida no fundo. Acho que nunca encontrei alguém que ansiasse tanto por receber amor, que rejeitava sem poder evitar; parece que todo mundo conhece esse tipo de pessoa, que pelo jeito eu não conhecia. Não deveria ter previsto o que viria pela frente depois daquela primeira transa no meu apartamento, quando ela declarou que só faríamos sexo por uma semana e depois nunca mais? Por uma semana, ela apareceu diligentemente à minha porta todas as tardes; tocava a campainha e eu a via pelo olho mágico torcendo uma mecha de cabelo com o dedo. Quando a semana terminou, ela sumiu. Quase fiquei maluco esperando por ela do lado de fora de seu apartamento, uivando ao telefone, deixando na placa com seu nome ao lado da campainha pequenos poemas de amor em tirinhas de papel dobradas, como bilhetinhos da sorte de biscoitos chineses. Depois de um mês, ela cedeu e recomeçamos. A verdade é que me rebaixei e me ferrei seriamente com Z. Não havia um amigo meu sequer que não tentasse me convencer a fugir das torturas daquele relacionamento. Ter desperdiçado tantos anos naquilo é a triste prova de que me faltava alguma coisa que todo homem maduro e ativo deveria possuir; a questão é que eu nem ao menos sabia o que era. Quando enfim acabou, fui obrigado a enfrentar, com a sensação de que o fazia pela primeira vez, o fato de que, mesmo tendo permitido a alguém me conhecer de verdade e amado essa pessoa da melhor maneira possível, isso não foi necessariamente suficiente para fazer a pessoa me amar. Aos poucos, caí numa longa depressão. Tive encontros, fui bastante rejeitado (embora quase nunca por alguém por quem eu me importasse muito) e em algumas ocasiões eu mesmo rejeitei. De forma alguma me enganei com isso, não era mais nenhum garoto. Um ano levou ao seguinte e depois a outro, até se tornarem cinco anos de solidão, com nenhum relacionamento durando mais que algumas semanas ou dias, e todos com um ano ou mais entre eles. Trabalhava em meu romance como um remendeiro sonhador, sem nenhuma urgência ou ânimo para terminar; exercia muito pouco jornalismo; ia à ginástica; frequentava lugares como El Mitote ou El Closet, um clube de striptease; acabava em espeluncas de fim de noite como El Bullpen e El Jacalito e em outros estabelecimentos cujos nomes e endereços não lembro. Agora olho para trás e vejo aquele tempo todo como um prolongado ensaio geral para a coisa de verdade, a dor, a melancolia, a solidão e a dissolução do ego que se estendem à minha frente e que agora talvez nunca mais terminem. Meu pai estava morrendo lentamente naqueles anos. Ele levou muito tempo para morrer, entrando e saindo do hospital por cerca de cinco anos, lutando pela vida com desespero, em pânico, completamente apavorado com a perspectiva da morte e sofrendo muito, e eu era sempre chamado a Boston onde quer que estivesse — do México, uma vez de Barcelona, outra vez de Havana, onde fazia pesquisas —, para a cabeceira dele e para o que se supunha ser seu fim daquela vez, mas ele sempre se safava.

Algumas noites depois daquela primeira noite com Aura em Copilco, antes de eu ir para Nova York, a argentina para quem eu iria sublocar o apartamento foi me levar um cheque e pegar as chaves. Era uma artista gráfica de uns trinta e cinco anos que acabara de se separar de seu marido mexicano; tinha olhos castanhos tristes, uma covinha no queixo, cabelo louro liso, fino e sujo, vestia uma calça jeans desbotada e justa e uma camisa de flanela que revelava o espaço sombrio entre seus seios. Depois de resolvermos tudo sobre o apartamento, saímos para tomar uns drinques e então ela me levou para casa de carro. Era tarde, a rua estava escura e vazia e, não sei como, acabamos fazendo sexo ali mesmo, com ela montada em mim no assento do passageiro de seu carro depois de ter se desprendido de seu jeans. Olhando por cima do ombro dela, reparei, espantado, na rapidez com que o para-brisa embaçou, o brilho da luz da rua por trás das árvores lá no alto fazendo a umidade cintilar como gelo rosado. Quando fora a última vez que eu tinha transado dentro de um carro? — na faculdade, acho. Era a primeira vez que eu fazia sexo depois de muitos meses. Por que esse episódio totalmente inesperado naquele momento? Eu estaria voltando à vida? Nunca mais a vi.

De volta a Nova York, não fui correndo procurar Aura. Não chamaria isso de estratégia, mas percebi que, se quisesse ter alguma chance com ela, pelo menos não deveria importuná-la. Tinha certeza de que ela iria mergulhar rapidamente em sua nova vida em Columbia: estudos, novos amigos, rapazes brilhantes do mundo inteiro — galantes robôs-cientistas! Por que ela não se esqueceria de mim? Preparei-me para a decepção, jurei a mim mesmo não culpá-la por isso. Menos de uma semana depois de eu ter chegado a Nova York, minha mãe me telefonou dizendo que meu pai tinha voltado para o hospital. Fui para Wadley, dei minhas primeiras aulas do semestre, depois segui para Boston, nos últimos dias quentes do verão, para vê-lo. A essa altura, eu já enviara um e-mail a Aura dizendo olá e, de seu novo e-mail de Columbia, ela respondeu mandando-me o número de seu telefone. Na primeira vez que telefonei, tão nervoso e excitado que minha barriga parecia um cesto de enguias se contorcendo, sua companheira de quarto, a botânica coreana, foi quem atendeu. Tinha uma voz jovem e alegre que correu pelo telefone como uma brisa fresca de primavera. Aura está tomando banho, ela disse. Ela estava *tomando banho*. Aquela frase evocava tanta coisa — eram umas seis ou sete da noite de um dia de semana, normalmente não era hora de tomar banho, a menos que ela estivesse de saída, e o mais provável é que fosse para um encontro, ou seja lá o que estudantes de pós-graduação chamam de "encontros", pensei. Mesmo agora, me dói imaginá-la entregue àquele doce ritual para alguém que não fosse eu: saindo do banheiro com o cabelo enrolado numa toalha, outra em volta do corpo, escolhendo o vestido, secando o cabelo, pondo o vestido e se olhando no espelho, se maquiando, tirando o vestido e pondo outro — menos bonito e sensual, mas um modelo que cobre a tatuagem das faces do sol e da lua em forma de yin-yang que ela tem desde os quinze anos acima do seio esquerdo —, reaplicando o brilho labial com o toque perfeito de um calígrafo zen, andando pelo apartamento ainda descalça ou de meia naquele estado de agitação contida que antecede uma saída para a noite. Deixei meu nome e lhe pedi que dissesse a Aura que eu telefonaria de novo, e fiz isso dias depois. Conversamos um pouco sobre seus cursos e professores — a chefe do departamento, a peruana pálida que lhe contara que ela tinha sido aceita, arranjara um emprego em Michigan e batera em retirada, assim sem mais nem menos! — e ela parecia feliz, contou-me que dera uma festa para os alunos de seu departamento e que conseguira encontrar no Harlem espanhol todos os ingredientes mexicanos de que precisava para a comida que serviu, até os xaropes mexicanos engarrafados e um grande bloco de gelo, com os respectivos utensílios de raspar gelo para fazer *raspados*. Ela adorava dar festas. Perguntei-lhe se estaria livre para jantar uma noite qualquer. Ela me perguntou se poderíamos nos encontrar para almoçar em vez de jantar. Respondi que nunca marcava almoços, pois interrompiam meu horário de trabalho. Por que eu disse isso? Porque achei que ela dizer que queria me encontrar no almoço era uma forma de me comunicar que pretendia que fôssemos apenas amigos. Não era preciso muito, naquela época, para me desanimar. Antes de desligar, ela repetiu que estava sempre livre durante o dia. Eu me pergunto se não acabaria cedendo e indo a Columbia encontrá-la na hora do almoço ou para tomarmos um café à tarde na Hungarian Pastry Shop, e como isso teria afetado nossos destinos. Mas nosso impasse foi interrompido pelo rápido declínio de meu pai. Ele foi transferido do hospital de Boston para uma tristonha clínica da Medicare para doentes terminais em Dedham, perto da rodovia 128. Ficou entendido que a transferência para a clínica significava que agora o fim estava mesmo próximo, porém meu pai escapara tantas vezes da morte que eu tinha certeza de que o faria novamente, embora àquela altura ninguém mais quisesse que isso acontecesse, sobretudo minha mãe.

Meus pais tiveram um casamento infeliz. Nunca os vi se beijarem, nem uma única vez. Ele era dezoito anos mais velho do que ela. Durante meu último ano do ensino médio, eles finalmente se separaram, algo que havia anos minhas irmãs vinham insistindo que minha mãe fizesse. Mas a separação nunca se tornou um divórcio. Depois que meu pai se aposentou, com setenta anos, ele comprou um pequeno apartamento na Flórida, onde passava o inverno, voltando de carro para Massachusetts na primavera. Ele também tinha um apartamento em Walpole, mas depois de alguns anos o vendeu e voltou a morar com a minha mãe em nossa casa em Namoset sempre que voltava para o Norte, sob o pretexto de que a minha mãe não conseguia lidar com a casa sozinha — pagar as contas, os jardineiros e assim por diante. Com oitenta e sete anos, quando meu pai começou a ficar doente e não podia mais fazer viagens longas, vendeu o apartamento na Flórida. Viver com meu pai outra vez o ano todo, lidar com suas doenças e gênio rabugento, desgastou tanto minha mãe que, em poucos anos, ela parecia quase tão velha e senil quanto ele. Quando jovem, meu pai tinha sido um atleta, jogador de futebol na escola secundária e jogador de beisebol semiprofissional, mas em seus últimos anos, enquanto um câncer lento devorava seus intestinos, tinha a magreza enfraquecida do decrépito Fidel Castro. Em 1999, engasgou-se com o vômito durante o sono e passou oito dias em coma, do qual saiu milagrosamente com um brilho louco nos olhos, de pernas e braços esquálidos e com a energia elétrica do esqueleto da Dança Macabra. O coma o deixou com perda de memória e desorientação, embora quatro anos depois ainda fizesse as palavras cruzadas do *Times* todos os dias e fosse cheio de opiniões sobre tudo. Às vezes, dizia algo estranho e assustadoramente sugestivo, como se o coma tivesse aberto uma fenda de onde a lógica do sonho brotava sem controle, como quando estávamos ao telefone depois do Onze de Setembro e ele me perguntou, Frankie, por que você não está lá vigiando os aeroportos? Eu não fazia ideia do que ele queria dizer com isso. Frankie, ele insistiu, todos os jovens estão cuidando dos aeroportos, por que você não está lá com eles também?

Em algum momento das duas primeiras semanas de setembro, fui direto para Wadley visitá-lo na clínica. O quarto em que estava era uma caixa de cimento e ele achava-se ligado naquele habitual emaranhado de tubos de nutrientes, bolsas de urina e monitores, que lembram um sistema de irrigação. Meu pai passou seus últimos dias nesse lugar horroroso quase o tempo todo deitado de lado, olhando para a parede. As enfermeiras eram grosseiras e mal-educadas; minha mãe me disse que não encontrou nenhuma amável. Quando pedi a ele que me contasse como era sua mãe, ele desatou a chorar convulsivamente. Nunca o vira transtornado daquela maneira, chorando alto. A mãe dele morrera anos antes de eu nascer e nunca tive muita curiosidade sobre ela. Meu pai pertencia a uma família de imigrantes russos que fugira dos pogroms; era um dos mais novos de oito ou nove irmãos e atingiu a maioridade durante a Depressão. Trabalhou em toda sua vida de adulto, até os setenta anos, como engenheiro químico de uma companhia de produtos dentais em Somerville, saindo para trabalhar todos os dias às seis da manhã. Sua mãe, ele me contou naquele dia na clínica, era uma "piranha desgraçada de boca suja", sempre brigando com seu pai e com os filhos, tornando a vida de todos um inferno. Era quase o oposto da descrição que me haviam feito dela anos antes, talvez uma versão adaptada para crianças. Entretanto, a maneira como meu pai chorava, como se tomado por uma raiva impotente, enquanto falava sobre sua mãe, me surpreendeu ainda mais. Acho que ele pensou que, se eu estava perguntando sobre ela, só podia ser porque sua morte era iminente. Provavelmente pensou que se tratava de meu oportunismo de romancista: melhor conseguir essa informação agora antes que se perca para sempre. Ele teve o que alguns podem achar uma bela vida de merda, mas com certeza apreciava seus poucos prazeres: seu jardim e sua horta, apostar em cavalos, futebol, seus romances de espionagem e livros sobre a história da América. Com oitenta e seis anos, ainda ia dirigindo até Fenway e comprava uma entrada, um lugar de pé, para assistir Roger Clemens arremessar. Sob muitos aspectos, saíra-se melhor do que eu: possuía uma casa num bairro residencial afastado do centro da cidade, ajudou os filhos a irem para a universidade, casou-se com uma bela mulher centro-americana — uma secretária bilíngue que ele conheceu na indústria onde trabalhava, uma futura professora que nunca o amou de fato, assim como ele provavelmente nunca a amou. Não ser amado por sua mulher, porém, não estava tornando mais fácil para meu pai deixar a vida. Eu disse a ele que voltaria na semana seguinte. Ele iria resistir ali, eu tinha certeza, e calculava que talvez até por mais um ano. Logo, logo, Papai, vamos assistir o Red Sox na World Series. Costumávamos brincar que ele não iria embora de jeito nenhum desta vida enquanto o Red Sox não ganhasse finalmente a World Series. Não seria naquele ano, 2003, embora ainda parecesse que poderia ser. Eu já havia comprado minha passagem de trem para Boston para o fim de semana, quando, sentado em meu escritório do tamanho de um armário em Wadley College, recebi no celular um telefonema da clínica me comunicando que ele tinha morrido. Ninguém estava com ele no momento, morrera sozinho, olhando para aquela parede, ou assim imaginei.

Pode-se dizer que não tive realmente a chance de sofrer pela morte do meu pai ou de chorar por ela, mas não acho que de qualquer maneira teria chorado tanto assim por ele. Certa noite, acordei de um sonho ruim e ele estava sentado na beira da minha cama, porém no lugar de seu rosto havia apenas uma forma oval cheia de sombras, como o portal para um buraco negro. Foi um pouco mais de duas semanas depois do enterro que Aura me telefonou dizendo que precisava falar com urgência comigo; necessitava de um conselho meu sobre um problema que estava tendo. Queria me ver naquele dia mesmo: será que eu poderia? Eu disse a ela para me encontrar às duas da tarde na Barnes & Noble da Union Square. Eu estava parado diante de um balcão de livros novos na parte da frente da loja quando ela se aproximou de mim. Usava jeans desbotado e uma blusa de malha listrada sob um agasalho de moletom com zíper e capuz; com a franja em parte escondendo seus olhos, seu sorriso parecia ampliado. Pendurada no ombro, uma sacola de pano para livros com o emblema de Columbia; estava ainda mais magra do que quando a vira da última vez no México, seis semanas antes. Minhas velhas amigas se viraram contra mim!, deixou escapar. Estas foram as primeiras palavras que saíram de sua boca. Fiz uma trapalhada! Ela riu, como se estivesse com vergonha de si mesma, a donzela em perigo. Sugeri que saíssemos e fôssemos conversar no parque. Era um dia ensolarado de outono, exatamente igual ao dia do enterro do meu pai, um céu azul límpido, umas poucas nuvens brancas, árvores manchadas de cores, o ar limpo e revigorante, um lindo dia que transformava a Union Square, eu disse a Aura, no Jardim de Luxemburgo sem as estátuas das rainhas. As rainhas fugiram, continuei, mas olhe onde largaram seus longos vestidos castanhos de pedra para poderem correr, está vendo? Não vê todas essas sacolas de papel amassado castanho que o vento soprou para os meios-fios e misturou com as folhas, e embolou naquelas latas de lixo ali adiante, e aquela aprumada naquele banco da praça, junto ao homem que está comendo um sanduíche? São os vestidos das rainhas. Aura olhou lentamente em torno para os sacos de papel, como se o que eu falava pudesse ser verdade, e sorriu. E para onde foram as rainhas?, perguntou. É o que todo mundo está tentando descobrir, respondi. Bem, então talvez eu também possa fugir para lá, disse ela. Nós nos sentamos num dos bancos e ela me contou sobre o problema que tinha com suas amigas. Durante seus primeiros dias em Columbia, duas jovens, melhores amigas inseparáveis, tinham adotado Aura como o proverbial pau de cabeleira. Uma delas, Moira, era da República Dominicana e de Nova York; a outra, Lizette, da Venezuela. Numa conferência acadêmica patrocinada pelo departamento, Moira, uma *mulatta* muito bonita mas também uma neurótica total e um tanto *obsesiva de controlar todo*, ficou encantada com um sujeito de Princeton que viera fazer uma apresentação sobre o tema da dissertação dele, "A representação da infância em três escritoras latino-americanas". Nesse ponto, fizemos uma digressão e passamos a ter uma breve conversa sobre as três escritoras: a primeira, Clarice Lispector — Clarice L'Inspector, como Aura a chamava —, era uma das nossas favoritas, minha e dela; Aura também gostava de Rosario Castellanos, que eu nunca lera; e disse que a terceira, de quem eu nunca tinha ouvido falar, era praticamente a única escritora contemporânea que os professores de seu departamento aprovavam, e isso porque seus romances prestavam-se muito para leituras teóricas. No início, o sujeito de Princeton pareceu interessado em Moira, chegou a combinar um encontro com ela para o fim de semana seguinte, mas depois de voltar a New Jersey foi para Aura que ele telefonou. E, pior, mandou um e-mail para Moira dizendo que se apaixonara por Aura, chegando a se descrever como vítima do *flechazo*, a seta do amor, e Moira de imediato repassara esse e-mail para Aura, para a outra amiga, Lizette, e provavelmente também para outras pessoas do departamento. Depois de uma sucessão de agitados enfrentamentos, Moira e Lizette escreveram um e-mail para Aura formalizando o fim da amizade delas, como se ela tivesse assinado uma espécie de contrato de amizade que estava, então, sendo revogado. Aura foi ao apartamento de uma e de outra, mas ninguém respondeu às suas batidas na porta, embora ela tivesse certeza de ter escutado vozes abafadas no apartamento de Lizette. Portanto, lá estava ela, na sexta semana de seu primeiro semestre, sem amigas, sendo injustamente vista como uma ladra de homens.

Após uma pausa de uma aparente e circunspecta reflexão, perguntei, Ele escolheu esse tema de dissertação porque está mais interessado nas questões femininas do que em outros assuntos ou porque deseja que as outras mulheres pensem que ele está?

Aura riu. Ah, mas deve haver maneiras mais fáceis de conquistar mulheres, mesmo no mundo acadêmico, ela disse. Ele é obcecado pela mãe, e eu pela minha, e foi sobre isso que conversamos. No entanto, só porque um cara é obcecado pela mãe isso não me faz querer sair com ele. Provavelmente o contrário.

Bom, eu não sou obcecado pela minha mãe, portanto não precisa se preocupar com isso.

A sacola de Aura estava pesada, com seus livros e seu laptop. Ela ia para a biblioteca?, perguntei. Não, mas tinha umas coisas para ler. Não haveria um dia, no resto da vida dela, em que ela não tivesse "umas coisas para ler". Estava pensando em ir a um café. Se quisesse, eu lhe disse, poderíamos voltar para a minha casa e ler um pouco, depois eu a levaria para jantar. Voltamos ao Brooklyn de metrô e passamos o restante da tarde e o começo da noite sentados no meu apartamento, ela no feio sofá listrado de azul e branco, destinado a ser a primeira peça da mobília de que ela iria se desfazer, e em breve eu estava sendo acalentado pelos cliques suaves e rápidos de seus dedos no teclado.

Jantamos num restaurante da Quinta Avenida em Park Slope, de comida mediterrânea; o tempo ainda estava quente o suficiente para sentarmos do lado de fora, no jardim. Tentei beijá-la na calçada depois. Ela desviou a cabeça com um sorriso cativante. O quê, ela não ia me beijar?, eu disse, rindo, como se não me importasse que me beijasse ou não, jamais.

Voltamos ao meu apartamento e fizemos amor até perto do amanhecer, e depois novamente ao acordarmos. Mas, quando ela estava saindo, eu na verdade perguntei,

Vou ver você outra vez?

Ela olhou para mim meio desconcertada e respondeu, Claro que vai. Ela voltou naquela noite.

13.

Minha mãe e seus amigos pertencem à Geração da Apreensão Instável, disse-me Aura certa vez. Da Realidade, completou. A geração pós-68, desamparada numa Cidade do México que, no final das contas, não era San Francisco, Nova York nem Paris, apenas a mesma Cidade do México de sempre, só que mais traumatizada e desorientada do que nunca.

Entre a intelligentsia da Geração da Apreensão Instável da Cidade do México, difundiu-se um entusiasmo pela psicanálise. A promessa de uma vida organizada de maneira mais elevada, mais justa e mais poética — segundo Aura — deveria agora ser buscada e aperfeiçoada no íntimo do indivíduo e no círculo da família nuclear e dos amigos mais próximos antes de poder ser levada às massas, e algum dia, com certeza, o seria. Certos psicanalistas mexicanos eram quase obsessivamente discutidos e bisbilhotados entre os colegas e amigos de sua mãe e de seu tio. Alguns seduziam seus pacientes e tinham casos com eles. E tornou-se moda, representada como um dever das pessoas esclarecidas, entre os membros da Geração da Apreensão Instável, mandar seus empregados domésticos para a terapia — mulheres e moças adolescentes que, quase sem exceção, eram analfabetas e não tinham recebido educação formal. No México, é claro, até uma secretária administrativa pode pagar pelo menos uma empregada de meio período, já que se paga muito pouco para as domésticas. O tio de Aura foi um dos primeiros a mandar sua "muchacha" residente para o psicanalista da família. Se ele, sua mulher e filhos estavam fazendo terapia, Leopoldo explicou, só iria beneficiar a gestalt da casa a criada da família também passar por terapia.

Essas foram as circunstâncias que inspiraram o romance que Aura estava escrevendo durante o último ano de sua vida e ao qual deu o nome provisório de *Memórias de uma estudante de pós-graduação*. A estudante de pós-graduação do romance se chama Alicia, uma jovem da Cidade do México que está fazendo um doutorado em literatura em Nova York. Alicia não quer ser uma acadêmica, mas não se atreve a desafiar sua mãe para ir atrás de seu sonho secreto. A Aura da vida real nem sempre escondeu da mãe seu desejo de escrever, mas sabia que a mãe desaprovaria. A mãe acreditava que Aura precisava concentrar todas as suas energias e sua vivacidade na carreira acadêmica para ser bem-sucedida.

Aura terminou dois capítulos de seu romance e deixou muitos fragmentos. O primeiro capítulo é sobre Alicia quando pequena no México. Lá encontramos sua mãe, Julieta; a empregada doméstica da família, Irma; e o antigo namorado de Julieta, Marcelo Díaz Michaux, um psicanalista que acabou de voltar para a Cidade do México depois de anos de estudo e prática na França. Mais adiante, Marcelo Díaz Michaux iria convencer Julieta de que sua empregada, Irma, precisava ser sua paciente e em seguida a enviaria para uma clínica psiquiátrica experimental utópica na França. Como a Ursula da vida real, Irma é uma mulher alegre, tagarela e pequena como uma anã, descrita como uma pessoa com um corpo de criança de dez anos apesar de ter quase quarenta. Lembro de Aura rindo ao imaginar como seriam essas primeiras sessões de terapia de Irma e Marcelo. Uma empregada doméstica que conhece os segredos da família, a melhor amiga e confidente das horas de depois da escola de uma menina solitária, isso também fazia parte dos planos de Aura.

A clínica psiquiátrica radical na França também tinha sua equivalente: uma renomada instituição situada a algumas horas de Paris chamada La Ferte. Aura já se correspondera com o diretor da clínica, um homem de oitenta e sete anos, combinando uma visita a fim de fazer pesquisas para seu romance. Planejávamos ir a La Ferte no ano seguinte, na primavera de 2008.

Estes foram os últimos fragmentos do romance que Aura escreveu, que depois encontrei salvos como um documento separado no computador dela:

Marcelo Díaz Michaux:

Até Julieta, como a mãe morta, me pregou uma peça. E agora não há jeito de ganhar dela... mas vamos ver. Sou moço — sessenta é o novo trinta —, ela está morta, então quem foi mesmo que saiu ganhando? Claro, ela me deixou sem casa, assim como deixou Alicia, minha mulher, e nosso filho, ao decidir no último minuto deixar a casa para nossa empregada de longa data, Irma Hernández, que agora mora na França, em algum lugar fora de Paris, para onde vou embarcar num avião imediatamente.

Os Personagens

Marcelo Díaz Michaux
Nascido em 1946 na Cidade do México, filho de pai diplomata e de uma dona de casa dedicada. Criado na Cidade do México

(principalmente) por sua mãe. Frequentou (no México) o Liceu Francês, onde conheceu Julieta. Com vinte e seis anos, Marcelo foi estudar psiquiatria na Sorbonne. Dois anos depois, quando recebeu o convite de casamento de Julieta, sua decadência começou. Quinze anos depois, voltou para o México a fim de instalar seu consultório para praticar um tipo de psicoterapia lacaniana. Paralelamente, começou a trabalhar num ensaio sobre nuvens como construção ideológica.

Alicia — filha de Julieta
Nasceu em 1977: folhagem, anéis, isolada, subindo em disparada, lasciva, meada, rajadas de vento e chuva, fenda, baqueta, torrão, açafrão, transgredir, retrair, serpentear, tola, filar, gorjeta, aranha tecendo.
   Em 2008, Alicia tem trinta e um anos.

Alicia tem a mesma idade que Aura teria se tivesse vivido mais nove meses, até 24 de abril, seu aniversário, na primavera de 2008. Se tudo tivesse transcorrido de acordo com nossos planos, teríamos visitado La Ferte na primavera de 2008 e Aura estaria grávida.
   Seria eu o modelo de Marcelo Díaz Michaux? Superficialmente, não parecia termos muita coisa em comum. Ela o fez dez anos mais velho do que eu, o que pode ter sido uma forma de expressar sua ansiedade ou uma piada ansiosa sobre nossa diferença de idade. Claro que Julieta não podia ficar muito contente ao ver aquele maluco, seu ex-namorado, casando-se com a filha. Entretanto, sendo um eminente psicanalista parisiense, Marcelo teria muito mais dinheiro para gastar do que eu. Assim, no verão de 2007, Marcelo e Alicia passariam as férias em Tulum ou em algum lugar do Yucatán, como a Riviera Maya, no plácido Caribe, e não em uma praia de hippies no Pacífico com ondas

turbulentas como a de Oaxaca. Tendo ido a Tulum, e não a Oaxaca, Alicia está viva na primavera de 2008, quando faz trinta e um anos. Por que Aura e eu não voltamos naquele verão a Tulum, onde passamos cinco dias na primeira semana de 2004, em vez de irmos à praia em Oaxaca? Porque eu não podia me dar ao luxo de alugar uma casa por duas semanas em Tulum, embora pudesse fazê-lo em Oaxaca.

folhagem
anéis
isolada
subindo em disparada
lasciva
meada
rajadas de vento e chuva
fenda
baqueta
torrão
açafrão
transgredir
retrair
serpentear
tola
filar
gorjeta
aranha tecendo

Decorei essa lista e muitas vezes refleti sobre ela, às vezes me concentrando em apenas uma palavra até encontrar Aura nela, e ria como se ela estivesse ali comigo e estivéssemos rindo juntos sobre o que ela quisera dizer com "baqueta". Ou então eu recitava em voz alta a lista de palavras e esperava pelo que viesse: imagens, lembranças, outras palavras, visões.

Fenda: cenote. Na estrada de terra que passa logo depois do nosso hotel em Tulum, antes de entrar na Reserva da Biosfera Maia, havia um pequeno cenote, um poço natural à beira da estrada, uma fenda aparentemente sem fundo cheia da água cristalina de um rio subterrâneo. Paramos nosso carro alugado — estávamos com roupas de banho — e fomos nadar junto com as crianças dali, que subiam nas árvores esquálidas das margens para mergulhar na água. Fiz o mesmo, provocando sorrisos tímidos e risadas, lançando no ar a barriga-cabeluda-caindo-por--cima-do-calção e o tronco-de-barrica com brancura-de-inverno e esparramando um bocado de água ao afundar, esticando os braços e batendo os pés o mais que podia para ver a que profundidade conseguia chegar nas águas frias e purpúreas, até que, tomado pelo medo de ir parar sem querer dentro de alguma caverna e não conseguir sair, virei-me e nadei freneticamente para cima. A península de Yucatán, segundo o que aprendemos em meu guia de viagem, é uma imensa laje de calcário quebradiço achatada milhões de anos atrás por um meteoro gigante, cujo impacto a encheu de fissuras profundas e rachaduras por onde escoa toda a água da chuva, alimentando os rios subterrâneos que correm sob a superfície árida da península. Sempre que há uma queda de rochas acima de um espaço vazio cheio d'água ou quando um deslocamento de placas tectônicas abre uma fenda nas camadas de calcário forma-se um cenote.

Portal para o submundo foi a definição de "cenote" que Aura e eu ouvimos um guia dar a seu grupo de pacote turístico em um sítio de ruínas maias. Uma superfície lisa verde-ervilha que escondia as profundezas escuras do sumidouro e os esqueletos de vítimas de sacrifício humano ali jogadas depois de terem o coração arrancado. *Hell-Ha*, ou Inferno-Ha, foi o nome que Aura deu ao parque temático maia Xel-Ha, uma armadilha de turbas de turistas em que caímos por prometer cenotes e lagoas onde mergulhar com snorkel, embora debaixo d'água houvesse muito mais pernas humanas balançando e se agitando com tubos flutuantes no alto do que peixes para ver no fundo, e um bocado de pedaços semitranslúcidos de sujeira boiando.

Havia também aquela pequena lagoa, ou lago, ou poço, que encontramos numa tarde na Reserva da Biosfera Maia. Tínhamos percorrido um longo trecho de uma estrada de terra acidentada, cheia de sulcos lamacentos e crateras alagadas, com mata selvagem de arbustos dos dois lados, quando avistamos à direita um pequeno estacionamento com uma torre de observação pintada de amarelo-vivo erguendo-se acima das árvores como uma cadeira de salva-vidas perdida. Estacionamos, saímos do carro, seguimos por um caminho até alcançarmos a torre e então subimos pela escada ziguezagueante até a plataforma no topo. Foi uma surpresa ver o mar azul do Caribe a menos de duzentos metros, onde terminavam as copas das árvores da selva, do outro lado da estrada; também era mais tarde do que pensávamos, o sol se punha no céu, alaranjado e pulsante.

Quando descemos, em vez de voltar para Tulum, seguimos a trilha mais adiante, até aquela lagoa escondida, onde nos sentamos em um deque baixo de madeira, ninguém mais ao redor. Logo estávamos assistindo às cores suaves e iridescentes do pôr do sol se espalhando sobre a água e resplandecendo no céu acima da faixa de selva entre nós e o mar, o lugar inteiro palpitante com os cantos dos pássaros, como se todas as árvores e plantas cheias de luz escondessem um ou dois pássaros alvoroçados, e ambos nos deixamos ficar aturdidos, imersos em serenas meditações pessoais sobre a louca sublimidade do que estávamos presenciando, cada um de nós imbuído de uma sensação própria de místico deslumbramento e solidão, que se fundiu em uma sensação conjunta de místico deslumbramento e solidão. Era como se tivéssemos acabado de nos casar em uma cerimônia secreta conduzida pelos pássaros. Às vezes penso que, se os cenotes forem de fato portais para o submundo e eu puder passar por um deles e me juntar a Aura, é às margens dessa lagoa na selva que vou sair e encontrá-la me esperando.

Bem, Hell-Ha, *mi amor*. Não há lembrança feliz que não esteja afetada emocionalmente. Uma cepa de vírus que saltou da morte para a vida, retrocedendo vorazmente e contaminando todas as lembranças, obrigando-me a desejar que nada disso, meu próprio passado, tivesse acontecido. Mas sou como uma sentinela que não para de cochilar no portão da quarentena, deixando os presos passarem. Ainda assim, é solitário ficar apenas com as minhas versões. Aura não pode dizer, Mas não foi bem assim, *mi amor*, foi mais assim. Algum dia iria ser ela, segurando a minha mão ossuda, a me levar através das nossas lembranças de quando nos apaixonamos. A doce euforia de acordar e encontrá-la na cama ao meu lado. O apartamento se enchendo de música que eu nunca tinha ouvido antes, melodiosa, inteligente, música de garota — Belle & Sebastian — nas manhãs mais felizes da minha vida até então. (Quatro anos depois, ainda não superei isso, a surpresa diária da felicidade.) Ela trouxe seus próprios CDs nas primeiras noites que passou comigo. *Dear Catastrophe Waitress, Wrapped Up In Books, Judy and the Dream of Horses* e

If you find yourself caught in love
Say a prayer to the man above
Thank him for every day you pass
You should thank him for saving your sorry ass. *

Isso aconteceu realmente? Na *minha* vida? Não posso mais escutar essas músicas sem ter vontade de chorar. Soda Stereo, Charlie García, Smiths, Pixies, OOIOO; seus amados Beatles e Dylan. E do que fiz Aura passar a gostar? Iggy Pop e The Stooges, acho. *Te quiero aún más hoy que ayer*, amo você hoje mais do que amei ontem — toda manhã, essas eram as primeiras palavras que eu dizia a ela, como a superstição de *rabbitrabbitrabbit* serem as primeiras palavras que se diz em voz alta na manhã de Ano-Novo. Levaria meses até a manhã em que eu esqueceria de dizê-las. Aura fingiu estar indignada durante uns dois minutos, O quê? Você não está mais apaixonado por mim? Na manhã seguinte, eu me lembrei, mas, em menos de um ano de repetição, essas palavras começaram finalmente a soar automáticas demais. Mesmo assim, não foi como algo que se joga fora porque se gastou, ainda haveria manhãs em que eu queria especialmente que ela as ouvisse, ou sentia vontade de dizê-las de novo. Numa certa manhã, durante aquela primeira ou segunda semana, ela me levou da cama para o equipamento de som, colocou nele seu CD da Björk e o avançou para a faixa "It's Oh So Quiet", a música sobre quando alguém se apaixona, em que os *shhh-shhhs* de acalanto de Björk viram gritos agudos de UOUUU UOUUU... É ISSO AÍ!!! — E eu inspirava *aquilo*?! Como os de Björk eram os olhos de Aura, amendoados, puxados, o cabelo liso e escorrido,

---

* Se você se apaixonar/ Faça uma prece para o homem lá em cima/ Agradeça a ele por cada dia que você vive/ Você deve é agradecer por ele livrar a droga da sua cara. (N. T.)

o ar de duende traquinas. Outra noite, sentada no meu colo, ela leu em voz alta um poema do livro de Carol Ann Duffy que levara consigo: *At childhood's end, the houses petered out* [...] *till you came at last to the edge of the woods.** Foi numa clareira desse bosque que a narradora do poema, Chapeuzinho Vermelho, pela primeira vez, *deu de cara com o lobo.* Com *voz arrastaada de lobo,* o velho lobo, o focinho manchado de vinho, recitava seus poemas, segurando o livro *com a pata peluuda* — Aura baixava a voz nas rimas internas, os pontos negros da costura dos dedos dos pés de sua meia-calça levantando para marcar o ritmo, como orelhas de gato erguendo-se ao escutar um som. *Que olhos grandes... que dentes,* hahaha, *e me ofereceu uma bebida, a primeira que tomei.* Por que Chapeuzinho Vermelho quer ir com o velho lobo? Aura encostou a testa morna na minha: *Eis por quê: Poesia.* Ela repetiu: *POESIA.* Chapeuzinho Vermelho também quer ser poeta.

Que menina não ama um lobo de paixãão?

— o verso entoado vibrantemente e destacado como o coro de uma canção favorita de rock. Só que o poema não tinha um final feliz, pelo menos não para o lobo. Depois de dez anos o escutando cantar as mesmas velhas canções sem encontrar uma voz própria, Chapeuzinho Vermelho abre o lobo *do escroto à garganta* com um machado e encontra dentro dele *os ossos de sua avó.* Oh, não, eu disse, Por favor, meu amor, nunca faça isso comigo, não vou abafar sua voz, não sou *esse tipo* de velho lobo!

Em nosso primeiro domingo juntos em Nova York, fomos ao Katz's Deli para Aura provar seu primeiro sanduíche de pas-

---

* No final da infância, as casas foram escasseando [...] até você aparecer afinal na margem do bosque. (N. T.)

trami. O plano era ir de lá para o Metropolitan Museum, depois talvez passear no parque, tomar uns drinques em algum bar de hotel romântico, ir a um cinema e a algum lugar para jantar mais tarde. Como os sanduíches do Katz's são enormes, sugeri dividirmos um e pedir duas sopas de bolinhas de matzá, que ela também não conhecia, mas ela gostou tanto dos petiscos de pastrami que lhe deram para experimentar no balcão e ficou tão entusiasmada com a aparência dos sanduíches, uma profusão de molho de carne derramando-se pelos lados, que pediu um só para si. E o devorou. Depois, quando saímos, na calçada do Katz's, disse que seu estômago estava doendo. Tinha um olhar transtornado, o rosto contraído e, quando encostei meus lábios e nariz em sua face, estava pegajosa e cheirava um pouco a mostarda e gordura de carne. Aiii, ela gemeu, curvada, os braços sobre o abdome, preciso ir para casa. Você quer dizer, para a minha casa?, perguntei. Ela assentiu. Fiz sinal para um táxi e voltamos para meu apartamento no Brooklyn, onde ela passou o resto da tarde na cama, enquanto eu a fazia tomar Alka-Seltzer, corria ao supermercado para comprar chá de camomila, lia, assistia um pouco de futebol na TV com o som desligado enquanto ela cochilava, fazia cócegas no lado interno de seu antebraço, como já sabia que ela sempre queria que eu fizesse, passando muito de leve a ponta dos meus dedos em sua pele, para cima e para baixo. À noite, estava se sentindo melhor, e mandei vir para o jantar uma canja do chinês da esquina, para mim Sing Chow Mei Fun, e vimos um DVD. Já fazia muito tempo que eu tinha me esquecido como era passar um domingo da maneira como Aura e eu passamos aquele.

Agora, sempre que passo perto do Katz's Deli, paro e olho para aquela calçada, mudo e desnorteado, para a faixa escura e serpenteante do meio-fio, para o vazio acima. Às vezes vou até o lugar onde estivemos, fico ali parado e murmuro, Você quer dizer, para a minha casa? Descendo nas lembranças como Orfeu para trazer Aura viva por um momento, esse é o objetivo desesperado de todos esses pequenos rituais e reencenações inúteis.

Para comemorar os cinquenta anos de Juanita, duas *tías*, Lupe e Cali, e alguns amigos, entre eles o dentista de Aura desde a infância, convidaram-na e a Rodrigo para um fim de semana prolongado em Las Vegas. Aura tinha aulas na sexta-feira e na segunda-feira, portanto fomos para lá de avião no sábado de manhã apenas para jantar com a mãe dela naquela noite; voltaríamos de avião no dia seguinte. Uma montanha negra achatada no alto, talvez um monte isolado, domina Las Vegas, erguendo-se do deserto de Mojave contra o horizonte como uma camionete preta gigantesca num estacionamento vazio, quente e reluzente sob o sol abrasador. Aura e eu concluímos que irradiava maldade, espalhando-a em arcos contínuos, como urina de gato de longo alcance, sobre a cidade cintilante. Nosso motorista de táxi foi em parte responsável por essa duradoura primeira impressão, levando-nos do aeroporto como se tivesse recebido ordens de nos despachar o mais rápido possível para a sinistra montanha, onde seu Mestre e Senhor, árbitro e dono do nosso destino, esperava em sua caverna. Descendo em disparada por uma longa avenida em linha reta atrás da vítrea Las Vegas Strip, os pneus cantando quando o carro arrancava toda vez que o sinal abria, ele dirigia como se estivesse com raiva, como se já conhecesse nosso destino e fosse impotente para evitá-lo. Aura ia agarrada no banco, arquejante; trocávamos olhares assustados. O primeiro nome do motorista, de acordo com o cartão de identificação do táxi, era Boguljub, e seu carro era um suv, um utilitário esportivo com um painel eletrônico de mensagens virado para o banco traseiro que só intensificava o frenesi claustrofóbico, lampejando anúncios para espetáculos, cassinos e descontos em churrascarias. Passamos por um cartaz de Siegfried e Roy, Mestres do Impossível, apesar de um deles, não lembro qual, ter sido mutilado e quase morto por um de seus tigres cerca de um mês antes — um tigre branco que arrastou Siegfried ou Roy pelo palco, as mandíbulas travadas em seu pescoço e o sacudindo, segundo uma notícia, "como se fosse uma boneca de pano". (Como e por que *ele* sobreviveu?) Boguljub dobrou à esquerda, pé no fundo do pedal ao descer a toda a longa rua transversal até nosso hotel, o Venetian. Então não iríamos para a montanha, afinal. Belzebu, é claro, era como Aura e eu sempre nos referíamos a ele depois, apesar de, com seu cabelo amarelado e olhos azuis, lembrar menos o taxista de cabeça de bigorna do medo infantil de Aura do que a montanha do mal.

Apesar de toda a minha preocupação com a advertência de Lola sobre Juanita ser capaz de levar Aura a romper comigo apenas exigindo isso, nem me lembro do momento em que nos encontramos. *Hola, Ma*, este é Francisco, e Juanita batendo os olhos em mim pela primeira vez — não tenho nenhuma lembrança disso. Precisei ir procurar as fotos que tiramos com nossa câmera descartável. Juanita, Rodrigo e Aura sentados a uma mesa com presentes desembrulhados e taças de coquetel em cima, Juanita segurando uma camiseta cor-de-rosa com "New York City" escrito em purpurina na frente e sorrindo como se aquele fosse realmente o presente mais extraordinário que já recebera. Aura foi sempre uma compradora de presentes impaciente e de última hora — nos anos seguintes, muitas vezes fui eu quem escolheu os presentes de seus pais. As fotos mostram um local envidraçado parecido com um saguão, o rosto de Juanita afogueado e exultante, Rodrigo com um boné de beisebol cobrindo seus olhos, Aura parecendo uma Audrey Hepburn universitária, de suéter creme, saia de lã cinzenta, o cabelo arrebanhado num penteado frouxo, feliz de estar com a mãe. Não houve muito alvoroço por minha causa. É provável que tenha sido em parte por timidez, deles e minha, mas também porque se tratava apenas de mais um namorado: os namorados de Aura iam e vinham, por que não aconteceria o mesmo comigo? Talvez ainda não soubessem a minha idade, não soubessem que em menos de três anos eu comemoraria meu quinquagésimo aniversário. Aura se derretia pela mãe, *balindo* "Mami" e fazendo Juanita sorrir largamente, atordoada. Eu ainda não percebia, por baixo da atitude calma e reservada, o afastamento muitas vezes amuado de Rodrigo. A certa altura, notei Juanita me examinando do outro lado da mesa. Ela desviou o olhar ao ver que eu tinha percebido. Mais tarde naquela noite, quando a flagrei me observando outra vez, acho que ela já havia chegado a suas conclusões. Aura e eu, como outros amantes entusiasmados, de vez em quando nos isolávamos do resto das pessoas, nos encostávamos um no outro e ríamos de tudo o que um de nós dissesse, não importava o quê. A primeira vez que dei com Juanita nos espionando durante um momento como esse foi cerca de seis semanas depois, no México, na ostentosa noite de gala de Ano-Novo do Salon del Lago para a qual Leopoldo nos convidou, sua expressão mais pensativa, mais triste do que quando fixara os olhos apenas em mim. Parecia um Próspero maternal, despojado de todos os seus poderes, espionando, impotente, Miranda e Caliban intimamente abraçados, inexplicavelmente apaixonados.

Em Las Vegas, porém, eu só prestava atenção em Aura e não lembro de ter me importado muito com a reação da mãe dela à minha pessoa. A maior parte das nossas outras fotos de Las Vegas foram tiradas em nosso espalhafatoso quarto do hotel Venetian, eu posando como gárgula no alto de uma poltrona que parecia um trono papal, Aura desfilando em seu luxuoso robe de banho, fingindo-se de elegante em meio à decoração pretensiosa. Outra dela depois de fazermos sexo, recostada numa pilha de travesseiros, as lapelas do robe afastadas revelando sua pequena tatuagem e as curvas suaves do alto de seus seios, os olhos meio sonolentos, mas olhando direto para a câmera, confiantes — um olhar de *axolotl*.

Naquela noite, mais tarde, numa mesa de vinte e um no cassino Bellagio, Aura ganhou cinquenta dólares na primeira aposta que fez. Sorte de principiante! Tínhamos nos encontrado com seus pais, as irmãs Hernández e seus amigos — até então, mal os tínhamos visto, estavam sempre jogando ou fazendo compras em algum lugar — para o jantar de aniversário. O Bellagio parecia interminável e grandioso como o Louvre, salões e salões de mesas de jogo, bares, restaurantes, lojas e turistas tirando fotografias. Aura e eu estávamos andando com os outros, absortos em nossa própria conversa, quando de repente olhamos em torno e nos vimos sozinhos na multidão, Juanita, Rodrigo, as *tías*, os amigos deles, todos tinham desaparecido, não os víamos em lugar nenhum. Não sabíamos o nome do restaurante para onde íamos nem em nome de quem a reserva fora feita.

Por quase duas horas, Aura e eu perambulamos de um restaurante a outro — havia pelo menos uma dúzia deles — examinando listas de reservas e suplicando a maîtres arrogantes uma autorização para percorrer mais uma vez seus salões de jantar. Repetimos o circuito duas, três vezes dentro do vasto Bellagio. Na terceira vez que paramos no Le Cirque, fomos despachados com um inflexível *Seus pais não estão aqui* antes de abrirmos a boca para falar. Tínhamos voado até Las Vegas para isso, para jantar com Juanita na noite de sábado. Por fim, fizemos uma pausa em nossa busca, a fim de pararmos em um dos bares do cassino para uma rodada de drinques. E se nunca mais eu vir minha mãe?, perguntou Aura. Onde estamos, afinal, Francisco? Eu respondia com palavras tranquilizadoras. Mas, em se tratando de Las Vegas, eu sabia que nada era impossível, e manchetes de tabloides — "Família e amigos mexicanos desaparecem sem deixar vestígios dentro do Bellagio" — já me passavam pela cabeça, como no painel eletrônico do táxi de Belzebu. Voltamos a andar a esmo pelo cassino nos deixando levar pela apatia, de mãos dadas feito crianças com medo de se perderem uma da outra. Passou-se meia hora mais ou menos. *¿Cómo se dice una cobija de indios?*, perguntou Aura do nada, mas antes de eu responder ela disse, Cobertor de índio? *¿Se dice así?* e deu um gritinho — lá estava Rodrigo, bloqueando nosso caminho, levantando as mãos fortes para os nossos ombros, como se quisesse nos impedir de escapar. Ele tinha saído do restaurante para ir nos procurar. Depois de esperarem um longo tempo por nós, todos tinham comido. Talvez ainda chegássemos para a sobremesa. Levou-nos a um restaurante com bufê, tipo cafeteria, no qual não tínhamos sequer reparado. Outra cena feliz de reencontro com Aura e a mãe e com as *tías*. Depois, fomos passear lá fora, no bulevar de néon com suas fontes iluminadas, a falsa torre Eiffel. No final da manhã seguinte, pegamos o avião para Nova York. Durante o voo, enquanto ela estudava, assisti a um filme sobre uma corrida de cavalos. No clímax das cenas de corrida, com os cavalos galopando na reta de chegada, eu balançava o corpo na poltrona como se fosse o jóquei, embora não tivesse percebido o que fazia até sentir uma cotovelada, virar-me e ver Aura me imitando, bamboleando no assento, olhos fixos na tela, exagerando minha expressão concentrada, e ela riu e começou a me beijar enquanto eu sorria loucamente, o azarão, cavalgando meu coração cabriolante pela pista salpicada de esterco para o círculo dos campeões!

Quase um ano depois que Aura se foi, sua prima Fabiola me contou que Juanita havia tentado convencer Aura a me deixar. Aura contou a Fabis, mas nunca me disse nada. Ela tem de compreender, Aura teria dito a Fabis, que estou apaixonada. Fabis também contou que, quando foi visitar Aura na Brown, Juanita telefonava por volta das oito horas todas as manhãs para conversar sobre os planos de Aura para o dia, sobre o progresso da tese dela e assim por diante. Fabis disse, Eu ficava surpresa vendo como Aura era sempre meiga com a mãe quando ela telefonava, por mais que tivéssemos ido dormir tarde na véspera, e lembro de desejar que minha mãe se preocupasse comigo daquele jeito, embora hoje esteja agradecida por não ser assim, por ela respeitar minha liberdade. Depois que Fabis acompanhou Aura até Nova York para ajudá-la a se instalar em Columbia, Juanita telefonou para lhe agradecer. Disse a Fabis que ela a salvara das dez sessões com um psiquiatra de que ela iria precisar caso Aura tivesse viajado sozinha para Nova York. O que ela quis dizer com isso?, perguntou Fabis. Dez sessões com um psiquiatra? Até hoje não entendo, disse. O relato de Fabis me serviu de alerta como uma possível pista para explicar uma cena que havia tempos vinha me perturbando, embora eu nunca vá saber o que realmente a desencadeou. Um dia cheguei a nosso apartamento com um amigo e encontrei Aura sentada de pernas cruzadas no chão da cozinha, curvada para a frente e agarrada ao telefone, chorando e repetindo num tom de voz extremamente angustiado,

No, Mamá…

NO, Mamá…

Nooo…

No Mamá, NO…

Fechamos a porta silenciosamente atrás de nós e fomos comprar uma garrafa de vinho na Atlantic Avenue a vários quarteirões dali. Quando voltamos, Aura não estava mais ao telefone e não parecia sequer nervosa, se bem que ainda se mostrasse quieta. Perguntei sobre o incidente mais tarde e tudo o que ela disse foi Ah, nada. Você sabe, minha mãe... Mas só me lembro de ter visto Aura tão abalada uma ou duas outras vezes. Sua mãe devia estar muito desesperada, lembro de ter pensado, talvez até ameaçando suicídio, não pretendendo de fato cometê-lo, mas deixando a filha totalmente transtornada.

Ninguém detesta mais Romeu do que a mãe de Julieta — era a frase que eu estava pronto para citar caso Aura algum dia tocasse no assunto da hostilidade de sua mãe contra mim. Como Aura nunca comentou nada, nunca precisei utilizá-la. Agora eu sabia, graças a Fabis. Contudo, não deve ter sido fácil para Aura deixar de lado o conselho materno. Não poderia ser simplesmente uma questão de dizer Mas eu o amo, Mami, e acabou-se. Houve um episódio anterior que eu tinha quase esquecido. Estávamos no México para o Natal, quase três meses depois de termos começado a sair, embora já estivéssemos morando juntos no Brooklyn. Ficamos no meu apartamento do Condesa (minha sublocatária argentina voltara para o marido depois de menos de dois meses). Pela maneira como falei dele — fazendo-o parecer praticamente um apartamento de andar inteiro com vista num *palazzo* florentino ensolarado —, Aura se decepcionou. Não viu encanto nenhum nas janelas francesas apodrecidas com vidraças quebradas ou sem vidraças, nem na janela da cozinha que se abria para um pátio parecido com um poço onde nasciam mosquitos na estação chuvosa, nem no constante vazamento de gás da cozinha, nem nos móveis de madeira malfeitos comprados em esquinas e, pior de tudo, nem no quarto de dormir sem janela, com as paredes e o teto manchados de mosquitos secos esmagados durante as muitas terríveis horas de insônia que eu passara ali ao longo dos anos, de pé na minha cama ou os perseguindo pelo quarto com uma revista enrolada ou um mata-moscas na mão. Aquela era provavelmente a primeira vez que eu a desapontava tanto. O que significava aquilo? E se eu fosse igual àquele quarto? Um tolo, negligente e romântico que estava envelhecendo, que prometia, cheio de entusiasmo, algo que na verdade não passava de uma cela deprimente, sufocante de paredes mortais com uma cama barata e desconfortável. Sim, sim, é claro que ele é assim, *hija*, é só o que você pode esperar vindo *dele*, pensa que não conheço homens assim, *niñotes* da minha própria geração que se recusam a crescer?

Não tenho prova nenhuma de que Aura e sua mãe tenham tido uma conversa como essa. Mas por três dias e noites consecutivos Aura mostrou-se fria e até mesmo cruel comigo de uma forma como nunca chegou nem perto de ser antes disso e como jamais seria novamente. Fez amor comigo somente uma vez, de modo tão indiferente que meu pinto caiu e se escondeu debaixo da cama. De manhã, ela saía antes mesmo do café da manhã, com compromissos na Unam pela cidade toda e planos de ver a mãe, amigos, antigos professores, até mesmo sua antiga terapeuta, Nora Banini. Parecia não querer me apresentar a seus amigos. Durante os dias compridos, nem sequer telefonava. Estaria com algum ex-namorado? Com Borgini, caramba? (Juanita, eu sei agora, havia veementemente incentivado o relacionamento de Aura com Borgini.) Eu sabia, porém, que Aura não era assim. Ou era? Eu estava fora de mim, saturado de medo até os ossos. Ela estava me tratando da forma como uma mulher trata um homem quando sabe que tudo terminou e está se preparando — repassando seus argumentos, ensaiando com a mãe e os amigos — para romper.

O que está acontecendo?, eu gemi quando ela voltou para casa. O que foi que eu fiz? Você tem razão, este apartamento é uma espelunca, vou me livrar dele. Ah, meu Deus, você não me ama mais! Assim, de repente?

Ela mantinha os olhos baixos. Estava do lado oposto da cama, ajeitando as cobertas, o velho edredom que soltava as plumas. O silêncio naquele quarto ia se esgueirando para a morte. As patas dos cadáveres nas paredes começaram a tremer, e também as asas, mosquitos ressuscitados para uma vida de zumbi por meu coração partido, cuja última gota logo estariam sugando.

Por fim, Aura disse em voz baixa, Não é isso, Frank. Não se preocupe, não é nada, vai passar.

E na manhã seguinte passou. Como uma febre, cedeu, e lá estava Aura, como se tivesse feito a travessura de se esconder embaixo daquela febre, de volta ao que era, me amolando para ir a todos os lugares com ela. Naquela manhã, quis que eu a acompanhasse ao Edifício Fantasma. Nunca conversamos sobre o motivo de ela ter me tratado com tanta frieza. Eu estava feliz por deixar para trás aqueles três dias, como se eles carregassem uma contaminação mortal.

O Edifício Fantasma era a monstruosidade mais tristemente célebre da Insurgentes, um imenso prédio de apartamentos de quinze andares — muito mais alto do que todos os prédios próximos — com fachadas largas, angulosas, encimadas por uma construção de concreto que parecia uma torre de controle de aeroporto cujo interior fora consumido pelo fogo. Dava a impressão de mal ter sobrevivido ao bombardeio de Dresden. Um editor tinha oferecido a Aura a oportunidade de escrever uma matéria para uma seção do tipo Assunto do Dia de uma nova revista para a qual uma porção de jovens escritores estavam loucos para escrever, mas Aura nunca tinha escrito nada do gênero. Tinha acabado de passar seu primeiro semestre em Columbia tendo aulas que praticamente exigiam que aprendesse uma nova linguagem — teoria crítica —, uma dessas aulas com a professora Gayatri Chakravorty Spivak, provavelmente a maior superestrela da crítica literária desde Edward Said. Aura ficava intimidada e aturdida por Spivak, mas também a adorava. No entanto, lá estava ela empolgada com a chance de escrever para uma revista que dizia aos modernos do Distrito Federal onde comer, fazer compras e ir a festas.

Decidiu escrever sobre o Edifício Fantasma. Tudo que eu sabia a respeito era que uns bares boêmios de baixa categoria que permaneciam abertos a noite inteira, El Bullpen e El Jacalito, ficavam no térreo e nos fundos, porém tinham sido fechados. O que existe lá?, perguntei. Ponto de viciados em crack? É provável, respondeu, mas não sei; por isso é que temos de ir até lá. Houve um assassinato no prédio no verão, contou ela, um advogado que tinha um escritório ali. Ah, que ótimo, eu disse, faz parecer mais seguro, advogados têm escritórios lá e são assassinados. Na calçada, olhamos para as paredes descascadas lá em cima. Azulejos de cor parda e concreto estavam rachados, esburacados e arrebentados. As janelas tinham um brilho sujo, algumas com cortinas surradas e venezianas abaixadas. Mais no alto, quase andares inteiros eram buracos vazios, negros e queimados. Não confiamos nos elevadores e entramos no saguão por uma portinha lateral que dava para uma escadaria cheirando a umidade rançosa e urina. Passadas rápidas e leves, um garoto escrofuloso descendo as escadas, camiseta suja sem mangas, tatuagens — do tipo grosseiro que é feito na prisão com tinta azul, um rabo de cavalo fino como uma cauda de arraia descendo pelas costas, segurando numa das mãos um saco de papel enrolado, olhos baixos; passou depressa por nós sem nem um alô. Chegamos ao segundo andar e nos vimos andando por um corredor sombrio, sem luz, portas fechadas, silêncio, cheiro de rato e mofo. Uma ou outra porta exibia placas ou cartazes impressos, um deles dizia *Oficina Jurídica* — um escritório de direito penal. Dobramos a esquina e demos em outro corredor, tão comprido que parecia desaparecer no escuro. Voltamos para a escada e subimos para o andar seguinte, depois para o próximo, cada um parecendo mais abandonado e claustrofóbico do que o anterior. Eu queria sair dali. Qualquer coisa poderia nos acontecer, sobretudo a Aura, dentro daquela ruína quase desabitada, e eu seria o responsável. Na escada seguinte, porém, quando fiz menção de conduzir Aura para baixo, ela puxou meu braço e sussurrou, Vamos subir, vamos mais lá pra cima — como se estivesse enfeitiçada. Não vamos subir, objetei. Vamos dar o fora daqui. Mais tarde, ela e Fabiola riram disso. Eu, o "ex-correspondente de guerra", com medo do Edifício Fantasma!

A Señora Gama, administradora do Condominiums Insurgentes e responsável pelo fechamento dos dois estabelecimentos no térreo do dilapidado edifício — as conhecidas espeluncas El Bullpen e El Jacalito —, caminha com passadas firmes pelo corredor escuro e cheio de rachaduras do décimo andar, vestida com um casaco e minissaia azul-elétrico. Com um sorriso forçado, convida suas possíveis futuras locatárias — duas jovens procurando um lugar para abrir um ateliê de costura — a descer pela escada até o oitavo andar. É o andar mais alto ao qual chega o único dos quatro elevadores que sobreviveu ao terremoto de 1985. É decorado com grafites coloridos e ininteligíveis, e elas descem nele até o quarto andar.*

* La Sra. Gama, administradora del Condominio Insurgentes y responsable directa de la clausura de dos de los lugares que amurallan la entrada al maltrecho inmueble — los conocidos antros El Bullpen y El Jacalito — camina segura en su traje de saco y minifalda azul eléctrico por el agrietado y oscuro pasillo del piso diez. Con una sonrisa forzada, invita a sus posibles futuras inquilinas, dos mujeres jóvenes buscando un espacio para empezar su negocio de costura, a tomar las escaleras hasta el piso ocho (el último que alcanza el único elevador sobreviviente de los cuatro que existían hasta el temblor del '85

Assim começava a matéria "O Edifício Fantasma", que apareceu na revista *D.F.* algumas semanas depois. As duas jovens que queriam alugar um espaço para seu ateliê de costura eram Aura e Fabis. Aura só me contou depois que tinha persuadido a prima a voltar lá com ela.

Curiosas para descobrir o que existe além do décimo andar, as jovens sobem as escadas assustadoras. A vista da cidade é espetacular. Quando chegam ao alto, encontram uma placa dizendo: *Propriedade particular. Entrada proibida a todo o pessoal.* Espiam o corredor deserto. Veem uma coluna larga, queimada e coberta de grafites. Onde antes houve janelas, agora só há caixilhos carbonizados, cheios de céu sem nuvens. Ouve-se um rádio tocando em algum lugar. Elas seguem a música e, no fim do corredor, do outro lado de uma porta deixada entreaberta, veem um tapete vermelho dentro de um apartamento e dois homens lendo num sofá. Escutam passos que se aproximam. Amedrontadas, entreolham-se e, sem uma palavra, correm para a escada.

Quando Aura entregou sua matéria, o editor mostrou-se encantado e incumbiu-a de outro trabalho. Começamos a ficar no velho apartamento de Aura em Copilco, no quarto onde ela tinha passado a maior parte de sua vida. Quase não havia mais móveis e o telefone tinha sido desligado. Apesar de não ser segredo estarmos lá, nos sentíamos como se estivéssemos escondidos, como adolescentes fujões.

Mas Aura em breve teria seu próprio apartamento. Jovens arquitetos estavam transformando um velho armazém na ponta de Escandón num conjunto de apartamentos tipo loft. A mãe de

---

y cuyas paredes están adornadas por coloridos e inteligibles graffitis). Bajan en el piso cuatro.

Fabiola, Odette, conhecia os pais de um dos arquitetos e comprou com preço reduzido dois apartamento de um quarto no andar térreo antes do início da construção, um para Fabis, o outro como investimento, e Juanita comprou um apartamento para Aura no mesmo andar, investindo todas as suas economias no pagamento do sinal. Era um presente extraordinário, com a intenção de proporcionar a Aura segurança e independência no início de sua vida profissional. Os apartamentos estariam prontos para morar no verão seguinte.

No fim de semana anterior ao Natal, fomos com os pais de Aura para Taxco, onde Juanita crescera, a fim de passar esses dias num monumental hotel recentemente reformado, Los Ángeles de Las Minas, como convidados do proprietário, grande amigo de Leopoldo. Eu ainda não havia encontrado o tio de Aura — aquele que, como Aura tinha me avisado, supostamente iria me odiar e que eu supostamente iria odiar também. Era ele o homem parado em frente ao hotel de capacete amarelo de obras na cabeça, com rolos de plantas de arquitetura debaixo do braço, os três primeiros botões da camisa branca engomada desabotoados para exibir o peito sem pelos de nadador, um pulôver macio amarelo atado frouxamente pelas mangas em torno do pescoço — o único irmão de Juanita, seis anos mais velho, professor de direito, escritor e ex-diplomata. Com seu cavanhaque preto em ponta, tinha uma presença mefistofélica que lhe dava um ar culto, arrogante, vaidoso e fortemente inteligente, de uma forma que não chegava a despertar interesse, e sim deixar a outra pessoa em guarda.

Trocamos apresentações e cumprimentos educados ainda que abruptos. Não havia nenhuma razão para Leopoldo estar usando um capacete, porque a construção de sua nova casa ainda não tinha começado, ele só estava indo ver o terreno com o empreiteiro. Talvez os rolos de plantas nem fossem projetos de arquitetura. Ele parecia um menino fantasiado, todo solene, de Bob o Construtor. Eu disse a Aura depois que seu tio ter se vestido daquele jeito me fez gostar dele.

Ao subirmos para o nosso quarto do hotel, paramos diante da vitrine de uma loja de prata artesanal no saguão. No final da tarde, quando desci ao bar para ir pegar uma garrafa de vinho com o pretexto de não querer esperar pelo serviço de quarto, passei na loja e comprei um colar que Aura parecera ter gostado. Eu era assim, comprando presentes para ela, um perdulário muito feliz acumulando dívidas no cartão de crédito com o zelo de um esquilo. Superar aquela misteriosa crise de três dias havia fortalecido nosso amor — nosso casamento místico com os pássaros em Tulum seria dali a apenas duas semanas. Tirei uma foto de Aura com um vestido preto sem mangas, de pé na varanda do nosso quarto no fim da tarde, com as montanhas de um azul enevoado ao fundo, as faces e o nariz corados, um sorriso tímido, a cabeça levemente inclinada, um brilho suave e vulnerável nos olhos, tudo isso fazendo-a parecer ainda mais jovem, espantosa e absurdamente mais jovem, como uma *quinceañera* enamorada, recém-seduzida, admito com certa incredulidade cada vez que olho para aquela fotografia. Quando a noite caiu, a encosta da montanha tornou-se tão febrilmente viva com luzes cintilantes se movendo que parecia um globo de neve sendo agitado, e um barulho elétrico e fraco encheu o ar, como se viesse de motores do tamanho de insetos e de caixas de música flutuando pelo vale. Nós nos sentamos na varanda, tomando vinho. Tirei o colar do bolso.

Quando olho para aquela fotografia de Aura hoje, sinto-me mais consciente da nossa diferença de idade, mais desconfortável com isso do que ficava quando estávamos juntos. Juanita raramente dizia alguma coisa — na minha presença, bem entendido — que me deixasse constrangido ou querendo me desculpar por causa da idade. Acho que era menos por consideração a mim do que à sua filha, representando, fingindo nos ver como Aura queria que os outros nos vissem; ou talvez tenha sido por consideração a si própria também. Juanita quase sempre falava comigo como se eu estivesse mais perto da idade da filha do que da idade dela, mas talvez tivesse sido melhor para todos nós se tivéssemos falado como dois pais. O que me envergonha agora era a maneira, quando estávamos com a mãe de Aura, como eu às vezes deixava a imaturidade mascarar-se de jovialidade, de modo que quando falavam comigo como se eu ainda fosse praticamente um adolescente, ou um menino-homem, um *niñote*, eu me permitia aceitar a camuflagem e ficava até lisonjeado. Sessenta é o novo trinta. Mas eu não era assim com Aura. Agora preciso me proteger contra o perigo de confundir a maneira como a mãe de Aura me via ou falava comigo com *qualquer* forma de como Aura o fazia — uma das desgastantes traições da morte.

Aura disse, Foi aqui que passei os dias mais felizes da minha infância. Estávamos em uma rua íngreme de Taxco, olhando para a casa da avó de Aura, então ocupada pela empregada de longa data de Mama Violeta e sua respectiva família, apesar de Mama Violeta ainda estar bem viva. Pintada de um azul forte, com persianas num tom vivo de amarelo e decorada com azulejos, a casa de dois andares ficava em uma esquina e encravada na encosta. Daquele ponto mais alto da calçada, parecia que bastaria correr e pular para subir ao telhado se a casa não fosse cercada por uma densa trama de arame farpado e muros com cacos de vidro em cima. Havia uma porção de pequenos pátios sombreados, cômodos isolados e janelas dos dois lados com vista para as montanhas onde havia minas de prata, inclusive aquela em que o bisavô de Aura, um engenheiro de minas francês, tinha trabalhado. Durante as férias escolares de verão, Aura algumas vezes chegou a passar até um mês ali. Agora Mama Violeta nem ao menos falava com nenhum dos filhos de seu primeiro casamento. Leopoldo tinha sondado seus meios-irmãos e descoberto que Mama Violeta de fato pretendia deixar a casa para sua ex-empregada quando morresse. Os quatro filhos de Mama Violeta de seu segundo casamento moravam todos longe, um deles em algum lugar do Texas e os outros espalhados pelo México, como a filha com quem ela morava, numa plantação de abacate em Nayarit. O pai deles, o segundo marido de Mama Violeta, não poderia ter sido mais diferente do primeiro, o ator libertino. Contador em uma das minas de prata, jamais bebeu álcool, treinou times de futebol de meninos e foi um paroquiano assíduo que participava das procissões da Semana Santa. Morreu quando Aura ainda estava na escola primária.

Mama Violeta também era uma costureira talentosa e modista, e quando jovem sonhava em se mudar para Paris e seguir carreira na alta-costura; talvez, se seu primeiro marido não tivesse morrido tão jovem, isso tivesse acontecido. Numa família em que se dava grande valor à aparência física, Sandrita, a filha mais velha de Leopoldo, e Katia eram consideradas belezas incontestáveis e rivais, contudo Mama Violeta muitas vezes tratava Aura como sua favorita. Mama Violeta certa vez passou muitas semanas costurando e enfeitando um deslumbrante vestido de festa que ela própria tinha desenhado. Para quem? Mama Violeta não dizia. Todas as suas netas o cobiçavam e sonhavam que seria delas. Mama Violeta disse a Aura, então com onze anos, que o estava fazendo especialmente para ela, mas que precisava manter isso em segredo. Aura não contou nem para sua mãe. Quando o vestido ficou pronto, Mama Violeta o deu a sua prima Sandrita, um ano mais velha que Aura. E disse que o estava dando a Sandrita porque ela era a mais bonita, e, pelo corte do vestido, parecia claro que ela o vinha fazendo o tempo todo para a alta Sandrita, de pernas longas e muito magra; por isso, quando Aura desatou a chorar e contou à mãe a promessa quebrada de Mama Violeta, ninguém acreditou nela.

A loucura é sempre herança de família, claro, disse Aura na calçada naquele dia em Taxco. E supostamente ataca mais as mulheres do que os homens. Por três gerações, passa de mãe para filha, depois cessa. Talvez seja apenas sabedoria popular, disse ela, o que não significa que não tenha traços de verdade. Bem, minha avó é evidentemente maluca e minha mãe é maluca, portanto o que preciso descobrir é: minha bisavó também era maluca?

Mi amor, você não é maluca, eu disse, juro que não. Mas o que houve com sua bisavó? Minha bisavó, disse Aura, foi à França visitar a mãe dela que estava à morte e nunca mais voltou para o México, ficou doente enquanto estava lá e morreu. Doente de quê?, perguntei. Aura não sabia. Mama Violeta era quase adolescente quando isso aconteceu. Seu pai, que nunca se casou de novo, passou a criá-la sozinho e morreu poucos anos depois.

Ali seria um ótimo lugar para escrever, disse Aura, apontando para um quarto na extremidade do segundo andar. Se pudéssemos convencer Mama Violeta a nos vender a casa, acrescentou. Aura e eu combinamos de começar a economizar dinheiro para comprar a casa. Era um sonho antigo de Aura. Queria reaver a casa também para sua mãe, que agora se recusava até a ir vê-la. Mas Aura não tinha mais se encontrado ou falado com Mama Violeta desde seus doze anos, desde o dia em que a mãe e a avó tinham tido aquela briga terrível em Copilco. Talvez no próximo verão, disse Aura, pudéssemos ir de carro até Nayarit fazer uma visita surpresa à avó dela.

Naquele último dia em Taxco, compramos a escultura do anjo de madeira branca e lábios escarlates lascivos mas afáveis, que penduramos acima de nossa cama no Brooklyn, perpetuamente nos observando, girando devagar, observando.

¡Ay mi amor, qué feo eres! Aquele riso silencioso dela, a boca aberta, os olhos fechados e apertados, sacudindo a cabeça.

¿Soy feo? Sííí mi amor, pobrecito. Eu também parecia um sapo, ela gostava de implicar. *¿Cómo está tu papada?* Dizia isso como se a pele solta sob meu queixo, que não era propriamente uma barbela de sapo, possuísse vida própria. Puxava-a com as mãos, ria e falava com voz rouca, *Tu papada, mi amor.*

Pobrecito, no tienes cuello. Coitado de você, não tem pescoço.

Coitado, você é velho. Ela às vezes também dizia isso quando eu não conseguia ficar acordado enquanto víamos televisão ou um DVD na cama. Verdade que, mesmo quando eu gostava do filme ou do programa que estávamos assistindo, em geral eu cochilava. Isso só acontecia na cama, quase nunca no cinema. E também sempre adormecia lendo na cama. Seria sintoma da idade?

Nunca devolvi os últimos DVDs que Aura pediu na Netflix. Encontrei os envelopes, mas faltavam dois discos. Eu não sabia o que ela tinha feito deles, realmente não sabia onde procurar. Continuei pagando a mensalidade; talvez eu tenha de pagar pelo resto da minha vida, um contrato eterno, mesmo que nunca peça outro DVD, o que provavelmente não vou fazer. Aura ainda devia quantias astronômicas em todas as locadoras de DVD do nosso bairro e perto de Columbia. De qualquer maneira, parei de assistir DVDs em casa. Não gosto de ficar sozinho na sala com o aparelho. Seus cliques e zumbidos mecânicos, as luzinhas furtivas, a companhia sem vida autônoma me deprime, me faz sentir a última pessoa viva na terra.

Numa noite fria de inverno, adormeci ao lado de Aura enquanto ela lia na cama. Mais ou menos uma hora depois, ela me sacudiu para me acordar.

Engoli em seco, O que foi?

Ela apontou para o interruptor de luz na parede — o da luminária onde estava pendurado o anjo — e disse: Apague a luz, *mi amor*.

Olhei boquiaberto para ela.

Com ar traquinas e satisfeita consigo mesma, ela caiu na risada.

Saí da cama e apaguei a luz.

Gracias, mi amor.

...

Está frio! Eu não queria sair da cama!

A maneira como ela pronuncia Frank quando estamos sozinhos, e a maneira como faz meu coração despertar. Ouço e sinto isso dentro de mim, aquele quase grasnar suave acariciado por lábios de veludo, uma vogal recheada de plumas que flutua no sopro de sua voz depois do n e estala de leve no k. Mas quando escrevia e nos seus e-mails ela sempre me chamava de Paco.

* * *

De vez em quando, dizia, Por que você não é dez anos mais novo? Tudo seria tão perfeito!

Era uma imperfeição, a minha idade, nenhuma dúvida sobre isso. Mas será que a minha chamada jovialidade — não apenas eu parecer mais jovem, mas minha imaturidade — nos tornava mais compatíveis? Provavelmente sim, às vezes, no entanto isso também a preocupava. Como eu tinha chegado àquela idade sem ter guardado mais dinheiro ou ter planejado melhor o futuro? Ela não me considerava um fracassado, mas eu temia que um dia ela tivesse motivos para pensar assim. Receava que acabasse me deixando mais por causa disso — estava determinado a trabalhar com afinco para ganhar dinheiro — do que pela nossa diferença de idade. Talvez quiséssemos nos iludir, mas nós dois alegávamos que eu certamente herdara a constituição resistente do meu pai e que também iria viver cheio de vigor até uns noventa anos, que iria ser um desses velhos de peito de barril, de constituição quadrada, genioso e tesudo, como Picasso ou Mailer, embora, felizmente, fiel a uma só mulher! No passado, quando eu era mais jovem e tinha namoradas um pouco mais velhas do que Aura, as pessoas tinham algumas vezes me perguntado se eu era o pai delas, a humilhação mais comum para o amante mais velho. Mas isso nunca aconteceu quando eu estava com Aura. Como pode ser? Acho que, quando estávamos juntos em público, simplesmente não dávamos a impressão de ser pai e filha.

Meu pai costumava mastigar cebolas inteiras como se fossem maçãs, contei a ela uma vez. Via isso como prova do saudável apetite e dos hábitos de camponês russo que ele tinha herdado. Alguém que comesse cebolas assim jamais poderia ter uma constituição fraca. Dias depois, sozinho na cozinha, dei impulsivamente uma mordida numa cebola roxa para experimentar. Lá do quarto, do outro lado do apartamento, Aura ouviu o ruído e gritou, Você acabou de morder uma cebola! Nem pense em me beijar agora!

Como ela sabia que não era uma maçã?

Em lojas de departamento, ela me amolava por causa de cosméticos masculinos, cremes faciais antienvelhecimento e coisas assim, até botox. Por favor, *mi amor*, por mim, você não quer ter uma aparência jovem para sua jovem esposa? Eu costumava me perguntar se ela estava falando sério: se eu realmente chegasse em casa um dia, depois de uma aplicação de botox, com o rosto parecendo uma massa de torta congelada, ela não ficaria horrorizada? Ela me mandava e-mails com links de informações sobre cremes antienvelhecimento à base de hormônios de novilha, ou coisas do gênero, e onde encomendá-los pela internet. Ela sabia que eu nunca usaria esses cremes. Cremes que você tem de besuntar no rosto todo antes de dormir e outra vez de manhã, imagine. Mas Aura era fanática por cremes faciais. Durante nossa última viagem a Paris, que foi curta — só dois dias inteiros, porque eu estava lá apenas para promover um livro, passei quatro horas atrás de Aura na superloja da Sephora na Champs-Élysées. Aura, não é possível estarmos desperdiçando uma das nossas duas únicas tardes em Paris numa loja de produtos de maquiagem, reclamei. Ela replicou, Mas eles têm coisas aqui que não se encontra em Nova York! Depois, a segurança do aeroporto Charles de Gaulle confiscou a maior parte de seus tesouros da Sephora, porque ela estava levando todos aqueles tubos e vidros na bagagem de mão.

Naquele nosso primeiro outono, estávamos no metrô certa manhã, eu tinha acompanhado Aura, a pé, até a parada de trem F de Carroll Gardens e ela tentava me convencer a ir até Columbia com ela. O trem estava parado na estação. Ela estava me beijando, nos lábios, no rosto todo; naquela manhã, ela não conseguia parar de me beijar, e eu ria e a beijava também, quando, ao olhar para o lado, vi um conhecido crítico literário que morava ali perto olhando para nós, com sua capa de chuva escura, no meio do vagão do metrô, a boca uma fenda sisuda entre sulcos descendentes e o nariz igual a um *marshmallow* velho. Sempre que via o crítico ali pelo bairro, ele raramente me dava um oi, às vezes só fazia um aceno rápido, muitas vezes nem isso, mas estou certo de que ele sabia quem eu era, porque tínhamos nos encontrado esporadicamente em festas uns vinte anos antes, e ele sabia que éramos mais ou menos da mesma idade, ainda que, já naquela época, mal saído da graduação, ele tivesse a aparência de um homem bem mais velho. E lá estava ele, de uma palidez quase cinza, com seu cabelo grisalho escasseando e sua capa verde-acinzentada-gordurosa, nos observando com a saudade e a sede sem lustro de uma múmia. Lembro de até sentir um leve arrepio de desconfiança e medo, como se o olhar dele pudesse carregar alguma maldição. O trem começou a andar, ele sentou e abriu o jornal.

Aura nunca mais volta para se sentar em sua Cadeira da Jornada na escada de incêndio, foi numa jornada só de ida que ela embarcou. Tentei me apoiar no duro antimisticismo disso. Em algumas manhãs, eu entrava na cozinha, olhava pela janela e via a cadeira coberta de neve. Nos fundos das casas, os galhos das árvores pesados de neve, neve desenhando listras no piso da escada de incêndio, uns dez centímetros acumulados no assento. Lembrou-me aquele haicai que Borges escreveu: Esta mão é a mão que tocava seu cabelo. A neve que vem sentar onde você costumava se sentar.

14.

Dezembro 2003

Tudo mudou. Outro caminho se abriu, e não sei aonde vai dar.

Época de: Nós contra o Mundo.

O Mundo contra Nós.

Ainda não sei como escrever um diário.

Diário: outro ano se aproxima. Nunca deixo de me surpreender com o fato de que cada um deles, desde que saí do curso secundário, teve um acontecimento especial. Algum ato definitivo que me fez seguir numa nova direção. Espero que minha vida obedeça a essa lei por muitos anos mais. No momento, não sei até que ponto do futuro esta estrada vai chegar... *isste caminho... nao sel... en si sei que en estou contenta.* Com dúvidas e maus humores como sempre, mas, em geral, muito, muito satisfeita com a vida e suas surpresas e dádivas. Na verdade, tenho de dizer/escrever como estou agradecida. Antes de Paco o mundo tinha escurecido. Eu tinha me apagado. A solidão tinha me derrubado. Eu tinha perdido as esperanças. A dor da solidão profunda, um Coração que não pertencia a ninguém.

Paris 2004 — (um ano depois!)

Festa no andar de cima. Minha vida de cabeça para baixo. Irreconhecível. Estou gorda, não mais magérrima. 27 anos. De saco cheio. Tentando escrever *je ne sais quoi*. A vida é linda. Sinto culpa da beleza. Sinto culpa de ser. O que estou fazendo?!

24 de dezembro, 2006

Estamos sozinhos. Só Paco e eu no Natal. Esta é a segunda vez, a primeira foi em Paris e foi mágico. Estamos num avião, passamos a maior parte do dia viajando, Paco dormindo em meu ombro. O amor é uma religião. Só se acredita nele depois de experimentar.

15.

Aura ficou presa num elevador quebrado da Biblioteca Butler e me ligou do celular quando eu estava na Wadley. Havia outras pessoas no elevador com ela, alguém apertava com insistência o botão de emergência, disparando borrifos sucessivos de pânico pelo telefone. Eu disse a Aura para ficar calma, que o elevador certamente seria consertado em poucos minutos, que me ligasse de volta assim que isso acontecesse. Quando, depois de cerca de quinze minutos, não tive notícias dela, liguei e ela não atendeu. Minha aula ia começar. (Estávamos analisando *The Street of Crocodiles*, o livro que ela levaria para a praia naquele último dia.) Não desliguei meu telefone. Por volta do meio-dia, porém, disse aos alunos que precisava dar um telefonema e saí da sala — ouvi a mensagem dela na caixa postal e deixei um recado pedindo que me avisasse se estava bem. Imaginei cenários horripilantes: o ar se esgotando, Aura arquejante, histeria claustrofóbica. A aula foi um desastre. Quando terminou e ela ainda não tinha me ligado, contatei a central telefônica de Columbia, me transferiram para o ramal e fiquei esperando até que, finalmente, alguém da segurança do campus me disse que não havia nenhum registro de elevador enguiçado na Butler naquele dia. Era como se o elevador tivesse desaparecido com Aura e os outros dentro, e ninguém tivesse notado.

Mais tarde fiquei sabendo que, segundos depois de ela me ligar, o defeito do elevador resolveu-se sozinho, a porta se abriu e Aura seguiu direto para o salão de leitura, onde teve de desligar o telefone. Ficou lá várias horas, estudando, até afinal ir olhar seus e-mails, descobrir minhas mensagens frenéticas e se lembrar...

Ou então aquela vez em que tivemos de ir a um coquetel em Manhattan. Aura estava em casa e eu só a algumas estações de metrô de Manhattan, no Dumbo, onde havia alguns meses eu sublocava um estúdio barato de um amigo para escrever. O plano era ela pegar o trem F até a estação de York Street, me encontrar esperando por ela na plataforma, onde em seguida tomaríamos o próximo trem para Manhattan. Um trem chegou, as portas se abriram, algumas pessoas saíram; outro chegou vários minutos depois. A estação, com o inverno preso dentro dela, era um congelador de cimento sujo e ferro. Os telefones públicos estavam quebrados. Meu celular não funcionava ali embaixo. Ratos robóticos nos trilhos, comendo eletricidade e limalha de ferro. Como aquilo podia estar acontecendo? Havíamos programado tudo, eu tinha telefonado para ela e dito, Muito bem, estou indo para a estação, e ela disse, Me dê mais cinco minutos, e então esperei mais cinco minutos. Ela ainda está experimentando roupas, pensei, tirando e pondo vestidos porque ou eles são sensuais demais, ou estão ostensivamente na moda, ou mostrando muito os seios, ou porque deixam a tatuagem visível. Ela gostava da maneira como seus vestidos prediletos, entre eles alguns que eu tinha comprado, lhe pareciam ao espelho, e simplesmente não os usava fora do apartamento. Quatro trens já tinham passado. Meus dedos das mãos e dos pés ardiam por causa do frio, meu nariz estava escorrendo. Subi as longas escadas até o lado de fora da estação para telefonar para ela da rua. Precisei andar quase um quarteirão até meu telefone recuperar o sinal. O vento soprava do East River, fazendo o lixo rodopiar como morcegos congelados. Ela não atendia o celular nem o nosso telefone de casa. Voltei à estação e, enquanto descia as escadas, ouvi ao longe, lá embaixo, como uma onda batendo com força, o barulho de um trem chegando ou saindo. Na plataforma, olhando para dentro do túnel, vi desaparecerem as luzes verdes e o ponto alaranjado de um trem F indo para Manhattan. E se ela estivesse nele? Esperei mais meia hora, depois fui para a rua novamente. Liguei para o apartamento onde era a festa, mas ela também não estava lá. Aquela sensação de déjà vu de solidão, frustração e tristeza, de, Isso está realmente acontecendo? Em seguida — eu não sabia mais o que fazer —, desci outra vez para a estação. Se descrevesse tudo isso para um psicanalista como um pesadelo meu, não pareceria ser sobre separação e morte?

O que tinha acontecido, no final das contas, foi que Aura entrou no trem em Carroll Gardens e desceu na estação seguinte, em Bergen Street, onde ficou me esperando; confundiu Bergen com York Street, duas paradas adiante, ou se distraiu quando lhe expliquei o plano. Por fim, voltou se arrastando para casa, sentindo-se tão desnorteada e triste quanto eu, e parou no Sweet Melissa para beber um chocolate quente.

Quando desembarcávamos nos aeroportos de Nova York, vindos do exterior, sempre tínhamos que entrar em filas diferentes na Imigração dos EUA, mesmo depois de estarmos casados, com Aura na fila muito mais lenta para visitantes estrangeiros. Eu sempre passava pelo controle de passaportes bem antes dela e depois ficava esperando-a em frente ao local onde os estrangeiros saíam, encostado na parede. Às vezes, os guardas me diziam que eu não podia ficar ali, e eu recuava para perto da esteira de bagagens, mas muitas vezes me deixavam em paz, minha inquietação me incomodando enquanto os minutos passavam e Aura não aparecia. Por fim, eu a via aproximar-se de uma das cabines e sentia uma nova onda de nervosismo, porque e se houvesse algo errado com os documentos dela novamente?, e se o funcionário estivesse de mau humor?, e se fosse um desses que gostam de importunar mexicanos e ele a mandasse embora ao menor pretexto? Todos já tínhamos ouvido histórias assim. Alguém na embaixada dos Estados Unidos no México havia dito a Aura, por telefone, que, mesmo ter uma bolsa de estudos Fulbright e um visto de estudante não garantia mais nada. E se, a qualquer momento, na saída do portão de desembarque, a fizessem voltar e ela fosse deportada sem ao menos ter permissão para falar comigo? Eu quase nunca espionava Aura de longe desse jeito, observando-a enquanto ela obedientemente pressionava os dedos no escâner de impressões digitais e respondia a perguntas, olhando nos olhos o funcionário da alfândega, sorrindo e até rindo de alguma observação dele, ou então permanecendo séria e compenetrada — isso sempre me trazia lembranças de, quando pequeno, observar minha mãe falando com o policial que acabara de dar a ela um tíquete de estacionamento, ou com o caixa do banco, ou com o açougueiro em Haymarket Square, da minha consciência da consciência deles da beleza delicada e estrangeira de minha mãe, da minha própria sensação de impenetrável afastamento —, até ver, enfim, o movimento de ombro do funcionário carimbando o passaporte dela e segundos depois Aura caminhar para o meu abraço.

***

Momentos de separação e ausência temporárias, até de perda, que eram como ensaios do que estava por vir. Não eram premonições, mas visitas reais, a morte atravessando o seu portal, levando Aura embora, trazendo-a de volta e retrocedendo para sua cova.

Morte, um trem de metrô indo para o caminho errado e do qual você não pode saltar porque ele não faz paradas. Na Morte, não existem paradas para se tomar chocolate quente.

Naquela semana seguinte à primeira vez que passamos o Natal e o Ano-Novo juntos no México, fizemos uma reserva para cinco dias num hotel-butique de Tulum. Nas três primeiras manhãs, acabamos tendo que ir de carro de Tulum até o escritório de passaportes em Cancún e voltar à tarde, percorrendo quase cento e sessenta quilômetros para ir e depois para voltar. Quando estávamos quase saindo para a praia, Aura se deu conta de que havia perdido seu passaporte depois que chegara ao México, semanas antes. *Tía* Lupe despachou de Guanajuato, pelo serviço expresso do correio, a certidão de nascimento de Aura para o escritório da FedEx em Cancún. A burocracia mexicana tem triste fama: longas filas que vão até o império asteca; várias horas marcadas para chegar a um guichê ou a um balcão: muitos formulários oficiais a serem comprados naquelas pequenas papelarias cujas proprietárias são sempre velhinhas simpáticas, que devem ser preenchidos, assinados e ter a firma reconhecida, depois comprados e preenchidos de novo, porque em algum guichê algum burocrata encontrou alguma coisinha infinitesimalmente idiota preenchida de forma incorreta, e depois vai se reconhecer a firma outra vez, assim por diante. Aura era uma veterana das burocracias mexicanas, e as da Unam estavam entre as piores. Era cativante presenciar a maneira imperturbável como ela suportava aquilo tudo, sua atitude serena, educada e até agradável ao interagir com os funcionários e secretários, conquistando até os mais abespinhados, mesquinhos e hostis. Tudo isso abria uma janela no temperamento dela, eu pensava. Eu adorava ficar esperando naquelas filas dos escritórios de passaportes com Aura, embora estivéssemos passando nosso feriado em Tulum ali, em vez de na praia. Aquela autoestrada predominantemente de duas pistas que percorremos durante tanto tempo das nossas curtas férias, de onde não se avistavam praias nem cenotes ou ruínas, era igual a qualquer estrada, apesar dos cartazes anunciando estâncias balneárias e parques aquáticos com nomes e motivos maias. Nosso carro alugado tinha um tocador de CD, e, num posto de gasolina, como eu disse que não conhecia a música dele, Aura comprou um CD dos maiores sucessos de José José. Foram as únicas músicas que escutamos nas longas viagens que fizemos entre Cancún e Tulum, as mesmas baladas tristes que sua mãe tinha escutado na Torre Terrível, chorando seu abandono.

Na pista que ia para Tulum, avistávamos a toda hora pequenas placas pintadas à mão indicando o caminho para "Subway", que devia ser o nome de uma cidade maia, conforme deduzi, talvez pronunciado *Soobway*. Cheguei a comentar que talvez estivesse escrito Subwaj nelas, nós é que não estávamos enxergando direito as placas. Mas não, era um *y*, não um *j*. Por alguma razão misteriosa, alguém estava tentando atrair os viajantes para *Soobway*. Acabamos descobrindo que se tratava da primeira franquia de sanduíches Subway de Quintana Roo, na praça de alimentação de um pequeno shopping de um clube de golfe fora de Tulum.

Daí em diante, quando passava por um Subway em qualquer lugar do mundo, Aura quase sempre comentava, Lá está seu *pueblo* maia, *mi amor* — Soobway. Para chegarmos à praia onde ficava o nosso hotel, saíamos da rodovia para pegarmos um trecho longo de estrada de terra, com o carro caindo numa superfície muito macia quase à mesma velocidade em que vínhamos da estrada, saltando e parecendo se levantar e flutuar através de uma nuvem marrom de poeira, como se andasse por uma nota prolongada da voz sonora de José José, e vinha novamente aquela sensação de deslocamento, de ser transportado através de um portal, deixando um mundo intermediário para voltar à praia da cidade de Tulum. No fim, um burocrata de guichê disse a Aura que ela só poderia obter seu passaporte no estado de sua residência permanente. Por que não lhe informaram isso logo no primeiro dia? Não há resposta para essa pergunta.

Aura a meu lado na cama: O que aconteceria com você, *mi amor*, se eu o deixasse?

Eu morreria, *mi amor*, você sabe disso.

Você morreria, eu sei, você morreria *mesmo*, não é?

Eu morreria mesmo.

Ela riu com uma espécie de prazer infantil e disse, E se alguma coisa acontecesse comigo, se eu...

Não, Aura! Não, pare com isso!

... se eu morresse...

Então eu também morreria. Mesmo. Aura, nem me diga uma coisa dessa!

Você morreria *mesmo* não é? Ay, *mi amor* — sacudindo a cabeça com ar triste.

Você tem tanta sorte, Francisco, ela dizia. Você é o homem mais sortudo da terra, para ter uma mulher jovem, inteligente, talentosa que ama você do jeito que eu te amo. Você tem ideia de como é sortudo?

Eu sei, *mi amor*. Eu sou o cara mais sortudo deste mundo.

Você é, Francisco, você é mesmo.

Eu sou, eu sei.

E se você vai ser pai na sua idade, precisa se manter em forma. Os bebês são muito pesados, sabe, e a gente precisa carregá-los para todo lado.

É por isso que vou tanto à academia. Estou me preparando.

E você precisa prestar atenção o tempo todo para o que está acontecendo ao nosso redor quando andarmos na rua. Se nenhum de nós for bom em prestar atenção, então não quero ter um filho com você.

Eu sei, *mi amor*, vou prestar atenção por nós dois, prometo.

Todo dia uma ruína fantasmagórica. Todo dia a ruína do dia que deveria ter sido. Todo segundo no relógio tiquetaqueando adiante, tudo o que faço ou vejo ou penso, tudo é feito de cinzas e fragmentos carbonizados, as ruínas do futuro. A vida que iríamos viver, o filho que iríamos ter, os anos que passaríamos juntos, foi como se aquela vida já tivesse acontecido havia um milênio, numa cidade secreta perdida no fundo da selva e agora em ruínas, coberta de mato, seus habitantes extintos, nunca descobertos, sua história jamais contada por nenhum ser humano fora dela — uma cidade perdida com um nome perdido que só eu lembro — *Soobway*.

Na plataforma do metrô da 99th Street, onde, depois de um almoço tardio no Ollie's de Columbia, esperávamos o expresso para voltar ao Brooklyn, Aura estava dizendo Ahhh, você sabe, é um texto sobre a maneira como os textos geram discussão formal entre textos, portanto sem que sequer haja razão para mencionar autores ou intenção autoral. Tudo bem, certo, sei que é verdade, mas... Mas na aula daquela tarde, para discutir o conto de Borges "Pierre Menard, autor del Quijote", ninguém tinha rido nem uma vez sequer. Mas Frank, *Frank*, ela exclamava, será que ninguém percebeu que Borges estava sendo *engraçado* quando escreveu esse conto? O narrador, ela explicou, é um crítico medíocre que está indignado porque seu falecido amigo Pierre Menard não foi incluído numa coletânea de escritores importantes organizada por outro crítico. Tudo bem, mas quem mais acha que Menard era tão importante assim? A baronesa e a condessa, as duas acham, disse Aura, ámbas amigas de Menard e do crítico. Porém elas são apenas a baronesa e a condessa!, exclamou Aura. E a condessa francesa, ela agora mora em Weechita ou num lugar assim, casada com um gringo rico, você não acha que *isso* é uma pista? Uma pista de que Borges também está sendo bobo e, *ainda por cima*, zombando dos maus escritores cheios de importância? Ela imitava uma voz de baixo e a repreensão num tom professoral: Não, *Ow-rra*, errado. Bobo? *¿Qué?* Maus escritores? Não é assim que estudamos textos *aqui, Ow-rra*.

As borlas de fios vermelhos e cor-de-rosa balançando como pencas de bananas-nanicas, três de cada lado, das orelheiras andinas da ridícula touca pontuda de lã de Aura, e o pompom vermelho espinhudo que a arrematava no alto agitavam-se em conjunto com as faces dela e o retinir de suas risadas. Aura também estava se divertindo, os olhos cintilantes; ela às vezes voltava assim, tagarela, animada, o percurso inteiro até o Brooklyn. Naquela época, Aura estava descobrindo que ela não era como os outros alunos de pós-graduação, ideologicamente proibidos de levar em conta a pessoa e as travessuras do autor. Nem sempre ela se deleitava ou reconhecia essas diferenças de modo assim tão estouvado, muitas vezes se atormentava com preocupações — vou ser expulsa! Vão cancelar a minha bolsa de estudos! Vão me mandar para o gulag!

Você acha que Jim tem uma perna de pau?, perguntou, mudando para um assunto que a vinha preocupando ultimamente. O marido de Valentina, Jim, o banqueiro de investimentos super-rico, também um pouco mais velho do que a mulher — eu não tinha reparado? Não seria por causa de uma perna de pau ou de uma prótese que Jim mancava daquele jeito? Do joelho para baixo, disse ela, o osso da canela, a tíbula, a fíbia, como é que se diz, mesmo? Se ela perguntasse a Valentina se Jim tinha uma perna de pau e descobrisse que ele não tinha, será que ela ficaria ofendida? Valentina já era tão insegura por achar que Jim parecia prematuramente envelhecido que não o deixaria nem chegar perto de Columbia. Bem, mesmo que a tíbia dele seja feita de queijo, eu disse, não deve ser de um Camembert comum, o cara ganha uma tonelada de dinheiro. *Ay, mi amor*, disse ela com doçura, *¡qué tonto eres!* Uma noite, meses depois, saindo do cinema, ficamos deliberadamente atrás de Valentina e Jim na calçada para eu poder examinar a maneira de andar dele. Talvez ela tenha razão, pensei. Naquele verão, eles nos convidaram para ir à sua casa de campo, e fomos nadar — tudo não passava de uma rigidez causada pela artrite.

Esperando o trem para o Brooklyn, escutando, olhando para o rosto dela, tão cheia da excitação de um cãozinho novo e de sua própria e especial inocência: o que era aquela inocência? Do que Aura era inocente que eu não era? De muitas experiências passadas de fracasso e decepção. Seria possível que o amor me tornasse inocente outra vez, apagando aquele histórico? Aura era inocente do poder de seus próprios dons, e as promessas e a humildade inocentes dela às vezes a faziam parecer muito frágil para mim. Em momentos assim, ali naquela plataforma de metrô, praticamente entontecido de amor, eu percebia como ela era vulnerável — tão envolvida em seu próprio entusiasmo, não prestando atenção, tão fisicamente delicada —, sujeita a um empurrão para o trilho de um trem em movimento, dado por trás por algum maluco perverso que se encontrasse num período sem medicação. Esse medo recorrente de um desses loucos que empurram as pessoas no metrô era às vezes tão forte que eu quase sentia vontade de empurrá-la eu mesmo na plataforma, como se o maluco perverso fosse eu e precisasse fazer logo o gesto inevitável, ou como se não conseguisse suportar tanto amor e felicidade nem mais um segundo, e então, simultaneamente, num impulso silencioso de pânico, eu a puxava para um lugar seguro, longe da beira da plataforma. Com as mãos em torno da cintura ou dos ombros dela, eu a levava com delicadeza de volta para a massa de passageiros que aguardavam e colocava meu corpo entre ela e os trilhos, dando-lhe um beijo aliviado no rosto. Nunca entendi isso, o impulso terrível de empurrá-la na plataforma do metrô e ao mesmo tempo puxá-la para um lugar seguro, salvando-a de inimigos ilusórios e também de mim mesmo.

16.

A primeira vez que pus meu casaco acolchoado em novembro, rumo ao meu segundo inverno sem Aura, encontrei uma embalagem cor-de-rosa de camisinha, vazia, no bolso externo com zíper que fica em cima do peito, e por um instante não consegui me lembrar como aquilo tinha ido parar ali. Olhei para as palavras impressas nela, *Extra feucht, Zartrosa*, como se fossem um código que um dia eu tinha dominado, mas que agora esquecera. Era do último inverno, daquelas poucas semanas em Berlim. Uma noite, fui a um bar com uma garota, na verdade uma menina ainda, uma estudante mexicana de arte que estava visitando Pancho Morales, um escritor que eu conhecia do DF e que estava em Berlim com uma bolsa do DAAD, o Serviço Alemão de Intercâmbio Acadêmico. Ela estudava em Londres, mas conhecia Berlim de alto a baixo, e estávamos indo para outro bar, quando ela percebeu que tinha perdido o chapéu, uma espécie de objeto de arte icônico que ela própria fizera — outra garota mexicana às voltas com seus chapéus —, e quis voltar ao apartamento de Pancho para ver se ele estava lá, e estava, pendurado em um cabide de casacos no corredor. Havia também uma árvore de Natal nesse corredor, totalmente despojada de casca e folhagens, os galhos claros decorados com o que pareciam ser flocos de neve e gelo, mas que na verdade eram tiras de gaze próprias para curativos delicadamente amarradas e cacos de espelhos quebrados pendurados em fios brancos. Que árvore de Natal linda, eu disse a ela, porque era realmente linda, e o fato é que ela a tinha feito para dar de presente a Pancho e sua mulher. Sua arte deve ser incrível, comentei, e ela disse que, se eu quisesse, poderia ver um pouco dela em seu computador. Fomos até o quarto onde ela estava hospedada, tiramos o sapato, nos sentamos no futon no chão, ela abriu o laptop e começou a me mostrar suas obras, e daí a pouco eu estava beijando seu pescoço e, quando ela se inclinava para a frente, sua camisa subia, expondo a pele da cintura e a parte baixa de suas costas, que eu também beijei, e então ela perguntou, Você quer me chupar? — assim mesmo, com essa franqueza desconcertante; tudo isso um eco da minha primeira noite com Aura, quando ela leu sua história do aeroporto e me mostrou o desenho dos sapatos robôs. Aura e eu não transamos na primeira noite, mas a garota de Berlim e eu sim, depois de chupá-la como ela tinha pedido, com uma fome desesperada, por um longo tempo. Usamos uma camisinha que ela tinha na bolsa, e a embalagem era cor-de-rosa.

A garota tinha apenas vinte e cinco anos, a mesma idade de Aura quando nos conhecemos, mas agora, cinco anos depois, Aura teria, ainda tinha, trinta. Dormimos, depois ficamos na cama até o fim da tarde; era um desses dias de Berlim sem a luz do dia, que passa com asas silenciosas como uma coruja cor de fuligem, e o apartamento estava em silêncio. Pancho tinha saído para uma de suas famosas farras de que não voltaria antes de três dias, e não vimos nem ouvimos nenhum sinal da mulher dele. Transamos mais um pouco, fomos a um cinema no Sony Center, comemos salsichas e bebemos *gluhwein* num mercado de Natal e, em seguida, às três da manhã, eu a coloquei num táxi para o aeroporto, com suas muitas malas, e voltei ao apartamento em que estava hospedado, que pertencia ao meu amigo guatemalteco e a sua mulher alemã. Quando, mais tarde, acordei naquela manhã, era como se uma noite e meia de sexo e de doce companhia feminina não tivessem acontecido, apesar de terem acontecido, é claro, só que não fazia a menor diferença. Senti o mesmo de todas as manhãs, a mesma escuridão e tristeza, as mesmas lembranças, as mesmas imagens (Aura morta...). Sexo e intimidade com uma bela jovem não fez nenhuma diferença, eu poderia transar ou não transar com todas que quisesse, que isso não mudaria nada — mais tarde, quando encontrei a embalagem cor-de-rosa da camisinha no meu jeans, decidi guardá-la como um lembrete dessa lição, e a coloquei de volta no bolso do casaco. Durante as semanas seguintes, enquanto estive em Berlim e depois, quando voltei ao Brooklyn, eu e ela trocamos alguns e-mails, mas depois nunca mais ouvi falar dela, embora de vez em quando eu desse uma olhada em sua página do Facebook. Ela estava fazendo *snowboard* nos Alpes. Decidira parar de beber e de usar drogas. Estava fazendo esculturas com espelhos despedaçados.

Valentina foi me visitar com Jim no meu apartamento e pedi que ela me ajudasse a organizar meu protetor de tela, para que ele alternasse fotos diferentes de Aura — sem Aura, eu precisava da ajuda de alguém até para os enigmas mais simples da informática —, e ela viu que eu tinha pelo menos umas quinhentas fotografias de Aura no computador.

Por que você tem tantas fotos de Aura?, ela perguntou.

Porque eu a amava, respondi, e não conseguia parar de tirar fotos dela.

Valentina virou-se para Jim e perguntou, Por que você não tem fotos minhas no seu computador, como Frank tem de Aura?

Jim, com cavalheiresca impassibilidade, replicou, Quer dizer que fotografias em um computador são um sinal de amor, mas a casa de Gramercy Park em que moramos não é?

Algumas noites, eu ia encontrar Valentina e algumas outras amigas de Aura de Nova York, como Wendy ou Juliana, esta uma chilena que também estudava em Columbia, num bar perto do meu apartamento ou em outro bairro, às vezes até em Manhattan. Elas também sentiam falta de Aura e buscavam uma ligação com ela através das nossas conversas e de mim, da mesma forma como eu buscava Aura nelas, sempre as incentivando, importunando, suplicando que descrevessem cada detalhe de que pudessem se lembrar e até os momentos mais comuns que tinham passado com ela. Havia complicações e perigos em nos aproximarmos tanto como fizemos naqueles meses do primeiro inverno e primavera depois da morte de Aura, pouco antes da minha viagem a Berlim e, principalmente, depois da minha volta.

Valentina era uma *norteña* de pernas longas e esguias, com a postura ereta de quem foi amazona a vida inteira e a informalidade e a arrogância atrevidas da filha mimada de fazendeiro. Só que seus pais eram professores de música, donos de uma lojinha de instrumentos musicais em um shopping de Monterrey, e Valentina havia passado muito mais tempo em bate-cabeças de rock pesado do que perto de um curral. Antes de Jim, ela saía sistemática e repetidamente com músicos de rock autodestrutivos e drogados, entre outros. Depois, passou a se vestir como uma garota *emo* rica, com penteados fantásticos que sempre lhe davam um ar de quem acabou de chegar do cabeleireiro mais badalado de Tóquio. Possuía aquela mesma volubilidade pueril de Aura, e as duas provocavam acessos de riso bobo uma na outra. *Raua*, era como Valentina chamava Aura e *Navilenta*, era como Aura chamava Valentina; elas gostavam de conversar e trocar e-mails numa linguagem quase inventada. Gostavam uma da outra mas sua amizade tinha asperezas, e Aura precavia-se contra a língua às vezes espantosamente insensível de Valentina. Aura sentiu-se intimidada por Valentina no início, mas, à medida que os anos se passaram, percebeu que não tinha motivo para isso. Valentina era inteligente e divertida para conversar mas, como muitos nova-iorquinos do mundo arte-hipster-dinheiro — o marido dela era um desses sujeitos do mundo das altas finanças que frequentam galerias de arte de Chelsea e Williamsburg, clubes de rock e de música experimental, vestido como um roqueiro punk mais velho, embora um desses que só bebem vinho muito caro — o Velho Sex Pistol, como eu gostava de chamá-lo —, boa parte dessa conversa era modismo intelectual, o que não quer dizer que fosse vazia ou algumas vezes perspicaz, mas quase sempre seguia, mesmo que frouxamente, um roteiro reconhecível. Valentina não era feliz no casamento. Tinha passado por uma longa crise, que estava sempre tentando *elaborar*. Queria muito ter um bebê, mas Jim, com dois filhos adultos de seu primeiro casamento, era contra. Não era fácil para uma mexicana de classe média, então com seus trinta e muitos anos e ainda se esforçando para terminar uma tese de doutorado, sequer cogitar em deixar uma casa de doze milhões de dólares em Gramercy Park com todas as mordomias — massagista particular, pilates em casa e professores de ioga. Vi-me atraído por Valentina, querendo procurá-la, até mesmo desejando sua atenção. Ficava o mais perto dela quanto podia, olhando para seu rosto, tentando provocar algumas das brincadeiras tolas que ela costumava compartilhar com Aura e, sempre que conseguia, ficava surpreso com a intensidade da saudade que aquilo me despertava, como uma euforia de glicose, que, quando terminava ou se consumia, me deixava num estado de vaga letargia.

Mas Valentina às vezes também era tão insensível ao falar que eu me perguntava se ela não sofreria de algum tipo de autismo. Por que você não pode simplesmente voltar a ser do jeito que era antes de conhecer Aura?, ela me perguntou numa daquelas noites em que nos encontramos num bar de vinhos. Sua falta de tato parecia sugerir outras formas de condescendência, e dei por mim fantasiando e me perguntando mais e mais sobre a possibilidade ou a impossibilidade de transar com ela. Valentina me excitava de uma forma confusa. Era como se eu preferisse ser mal interpretado ou ignorado a ser alvo de simpatia. Descobri que quase nunca me agradava ver as pessoas tentando se mostrar sensíveis comigo.

Também me incomodava Valentina pensar que sabia certas coisas sobre mim e Aura que talvez não fossem muito lisonjeiras — não sei que coisas eram essas, mas tinha alguns motivos para acreditar que não eram necessariamente verdade. Eu queria e ao mesmo tempo não queria saber o que ela achava que sabia.

Certa noite, Aura chegou em casa, depois de estar com Valentina, e parou à minha frente com ar de penitência — mas também representando, cômica e teatral em sua aflição —, encostou a testa no meu peito, sacudiu a cabeça para a frente e para trás, cheia de remorso, e desabafou, Eu disse para a Valentina umas coisas ruins sobre nosso casamento que não são verdade, eu só disse porque ela está tão infeliz com Jim que eu queria que se sentisse melhor. Nunca mais faço isso, juro! Frank, eu sou uma pessoa horrível?

Achei que podia ser isso o que estava por trás da atitude

zombeteira que Valentina às vezes adotava comigo. Ela gostava de me lembrar que conhecia facetas de Aura que eu desconhecia, mas também que, fosse como fosse, ninguém tinha o direito de afirmar com autoridade que conhecia tudo de outra pessoa — esse era um dos temas favoritos de Valentina —, e que havia algo até de fascista nessa presunção. Quando as amigas de Aura e eu embarcávamos em conversas sobre esse assunto, formavam-se alianças efêmeras: Wendy fulminando Valentina com um olhar frio enquanto ela tecia suas considerações, depois me paparicando com mimos de viúvo dos mais antiquados, olhar de luz de abajur e *douceur*, acariciando minha mão enquanto eu me enfurecia discretamente/exageradamente, piscava e dizia, É claro que eu conhecia Aura, você não pode me dizer que eu não conhecia Aura (*la douceur* — a revolucionária técnica do século XIX de tratar os loucos com "doçura", que descobri em minha pesquisa sobre *l'histoire de la psychanalyse* para o romance de Aura).

Quando contei a Valentina o que Aura havia dito sobre inventar coisas a nosso respeito só para fazê-la se sentir melhor em uma das conversas delas sobre os problemas do casamento, Valentina foi embora do bar, indignada e humilhada. Tinha sido crueldade minha dizer aquilo a ela. Juliana estava conosco nessa noite e imaginei que fosse correr atrás de Valentina, mas não, ela continuou diante do balcão do bar. Esvaziou sua taça de vinho com alguns goles e pediu outra. Uma melancolia silenciosa e nervosa desceu sobre nós. Nunca tínhamos ficado sozinhos antes. Eu estava bebendo uísque. Ah, Francisco, Valentina sente tanta falta de Aura, desabafou Juliana com um gemido suave. Sei que ninguém sente tanta falta dela quanto você, ela acrescentou, isso não é uma competição, Francisco, todos nós sentimos falta de Aura, mas Valentina sente realmente *muita, muita* falta dela. Eu não era a melhor amiga de Valentina; Aura, sim, e às vezes sinto que ela quer que eu seja igual a Aura, e eu simplesmente não posso. Juliana tinha olhos castanhos de raposa com cílios longos, curvados, e cabelo avermelhado-escuro que lhe caía em torno do rosto fino e bonito, do pescoço e dos ombros de um jeito encaracolado parecido com uma parreira e que eu achava incrivelmente atraente. No táxi, na volta, atravessando a ponte do Brooklyn, lembrei como Aura gostava de olhar a ponte e da vista pela janela do carro, muitas vezes deixando escapar exclamações. Lembrei-me de uma noite em particular, quando ela girou o corpo num táxi para olhar pela janela, a perna dobrada atrás dela no banco, o vestido subindo um pouco e revelando o lado inferior e macio de sua coxa de dançarina, o calcanhar nu saindo do sapato, as luzes da ponte e do horizonte iluminando-a como relâmpagos, e como tudo isso quase me deixou louco de um alegre tesão. No instante seguinte, eu estava beijando Juliana no banco de trás do táxi. Voltamos para a casa dela em Park Slope e transamos até tarde da noite, e novamente de manhã, como se isso fosse significar alguma coisa. Os anéis de casamento na corrente de prata em volta do meu pescoço tilintavam e batiam no rosto dela; eu a vi se encolher debaixo deles. Ela não tinha o cheiro de Aura, nem sua pele, nem seus lábios, nem sua saliva; a menina de Berlim também não tinha, mas com ela não havia sido uma ducha fria. Antes de sair da cama de manhã, eu já sabia que nunca faria aquilo de novo. *Por que isso aconteceu?*, Juliana perguntou pouco antes de eu ir embora, e respondi, sem muita convicção, Porque eu estava me sentindo solitário e nós dois estamos com saudades de Aura.

Mais tarde, nesse mesmo dia, esperei por Valentina no pequeno parque de West Village, na calçada em frente ao lugar onde eu sabia que ela ia ter aulas de harpa, duas vezes por semana, das três e meia às cinco da tarde. Assim que ela saiu, de óculos escuros, com seu casaco laranja à altura da metade da coxa e capuz forrado de pele, *legging* preta e bota de cano curto, eu a chamei. Ela atravessou a rua e não pareceu muito surpresa. Pedi desculpas pelo que tinha dito no bar. Segurei seus dedos longos e bem-cuidados que estavam aprendendo a tocar harpa e os beijei, um por um, depois beijei seus lábios. Começamos a dizer coisas, como se nós dois tivéssemos guardado aquilo tudo até então e esperado apenas por aquele momento. Foi uma doidice. Decidimos que iríamos fugir para o México para viver juntos, mas não de imediato, dali a poucos meses, quando se passasse um ano da morte de Aura, e não parecesse tão feio. Sim, quando não parecesse tão feio. Nós nos separamos nos beijando loucamente, com breves exclamações entre um fôlego e outro, isso está realmente acontecendo? Ela seguiu na direção oeste, como uma espiã depois de um encontro. Havia uma parada do trem A a alguns quarteirões dali, e voltei para o Brooklyn o tempo todo imaginando-a deitada em sua cama de milhões de dólares, as coxas bem torneadas abertas, masturbando-se devagar com aqueles dedos flexíveis de harpista, de unhas pintadas, enquanto eu a observava. No dia seguinte, escrevi-lhe um e-mail dizendo que, com exceção do meu pedido de desculpas, o resto do que eu dissera não era verdade. Mais tarde, tivemos uma discussão sobre de quem tinha sido a ideia de fugir para o México e sobre quem tinha sido o primeiro a dizer as palavras "depois de um ano, quando não parecer mais tão feio". Por que tudo isso foi acontecer?

Estávamos todos tentando encontrar Aura uns nos outros, acredito, embora não acho que fôssemos capazes de admitir isso. Estávamos sozinhos, ainda em choque, assustados. Era profundamente assustador para cada uma dessas jovens ter perdido uma amiga querida de maneira tão repentina e horrorosa. Todo mundo estava fora do eixo. Claro que elas se inclinavam para o abraço de alguém que compreendia isso, que também estava assustado. Talvez eu estivesse tentando encontrar meu ex e ainda recente ego de marido usando mulheres e seus corpos para tentar me comunicar, como se através de um médium, com o amante que estava acostumado a dar e receber amor todos os dias.

Quinze meses depois da morte de Aura, nenhum de nós sequer nos falávamos mais. Valentina finalmente esperava um filho do Velho Sex Pistol, e seu casamento estava salvo. O segundo ano da morte seria ainda mais solitário do que o primeiro.

Uma tarde, logo depois que voltei do México naquele segundo verão, no supermercado depois da esquina do nosso apartamento, a equatoriana gordinha de óculos que ficava na caixa registradora disse, Ah, o *señor* está tão bronzeado... foi para a praia?

Respondi, Não.

E como vai a sua esposa, *señor*?

Ah, vai bem, eu disse. *Tú sabes*, de volta às aulas, estudando, muito ocupada.

Ela, porém, examinava meu rosto como um médico preocupado faria vendo-o mentir sobre os seus sintomas, e então disse, Mas não a vejo há muito tempo.

Você não a vê há mais de quinze meses, pensei. Seria minha imaginação achar que ela olhava para mim como se soubesse que eu estava mentindo? Havia outro supermercado na Smith Street, em frente ao Café le Roy, a cerca de dez minutos a pé. Vou começar a ir lá, decidi.

Funcionários mexicanos de restaurantes de Nova York mostravam-se especialmente atraídos por Aura, muitas vezes paravam o que estavam fazendo para conversar com ela. Aura se parecia com a clássica garota mexicana que-mora-ao-lado, com sol em seus olhos negros amistosos, cabelo preso em duas marias-chiquinhas em cima dos ombros — embora só de vez em quando usasse o cabelo assim, e ficasse tão linda sempre que o fazia. Ela era como a namorada mexicana num equivalente contemporâneo de um filme mexicano da Segunda Guerra Mundial, visitando os soldados no estrangeiro. Com frequência, até nos restaurantes mais elegantes, não apenas os ajudantes de garçons mas até o pessoal da cozinha, com seus aventais brancos respingados, vinham ficar em volta da nossa mesa só para conversar com ela. Ela perguntava de que lugar do México eles eram e eles lhe contavam suas historinhas e também lhe faziam perguntas. Havia algo de tão genuíno nesses contatos que nunca vi nenhum gerente de restaurante se aborrecer com os funcionários por causa disso ou apressá-los para voltar ao trabalho. Às vezes eles também pediam o telefone dela, que ela não dava, é claro. Certa vez, logo no início, num excesso de entusiasmo idiota, deu nosso número para um desses sujeitos, e ele telefonou dias seguidos durante semanas. Quase sempre era eu quem atendia. Tinha um sotaque de camponês, sempre queria falar "con la paisana", eu dizia que ela não estava em casa e, por fim, disse que ela tinha voltado para o México.

O Café le Roy, nosso ponto habitual do brunch de fim de semana, era o único lugar da Smith Street onde havia garçons mexicanos, e não apenas ajudantes e o pessoal da cozinha. Havia uma garçonete extremamente bonita que parecia uma jovem Nefertiti, com olhos como pedras escuras alongadas e um vão acetinado entre suas clavículas delicadas do qual era difícil tirar meus olhos. Ela era de Puebla, como a maioria de seus colegas de trabalho, e estava estudando para o seu grau de licenciatura em uma das faculdades comunitárias da cidade. Quando essa garçonete, cujo nome era Ana Eva, confidenciou a Aura que estava arriscada a não passar no curso de literatura e que, se isso acontecesse, ela seria expulsa do país, Aura foi encontrá-la no bairro, dois fins de semana, para ajudá-la. Ana Eva tinha de escrever um trabalho final sobre um movimento poético do século XX, à sua escolha, e Aura decidiu que ela deveria escrever sobre os poetas mexicanos conhecidos como Los Contemporáneos. Ajudou-a na pesquisa, corrigiu seu primeiro rascunho e, no fim, Ana Eva tirou um A-menos. Desde a morte de Aura que eu não ia ao Café le Roy. Tinha vontade de saber se Ana Eva ainda trabalhava lá.

Então numa tarde, quando eu estava na Biblioteca Pública de Nova York lendo um pouco (o ensaio de Freud "Luto e Melancolia" — a "função (do luto) é desvincular do morto as lembranças e esperanças do sobrevivente". A pessoa tem de aceitar isso e trabalhar a questão. Freud acreditava que o processo deve demorar entre um e dois anos. Mas eu não queria me desvincular nem aceitar, não queria, por que tenho de querer me "curar"?), senti um toque suave no ombro, virei a cabeça e era ela, a garçonete do Café le Roy, dizendo *Hola*, Francisco... No momento não lembrei o nome dela, e meu sorriso confuso me denunciou; ela disse *Soy Ana Eva, la mesera del le Roy...* Seus olhos egípcios, as faces cinzeladas, os lábios perfeitamente arqueados, batom vermelho-escuro. Eu nunca a tinha visto senão em seu empertigado uniforme de garçonete, com blusa de gola branca e calça preta. Agora ela usava um suéter cinzento solto que poderia ser de um rapaz e uma saia de algodão azul, a bainha bem abaixo dos joelhos, tênis Converse vermelho de cano alto com meia soquete preta aparecendo, e pernas longas e finas, lisas, morenas. Uma estudante universitária. O alto de sua cabeça de cabelo negro batia no meu queixo, ela era dois centímetros mais baixa que Aura. Procurei alguma coisa para dizer.

Você ainda está na faculdade?

Estava querendo falar com você, Francisco, para dizer o quanto lamento e estou triste por você e Aura, disse ela. Mas não sabia como encontrar você.

Saímos para o Bryant Park. Comprei café no quiosque da esquina e nos sentamos a uma das mesas verdes de metal. Era início de novembro, não fazia muito frio. Ela usava uma jaqueta jeans e um cachecol preto aveludado. O dia estava nublado, a grama ainda verde, as folhas manchadas de castanho e verde--pálido: pensei em Paris e nas rainhas francesas fugitivas. Ana Eva contou que soubera de Aura ao ler uma nota, na seção semanal latina do *Daily News*, sobre uma cerimônia em homenagem a Aura, com leitura organizada por seus colegas de Columbia. Ela agora cursava o último ano de uma faculdade na cidade, a Baruch, e trabalhava num restaurante perto da faculdade, mas ainda morava no Brooklyn, em Kensington. Sua beleza e meiguice aumentaram minha vivacidade, uma sensação que eu não experimentava havia muito tempo, como se tivesse acordado de um estado inferior de vigília que talvez fosse uma espécie de sono. Lembrei-me de alguns pensamentos que me ocorriam quando Ana Eva se inclinava para encher minha xícara de café e de Aura, de vez em quando, me repreendendo depois que ela se afastava, Ah, você gostou dela? Aura às vezes se deleitava sentindo ciúmes. Nunca havia justificativa real para isso, mas ela se encarregava de injetar ciúmes em si mesma. Costumava me provocar dizendo que eu teria ficado feliz em me apaixonar por qualquer *mexicanita* que aparecesse, e que eu tinha tido uma sorte incrível por ter sido ela a *mexicanita* que apareceu. Eu ria, mas agora, ao dar por mim olhando talvez com demasiada intensidade para o rosto jovem de Ana Eva, ouvi Aura falando, *Cualquiera mexicanita, ¿verdad?*, e devo mesmo ter rido um pouco, porque Ana Eva, sorrindo meio intrigada, perguntou *¿Qué pasó?* e eu disse, Ah, nada, *perdón*, eu estava só lembrando como gostávamos de ir ao Café le Roy para o brunch. Ainda bem, disse Ana Eva, porque se vocês não gostassem talvez eu não estivesse na faculdade agora. Quando Aura me ajudou no meu trabalho, ela me salvou.

Nunca ninguém fez uma coisa tão generosa por mim, Francisco. Eu não sabia o que fazer para ela em retribuição, ou dar a ela, para mostrar o quanto estava agradecida e o quanto a admirava. Sempre achei que um dia eu ia encontrar uma forma de agradecer... Ana Eva levantou os ombros estreitos, por um momento pareceu prestes a chorar, então suspirou e deixou os ombros caírem. Pensei em como Ana Eva era jovem e comecei a preparar uma desculpa para ir embora. E Ana Eva disse, Às vezes sinto Aura dentro de mim. O espírito dela me visita, tenho certeza. Há poucos dias, escutei a voz dela dentro de mim, me pedindo para cuidar de você, Francisco. Mas eu não sabia onde encontrá-lo ou o que fazer. No restaurante, me disseram que você não ia mais lá. Aí hoje encontro você na biblioteca, como se Aura quisesse que eu o encontrasse.

No ano anterior, eu havia pensado um bocado, claro, por muitos meses, sobre onde estaria o espírito de Aura. E me perguntava, O que ela gostaria que eu estivesse fazendo agora, supondo-se que possa pensar em mim ou me observar (isso não, espero). Acreditava que ou o espírito de Aura havia se dissipado no não ser, em pura energia, depois do quadragésimo nono dia de sua morte, como acreditam os budistas, ou então que o espírito dela nunca tinha saído do México. Provavelmente está cuidando da mãe, pensei. Assim, quando Ana Eva me falou sobre o espírito de Aura visitá-la, acreditei que *ela* acreditava nisso, o que talvez, afinal, seja o cerne da questão, pois quem poderia provar o contrário? Talvez ela tenha realmente tido essa conversa com Aura em sonho. Acho que foi onde tudo começou com Ana Eva Pérez, com a minha decisão de acreditar nela ou me comportar como me comportei.

Cuidar de mim como?, perguntei.

Ela baixou os olhos. Não sei, respondeu com um sorriso levemente embaraçado.

Cozinhar para mim, talvez? Você sabe fazer bolo de carne de peru? Aura costumava fazer esse prato para mim de três maneiras diferentes. Além disso, às vezes, nas manhãs de domingo, fazia *chilaquiles con salsa verde* no café da manhã, humm, meu prato favorito, só que sempre levava tanto tempo para preparar que já era praticamente hora do jantar quando ficava pronto. Ela ficava horas na cozinha, a não ser quando comprava a *salsa verde* no supermercado.

Sei fazer *chilaquiles*, disse Ana Eva, sorrindo. Você cozinha?

Eu costumava cozinhar, respondi, quando era casado. Talvez fosse melhor primeiro você me deixar cozinhar. Então, se gostar do jeito que eu cozinho, talvez possa fazer *chilaquiles* para mim.

Isso foi meio disparatado, mas foi o que eu disse, e ela concordou. Trocamos números de telefone. Quando liguei para ela dias depois, senti uma palpitação nervosa no estômago — borboletas! — e até pânico quando ela não atendeu e tive de decidir se deixava ou não uma mensagem, e deixei, envergonhado da minha descontração fingida. Não me sentia assim desde que telefonara para Aura quando ela morava com a botânica coreana. Seria um sinal de que eu estava pronto para tentar um novo relacionamento? Já começava a pensar quando, e se, estaria pronto para outra; ou até se seria capaz de encontrar uma mulher que me amasse e que eu também conseguisse amar. A primeira vez que tive de pensar nisso foi no velório, quando, na frente das pessoas reunidas em torno de nós, a mãe de Aura me disse de repente,

Você ainda vai ter outra chance, mas eu nunca mais vou ter outra filha.

Eu não soube o que responder. Juanita tinha perdido a filha, sua única filha, e nunca mais teria outra. Será que eu deveria simplesmente confirmar tal coisa? Haveria também uma acusação naquelas palavras à qual eu deveria responder? Olhando direto para ela, eu disse, É, eu sei. Por dentro, jurei, Não, não vou confirmar. Sua perda não é maior do que a minha. Mas *seria* maior do que a minha? Haveria uma forma de medir? E se fosse maior? O que isso tem a ver com a minha dor ou comigo? Devo jurar nunca mais me apaixonar de novo e fazer um pacto com Juanita para mostrar a ela o quanto eu amava sua filha? Era o que ela queria? Não, ela não queria isso.

Nunca amei ninguém como amei Aura, nem de perto, nem pai, nem mãe, nem irmã, nem namorada anterior, nem minha primeira mulher; talvez nunca tenha amado ninguém antes de Aura. Acreditava ter amado Aura como um marido deve amar sua mulher, da maneira conjugal mais sagrada, e muito mais ainda.

Mas Juanita tinha razão.

A literatura sobre luto e perda, todos os estudos científicos sobre viúvas e viúvos que pesquisei em bibliotecas e na internet eram confusos a esse respeito. Muitas vezes, nesses estudos, as viúvas e principalmente os viúvos logo se casavam outra vez, porque é o que sabiam fazer, sabiam amar e assumir as responsabilidades de um casamento; agravar o sofrimento caindo numa existência estéril e de uma insignificância diária seria demais, e eles resistiam a isso encontrando um novo parceiro o mais rápido possível. Uma psiquiatra chegou a escrever que casar-se rapidamente depois da perda de um cônjuge amado deve ser considerado uma homenagem viva ao cônjuge e à qualidade do casamento. Mas os estudos também mostraram que a maioria desses casamentos apressados não dava certo, levando a divórcios em pouco tempo. Cônjuges enlutados que tinham tido casamentos felizes eram muito mais vulneráveis ao que os especialistas em perdas chamavam de luto patológico — "solidão emocional extrema e sintomas depressivos graves" — do que pessoas que tinham tido casamentos infelizes, e isso era especialmente verdadeiro no caso de viúvos com idade próxima à minha. Viúvas e viúvos de casamentos felizes tinham mais problemas de saúde do que sobreviventes de casamentos infelizes. Se o seu cônjuge havia sido o que eles chamavam de "figura de apego" — alguém que você considerava a fonte da sua felicidade e da sua identidade como um homem responsavelmente ativo e razoavelmente feliz no mundo —, então você estava ferrado. Os estudos descobriram que grupos fortes de apoio formados pela família (que eu não tinha) e pelos amigos (que às vezes eu tinha) não faziam diferença. Se, além de tudo, a morte da pessoa amada tivesse sido repentina, inesperada ou violenta — a morte de Aura havia sido as três coisas —, então você estava particularmente "sujeito a uma reação patológica", inclusive ao transtorno de estresse pós-traumático, como um veterano de guerra. O luto traumático, de acordo com o que li, deixa as pessoas mais propensas ao câncer, a doenças cardíacas, ao aumento do consumo de álcool (¡Sí, señor!), a distúrbios do sono, a uma alimentação não saudável e à "ideação suicida". Calculando tudo, viúvos de mulheres amadas perdiam dez anos de sua expectativa de vida; homens felizes no casamento que enviuvavam aproximadamente aos cinquenta anos morriam em média com sessenta e três, a não ser que tivessem se casado bem outra vez. E quando a mulher morta era comoventemente jovem, bonita, brilhante, amorosa, bondosa e estava prestes a concretizar suas promessas e sonhos mais ardentes (obras escritas, maternidade), e a família dela culpava o marido sobrevivente por sua morte — culpa que ele estava mais do que disposto a aceitar, embora de jeito nenhum nos termos ou da forma como essa família a expressava... não encontrei estudos com grupos de viúvos assim.

Tudo isso me dizia que, para meu próprio bem, eu deveria tentar. Sentia falta de ser um homem com responsabilidades para com outra pessoa, comprometido com uma vida. Eu me saíra bem no casamento, se não levasse em conta as dívidas no cartão de crédito — eu e milhões de outros maridos americanos respeitáveis — e o fato de não conseguir me mudar para um apartamento maior e mais caro. Na noite da eleição presidencial, com os resultados chegando e a vitória declarada, e durante a euforia que se seguiu e se espalhou por quase todo o país, deitei-me na minha cama debaixo do anjo e chorei de soluçar. Nosso filho teria crescido neste país melhor, em mutação, mais dinâmico; bem, pelo menos era, sem dúvida, o que parecia naquela noite. Que interesse eu teria nele agora? O acesso mais em conta a clínicas para idosos financiadas um dia pelo governo? Abrigos melhores para os sem-teto, caso eu chegasse a esse ponto?

Sim, autopiedade. Que diabos, por que não?

Mas eu poderia lutar contra isso. Ainda poderia ser um marido e um pai. Ana Eva tinha vinte e seis anos. Não seria jovem demais para mim? Aura e eu não havíamos empurrado nossa diferença de idade até seu limite funcional? Podíamos até ter sido um casal alfa. Aura, com seu doutorado da Ivy League e sua florescente carreira literária bilíngue, seria extremamente contratável em Nova York, no México ou em qualquer lugar. Eu tinha um trabalho decente, não era mal pago, meu salário reforçado pelos contratos para os livros, que, além de qualquer outra coisa que se possa dizer sobre eles, refletiam um compromisso dinâmico com o mundo. Agora eu teria que recomeçar. Ana Eva era uma jovem admirável, inteligente e trabalhadora. Queria ser professora primária ou do ensino médio. Tinha interesse em literatura. Se nos casássemos, ela poderia obter seu *green card*. Insistia que não se importava com a nossa diferença de idade. Alegava não haver diferença significativa entre a idade dela e a de Aura. Por causa de sua faculdade e horário de trabalho, não era fácil encontrarmos tempo para estar juntos, mas logo Ana Eva começou a passar seu tempo livre comigo. Eu a levava a restaurantes no Brooklyn, principalmente em nosso bairro, em geral lugares que serviam pizza e massas. Ela conhecia vinhos por ser garçonete e gostava de escolher os que pedíamos. Quando fomos ao restaurante de sushi na Court Street que Aura e eu costumávamos ir e ao qual eu ainda não tinha voltado, o proprietário israelense nos cumprimentou como se estivesse surpreso e encantado em nos ver de novo, e percebi que ele confundiu Ana Eva com Aura. De vez em quando, ela ia ao meu apartamento para estudar ou nos encontrávamos em cafés com wi-fi para fazer o "dever de casa" juntos. Comprei presentes para ela, mas sem fazer loucuras — não lhe comprei um novo laptop para substituir o lento e ultrapassado que ela tinha. Nós nos beijamos no primeiro encontro, fizemos amor no segundo. Cozinhei para ela no meu apartamento, usando panelas e utensílios de cozinha que estavam intocados desde que Aura os usara pela última vez, sentindo como se os estivesse despertando de seu luto estoico, forçando-os a cometerem uma traição. Calem a boca, panelas e frigideiras, isso faz parte do *seguir em frente*, como todos nós devemos fazer. Liguei para meus amigos mais próximos em Nova York e México para contar que me apaixonara e esperei por parabéns e palavras de aprovação como um cão faminto; se percebesse ao menos um traço de ceticismo na voz deles, eu me tornaria agressivo. Eu disse a Ana Eva que a amava e ela disse que me amava. Ela morava com dois jovens imigrantes também do City College, a faculdade comunitária, um do Turquestão, o outro da Eslovênia. Ela os encontrara ao responder a um anúncio de aluguel de quarto que vira num mural da escola. Os dois rapazes dividiam um quarto com camas separadas, Ana Eva ficara com o outro. Eu não gostava de ir para lá, para aquele bairro, onde não havia muito o que fazer à noite, e decididamente não gostava de ir para aquele apartamento esquisito e desmazeladamente masculino. Assim, íamos para a minha casa. Fizemos amor em nossa cama, debaixo do anjo, com o vestido de noiva pendurado no espelho, as cômodas e os armários ainda cheios das roupas de Aura, joias, cosméticos, bolsas e sapatos. Isso não incomodava Ana Eva? Ela dizia que não, que achava bonito, que se sentia ligada a Aura, que tinha certeza de que Aura estava feliz por eu e ela termos nos encontrado. Prometi que tiraria o vestido dali e decidiria o que fazer com todas as coisas de Aura depois do segundo aniversário da morte dela; Ana Eva achou ótimo. Tentei me lembrar de jogar por cima do ombro os anéis de casamento que eu trazia pendurados na minha corrente quando fizéssemos amor. Ela gostava de examinar minhas tatuagens e fazer perguntas sobre elas. À exceção de uma delas, todas tinham sido resultado de um impulso durante um surto de maluquice de três dias no final de agosto passado, feitas por uma jovem tatuadora chamada Consuelo, que trabalhava em um salão da Zona Rosa e que sempre usava um colete de couro preto folgado sobre sua pele nua cor de canela e suas tatuagens em tons azuis de mirtilo; o cheiro de suas loções para a pele e do almíscar de suas axilas eram como uma droga prazerosa quando ela se debruçava sobre mim, trabalhando, seu cabelo comprido e negro fazendo cócegas na minha pele, um contraste fascinante com a sensação da agulha de tatuagem queimando e pulsando. Ela me escutava como uma psicanalista faria, transformando minhas mais vagas sugestões em ideias para tatuagens, o ritmo monótono de sua voz de uma sonoridade quase chinesa, calmo, conciso, desenhando essas sugestões de dentro para fora em mim. Eu tinha uma tatuagem no braço, agora já desbotada, de um esqueleto de Posada montado em um cometa, que eu fizera no México, na década de 80, quando quis marcar meu "renascimento" depois do fim de um relacionamento de que quase nem me lembrava mais. Entre as novas tatuagens, havia uma no antebraço onde se lia *Natalia* 17/1/09 — Natalia era o nome que Aura queria dar ao nosso bebê se fosse menina, Bruno se fosse menino, e eu tinha decidido que seria uma menina, que seria Natalia e que sua data de nascimento seria 17 de janeiro de 2009 (na ocasião, na cama com Ana Eva, faltavam poucos meses para esse dia); em cima do meu coração, a imagem de um coração feito em pedaços e a data 25/7/2007 escrita acima dele, com *Hecho en México* abaixo; em cima das costelas, um desenho lindo e linear de Aura com seu vestido de casamento e uma *corona* de estrelas *guadalupana*, e nossa data de casamento, 20/8/05; num dos ombros, um palhaço triste com uma lágrima escura caindo do olho e as palavras *rir agora, chorar mais tarde*; e tatuado em letra cursiva bem estreita, como um colar sob a minha clavícula, estas palavras da "Elegia para sua mulher", de Henry King, bispo de Chichester:

Cada Hora um passo na tua Direção

Mas você não quer mesmo morrer, disse Ana Eva. Acho que algumas vezes eu realmente quis, Ana Eva, até encontrar você. Levei meu exemplar da "Elegia para sua mulher" para a cama e lemos o poema. Aquilo me abriu a possibilidade de conversar com Ana Eva sobre o que acontecera: a morte de Aura, meu sentimento de culpa, a acusação da mãe dela, como o amor sobrevive à perda, o desafio de levar esse amor adiante e, é claro, a linguagem do próprio poema, a expressão de eternas emoções de luto aparentemente muito conhecidas que talvez não possam ser mais bem expressas ou de modo mais verdadeiro do que o são nesse poema, apesar de ter sido escrito há mais de trezentos anos. Por isso precisamos de beleza, para iluminar até mesmo aquilo que mais nos abateu, expliquei, falando um pouco como o professor que eu era. Não para nos ajudar a transcender ou a transformar aquilo em outra coisa, mas, antes de mais nada, para nos ajudar a enxergar o fato. Ana Eva assentiu com ar solene, a aluna respeitosa, e disse em voz baixa, Isso mesmo, para nos ajudar a enxergar.

Engole essa, seu Sméagol de merda, você e sua falácia latina sobre a maravilhosa esquisitice do amor, enfia no cu o seu maldito perfil falso, seu *pendejo* idiota!

Ana Eva me olhou boquiaberta. O que provocara aquilo? Por que aquela explosão bombástica segundos depois de ela ter sido tão receptiva ao poema?

Ficou assustada. Recuou para um canto da cama. O que houve? Foi ela? Por que eu estava gritando com ela sobre um tal de Sméagol?

Ah, Ana Eva, não, não, não tem nada a ver com você. Desculpe. Foi uma coisa que um crítico literário, Sméagol, escreveu. Ele nos lançou uma maldição no metrô. Foi esse desgraçado que matou Aura, não eu.

Ah, Paquito, *cariño* — ela rastejou agilmente na cama, na minha direção. Você não matou Aura, ninguém matou. Foi um acidente. Ana Eva aninhou minha cabeça em suas mãos, enquanto eu mergulhava num remorso horrorizado. Na frente de Aura, eu não costumava me entregar a ataques de raiva assim. Com ela, mantinha sempre um padrão de comportamento mais elevado e controlado. Uma vez, bem no início do nosso romance, briguei com um taxista árabe que não queria nos levar ao Brooklyn e, apesar de afinal ter concordado em nos levar, nossa discussão no carro, uma troca acalorada de insultos, foi se intensificando até por fim explodir, e acabamos os dois fora do táxi, na chuva, na saída do Cadman Plaza, à beira de trocar socos, e nos xingando aos berros, até que o motorista mandou Aura e sua amiga Lola também saírem do carro, e, apesar de eu gritar que ficassem lá dentro, elas obedeceram ao motorista e saíram para a chuva, e Lola fugiu para um pequeno bosque esparso da saída do parque para se esconder. O táxi foi embora. Aura e eu fomos para o bosque procurar Lola, gritando o nome dela, e por fim a encontramos agachada atrás de uma árvore, como um gatinho encharcado. Lola tinha fugido para se esconder, segundo nos disse, porque nunca tinha visto ódio tão violento como o meu e o do taxista; disse que aquilo a deixara apavorada. Molhados da cabeça aos pés, esperamos outro táxi. Mais tarde, Aura me disse, Não há nada mais sem classe do que gente que briga com taxistas, garçons e funcionários de lojas. Meu padrasto costumava fazer isso e não vou aturar um namorado que também faça. Se você brigar de novo com um motorista de táxi, Francisco, eu deixo você. Estou falando sério! E eu nunca mais fiz isso. A partir de então, tornei-me um passageiro de táxi dócil e educado, protestando apenas de vez em quando, se necessário, de forma respeitosa e moderada. O amor muda o nosso comportamento, nos obriga a visar a um padrão mais elevado. Podemos mudar. Mas olhem para mim, agora, vociferando contra Sméagol, vociferando como meu pai costumava fazer.

Ana Eva me perguntou certa vez qual teria sido o nome completo de Natalia, e respondi, Ora, Natalia Goldman. Mas haveria também a possibilidade, acrescentei, de usar o sobrenome de Aura, Estrada, ou até o nome de solteira de minha mãe, Molina. Aura e eu tínhamos conversado sobre isso. A criança só seria um quarto judia. Por que então obrigá-la a carregar um sobrenome que soava o mais judaico do planeta?

Por que Natalia deveria passar a vida tendo que aturar piadinhas cretinas sobre Goldman Sachs?

Acho que você deveria se sentir orgulhoso de poder homenagear seu pai usando o nome dele, observou Ana Eva.

Ah, é?, você acha, eu disse. Bem, pois não concordo muito com essa emoção. Eu lembrava do meu pai, alguns anos antes de sua morte, parado no tapete felpudo azul-bebê no alto da escada da nossa casa no subúrbio de Massachusetts, vociferando,

O idiota do meu pai, aquele camponês russo burro, entra no país e deixa que lhe tasquem um desgraçado de um nome judeu como Goldman. Ele era padeiro, que diabo, poderia ter dito, Me chamem de Baker. Também fazia picles... Me chamem de Pickle, por que não? Ou então quero ficar com o nome que já tenho, muitíssimo obrigado. Goldman, não, muito obrigado. Mas aí o gênio vai e troca seu *primeiro* nome de Moishe para Morton!

Fiquei perplexo. Por mais de oito décadas, meu pai tinha fervido de raiva por causa de um sobrenome feio que não era o dele, que lhe tinha sido arbitrariamente imposto, e só deixou isso vir à tona depois que o coma afrouxou os parafusos de seu cérebro. Foi quando descobri que na Rússia o sobrenome de meu avô, o verdadeiro sobrenome de nossa família, era Malamudovich. Gostei muito mais do que de Goldman. Por que não pudemos mantê-lo? Concordei com meu pai, qual era o problema daquele camponês russo babaca? Malamudovich Molina — gostei ainda mais. Se eu pudesse fazer tudo de novo, me chamaria Francisco Malamudovich Molina, meu verdadeiro nome.

Nem consigo pronunciar, disse Ana Eva.

Paco M&M, então.

Ainda prefiro Goldman, disse ela. Parece nome de super-herói. O homem feito de ouro.

Ah, é? E que tal Pickleman? O homem feito de picles.

Quando levei Ana Eva ao Katz Deli para ela provar um sanduíche de pastrami, pois ela nunca tinha comido um, concordou em dividir um comigo. É como o biscoito de Proust, murmurei, dando a minha primeira mordida. Ela perguntou, Quem é Proust? O quê? Um biscoito de pastrami? E nem chegou a terminar a sua metade do sanduíche. Comecei a comparar o que Ana Eva dizia com o que Aura tinha ou teria dito. Ana Eva me perguntou em tom queixoso um dia, Nunca digo nada engraçado? Não digo mesmo, não é? Ah, eu gostaria de saber como ser engraçada.

As qualidades que eu mais apreciei em Ana Eva no início, como seu temperamento tranquilo, começaram a me irritar. Ela tinha aquela franqueza em relação a sexo que eu já havia notado em outras garotas. Seu apetite por transas diárias era bem maior que o de Aura. Aura sempre tinha um zilhão de coisas na cabeça e um zilhão de coisas para fazer. Eu e Aura podíamos dar uma namorada deliciosa no meio do dia, sem que isso levasse, obrigatoriamente, à transa. Segundo a metódica concepção que Ana Eva tinha da vida, tudo que não fosse sexo deveria esperar pacientemente atrás na fila, e filas se formavam todos os dias. Quando eu dava um amasso nela, logo ficava trêmula e excitada, e se eu punha a mão em seu seio ou no lado interno da coxa, ela se esquivava como uma colegial virgem e dizia algo como: *¿Qué haces?* de forma ofegante e juvenil, aí comprimia a boca ainda com mais força na minha, ou então fazia eu me afastar um pouco e de repente tirava a camisa ou o vestido por cima da cabeça e virava os braços para trás para desprender o sutiã, libertando seus lindos seios pequenos com mamilos duros e escuros, grandes como abelhas — aquele momento sempre me fazia prender a respiração. Tinha pernas longas e esguias de corça, braços macios e finos, e eu ficava com a sensação de estar perdendo metade do meu tempo acordado e entrelaçado naqueles braços e pernas, na vivacidade sinuosa dela, com os prolongados arrepios e contrações que os percorriam de cima a baixo. Às vezes, ela caía de joelhos assim que entrava no apartamento e abria meu zíper. Comecei a achar que o apetite e a energia sexual dela eram demais para mim, que eu não conseguiria acompanhá-la, e passei a atribuir isso à nossa diferença de idade, e não à diferença das nossas naturezas, embora provavelmente fossem ambas as coisas. Uma noite eu disse a ela que estava cansado demais para fazer sexo, que só queria dormir, e ela ficou com raiva. Não apenas soltou um suspiro de impaciência como se manteve rigidamente afastada de mim na cama. Seus olhos faiscaram como uma faca de caçador, querendo explicações. Foi a primeira vez que a vi tão exigente. Estou cansado, repeti. Não posso transar todas as noites como uma obrigação, eu disse, e talvez eu nem queira transar. Então por que eu queria que ela dormisse ali? Para quê?, perguntou, se não íamos fazer amor?

Dessa noite em diante, passei a ter pensamentos e sensações um tanto rancorosos sobre Ana Eva. Mostrava-me impaciente, e ela deve ter percebido que muitas vezes eu ficava entediado. Senti cair sobre mim outra vez a depressão que mais ou menos me acompanhara desde a morte de Aura, porém mais pesada, mais tenebrosa, com toda uma atmosfera carregada que entrava direto pela minha pele e corroía minhas terminações nervosas. Uma noite, Ana Eva e eu estávamos conversando na cozinha e percebi que alguém tinha deixado uma garrafa de veneno em cima da bancada, uma garrafa que parecia *mezcal*, mas que continha veneno, e não poderia estar marcada com mais clareza, com a palavra VENENO e crânios pretos sobre ela, e eu disse Isto não deveria estar aqui na bancada, e peguei a garrafa e guardei no armário. Ana Eva perguntou, Por que você está guardando o suco de toranja no armário? Eu ouvi o que ela disse, percebi que era uma caixa de suco de toranja assim que ela falou e que eu de fato estava guardando a caixa de suco no armário em vez de na geladeira, porém, quando olhei para Ana Eva, era como se ela estivesse longe, em algum outro cômodo por trás de uma parede de vidro fumê, e eu disse, com a sensação de empurrar inutilmente as palavras numa atmosfera muito gelatinosa, Porque é veneno, Ana Eva. Acho que foi quando começaram aquelas alucinações difusas que me acometiam durante o dia, meus olhos abertos e capazes de registrar quem e o que estava em torno de mim, os ouvidos ouvindo o que alguém dizia, mas de alguma forma, ao mesmo tempo, eu estava sonhando, imagens de sonho derramando-se pelo dia como óleo bruto vazando de um petroleiro afundado. Uma noite, fomos ao cinema ver um filme sobre namorados adolescentes fugitivos. No final, a garota morre, e por culpa do rapaz; a garota está na ambulância, seu vestido branco sujo de sangue, rosto de faces redondas e macias, a vida lentamente se esvaindo de seus olhos, e comecei a tremer todo, balbuciando e em seguida quase gritando, *Não, não! Isso não! NÃO!* Levantei e saí cambaleando pelo corredor, mordendo a lateral da mão, chorando, com Ana Eva me puxando e me amparando, embora eu continuasse a andar, arrastando-a junto, e não parei, não disse uma palavra até dar por mim sentado sozinho no bar do piso inferior do Rexo com cinco copos vazios de *mezcal* enfileirados à minha frente, olhando pela janela para a avenida Nuevo Leon sem tráfego, esverdeada pelo efeito da iluminação da rua, quatro ruas desembocando nela em ângulos diferentes, um dos cruzamentos mais perigosos da Cidade do México numa noite de folga, o *cruzamento assombrado*. Alguns anos antes, meu amigo Yunior, que tinha vindo de Nova York passear, olhara da esquina do lado oposto da rua para a esquina do Rexo e para a calçada encardida na frente dele e dissera, Alguém já morreu ali, e na hora eu soube que ele tinha razão. A adrenalina e o pânico provocados pelo final do filme acabaram se dissipando, substituídos por um vazio mitigado pelo álcool e por uma solidão que parecia eterna. Pela janela do bar, olhei para o calçamento iluminado da avenida quase deserta e pensei, Isto nunca vai acabar. Mas o bar era na Houston Street, e não no México, os copos eram de tequila e Ana Eva estava sentada em silêncio em um banquinho de bar, meio dormindo, ao meu lado.

Algumas noites depois, ela acordou na cama como se saísse de um pesadelo, segurando a cabeça com seus braços finos e morenos que pareciam clipes de papel triangulares. Sua respiração soava como gritos baixos, e então começou a dizer, Desculpe, não aguento mais, não posso mais dormir ao lado do vestido de casamento dela, sentindo Aura ao meu redor, não aguento, não aguento, *lo intenté pero ya no puedo, Ayyy, Aura, perdóname!*

Quando terminamos o relacionamento uma semana depois, eu disse a Ana Eva que a decisão nada tinha a ver com ela, que ela era maravilhosa e que eu é que simplesmente não estava pronto para ter uma namorada fixa. Mas você não acha que Aura gostaria que você fosse feliz?, ela argumentou. Fiquei impressionado de ver como ela reagiu mal: pensava que àquela altura ela estivesse ansiosa para cair fora. Quando se ajoelhou diante do altar de Aura e do vestido de noiva para se despedir, lembrei de Flor, nossa antiga faxineira. Ana Eva desatou a falar sobre nosso "pobre amorzinho morto" num tom de criança perdida e suplicou que Aura a perdoasse, que tinha tentado cuidar de mim o melhor possível como Aura lhe pedira, mas que eu não deixara. Seus ombros não paravam de se sacudir. De ponta a ponta, nosso relacionamento havia durado quase um mês.

Mais tarde, quando fui pesquisar, descobri que Malamudovich significa "filho de um estudioso", ou "sábio". E o que o meu pai aprendeu com o pai dele? E o que eu aprendi com o meu pai?

Aura e eu crescemos cercados pela infelicidade de nossos pais, pela raiva e, em graus diferentes, pela violência. Eu não repisava muito o assunto, mas foi algo que nos deu um entendimento comum. Sabíamos de onde tínhamos vindo e o que estávamos decididos a evitar na vida que levávamos juntos. Uma noite, quando eu tinha doze anos, voltei para casa depois de ter jogado futebol com meus amigos até mais tarde do que provavelmente me tinham determinado. Naquela noite, iríamos jantar na casa de tia Sophie — talvez uma dessas festas judaicas — e agora chegaríamos atrasados. Meu pai me surrou dentro de casa junto da porta da frente, ao pé da escada; era o tratamento habitual quando eu fazia alguma coisa errada, mas dessa vez ele me bateu com o joelho nas costas com tanta força que caí no chão e, quando tentei me levantar, não consegui, estava paralisado da cintura para baixo. Na emergência do hospital, deitado na mesa de exame, minhas pernas formigando e voltando lentamente à vida, o médico, com expressão severa no rosto, perguntou como aquilo havia acontecido. Foi meu pai quem respondeu. Ele disse, Frankie se machucou jogando futebol, doutor. Eu deveria ter contado tudo e o mandado para a cadeia, ou pelo menos complicado a situação dele, mas me calei. Como eu o detestava. Por anos jurei que tudo o que eu queria era não me parecer com ele. Nada então me desanimava mais ou me enchia de mais desprezo por mim mesmo do que sentir também aquela raiva que alimentava os acessos de fúria e a brutalidade dele. Eu insistia em me dizer que meu temperamento era mais parecido com o da minha mãe, éramos os de bom gênio da família, deixando passar e reprimindo muita coisa, pessoas essencialmente de boa índole, embora quase sempre passivas demais para se defender. Quase nunca — no caso da minha mãe, nunca mesmo — retrucávamos ou verbalizávamos nossa raiva.

Mas a raiva não é uma das etapas reconhecidas do luto? Onde estava a minha? Eu tinha manifestado uma porção de coisas desde a morte de Aura, menos raiva. O que seria uma manifestação condizente com essa raiva? Será que teria mesmo de ser condizente? Quando vociferei loucamente sobre Sméagol, seria isso um progresso? Depois que terminei com Ana Eva, senti uma raiva negra me acompanhando permanentemente. Andava por aí pisando duro, como se dissesse a todo mundo que era melhor tomar cuidado. Tive vontade de distribuir charutos comemorativos, Até que enfim chegou a fase da raiva! E esperei que algo acontecesse.

Numa noite, quando fui para o vestiário depois da ginástica, um sujeito de terno e sem gravata estava parado na frente do meu armário falando no seu iPhone. O cabelo castanho-alaranjado dele ainda estava úmido do banho. Sua pasta de couro lustroso estava em cima do banco, com o *Financial Times* e o *Wall Street Journal* meticulosamente dobrados emergindo do compartimento lateral. Um dos caras do setor financeiro. Havia um monte deles na minha academia e eu sempre os ouvia no vestiário reclamando e se lamentando de seus problemas. Tirei minha camiseta encharcada de suor. As regras de etiqueta do vestiário mandavam que ele se afastasse para o lado ou pelo menos tirasse sua pasta dali para que eu pudesse me sentar na frente do meu armário. Quando nos entreolhamos, fiz um sinal para o meu armário com a toalha que tinha na mão. Ele me olhou de modo inexpressivo e continuou falando ao telefone. Esperei, encarando-o. Ele se virou um pouco de lado. Parecia bastante envolvido na conversa. Finalmente, eu disse, Por favor, será que pode tirar suas coisas? E, sem mais nem menos, vi o filho da puta revirar os olhos com ar de riso e me dar as costas, ainda ao telefone. Estendi a mão, agarrei-o pelo ombro e o fiz girar... NÃÃÃO fiz nada disso, bem que gostaria de ter feito, mas não fiz. Tremi com a violência reprimida de um assassino, juro, mas ele já estava enfiando o telefone no bolso e pegando a pasta. Passou por mim sem sequer me olhar. Outros sujeitos tinham notado, e senti que olhavam para mim rindo por dentro, reparando nas minhas tatuagens — *rindo de mim* enquanto minha raiva se transformava em humilhação, como sob um banho de ácido. Fui tomar uma ducha e fiquei debaixo da água por muito tempo.

Enquanto isso, continuei pagando as mensalidades de Aura naquela academia. Não conseguia me obrigar a enviar a documentação: certidão de óbito registrada em cartório etc. E isso foi tudo — minha fase de raiva se apagou crepitando, como fogos de artifício molhados.

Logo a poupança de Aura acabaria e todos os meus cartões de crédito estourariam. E depois? Em que se transformariam meu amor e meu sentimento de perda? Dei por mim observando os sem-teto com curiosidade e interesse demais, da mesma forma como, no final da adolescência e no início da idade adulta, eu observava escritores famosos e até mesmo os que apenas tinham publicado alguma coisa — não, não exatamente da mesma forma. Lembrei que, quando eu era um calouro da faculdade, estive com Ken Kesey em um quarto de motel no norte de Nova York e me vi estendendo a mão, incrédulo e reverente, para pegar o cigarro pink de maconha que ele me passava com seus dedos enormes. Antes, naquela noite, tinham me dito que Ken Kesey, durante a leitura de suas obras, apontara para mim na plateia, perguntando à aluna de escrita criativa, uma poetisa sênior que tivera a honra de apresentá-lo, Quem é aquele querubim de cabelo encaracolado? Aposto que todas as meninas gostam de bancar a mãe dele. Foi o que Ken Kesey disse sobre mim. Querubim de cabelo encaracolado de quem todas as meninas gostam de bancar a mãe. Impressionada, a poetisa me convidou, juntamente com outros alunos, para acompanhar Ken Kesey de volta ao seu motel. Ele deve ter se perguntado por que eu não falava nada, por que me limitei a ficar sentado na beira da cama dividindo com ele o cigarro de maconha, olhando para longe, rindo quando os outros riam, desviando o olhar sempre que ele olhava para mim; ou quem sabe não se perguntou coisa nenhuma. Onde está o meu mentor de sem-teto, que vai apontar para mim na calçada ou num vagão de metrô lotado e dizer, Quem é aquele fracassado de cabelo encaracolado? Se ele não tomar jeito, vai chegar aqui embaixo rapidinho. Pensa que é o único neste mundo que perdeu a mulher?

De acordo com os livros sobre luto, escritos por psicanalistas, os sonhos do enlutado devem revelar o inevitável ainda que lento processo de seu desapego do Objeto Perdido. Em um estudo de caso que li, quando um viúvo de meia-idade, depois de um luto longo e difícil, teve um sonho sobre uma pequena mancha de excremento num pedaço de pano branco, seu psicanalista interpretou isso como um sinal de que ele tinha feito um progresso importante. Por mais que o viúvo amasse sua mulher, ele estava colocando a morte e a perda no lugar adequado. Ele estava pronto para retomar sua vida, para amar novamente. Uma noite, sonhei que Aura tinha me deixado. Eu estava sozinho em um apartamento muito desarrumado e grande que não era o nosso. Então Aura entrou pela porta. Estava triste e de coração partido porque tinha se apaixonado por um titereiro hippie espanhol e ia fugir com ele para Vermont, mas agora o espanhol não a queria mais. Por favor, volte para mim, implorei. Você sabe que nós nos amamos. Os olhos dela nem registraram minha presença. Estava deitada num divã, despenteada, abatida, parecendo meio tonta, mas sobretudo distante e preocupada. Por fim, levantou-se para ir embora. Nem sequer se despediu de mim. Desatenta, ao se dirigir à porta, passou por cima dos destroços espalhados pelo chão. Estava quase chegando à porta. Eu nunca mais iria vê-la. Corri para ela, segurei-a pelo braço e a puxei para dentro. A próxima coisa de que me lembro foi Aura e eu nos beijando como loucos e dizendo *mi amor, mi amor*, e no sonho eu sabia que lograra o destino e a reconquistara e que ah, estávamos muito felizes.

E a véspera do segundo Ano-Novo chegou. Nas profundezas da cidade perdida na selva de *Soobway*, a barriga de Aura ia ficando enorme, a criança chutando dia e noite, faltando apenas dezessete dias para o nascimento de Natalia. Na cidade perdida, eu aceitara o emprego fixo muito bem remunerado de professor numa universidade medíocre do nordeste que me havia sido oferecido na primavera anterior — cento e sessenta e cinco mil por ano. Uma carga pesada de trabalho, não haveria muito tempo para escrever, mas tudo bem, com Natalia ainda bebê e Aura terminando seu primeiro romance. Para guardar dinheiro. Em alguns anos, talvez nos mudássemos para o México.

O primeiro Ano-Novo sem Aura passei em Berlim, com Moya e sua mulher alemã, Kirsten, num restaurante vietnamita cujo interior era de um laranja-vivo parecido com plástico e onde paramos porque logo seria meia-noite. Tínhamos andado por algum tempo — antes, no apartamento deles, havíamos tomado um *prosecco* chamado Bella Aura que eu tinha achado num supermercado — sem encontrar um lugar para passarmos o Ano-Novo. Pedimos a comida e uma garrafa de champanhe. Os proprietários do restaurante e seus familiares estavam na calçada com alguns funcionários, que amarravam fogos de artifício numa escada. Nas ruas de Berlim, a chegada do Ano-Novo é comemorada como um feriado de guerra ou como uma espécie de exorcismo da guerra, com fogos de artifício, foguetes e bombinhas explodindo por toda a cidade, com grupos de jovens agachados e tampando as orelhas com os dedos ao lado de morteiros em esquinas de ruas escuras, o cheiro de explosivos impregnando o ar frio. Perto da contagem regressiva, eu disse a Moya e Kirsten, Isto não vai significar nada para mim, a única data que agora eu acho que marca a passagem dos anos é 25 de julho. No entanto, quando Moya e Kirsten se levantaram com suas taças de champanhe para ir até a porta olhar os fogos de artifício e comemorar as badaladas da meia-noite com os outros clientes e o pessoal do restaurante, eu os acompanhei. Aura e eu passamos quatro Anos-Novos juntos, apenas quatro. Quando deu meia-noite, senti um baque mesmo assim e, depois de abraçar Moya e Kirsten, afastei-me pela calçada para a escuridão, a fim de ficar sozinho. Alguns anos antes, havíamos passado o Ano-Novo em Paris, quando alugamos um apartamento no décimo quinto *arrondissement* por um mês. Gonzalo e Pia, amigos do México que haviam se mudado para Paris, nos convidaram para jantar no apartamento deles em Montmartre. Os dois tinham filhos pequenos, assim como o irmão de Gonzalo e sua mulher, que também estavam lá. Foi um desses jantares em que metade dos adultos está sempre longe da mesa cuidando das crianças, mas os em que as crianças são também a distração. Joguei Super Mario e lutei espadas com o pequeno Jero. Foi uma noite de Ano-Novo comedida mas agradável, de casais casados. Aura e eu saímos antes da uma da manhã e decidimos atravessar Pigalle a pé, com seus bares e clubes decadentes. Paramos num com vidraças embaçadas de vapor e um couvert barato, onde um grupo africano tocava música ao vivo. O lugar estava lotado de africanos e europeus, quase todo mundo dançando. A banda era ótima, com *pedal steel* e guitarras elétricas, tambores africanos falantes, um saxofone, e o guitarrista e cantor era elétrico. Dançamos lá até o amanhecer, quando a banda finalmente parou e a multidão começou a se dispersar. Na calçada, suados e alegres, apertando os olhos para as cintilações da claridade acinzentada de uma manhã de inverno em Paris, decidimos ir andando em vez de pegar o metrô. Caminhamos até o Jardim de Luxemburgo para ver as estátuas das rainhas e o castelo de Babar, depois pelas ruas ao redor da Sorbonne, e fomos olhar o antigo prédio em frente a uma pequena igreja medieval onde Aura dividira um apartamento com duas japonesas no verão de 2001, quando estudava francês. Encontramos um lugar aberto para tomarmos café da manhã, comemos omeletes perfeitas com batatas fritas e champanhe e depois pegamos o metrô para voltar a La Motte-Picquet-Grenelle. Assim havia começado 2005.

Agora vinha 2009. Eu ia encontrar Lola e seu noivo, Chen Bernie, num bar da Ludlow Street às duas da manhã. Eles tinham vindo de New Haven para ver a bola cair em Times Square. Não sei por que queriam fazer isso. Eu estava bebendo sozinho em casa, assistindo futebol universitário. Talvez por estar um pouco bêbado, pouco depois da meia-noite decidi ir a um bar do bairro para um ou dois drinques antes de tomar o metrô para Manhattan. Em homenagem ao feriado e ao encontro com Lola e Bernie, pus meu terno. O terno havia sido feito para mim por um alfaiate idoso da Cidade do México uma ou duas semanas depois da morte de Aura, um alfaiate recomendado pela namorada de um amigo que trabalhava para o governo, e que disse que esse homem fazia ternos para os chefes dela. Eu queria um terno preto de luto, de pano grosso, pesado, que me imaginei usando todos os dias por no mínimo um ano. O alfaiate idoso que foi ao nosso apartamento de Escandón — semanas antes de me forçarem a sair dele — para tomar as minhas medidas era um homem elegante com ar de avô, olhos vivos e bondosos no rosto de faces caídas manchadas pela idade, e que trazia na lapela de seu terno uma pequena esponja redonda com alfinetes espetados nela. Ele disse não acreditar que Aura gostaria de me ver por aí o tempo todo metido num terno preto de luto. Apontando para as fotografias de Aura espalhadas por todo o apartamento, o alfaiate disse, Estou vendo pelos olhos e pelo sorriso dela que sua mulher era cheia de vida, Francisco, e sei que ela não iria querer que você ficasse tão para baixo assim, mostrando uma tristeza tão carregada para o mundo. Posso recomendar uma lã cinza-carvão? É digna, mas tem certa leveza. E abriu o livro de amostras de tecido.

Quando cheguei ao bar em Ludlow Street, Lola e Bernie já estavam lá. Eu sentia frio, pois só vestira um moletom por baixo do terno, e meu boné era o mesmo de Chinatown com protetores de orelha que eu vinha usando desde o primeiro inverno. O bar estava cheio de pessoas em pé, mas Lola e Bernie tinham uma mesa, o que parecia ser uma sorte, uma boa maneira de começar o ano. Lola só estava tomando água mineral e Bruce tomava uma vodca com tônica. Lola e eu nos abraçamos com força e, quando nos separamos, ela pestanejou um pouco e disse, Tenho tanta coisa para falar com Aura, às vezes acho que é só telefonar para ela, e aí não consigo acreditar que isso não é mais possível. Eu também, disse eu. Mas depois senti dificuldade para acompanhar a conversa. Talvez na maior parte do tempo eles estivessem falando um com o outro, mas não, olhavam para mim; na verdade, Lola estava me contando uma história sobre Aura e a mãe dela. Esparramada sobre a toalha da mesa, havia uma guirlanda de algas marinhas entremeada com mingau de aveia e respingos de geleia de framboesa. Parecia um polvo achatado. Primeiro, tentei levantá-la com dois dedos, mas como não consegui apanhei um guardanapo para tentar removê-la; no entanto, quando o guardanapo tocou na toalha, não havia nada ali. Eu não sabia bem se eles tinham notado. Lola estava contando sobre o dia em que elas foram entregar ao governo mexicano a solicitação das bolsas de pós-graduação em escola estrangeira. Juanita levou Aura e Lola de carro ao prédio onde, lá dentro, outros alunos já esperavam em longas filas para entregar suas solicitações; entretanto, por estarem com a mãe de Aura, as duas não precisaram esperar; Juanita passou-as na frente. Lola lembrou os olhares rancorosos dos outros alunos e como Aura ficou envergonhada. Depois, no carro, Aura chorou como uma criança: não queria fazer a prova para a bolsa de estudos, estava cansada de estudar e trabalhar para a sua dissertação de mestrado, precisava de uma pausa do que lhe pareciam anos de pressão contínua e estudos. Assim, Aura acabou não fazendo a prova daquela vez, e por isso Lola foi para a pós-graduação um ano antes de Aura.

Os dois tinham novidades. Não só iam se casar naquele verão, na terra natal de Bernie, no Havaí, como Lola estava grávida. O bebê nasceria antes do casamento. Lola era magra como uma vareta, mas quando se levantou e esticou a suéter, deu para ver a saliência, como uma pequena abóbora redonda. Eles já sabiam que o bebê seria uma menina. Foi por isso, acima de tudo, que eles quiseram me ver. Queriam dar à filha o nome de Aura, mas só se eu concordasse. Eu concordava que chamassem sua filhinha de Aura? Oh, Lola, Bernie, é claro que concordo, e mais do que concordo: é uma notícia maravilhosa! Eu me senti realmente comovido, não pedi outra garrafa de champanhe apenas como pretexto, mesmo tendo bebido a garrafa inteira quase sozinho. Incrível como tantos amigos de Aura estavam tendo bebês na mesma época em que estávamos tendo Natalia! Lola, Valentina, a mulher de Arturo, o amigo de Aura de Austin que agora morava aqui em Nova York, e dois outros casais que conhecíamos no México, todos grávidos!

Lola e Bernie iam de táxi para a Penn Station e dali tomariam um trem para New Haven. Decidi, então, pegar o trem F para ir para casa, em vez de um táxi, portanto entrei no táxi deles e desci na West Fourth Street. Até logo! Amo vocês! Parabéns. Feliz Ano-Novo! No ano que vem, vamos comemorar com a bebê Aura! Lembro de seguir por uma rua lateral, pensando se haveria algum bar ainda aberto por ali. Ouvi um estrondo, como se uma bombinha tivesse estourado perto da minha orelha esquerda, uma porta de carro bateu, com uma força que eu jamais ouvira uma porta bater, ecoando nos dois lados da rua e fazendo todo mundo no trânsito parado saltar em seus assentos, inclusive nós no carro que Juanita estava dirigindo, Aura na frente, eu atrás, e vimos o jovem robusto que tinha acabado de bater a porta se afastar rapidamente de um carro pisando duro pela calçada, e o carro estava numa entrada para automóveis, a figura sombria de uma jovem ao volante, e o rapaz chorando — a mulher no carro deve ter partido o coração dele —, e pelo vidro abaixado do carro Juanita zombou dele em voz alta, *Ay, no llores* (*no YOHHH-res*), Ahh, não chore.

Acordei com um homem cortando meu paletó para tirá-lo de mim com o que parecia ser uma tesoura de jardinagem. Levantaram meu agasalho, aplicaram monitores em meu peito. O brilho metálico de um teto de ambulância. Eu estava em uma ambulância, seguindo você, *mi amor*... Meu boné! Será que deixei no bar? Merda! Onde está o meu boné?, perguntei, mas ninguém respondeu. Depois me vi numa maca sendo levado através de uma cascata fabulosa de luz, como açúcar caindo por um buraco no céu à noite, pela abertura escura como uma caverna dos fundos de um hospital e para uma recepção encardida. Um policial. As pessoas falavam por cima de mim, fazendo perguntas, e então devo ter desmaiado de novo. Em seguida, eu estava num elevador, a sós com um homem negro, alto, todo vestido de branco. O que está acontecendo? Eu estava sendo levado para baixo para outra tomografia. Outra tomografia computadorizada? A segunda, sim. Vou ficar bem? E o homem de branco respondeu, O senhor pode morrer, senhor. Assim mesmo, com voz grave, séria. O senhor pode morrer. Ah, pensei. O.k., *mi amor*, está vendo?

Estou mesmo seguindo você, *está bien*. O elevador se abriu e ele empurrou a maca para fora. *Resignación, señor, resignación.* Hell--Ha, *mi amor*. Então é essa a teia que a aranha vem tecendo. Está tudo bem. Está tudo perfeitamente bem. Aqui vamos nós para dentro do verdadeiro Velvet Underground, na verdade não faz tanto frio assim no Alasca. Você não tem ideia de quanto senti sua falta. Ah, a cada segundo, um passo em direção a Ti.

17.

Alugamos uma casa enorme em San Miguel de Allende para que Juanita, Rodrigo e alguns amigos pudessem estar conosco na semana do casamento. Na terça-feira à noite, tomei um ônibus para a Cidade do México porque precisava estar lá às onze horas do dia seguinte a fim de pegar minha licença de estrangeiro para me casar com uma mexicana no México. Sentei-me na frente para apreciar a paisagem. O ônibus já estava longe de San Miguel, quando tirei o envelope de papel manilha da mochila para examinar a papelada, minhas cópias dos formulários enviados, certidões de nascimento e de saúde, assim por diante. Foi quando percebi que tinha deixado meu passaporte em San Miguel, na casa. Sem o passaporte, não me dariam a licença. E eu precisava ter a licença em San Miguel na quinta-feira para obter nossa autorização para nos casarmos no Estado e providenciar um juiz de paz para realizar o casamento. Na quinta-feira à noite, os hóspedes começariam a chegar, alguns até da Europa. O casamento seria no sábado. O jantar de ensaio e o coquetel de comemoração antecipado do casamento seriam na sexta-feira. Se eu não estivesse com meu passaporte na manhã seguinte na Cidade do México, não haveria casamento. Aura estava na casa em San Miguel e telefonei para ela, que rapidamente encontrou o passaporte. Um dos organizadores do casamento estava com ela, e ela arquitetou um plano. Levantei-me e bati na porta da cabine do motorista do ônibus. A porta se abriu e falei com ele por cima de seu ombro enquanto ele dirigia. Expliquei a situação e disse que meu casamento estava em jogo. A essa altura, estávamos pelo menos a vinte minutos de distância de San Miguel. Ele disse que tudo bem, iria seguir pela pista da direita o mais devagar possível dentro do razoável, para dar ao organizador a chance de nos alcançar. Se não nos alcançasse até chegarmos à estrada mais movimentada, com suas múltiplas pistas de pedágio em Querétaro, seria tarde demais.

O assistente do organizador dirigia um utilitário preto. Do meu banco, eu não tirava os olhos do espelho retrovisor da direita, que emoldurava a estrada estreita atrás de nós e parte da paisagem árida. Não havia muito tráfego e eu enxergava os faróis de caminhões e carros atrás de nós em velocidades variadas, nos ultrapassando devagar. No espelho, a claridade diminuía aos poucos, fazendo a pista desaparecer, o céu enchia-se de torres de nuvens de um azul enegrecido e o horizonte parecia um anoitecer sobre o oceano no inverno pouco depois do pôr do sol. Olhei o relógio do meu telefone. Haviam se passado cerca de quarenta e cinco minutos. O que eu faria se o casamento fosse cancelado por causa do meu descuido? Por que Aura e eu sempre tínhamos tantos problemas com papéis e documentos oficiais, passaportes perdidos e esquecidos, o visto de estudante dos EUA que ela não percebeu que tinha expirado até estar no balcão do aeroporto em Paris? Nossas vidas teriam sido diferentes se fôssemos o tipo de pessoa que nunca perde nada, que sempre tem seus documentos em ordem? O revés é a mãe da comédia. Aqueles dias de espera na fila do escritório de passaportes de Cancún, rindo e conversando enquanto deveríamos estar na praia em Tulum, sem um momento de exasperação ou recriminação entre nós, nos revelou tanto sobre o caráter do nosso jovem amor quanto o sexo, provavelmente ainda mais. O revés é o pai dos deslocamentos: viagens inesperadas e desvios, perdas e andanças embaraçosas pelo deserto, mas também visões providenciais, como aquele ponto preto com faróis surgindo no espelho acima da crista do horizonte escuro. Tentei avaliar a velocidade de sua aproximação. Vinha rápido, como um objeto no ar.

Revés: mãe-pai da morte: a sua, depois quase a minha. As duas primeiras tomografias revelaram uma mancha de sangue em meu cérebro. Se a mancha crescesse, isso significaria que eu estava tendo uma hemorragia e então poderia morrer, senhor. Duas manchas escuras no horizonte, uma crescendo e a outra... bem, antes da próxima tomografia eles não tinham como saber.

Já havia placas indicando Querétaro e a estrada do pedágio. Meu celular tocou. Era o assistente do organizador. É o seu ônibus? Ele piscou os faróis. É! Bati na cabine do motorista, contei a ele, agradeci profusamente. O ônibus diminuiu a marcha e parou no acostamento. Ônibus espacial desacelerando no espaço sideral. As portas se abriram, pulei escada abaixo para o ar livre, inalando artemísia, esterco e óleo diesel sob as primeiras estrelas no céu arroxeado e sem gravidade terrestre. O utilitário preto freando atrás em meio a um jorro festivo de cascalho, a porta do passageiro se abrindo e Aura saindo com meu passaporte na mão; eu estava perdido e agora me reencontrava, aquela corridinha engraçada dela com as pernas rígidas, como uma bailarina deixando o palco; um abraço na rodovia, *Ay, Francisco ¿qué te pasa?* Não quer se casar comigo? Francisco, é melhor ficar longe das *cantinas* e daqueles seus amigos *cocainómanos*. Vou ficar, juro! O noivo resgatado subiu de novo no ônibus brandindo o passaporte e os passageiros irromperam em aplausos. ¡*Viva México, cabrones!*

Abri os olhos e encontrei Gus — Augusta —, minha primeira mulher, sentada numa cadeira ao meu lado na ala de emergência. Nós nos casamos quando ela tinha vinte anos e eu vinte e quatro, na época em que tentava entrar em Columbia vendendo coca para estudantes no Cannon's Pub. Fui para a América Central trabalhar como jornalista durante nosso segundo ano de casamento, e isso foi basicamente o fim de tudo. Agora ela era minha melhor amiga, uma pessoa muito mais da família do que qualquer outra pessoa da minha família de verdade. Dei o número do telefone dela quando me levaram ao hospital, mas não me lembrava disso, e telefonaram para ela às cinco da manhã. Não fazia nem três horas que ela fora dormir e ainda estava um pouco bêbada. O marido a levara de carro do Brooklyn para lá e depois voltara para casa para dormir. Ela tinha bolsas escuras sob os olhos azuis congestionados, o cabelo castanho estava todo despenteado. A ala de emergência estava lotada: a véspera de Ano-Novo era o segundo dia mais movimentado em St. Vincent's depois do Halloween. De um dos meus lados, havia um cara musculoso com sotaque do Leste Europeu que tinha atravessado a vitrine de uma loja, os pedaços grandes de vidro quebrado causando-lhe cortes profundos nas costas, braços e coxas. A namorada dele chorava com o rosto entre as mãos e ele gritava para ela parar. Do outro lado, havia um travesti alto e pálido com sombra azul-celeste borrada nos olhos e sotaque sulista que havia tentado o suicídio tomando uma dose excessiva de comprimidos. Estava melhor e não calava a boca, desatando a contar a história de sua vida tão logo percebeu que eu tinha acordado, de como havia fugido de casa com treze anos e vindo para Nova York. Era um artista drag queen, e quando disse a Gus que ela parecia uma sapatão, minha ex-mulher o mandou para o inferno. Minha cabeça estava coberta de sangue coagulado, mas o pior é que a orelha esquerda ainda sangrava. Gus gritava para as enfermeiras virem me limpar sempre que elas passavam por nós, mas nos diziam que havia casos mais urgentes. Perguntei a Gus o que tinha acontecido comigo e ela respondeu que ninguém sabia ao certo. Talvez alguém tivesse me atacado com uma barra de metal ou um martelo, ou eu tivesse sido atropelado por um carro e batido a cabeça ao cair. De qualquer forma, eu tinha sido encontrado inconsciente na rua, caído junto ao meio-fio. Minha orelha estava arrebentada, embora o ferimento mais grave fosse na parte de trás da cabeça. Além disso, havia três costelas quebradas. A polícia, Gus me contou, perguntou a ela se eu tinha algum inimigo.

Inimigo? Refleti sobre a questão. Revés: mãe-pai da morte, mas também do melodrama descarado. Você contou a eles sobre o tio e a mãe de Aura?, perguntei meio de brincadeira. Era impensável que Leopoldo tivesse contratado alguém para me seguir de um bar na Ludlow Street até o West Village. Quando acordei de novo, estava em outro lugar, tinha sido levado para um corredor. Gus ainda estava comigo. Eu lhe disse que fosse para casa, mas ela declarou que não o faria até eu estar num quarto e eles me limparem e fazerem um curativo na minha orelha. Em breve iriam me levar para baixo, para outra tomografia. Eu ia ter que ficar no hospital, apesar de já não ter seguro.

O que há de errado com a minha orelha? Vai ficar deformada?

Está com uma aparência bem ruim. Sinto muito.

Toquei na orelha, senti-a pegajosa e latejante.

Leopoldo, não. Quem mais poderia realmente tentar me prejudicar? Pensei no último livro de tema jornalístico que eu tinha escrito, sobre um assassinato: Mono de Oro, Tito e seu assassino homossexual *chafas*, ou seja, de quinta categoria, *la pareja diabólica*; não poderia haver inimigos piores do que aqueles, mas me seguir na saída de um bar no Lower East Side na véspera do Ano-Novo para me atropelar ou me dar uma pancada na cabeça?

Gus, acredita que perdi meu boné?

Naquela mesma manhã, fui transferido do corredor para um quarto. Gus foi para casa dormir, prometendo voltar à tarde, apesar de eu lhe dizer que não precisava. Eu dividia o quarto com outro paciente, atrás de uma cortina puxada. Havia uma pia pequena próximo à cama e no fundo do armário estava meu terno esfrangalhado dentro de um saco plástico. Grades de alumínio em torno da cama, monitores. Por que eu estava recebendo medicação intravenosa, o que estavam me dando? A televisão silenciosa num suporte no alto. Pulseira de identificação de plástico. Ah, as lembranças — olá, papai. Uma nesga dos tijolos e do céu de inverno de Nova York vista pela janela. Foi nesse hospital que a pandemia de aids atacou pela primeira vez em Nova York, onde grassou durante anos; quantos jovens nem tão jovens teriam morrido neste mesmo quarto, nesta mesma cama? A lembrança de ver balões de gás pretos subindo além dos telhados do West Village e saber por quê. Lembranças dos meus primeiros anos de Nova York, quando eu trabalhava em restaurantes, em geral como ajudante de garçom, de rostos e vozes de garçons, porém apenas uns poucos nomes ainda não esquecidos, Sandy, Gino, as conversas e as provocações lascivas, obscenas, às vezes hilariantes deles, às vezes constrangedoras; Danny, que costumava se esgueirar atrás de mim para o aparador para cantar na minha orelha, Tudo o que Lola quer, Lola ganha… Todos aqueles garçons mortos, quantos teriam morrido neste mesmo hospital?

Eles suturaram minha cabeça com um grampeador e parecia que a orelha ia se transformar num calombo feio depois de cicatrizada. Uma pequena equipe de médicos de jaleco veio me ver. O ponto no meu cérebro não havia crescido, disse um dos médicos. Era muita sorte não ter havido uma hemorragia. Eu tivera uma grave concussão. Queriam me manter em observação por umas duas noites. Aquela dor do lado estranhamente agradável eram minhas costelas quebradas. Quando acordei outra vez no final da tarde, Gus estava de volta. Adivinhe só, disse ela. Você foi atropelado por um carro, que não parou para prestar socorro. Uma adolescente do Bronx. A adolescente confessou para o pai porque pensou ter matado você, e o pai a fez telefonar para a polícia.

Ruminei aquela nova informação. Então disse, Agora me lembro. Um carro, isso mesmo. Entrou na praia, rodeou aquela duna enorme. Olhei para Gus com aquela sensação agora conhecida de ficar perplexo com minhas próprias palavras enquanto as pronunciava. O carro veio direto para cima de mim, contei, pela areia, correndo muito. Gus me olhava fixo, a boca entreaberta. Fechei os olhos. Onde estava Aura nessa cena? Eu não estava dizendo coisa com coisa. Aquela duna alta, com o estacionamento atrás, ficava numa praia de Cape Cod, aonde eu costumava ir quando jovem.

Bom, acho que não foi bem assim, disse Gus, porque você foi atropelado bem perto da Sexta Avenida. E nunca vi nenhuma duna por ali.

Eu não me lembrava de nada. Alguém tinha me encontrado e ligado para o 911. No quarto de hospital, mais tarde naquele mesmo dia, ou talvez no dia seguinte, Gus me contou algo que ocorrera quando ela foi à casa que aluguei em San Miguel na tarde seguinte ao casamento. Aura, de ressaca, havia se recolhido à fresca escuridão do nosso quarto e achava-se deitada de bruços na cama. Eu estava no jardim, com amigos. Naquela tarde voltaríamos de carro à Cidade do México e, no dia seguinte, Aura e eu seguiríamos de avião rumo à costa do Pacífico para a nossa lua de mel. Gus estava na sala com Juanita e algumas outras pessoas. O vestido de noiva de Aura, estendido num sofá. Juanita pegou o vestido e, com uma das mãos, levantou a saia de babados rasgada, enlameada e que havia dançado tanto, para olhar a bainha mais de perto, e sorriu consigo mesma. Foi um sorriso tão lindo, disse Gus.

Quando tive alta do hospital, a mulher do setor administrativo me disse que minhas contas seriam pagas pelo seguro da garota que tinha me atropelado. Deu-me formulários para preencher. Disse que eu também poderia receber algum dinheiro por causa daquilo, e me explicou o que fazer. Não deverá ser muito, acrescentou, mas já é alguma coisa. Parece que você estava bastante embriagado, disse. Eu teria que voltar em cerca de uma semana para fazer uma ressonância magnética e, em seguida, tirar os pontos. Caso sentisse náuseas, dor de cabeça forte, tivesse visão dupla ou dificuldade para andar, deveria ir direto para um pronto-socorro.

Gus e o marido me levaram de carro para casa. Fiquei tonto durante dias, com os joelhos fracos, sentia as entranhas como gelatina trêmula. Me achei um *velho acabado*. No hospital, deram-me coisas para tratar minha orelha: desinfetante, pomadas, algodão, gaze, esparadrapo. Um líquido claro esquisito, parecido com corrimento nasal, pingava constantemente da orelha. Fui para casa e me deitei na cama, perto do vestido de casamento de Aura, mantendo as pesadas cortinas bege fechadas. A quietude e o silêncio daquele quarto, aqueles dias compridos, a luz crepuscular. Li alguns dos livros sobre morte e perda que vinha acumulando havia mais de um ano. Pensei na sensação de paz que tomou conta de mim quando o funcionário do hospital me disse no elevador: O senhor pode morrer, senhor; aquela sensação de seguir Aura por um túnel escuro aveludado. Bem, não morri, não segui Aura. À noite, eu ligava a televisão. Levantava da cama umas duas vezes por dia e ia ao banheiro lavar a orelha e trocar o curativo de gaze que a cobria. De manhã, saía para comprar o café e jornal, caminhando bem devagar, como um velho decrépito. Contudo, depois de alguns dias, já não me sentia tão trêmulo quando andava. Trabalhei um pouco. Pedi comida pronta em casa. No banho, usava o xampu de tratamento de menta e melaleuca de Aura.

18.

Enquanto escutava o professor falando, as pernas dela im [letra ininteligível] abriam, o corpo atirado para baixo, como um navio afundando.

Em um dia quente de meados de setembro, enquanto ouvia seu professor ler com perfeito sotaque cubano-espanhol as palavras do poeta Pablo Neruda, premiado com o Nobel, sua mente vagava à vontade pelos abismos da página em branco que tinha no colo. Como chegara atrasada, tinha sido confinada, não infelizmente, a um dos cantos da sala sem ar condicionado — até que a sensação de ser alvo de um olhar incisivo a obrigou a levantar a cabeça. Seu movimento involuntário de cabeça coincidiu com o fim do poema de Neruda. O que encontrou ao levantar a cabeça deveria lhe ter servido de aviso para o que estava por vir, mas, no momento, sem saber o que as garotas mais velhas sabiam (ela achou que devia estar enganada), não era possível que os olhos verdes do professor, aumentados pelas lentes de grau dos óculos dele, estivessem fixos em seu busto. Simplesmente não podia ser. Não na frente de toda a classe, e não ao ler Neruda (ah, mas especialmente por ler Neruda). Não só os olhos do professor permaneciam fixos lá, ou assim parecia à (desenfreada) imaginação de Guadalupe, como ele ainda se atreveu a lhe fazer uma pergunta: *¿Qué piensas del poema Guadalupe?* Antes que ela pudesse responder, o professor já enveredara numa diatribe impassível contra Neruda e sua "poesia sentimentaloide". "Neruda", disse ele, "no lo vamos a leer, clase, porque no me gusta." Guadalupe achou essa censura súbita bastante estranha para um curso de pós-graduação, e a mesma pergunta que lhe vinha à cabeça sem parar desde o momento em que pôs os pés no famoso aeroporto JFK pipocou em sua cabeça como pipoca no micro-ondas (a cabeça sendo a pipoca, a sala de aula o micro-ondas): o que estou fazendo aqui? Por que vim para cá? Quem sou eu aqui? O.k., não havia apenas uma pergunta assombrando-a, e sim três, ou melhor, aquela primeira pergunta se desenrolava como um leque chinês de papel — outras perguntas, todas parte da mesma cena bucólica, enigmática, em vermelho, branco ou preto. Então ela pensou em sua mãe. "Sim, minha mãe", respondeu a um juiz imaginário num julgamento também imaginário do Sistema de Justiça Acadêmico. Também imaginou o juiz — uma espécie de tríade indistinta de Foucault, Derrida, Lyotard — rindo animadamente, pesadamente, desanimadamente... Depois dos juízes, a pessoa que digita os julgamentos (o digitador?), o público (todos de óculos, diligentemente tomando notas do que não responder, de como não ser) rindo dela. "Rindo de mim."*

* Um fragmento de texto sem revisão, manuscrito em papel amarelo com muitas palavras riscadas, rabiscos e correções, encontrado no meio dos papéis de Aura. É de seu primeiro semestre em Columbia, quando seu inglês ainda estava um tanto enferrujado.

19.

O professor que não gostava de Neruda gostava, sim, de palavras de seu próprio cunho, como "foota nota". Em sala, ele diria, Como se lê na *foota nota*... Aura me contou que se encolheu ao escutar isso e olhou para Valentina, que revirou os olhos: a primeira centelha de amizade que passou entre elas. Em departamentos de Letras Hispânicas e de Estudos e Cultura Latino--Americanos do país inteiro, acadêmicos inteligentes estavam desdenhando Neruda, ou quem quer que fosse, e deslumbrando seus alunos com chistes como *foota nota*. Pelas costas, os alunos chamavam esse professor de Mi Verguita, Meu Pequeno Pênis. Mi Verguita descobria referências a falos em todos os textos e estava sempre conduzindo as discussões de sua turma para assuntos e contextos fálicos que muitas vezes incluíam referências divertidas ou forçadas ao seu próprio "significante privilegiado", o que lhe valeu o apelido. Entretanto, Mi Verguita também havia publicado algumas obras de ficção e exibia em seu escritório um folheto de divulgação de uma leitura que fizera certa vez numa

Barnes & Noble; portanto, alguns professores do departamento o desprezavam e conspiravam contra ele.

Mi Verguita morava com mulher e filhos em Boston e viajava para Nova York toda semana para dar suas aulas. Aura teve uma aula com Mi Verguita — aquela em que ele desancou Neruda e desvendou a *foota nota* — no primeiro semestre dela na Universidade de Columbia. No início, as aulas eram realizadas em uma sala de seminários, mas depois alunos e professor passaram a se encontrar à noite no apartamento de Verguita fornecido pela universidade. Ele sempre levava um garrafão de cinco litros de vinho tinto chileno para essas aulas, e muitas vezes rum também. Depois da aula, Mi Verguita colocava música para tocar — a maior parte do Caribe espanhol — e incentivar seus alunos a dançar. Logo ele concentrou suas atenções em uma aluna tímida, bonita, que costumava se vestir de modo conservador e que viera de Bogotá, na Colômbia, para estudar em Columbia — uma jovem casada com um engenheiro civil que, surpreendentemente, deixara sua própria carreira de lado para acompanhar a mulher a Nova York a fim de que ela fizesse um doutorado da Ivy League, e que agora trabalhava no centro numa loja de consertos de computadores. Ela estava encantada com Mi Verguita; sabe-se lá o que ele cochichava em seu ouvido enquanto dançavam depois da aula, mas ele sempre a fazia levantar o queixo e olhá-lo nos olhos, sorrindo e mordendo seu lábio inferior carnudo, como um coelho guardando um segredo. Certa tarde, Aura me mandou um e-mail de Columbia com a notícia de que Mi Verguita tinha sido suspenso. Aparentemente, o marido da aluna, quando a mulher não voltou para casa depois da aula, dirigiu-se ao chefe do departamento para acusar o professor de ter seduzido sua mulher depois de enchê-la de bebida. Dias depois, Aura e seus colegas se viram no meio de uma investigação de assédio sexual do Sistema de Justiça Acadêmico.

Mi Verguita foi o último, ou talvez quase o último, professor de literatura latino-americana em período integral no departamento. Professores que ainda ensinavam sobre romances e poesia em suas aulas estavam sendo forçados a sair. Especialistas em teoria crítica e estudos culturais os substituíam. Aura tinha se matriculado a contragosto num departamento onde havia expurgos em andamento. O departamento estava finalmente, tardiamente, se modernizando, alinhando-se com outros programas de ponta em todo o país. Onde estava escrito que todos os departamentos de ensino de espanhol tinham um compromisso especial com a ficção e a poesia? Que porcentagem de nativos falantes de espanhol no mundo já tinha lido um romance ou era alfabetizada o suficiente para ler um?

No final de seu segundo ano na Universidade de Columbia, em 29 de maio de 2005, Aura escreveu em seu caderno:

Não quero ser uma acadêmica.

Quero ser eu. Não sou eu quando sou uma acadêmica. Não sou uma acadêmica nem nunca serei. La imaginación/las imágenes se avalanzan en una corriente de descarga poderosa una vez fuera del tanque que es/se ha vuelto/la Universidad. Casa Pánica. Las restricciones que no se entiende a si mismo. No confía en si mismo. Hay mejores maneras de la desconfianza que la auto referencia pedestre y estéril. Mi vida está en otra parte.

Por que NYC?
Quero ficar. [Aqui Aura desenhou oito corações flutuantes]
Clarice L'Inspector.
Uma coleção de contos. Variaciones sobre la verguenza.
[Variações sobre a vergonha ou o constrangimento; *verguenza*

pode ser traduzida das duas maneiras. Aura listou cinco contos que já tinha escrito ou planejava escrever.]

Quero matar minha TV.
Gostaria de não ter uma.
Não preciso de uma TV.

Não sei como começar o verão. Talvez eu nunca escreva uma grande literatura. Basta escrever. E escrever.

Um raio X da minha primeira infância.

NO ESCRIBIR CON ESPERANZA NI DESESPERANZA, SÓLO CON ESMERO. [Não escrever com esperança nem com desesperança, só com grande dedicação.]

Entre os papéis de Aura, encontrei uma fotocópia toda marcada por ela do respeitado ensaio de Foucault "O que é um autor?". Por curiosidade, eu o li. Não costumo ler muita teoria crítica. O que entendi é que, de acordo com Foucault, agora devemos considerar "o autor" assim: apenas um nome que seja útil para classificar textos, para eliminar alguns livros dos outros livros. Foi fácil imaginar Aura achando isso uma ideia borgiana muito engraçada. Teriam seu professor e colegas analisado esse ensaio com a mesma solenidade como fizeram com Pierre Menard? Não sei. O ensaio me pareceu uma teia deslumbrante tecida por uma aranha genial e insana. Li a parte em que Foucault cita a afirmação de são Jerônimo de que nem o nome de um autor tem credibilidade como marca individual, porque vários indivíduos poderiam ter o mesmo nome, ou alguém poderia escrever em nome de outra pessoa, e assim por diante. Foucault, então, pergunta: "Sendo assim, como podemos atribuir vários discursos a um único e mesmo autor?". A estudante cansada dá uma olhada adiante, para as próximas e inúmeras páginas de texto denso. A resposta de Foucault vai demorar um pouco. A luz da tarde vai desaparecendo. Aura levou nisso umas duas horas. Pergunta a si mesma, Não seria melhor eu estar lendo *O retrato de uma dama*? Não é esse basicamente o problema dela, talvez seu maior problema na vida *agora*? O que será que vamos ter para o jantar... salmão selvagem?

Numa aula de teoria crítica, ministrada pelo novo chefe interino do departamento, um *chicano* da Califórnia cujo nome era Charly García, o mesmo nome do astro de rock argentino, cada aluno teve que fazer uma apresentação em sala de aula sobre um teórico contemporâneo. Aura escolheu Gayatri Spivak, luminar reinante do departamento de Literatura Comparada de Columbia, de quem ela fora aluna no primeiro ano de universidade. Em sua apresentação, Aura explicou o desenvolvimento das ideias de Spivak baseando-se em seu famoso trabalho de tradução e prefácio do *De La Grammatologie* de Derrida, através de seu texto seminal "Pode o subalterno falar?" — no qual o gesto autorreferencial, disse Aura, é levado às últimas consequências — e até seu mais recente trabalho na época, *Morte de uma disciplina*.

Em seguida, Aura chegou a seu ponto principal, à razão pela qual escolhera Spivak para sua apresentação. Ela fez a seguinte pergunta à turma:

Qual é o papel da literatura nesse esquema teórico?

E ela respondeu:

Na verdade, é predominante. Spivak não abandona o estudo e a crítica de textos literários, disse Aura, passando a explicar algumas ideias de Spivak sobre a importância da literatura. Uma delas é que a literatura, os livros, permitem um tipo de ensino *peculiar* e *não verificável*. O aspecto não verificável da literatura é a essência disso, segundo Aura, porque para Spivak é o que distingue o discurso literário de todos os outros discursos humanísticos. Depois, ela passou, respeitosamente, a expor algumas críticas de Spivak. Como Spivak poderia ser o principal expoente da teoria Subalterna e ainda defender a literatura, que não pode sequer tentar representar o Outro marginal, sem voz, o Subalterno, sem cometer um ato de colonização? Spivak, afirmou Aura, não tem medo de contradições.

Charly García elogiou a apresentação de Aura, mas disse que não concordava com a postura de Spivak sobre o texto literário. Eu não entendo, disse ele, batendo enfaticamente os punhos no colo. Não entendo como Spivak ainda pode defender o texto literário.

A tese de Aura seria sobre alguns jovens escritores e artistas surgidos no México na década de 90 e logo depois, com a queda do PRI. Lembro-me de vê-la em seu computador às voltas com seu quinto ou sexto rascunho. Levantou os olhou e gemeu, Eu escrevia lindamente, e agora estou me esquecendo como se faz isso! Olhe o que eles estão me obrigando a fazer! Para Aura, "lindamente" em parte significava escrever no estilo das críticas e dos ensaios publicados no tipo de publicações que ela gostava de ler, como o *London Review of Books*. Agora ela precisava escrever uma análise política e econômica da queda do PRI usando um jargão ininteligível.

Os alunos que não seguiam os padrões de exigência do novo regime estavam sendo expulsos. Uma das primeiras a sair foi Moira, amiga nêmesis de Aura em suas primeiras semanas na Universidade de Columbia. Aura convenceu-se de que seria a próxima. Em casa, quase só falava sobre isso. Tinha insônia quase todas as noites. Por que Aura tornou as coisas tão difíceis para si mesma, escolhendo para orientadora de sua tese a brilhante teórica literária marxista uruguaia Pilar Segura, exigente como um feitor? Porque a uruguaia era a nova estrela contratada pelo departamento, a professora disputada com quem os melhores alunos queriam trabalhar, e Aura era competitiva. No outono de 2005 — nós tínhamos nos casado naquele verão —, durante uma das reuniões delas sobre a tese, a uruguaia declarou, Ah, Aura, francamente, você ainda é muito inocente. Temos que nos livrar desse amor ingênuo que você tem pelo texto literário.

O amor pela literatura não é inocente nem ingênuo, pensava minha mulher. Aliás, será o amor pela teoria marxista menos ingênuo?

Aura decidiu se inscrever no programa de escrita criativa do City College para um MFA (Master of Fine Arts). Não mostrava o que escrevia a quase ninguém além de mim, às vezes a Lola, mas, de certa forma, a atitude superior de sua orientadora de tese deu-lhe coragem para se expor ao julgamento de quem quer que fosse o encarregado de decidir quais estudantes aceitar no programa do MFA. Começamos a trabalhar na tradução de três de seus contos para apresentar na inscrição. Tinha que ser segredo: sua bolsa de estudos em Columbia exigia um compromisso de tempo integral; era proibido estudar em qualquer outra instituição simultaneamente. Conheço muitas pessoas mundo afora que desdenham escritores americanos mais jovens que se inscrevem em programas de MFA para seguir esse caminho seguro, convencional, e até mesmo burocrático, para uma carreira de escritor que em geral, na melhor das hipóteses, é na realidade uma carreira de *professor* de escrita criativa. Essa escolha de Aura foi talvez a mais corajosa de sua vida. Só pelo fato de se inscrever, colocava em risco seu doutorado. Estava morrendo de medo de ser recusada, de ser até criticada, de colocar seu sonho de uma carreira de escritora à prova de seu talento e determinação. Não contaria à sua mãe, não ainda — não precisava de mais estresse, já não bastava estar uma pilha de nervos? Para que ela relaxasse enquanto preparava o material da inscrição, levei-a para passar um fim de semana em Mohonk, um lugar que ela adorava. Mohonk Mountain House é um enorme e tortuoso castelo vitoriano no Vale do Hudson que parecia o cenário perfeito para um filme de horror gótico ou um romance de mistério de Agatha Christie. Aura me fez tirar fotos dela esparramada como uma vítima de assassinato no longo corredor cheio de portas. Depois ela me fotografou fingindo de morto no corredor. Havia um spa, ela recebeu uma massagem. Havia uma grande Jacuzzi ao ar livre, onde se ficava sentado dentro da água em movimento, o vapor ondulando do corpo para o ar frio de novembro. Havia trilhas para caminhadas. A clientela era constituída principalmente de famílias de classe média, além de alguns poucos idosos e casais mais jovens aqui e ali. Se quiséssemos, podíamos ficar sentados a tarde inteira jogando jogos de tabuleiro, tomando cidra quente ou chocolate quente, comendo biscoitos e torta de abóbora saídos do forno. Grandes poltronas e sofás de pelúcia em frente a lareiras de pedra acesas, onde se poderia assar um veado inteiro. Ficamos sentados juntos diante do fogo, computadores no colo, traduzindo o conto mais recente dela, "Un secreto a voces".

Três meses depois, em março, ela recebeu um e-mail de um escritor — um Famoso Escritor Irlandês — que dava aulas no programa do MFA. Dizia que tinha gostado de seus contos, mas que precisava falar com ela. Seria possível ela ir à faculdade para um bate-papo? Marcaram uma reunião para o final da semana.

Nos dias que se seguiram, esse bate-papo iminente dominou nossas conversas. Iriam aceitá-la ou não? Por que o FEI perderia tempo pedindo-lhe que fosse a uma reunião se não pretendesse aceitá-la no programa? Talvez, argumentei, ele só queira saber qual é a condição do seu visto. Mas Aura se angustiava, tinha certeza de que algo estava errado, talvez eles também tivessem uma regra proibindo que se estudasse em dois lugares ao mesmo tempo. Quando Aura chegou à faculdade, o FEI esperava por ela em seu escritório, assim como o ainda mais Famoso Escritor Australiano, que dirigia o programa. Os dois eram amigos e haviam, obviamente, conversado sobre Aura. Fizeram-lhe algumas perguntas pessoais, e Aura respondeu. Não havia problema ela continuar em Columbia, disseram-lhe. O problema era diferente, bem, não chegava a ser um problema, era uma preocupação. Os contos que ela apresentara tinham causado boa impressão, mas eram traduções, e as traduções pareciam não ter sido feitas por ela — no fim de cada conto ela escrevera, *Traduzido por Aura, com alguma ajuda de amigos*. No entanto, o programa era ministrado inteiramente em inglês. Eles agora viam que ela era capaz de conversar em inglês, mas poderia *escrever* em inglês? Para estar no programa, teria de fazê-lo. Deram-lhe vinte e quatro horas para redigir uma declaração autobiográfica em inglês de não menos de seiscentas palavras, explicando por que desejava se matricular no programa de escrita criativa. Ela foi para casa e fez o que lhe pediram. Dias depois, o FEI telefonou novamente, dessa vez para dizer que ela fora aceita. Uma semana se passou sem que ela recebesse mais notícias. Não deveria haver uma carta oficial? Talvez o FEI tivesse falado sem consultar o FEA, que não concordou. Ah, Aura, eu disse, se você foi aceita, basta enviar um e-mail e perguntar. Foi o que ela fez. Dias depois, o FEA respondeu: "Prezada Aura, está tudo certo. Você entrou. Foi aceita no programa do MFA. Vai receber uma carta em papel timbrado, mas esta é a Verdadeira Carta. Estamos orgulhosos e felizes de tê-la conosco". Naquela noite, nós nos encontramos no centro para comer ostras num pequeno restaurante francês que tinha um bar com balcão forrado de zinco. Dividimos uma garrafa de champanhe e em seguida fomos ao cinema com Valentina e Jim no Village. Depois Aura me fez parar um pouco na calçada, deixando Jim e Valentina caminharem à nossa frente. Ela queria que eu desse uma boa olhada na maneira como Jim andava. Seria alguma prótese na perna esquerda que o fazia mancar? Talvez. Eu não tinha certeza.

Um dos contos que Aura mandou junto com sua inscrição era sobre uma menininha que é pega roubando todos os dias as mochilas e lancheiras dos seus colegas de escola. Seus pais, convocados para uma reunião com o diretor da escola, estão perplexos com o comportamento da filha. *Olhavam para ela como se uma pessoa totalmente desconhecida estivesse diante deles.* A mãe, antes, havia prometido à menina que, caso ela se comportasse bem, poderia ir com sua meia-irmã para a casa da mãe desta em Orlando, na Flórida, nas férias de verão, e o leitor percebe que é por isso que a menina está roubando, porque ela não quer ir para Orlando. Como castigo, a mãe proíbe a filha de andar de bicicleta no estacionamento do conjunto residencial onde moram. A menina desobedece e vai passear não apenas no estacionamento, mas, pela primeira vez na vida, sai para o tráfego perigoso da avenida. Estimulada por sua admissão no programa do MFA, Aura enviou o conto "Un viaje fallido" a uma revista literária on-line da América do Sul, e o conto foi aceito. Seu primeiro conto publicado! Ela contou à mãe a boa notícia. Todavia, quando Juanita leu a história, ficou perturbada. Para começar, não lhe agradava que no conto a mãe não descobrisse por que a filha estava roubando. Na vida real, ela tinha descoberto, não tinha? Por isso Aura não fora para Orlando com Katia. Por que Aura estava expondo episódios turbulentos do passado e distorcendo o que tinha acontecido? Aura tentou explicar que era ficção e que, se a história tivesse continuado por mais tempo, certamente a mãe fictícia também teria percebido a verdade. Mas o significado da história estava no passeio de bicicleta, na breve incursão imprudente da menina rumo à aventura e à liberdade — e ao McDonald's na avenida, onde nos fins de semana sempre havia um palhaço e crianças brincando no grande escorregador de plástico, mas que, naquela tarde de um dia de semana, estava deserto e sujo.

Meses depois, quando Aura teve outro conto publicado, esse também ambientado num conjunto residencial parecido com o de Copilco, sobre uma mãe solteira e sua filha, sua mãe reagiu de modo semelhante. Seriam esses contos uma primeira tentativa de Aura de escrever um *Raio X sobre minha primeira infância*? Havia segredos perigosos e perturbadores enterrados ali. Não é verdade que muitas escritoras jovens acabam escrevendo sobre suas mães?

A história deve terminar com o personagem central embarcando, feliz, numa viagem para terras desconhecidas. O entusiasmo diminui para o leitor à luz de sua consciência da catástrofe. Mas a catástrofe terá um lado avesso resplandecente.

Estas palavras, anotações de Aura para o romance que ela queria escrever, parecem enigmaticamente proféticas. Entretanto, se são proféticas, propõem um enigma abominável, porque, como pode haver um avesso resplandecente da morte de Aura? Acho que ela se referia à pós-graduação. No romance, destinado a ser contado de trás para a frente, as terras desconhecidas para onde a Alicia ficcional embarca cheia de felicidade incluem Nova York e a sagrada universidade onde ela deverá fazer seu doutorado. Isto deveria ser a catástrofe: sua experiência acadêmica, e não qualquer coisa ou qualquer outra pessoa. Estarei certo sobre isso?

20.

Quatro noites depois do velório de Aura, sua mãe me telefonou. Foi direto ao ponto. Tinha obviamente pensado nas palavras que iria dizer, talvez até as ensaiado antes. Juanita disse:

Aura formou-se na universidade. Eu sempre trabalhei na universidade, assim como o meu irmão. A universidade é a nossa família e a universidade olha por nós da maneira como uma família faz, e o que os advogados da universidade me dizem é que é muito suspeito você não ter dado nenhuma declaração legal sobre a morte de Aura.

Enquanto eu escutava, via-me refletido nas vidraças da altura de dois andares que separavam nosso apartamento de Escandón de seu pequeno pátio: telefone sem fio ao ouvido, de pé ao lado da escada de madeira clara que levava ao quarto de dormir no loft. Apequenado pela amplidão vertical do apartamento, pela alta parede amarela, eu parecia uma figura minúscula de traços imprecisos no canto inferior esquerdo de uma pintura imensa. A porta de correr estava aberta e eu ouvia o farfalhar sussurrante dos bambus nos fundos do pátio. Eu mesmo havia plantado os bambus, seis ao todo, sem imaginar que iriam crescer como plantas de contos de fada, e agora eles já tinham a altura de quase dois andares. Menos de uma semana antes de morrer, Aura havia parado não muito longe de onde eu estava agora, me olhando descer a escada. Adoro este apartamento, declarou. O apartamento era nosso: sua mãe o tinha comprado para ela. Estava novo e vazio quando nos mudamos para lá. No decorrer de quatro anos, ela o foi mobiliando devagar e com cuidado, dentro das nossas possibilidades, como ela desejava. Um carpinteiro estava fazendo estantes que seriam entregues quando voltássemos da praia. Agora eu tinha voltado dessa praia sem Aura e falava ao telefone com a mãe dela. De que ela me acusava? O que quis dizer com os advogados da universidade acharem muito suspeito eu não ter dado uma declaração legal?

Foi Juanita quem decidiu que Aura deveria ser cremada. O que nos obrigou — a mim e a Fabiola, com Juanita —, trinta e tantas horas depois do acidente fatal de Aura no mar do Pacífico, a irmos direto do hospital na Cidade do México, onde ela havia morrido, para uma *delegación* próxima, uma mistura de delegacia policial de bairro e escritório de promotor público, para prestarmos declarações oficiais sobre a morte de Aura, com o objetivo de comprovar que não estávamos querendo esconder nada ao solicitarmos autorização para cremá-la. Teria de haver também uma autópsia. Eles nos separaram, Fabiola foi levada para uma sala, ou para um cubículo, Juanita para outra e eu para uma terceira — ou Juanita estava comigo? —, minhas lembranças são confusas, mas me lembro do alvoroço desagradável da *delegación*: prisioneiros algemados com roupas comuns da cidade sentados num banco encostado à parede, policiais e advogados criminais indo e vindo, as paredes, os móveis, os tons sujos de amarelo e marrom. Eu estava sem dormir desde a nossa última noite na praia. Era de tarde ou início da noite, ou talvez já fosse noite.

Sentei-me numa cadeira diante de uma mesa de aço, em frente a uma funcionária, uma quarentona obesa com expressão indolente diante de um velho computador de mesa — tela preta, letras verde-néon — que me disse para lhe contar o que tinha acontecido. Então eu lhe contei e ela digitou, sem demonstrar nenhuma emoção, com dedos vigorosos e rápidos pelo teclado. Era a primeira vez que eu contava a história completa do acidente e da morte de Aura, e provavelmente contei com mais detalhes do que era preciso, mas ela digitou sem parar cada palavra à medida que eu falava, pelo menos foi essa a minha impressão. Eu ainda estava de calção de banho, sandália e camiseta. Antes, quando estávamos esperando na *delegación*, eu tremera de frio, mas não mais naquele instante. Quando terminei meu depoimento, ela pediu um documento de identidade. Eu não tinha nenhum. Deixara meu passaporte na casa de praia que havíamos alugado em Mazunte. Na minha carteira só havia um cartão de crédito. Como eu estava sem documento de identidade, a mulher da escrivaninha disse que meu depoimento não podia ser aceito. Digitara aquilo tudo para nada.

Mas Juanita, eu disse ao telefone, eu dei um depoimento. Você estava lá. Na *delegación*. Não foi aceito porque eu não tinha um documento de identidade. Meu passaporte tinha ficado na casa em Mazunte.

Destacando cada palavra — eu conhecia aquela voz, a mais sarcástica e desdenhosa de Juanita —, ela disse, Ahhh, que históória boniiita. Que história boniiita. Você não estava com o seu *passapoorte*. Você o deixou na *praaaia*. Pode contar sua história bonita para os advogados e para o juiz.

Juanita, eu disse. De que você está me acusando?

Meu conselho, disse ela, é que você considere a possibilidade de fugir do país para seu próprio bem.

Não vou fugir do país, repliquei. Não tenho nenhum motivo para fugir do país.

Os advogados da universidade queriam deter e prender você de imediato, ela disse, com voz mais acelerada. Mas eu impedi. Estou protegendo você nisso. Não quero vê-lo nem falar com você enquanto estiver sob investigação. Meu irmão está agindo como meu advogado. De agora em diante, tudo o que tiver a me dizer, você deve dizer a ele.

Essa foi a última conversa que tive com a mãe de Aura. Assim que desliguei o telefone, liguei para Leopoldo e perguntei o que estava acontecendo. Por que Juanita tinha falado comigo daquele jeito? Aquela breve conversa com Leopoldo, a última que tive com ele também, terminou com ele me mandando colocar por escrito tudo o que eu tivesse a dizer; depois desligou na minha cara. Mais tarde, naquela noite, ou talvez tenha sido na noite seguinte, Juanita telefonou para Fabiola e disse que ela deveria se manter longe de mim, que não falasse comigo ou fosse vista comigo enquanto eu estivesse sob investigação, para que ela própria não fosse também envolvida na investigação. Fabis saiu de seu apartamento, foi até o nosso e bateu na porta. Dei com ela quase em estado de choque, como a sobrevivente de um trágico acidente; tremia, se esforçava para não chorar, mal conseguia me dizer o que acabara de acontecer. Telefonou para sua mãe. Odette ficou indignada. Naquela noite, levou Fabis e eu para jantarmos num restaurante lotado, para que todos vissem que não estávamos escondendo nada.

21.

A sensação de meu cérebro vazando, esguichando imagens de sonho no dia. A fadiga igual a uma mão dentro de uma luva macia de couro comprimindo de leve meu cérebro, a pressão perceptível de seus dedos se mexendo. Acordar por volta de três ou quatro da manhã e, em vez de apenas olhar desesperado para a escuridão, mergulhar em um fragmento de sonho ou pesadelo depois do outro; acordar de cada um deles com um sobressalto no mesmo instante em que me dava conta, aliviado, de que estava dormindo. Por fim desistir, largar o travesseiro apertado em cima da cabeça, sair da cama trêmulo e esgotado, mentalmente ruminando e tropeçando nos restos de imagens e cenas que fluíam de modo convulsivo por mim.

Aura estava azul como um picolé, ou como um de seus velhos produtos líquidos de limpeza doméstica congelados, mas não fria; estava encolhida ao meu lado, as pernas dobradas sob o corpo, inclinando-se devagar para me beijar, e então acordei com um pulo. Depois eu estava no subsolo de uma loja de departamentos, num setor encardido de liquidações, onde, numa caixa de madeira compensada, encontrei os vestidos de Aura à venda, dobrados em retângulos do tamanho de tijolos, cada um com uma cinta rígida de papelão em volta; apanhei um deles, reconhecendo-o, fiz o mesmo com mais alguns, depois acordei de novo, olhos fixos no escuro. Sonhei que tinha ido a um encontro com ela no parque Chapultepec e que queria telefonar para convidá-la para sairmos outra vez, porém não lembrava seu nome. Quem era aquela jovem simpática e luminosa?, perguntei. Mas me lembrava do rosto dela e, principalmente, das sardas lindas de seu nariz. Acordei com um sorriso largo. Como se eu me esquecer de seu nome tivesse sido apenas uma de suas brincadeiras supernaturais.

A sanca de bolo de casamento no alto das paredes, o anjo, o vestido de noiva e o altar; o coração mexicano reluzente feito de folha de flandres martelada que pende da parede; a mesa de trabalho dela, seus livros, seu computador, seu pote de lápis abarrotado, o coração de chocolate do Dia dos Namorados, olhos da Órfã Annie nos gatos de lã de Chiapas; abajures de cabeceira descombinados das lojas de antiguidades das redondezas, um com uma cúpula vermelha e um galo pintado na base de cerâmica; o RoboSapian dela em cima da escrivaninha de madeira escura; suas roupas nas cômodas, sua maquiagem, porta-perfumes e vidros de perfume; as cortinas compridas e fechadas através das quais quase nenhuma luz passava; o vaporizador gorgolejando e sibilando e os minúsculos elefantes barrindo em êxtase dentro dos tubos do radiador, mantendo o quarto aconchegante, junto com seu murmurante aquecedor de ambiente, durante aquelas semanas sombrias de inverno depois do acidente, quando passei quase o tempo todo estendido na cama em cima da nossa colcha multicolorida. Os livros dela, suas coisas, sua música, seus cheiros duradouros ainda que fracos ou então os cheiros aquecidos de todas as coisas dela. Acordar com os pneus de um carro rangendo na neve antes do amanhecer, o barulho da máquina de limpar neve passando, como o de uma pista de pouso e decolagem: um rasgão e um baque surdo.

Numa noite, na Degraw Street, eu a observei tentando atrair um gato abandonado ou perdido que estava embaixo de um carro estacionado, toda curvada dentro de seu casaco acolchoado de inverno, chamando com sons e estalidos de língua, balançando sua luva de lã na frente dos olhos do animal encolhido; levou pelo menos uns dez minutos até o gato sair e ela pegá-lo no colo; era um gatinho preto e branco, já à vontade em seus braços, as patas penduradas por cima do braço dela, Ouça este ronronar! O gato me dirigiu um olhar hostil quando me aproximei. Ela disse, Francisco, vamos levar este gato para casa e eu repliquei Não, Aura, não podemos ter animais de estimação, você sabe disso, e acrescentei, Provavelmente é um gato de rua, sabe-se lá que doenças pode ter, *Não, Ow-rra*, não podemos levar.

Me desculpe não termos nos mudado para um apartamento novo, desculpe nunca termos tido um cachorro ou um gato, desculpe não termos alugado o apartamento do andar de baixo quando ele ficou vago, porque teríamos ficado em Nova York naquele verão cuidando do jardim em vez de ir para o México — escrevi e-mails para Aura sobre tudo isso. Me desculpe por sua mãe, escrevi. Desculpe não saber o que fazer com relação à sua mãe. Me desculpe muito eu não ter sido capaz de ajudar sua mãe. O que, Deus do céu, eu poderia fazer para ajudar sua mãe? Me jogar da ponte do Brooklyn? Quando voltei ao México, quase um ano depois da sua morte, as pessoas me disseram que todos na universidade acham que sou culpado por sua morte. Que, na universidade, sempre que alguém menciona seu nome ou o meu, ou o nosso, alguém inevitavelmente comenta, Ahhh, mas ninguém sabe o que de fato aconteceu lá. Algo aconteceu, dizem, mas sabe-se lá o quê, é tudo muito misterioso. Ele nem deu uma declaração formal, sabe; fugiu do país sem ao menos prestar uma declaração, atitude muito suspeita. Até seu padrinho, o poeta e professor de literatura, concorda com isso, porque tem medo da sua mãe e do poder de Leopoldo na universidade. Ele até recusou um convite para participar de uma leitura em sua homenagem, organizada por seus amigos mais de um ano depois de sua morte, porque eu estaria presente; alegou que tinha de ser leal a Juanita. Seu padrinho, para mostrar lealdade à sua mãe, disse que nem sequer leria um poema ou diria algumas palavras sobre você na leitura, porque eu estaria lá e ele tinha de ser leal a sua mãe. Claro, por que eles não iriam enlouquecer? Por que não deveriam estar ensandecidos de ódio, fazendo acusações? Tentar compreendê-los, e até me compadecer deles, é o mínimo que posso fazer; e provavelmente o máximo também.

O último romance que Aura leu, o que começou na Cidade do México e terminou um dia antes de irmos para a praia, foi *A vida breve*, de Onetti, que agora estava comigo no Brooklyn, mas que eu ainda não conseguira começar a ler. Li o exemplar dela de *The Loser*, de Thomas Bernhard, e também seu *À sombra do vulcão*, todo sublinhado e cheio de suas anotações manuscritas. Fiquei contente por estar lendo um pouco de ficção novamente depois de tantos meses de livros sobre dor e luto, e também de livros que achei que pudessem me ajudar a imaginar os psicanalistas franceses radicais e clínicas psiquiátricas do romance de Aura. Um dia, ao abrir meu exemplar de *Pnin*, descobri e segui a trilha feérica das marcas de tinta verde de Aura, e nem tinha chegado ao fim do primeiro capítulo quando senti o riso dela brotando por dentro e caindo de seus lábios entreabertos quando o pobre Pnin percebe que tomou o trem errado para Cremona; próxima parada do riso, o esquilo faz Pnin apertar o botão do bebedouro. Aura marcou com pequenos parênteses verdes algumas frases como "um vento sussurrante" e "sob o sol prateado", e escreveu com clareza a palavra "tempo" nas margens. Por que alguém escreveria "tempo" ao lado de cada descrição de tempo num romance? Eu sabia o porquê. Em sua oficina de escrita criativa, o FEA incumbiu os alunos de manterem um diário do tempo. Observem o tempo, descrevam o tempo, não é tão fácil assim. Prestem atenção aos usos literários do tempo. Todo dia, naquele semestre — enquanto também se preparava para defender a proposta de sua tese de doutorado —, Aura obedientemente descrevia o tempo em seu caderno. Mais tarde, Wendy me disse que, na oficina, apenas duas alunas escreviam de fato sobre o tempo em seus diários todos os dias: ela e Aura.

Às vezes era como uma dádiva sagrada, a lembrança-sensação de Aura rindo dentro de mim. Eu não podia provocar aquele riso quando quisesse, mas às vezes, como durante a leitura de *Pnin*, ele simplesmente chegava, como se vindo do mundo espiritual. No entanto, eu podia empurrar ligeiramente os cantos dos lábios para as faces, apenas o suficiente para fazê-las inflar um pouco, e mantê-los assim, como dois ovos cozidos descascados e quentes, e isso sempre fazia surgir, como por encanto, o sorriso de Aura em repouso e sua expressão suave de todos os dias, parecendo sobrepor em três dimensões não só o rosto dela sobre o meu, mas um pouco de seu temperamento, tão mais cordato e agradável que o meu. Eu continuava tocando com o polegar a base do meu dedo anelar, esperando encontrar o anel; o anel era folgado e eu sempre apertava o polegar sobre ele quando precisava jogar alguma coisa fora numa lixeira; tinha arrepios de pânico todas as vezes que dava com o dedo nu, me acalmando uma fração de segundo depois, quando meu cérebro emitia, incrédulo, seu lembrete — Mas *ainda?* Será que preciso te dizer isto *de novo?* — de que o anel estava na corrente em volta do meu pescoço junto com o anel de Aura.

Nas semanas depois do meu acidente, também tentei reler *Lord Jim*: me ocorreu que talvez estivesse na hora de fazer o que Lord Jim faz, desaparecer com minha vergonha e minha vida destroçada, me esconder em algum lugar remoto e desafiador onde eu talvez pudesse recomeçar. No entanto, agora me sentia desnorteado por aquele livro, pelo medo da morte que move os personagens, pelas bizarrices grotescas que nem ao menos merecem ser chamadas de covardia; palhaços sem graça, aqueles homens lutando para preparar o bote salva-vidas na calada da noite para fugir do navio malaio de peregrinos que equivocadamente acreditam estar afundando, cada um mais ansioso do que o outro, um de tal modo dominado pelo pânico que chega a desmaiar e morre de ataque cardíaco, e o fatídico salto de Jim no bote salva-vidas — lembrou-me daquele tempo no hospital em que meu pai, mais ou menos uma semana depois de sair do coma, arrancou os tubos de alimentação e de oxigênio, os tubos de soro dos braços e se atirou por cima da grade da cama, caindo de lado no chão, onde se pôs a correr sem sair do lugar, enquanto uma enfermeira e eu o agarrávamos e o contínhamos, sua camisola de hospital enrolada nos quadris, seu pinto magro de velho balançando, o choque daquela energia animal desenfreada em minhas mãos enquanto ele continuava tentando *fugir da morte.* Em vez de ficar impressionado com sua força vital, se é que era isso, o que senti foi repugnância, vergonha, ou quem sabe tenha de fato me impressionado — porque foi impressionante, não há a menor dúvida — e depois me envergonhado, depois que as enfermeiras o prenderam na cama, os pulsos atados nas grades com tiras de couro, como um psicótico perigoso. A histeria de meu pai, foi o que os marinheiros de *Lord Jim* e seu pavor da morte me lembraram. E lembrei de uma conversa que tive com minha mãe logo depois, nós dois sentados naquele mesmo quarto de hospital — nem imaginávamos que meu pai ainda viveria quatro anos —, quando perguntei a ela, Por que papai tem tanto medo de morrer?, e minha mãe respondeu baixinho, Quem pode saber? É o jeito do seu pai. Você sabe, ele sempre foi hipocondríaco.

Seria o terror da morte, eu me perguntei, uma forma de hipocondria? Minutos depois, quando eu já havia entrado na minha costumeira rotina hospitalar de ficar olhando para o vazio, minha mãe disse, Eu não tenho medo de morrer, com seu risinho contido, delicado e um ar de convicção empertigada, quase encabulada. E eu disse, Eu também não, não desse jeito. Não acho que isso queria dizer que não sentiríamos medo nenhum de enfrentar a morte, mas que a maneira de encarar a morte era algo sobre o qual minha mãe pelo menos já tinha refletido e chegado a uma conclusão. Não comer de boca aberta como o seu pai; não tomar sopa fazendo barulho como o seu pai; não bater nos seus filhos como o seu pai; não deixar de transar com sua mulher como o seu pai; não enfrentar a morte em pânico e com covardia como o seu pai. Eu tinha medo de muitas coisas, será que isso me tornava igual a meu pai? Estaria o medo de cachorros relacionado ao medo da morte? — um medo primordial de ser dilacerado e devorado por feras, vendo o próprio sangue borbulhar nas narinas deles, os focinhos encharcados. Quando eu tinha uns três anos, no pátio da frente de casa, puxei o rabo de um cachorro, um vira-lata cinzento de pelo curto que tinha uma cauda igual à de uma cobra-de-capelo, e o cão se virou, rosnando, e me atacou, cortando meu braço com os dentes enquanto eu gritava caído embaixo dele, até um vizinho aparecer correndo com seu ancinho. Ainda tenho as cicatrizes minúsculas e, desde então, cachorros ameaçadores — embora eu gostasse realmente de cachorros e tenha tido vários —, cães que latissem, rosnassem ou investissem contra mim tenham me provocado medo, adrenalina correndo pelo sangue e pânico tomando conta de mim, apesar de eu ter aprendido a disfarçar; já no início da adolescência, eu quase conseguia seguir em frente com uma calma exterior, coração em disparada, em vez de sair correndo ou subir numa árvore. Mais ou menos uma semana depois da morte de Aura, Odette e Fabiola me convidaram para ir à casa de campo delas em Malinalco, para eu descansar e dormir um pouco. Todos os dias, eu saía para fazer longas caminhadas pelo campo, em estradas enlameadas através de milharais e pastagens, assustando os lavradores, alguns a cavalo, que provavelmente nunca tinham visto um homem como eu, na meia-idade, de pele clara, se comparada com a deles, e que sem dúvida não era dali, andando por aquelas estradas com o rosto molhado de lágrimas e às vezes até chorando em voz alta como uma criança — acho que, ao me escutarem de pouca distância, pensavam que era risada e olhavam para ver o que era tão engraçado. Foi durante essas caminhadas que me dei conta de que agora, quando os cães iam atrás de mim, ou ficavam em bandos no meio da estrada arreganhando os dentes e rosnando, ou latiam frenéticos atrás de portões e cercas quando eu passava, eu não sentia mais medo, que aquilo que antes desencadeava aqueles alarmes turbulentos dentro de mim se transformara em pedra.

Durante sua última noite, a longa noite antes de sua morte, Aura deve ter percebido que ia morrer, ou pelo menos que era provável ou muito possível que morresse. Esse abismo que ela enfrentou sozinha naquela noite, sem mim, era o que eu temia agora, mais do que qualquer outra coisa que eu já temera na vida, minha querida. Eu não conseguia sequer chegar perto nem pensar nisso sem sentir meu corpo reagir como antes, quando ameaçado por cães, recuando, me encolhendo e ao mesmo tempo me forçando a prosseguir, às vezes sem energia, de olhos meio fechados, a garganta de repente seca e tensa demais... O que ela sentiu, o que ela soube, como tudo isso foi, o que ela pensou? O terror solitário que deve tê-la inundado com uma intimidade diferente de qualquer outra ou de quem quer que um dia a tenha alcançado ou tocado em seu interior, e que não suporto nem tentar imaginar, ou apenas não posso. Nem quando aquele funcionário do hospital disse, O senhor pode morrer, senhor, nem de perto, porque, naquele momento, de qualquer maneira, eu não me importava mais, ou talvez não acreditasse mesmo naquilo, e sei que Aura se importava e que deve ter acreditado. Aquela noite, em que ela deve ter se sentido mais assustada e sozinha do que sou capaz de imaginar, foi também quando ela deve ter me julgado. O juízo que fez de mim deve ter sido um de seus últimos pensamentos conscientes.

Fue una tontería, Aura disse à sua mãe, às duas da manhã, na Cidade do México, quando a levavam na maca, da ambulância para a emergência do hospital. *Una tontería*: uma besteira, uma asneira, uma idiotice mesmo, Aura disse à mãe. Essas foram as últimas palavras que ouvi de Aura, naquele tom de animação determinada que costumava usar com a mãe — a menina valente no acampamento. Como passei minhas férias de verão? Me enturmando com os garotos dinamarqueses, *Mami*! *Fue una tontería, Mami*. Minha *tontería*? Mas ela não disse isso, de jeito nenhum. Seu tom não foi o de quem culpava alguém. Foi o de uma heroína. O que me lembro foi de sua mãe cruzando os braços, o rosto pálido, me olhando com ódio e ar de acusação, e por que não o faria? Trazer sua filha de volta daquele jeito, paralisada do pescoço para baixo depois do acidente no mar. É contudo uma lembrança nebulosa, talvez uma recriação imaginada. Talvez eu nem tenha atinado com Juanita e com o que ela supostamente me disse enquanto eu seguia a maca de Aura entrando no hospital depois da nossa viagem de doze horas da praia até lá. Talvez eu não tenha realmente me importado com a mãe dela naquele momento, talvez só não me lembre disso, talvez tenha *reprimido* o fato, porque Fabis me contou que se lembra nitidamente de me ver reagindo às palavras de Juanita com um olhar atônito de Por que está dizendo isso?, e que, sem perder o passo, entrei atrás de Aura no hospital. Fabis me contou que o que Juanita me disse quando a maca com sua filha passou por ela a caminho do hospital, onde doze horas depois iria morrer, foi *Esto es tu culpa.* Isto é culpa sua.

Por mais ou menos uma semana, em 2005, meses antes de nosso casamento, Aura passou todas as noites em claro, preocupada com a possibilidade de estar se condenando à infelicidade de uma viuvez precoce ao se casar comigo. Eu acordava e dava com ela de olhos abertos no escuro ao meu lado, seu hálito morno de insônia parecendo uma porta de forno aberta, o corpo sensual. Não era mesmo lógico supor que eu morresse pelo menos uns vinte anos antes dela? Será que ela não deveria pensar no futuro, evitar essa provação? Falamos sobre isso mais de uma vez. Eu dizia, Não se preocupe, *mi amor*, não vou durar muito mais do que uns setenta e cinco anos, prometo. Então você ainda vai estar com pouco mais de cinquenta, ainda vai ser linda, provavelmente famosa, e algum sujeito mais novo vai querer se casar com você, com certeza. Jura?, ela dizia, alegre ou pelo menos fingindo estar, e eu jurava. É melhor você manter sua palavra, Francisco, dizia ela, porque não quero ser uma viúva velha e solitária nem acabar como sua mãe; ela sabia que cuidar do meu pai tinha exaurido minha mãe. Mesmo que eu não morra com setenta e cinco anos, eu dizia, você pode me armazenar por aí em algum lugar e ir viver sua vida, verdade, não me importo. Contanto que tenhamos filhos, não vou me importar muito. Basta me dar um filho, um só, é tudo o que quero. E ela respondia O.k., mas quero ter cinco filhos. Ou talvez três. Bom, então é melhor nos mudarmos para o México, eu dizia, para que eles possam ir para a Unam. Eu queria me mudar para o México, de qualquer maneira; era Aura quem ainda queria ficar em Nova York. Numa tarde, naquela primavera final, depois que fez trinta anos, Aura se virou para mim de sua mesa, quando eu estava deitado na cama, lendo, e disse, Temos tudo de que precisamos para ser felizes. Não precisamos ser ricos. Podemos conseguir trabalho nas universidades, se for preciso. Temos nossos livros, nossas leituras, nossos escritos e temos um ao outro. Frank, não precisamos de mais para sermos felizes, temos tanta sorte. Tem ideia de como somos sortudos?

Num outro dia, mais tarde naquela última primavera, Aura também anunciou que tinha decidido não se tornar uma dessas mulheres que, com trinta anos, só pensam em ser magras como eram quando tinham vinte; ela iria se deixar ficar *rellenita*, um pouco cheinha, eu fazia alguma objeção?

Esto es tu culpa. Isto é culpa sua. Será que Aura pensou nisso, ao menos uma vez, naquela longa noite? Que a culpa era minha? Não era minha culpa. Claro que era minha culpa. Se eu acreditasse de fato que era minha culpa, conseguiria continuar vivendo? Aparentemente sim, seria capaz de continuar vivendo, caso tivesse tanto medo da morte quanto eu tivera de cães. Só que não tenho medo.

Naquelas primeiras semanas de morte, tive certeza de que Aura se fazia presente e até visível para mim. Depois, porém, convenci-me, com meu ceticismo racional de Nova York-Nova Inglaterra, que eu não acreditava no mundo espiritual. Não acreditava que Aura pudesse voltar e sentar-se em sua Cadeira da Jornada ou que um dia eu chegaria em casa e a encontraria parada no meio do quarto usando seu vestido de noiva, confusa, sem saber onde estivera ou quanto tempo estivera ausente. Aqueles primeiros incidentes, argumentei comigo mesmo para me fazer acreditar, eram na verdade projeções do choque e da saudade. Aonde quer que eu fosse, por exemplo, durante aqueles primeiros dias depois da morte de Aura, escutava as canções dos Beatles de que ela gostava: "Octopus's Garden" a todo volume vindo da janela de um carro quando íamos entrar no prédio de Yosh e Gaby, onde amigos vindos de Nova York e de outros lugares se reuniam naquela noite; "Lovely Rita", no tráfego engarrafado da rua da funerária Gayosso; "Lucy in the Sky" no supermercado aonde fomos comprar bebidas para levar de volta ao apartamento mais tarde; houve várias ocasiões como essas nos dias que se seguiram e espantaram todo mundo e que os amigos mexicanos de Aura comentavam com trocas de olhares significativas. Estaria Aura se comunicando com seus amigos por meio das canções dos Beatles? Os Beatles nunca saíram de moda no México; lá, aonde quer que se vá, ouve-se Beatles. Portanto, nem foi uma coincidência tão surpreendente assim, certo?

Três noites depois da morte dela, eu estava sentado quase na primeira fila de um concerto ao ar livre no Zócalo a que um amigo me levou — as pessoas me levavam de um lugar para outro naqueles dias —, em que o cantor iria dedicar uma música a Aura, e olhei para cima e vi, pairando sobre o palco e os edifícios centenários com vista para o Zócalo, o rosto de Aura, luminoso no céu noturno, como se flutuasse dentro de sua própria esfera de luar, com seu sorriso mais docemente entusiasmado e amoroso, e sorri de volta, as lágrimas anuviando sua imagem. Senti o amor dela naquela noite e fiquei grato por isso, mas também me ocorreu que ela estivesse gostando da novidade da morte e da sua magia, como se ainda não tivesse entendido o que significava. Por duas noites seguidas, ela me acordou na cama no meio da noite, sem peso em cima de mim, a deliciosa nudez de seus seios me enchendo com aquele mesmo tímido arrebatamento de sempre, porque eu achava que nem os seios da jovem Marilyn Monroe devem ter sido tão empinados e esplêndidos quanto os de Aura, eles sempre me surpreendiam, provavelmente porque ela era tão recatada e até reservada com eles. E, ah, aquela doçura sensual em sua voz quando dizia, como costumava dizer, *¿Quieres hacer el amor?* Como eu me masturbei em nossa cama naquelas primeiras semanas sem ela, com ódio de mim mesmo, com uma fúria implacável de se arrancar pela desgraçada da raiz, ou como um macaco excitado e insaciável, ou como um demente internado em surto psicótico; era medonho. A mãe de um amigo marcou uma hora para mim com uma psicanalista, uma tanato-logista — uma mulher elegante, judia-mexicana, que era também uma budista séria e que me receitou comprimidos para dormir. Foi ela quem me falou da prática budista de visualizar entes queridos e recém-falecidos dentro de um halo branco, para ajudá-los a partir e a encontrar a paz, e um dia, quando tentei fazer isso, vi Aura se esforçando para vir na minha direção, esten-dendo as mãos para mim num gesto de súplica, parecendo deso-lada e aterrorizada com a perspectiva de "desaparecer na luz". Dias depois, durante uma aula de *spinning* na academia, vi Aura outra vez, de pé num canto, extremamente nítida apesar de trans-parente como um fantasma, parecendo perdida e como se então realmente tivesse entendido o que a morte significava, acenando para mim como o fizera dentro do halo branco, implorando so-corro, para que eu não a deixasse desaparecer, mas dessa vez num pânico desatinado.

Imagino que alguém deva achar condenável eu ter voltado à minha academia no Condesa duas semanas depois da morte de Aura, ainda por cima numa aula de *spinning*, cercado principal-mente de mulheres tentando manter o peso e de tipos parecidos com atores coadjuvantes de telenovelas gays. Que *fresa* ridículo, esse alguém pensaria. Mas não me restava muito mais de minhas antigas rotinas diárias, ou pouco era possível sem Aura. A aula de *spinning*, uma hora pedalando arduamente numa bicicleta ergo-métrica sob uma música atordoante, era pelo menos uma manei-ra de me cansar para talvez poder dormir um pouco, e também para eliminar minhas ressacas através do suor. No meio de uma aula, certa noite, enquanto eu pedalava, pensei, Que nova sen-sação horrível é esta? Dentro de mim, alojado entre a coluna vertebral e o esterno, senti um retângulo duro e oco cheio de ar morno. Um retângulo vazio com laterais de ardósia ou chumbo, foi como o visualizei, mantendo o ar parado, como o ar sem circulação dentro de um elevador em um edifício há muito abandonado. Achei ter compreendido o que era e disse a mim mesmo, As pessoas que se sentem assim o tempo todo são as que cometem suicídio. Tive vontade de simplesmente descer da bicicleta e fugir dali, ou então de cair no chão em posição fetal, ou então de levantar o braço e pedir ajuda. Mas continuei pedalando com força, no ritmo da música e dos comandos do instrutor, e o retângulo cheio de ar parado desapareceu aos poucos. Não me senti *bem* depois, mas passou, aquela sensação de vazio absoluto e temor me corroendo por dentro com precisão geométrica, como uma prova matemática da falta de sentido da vida, ou da minha própria vida.

A sensação volta com bastante frequência, mas até agora sempre desaparece depois. Nas primeiras semanas e meses após a morte de Aura, tudo que eu fazia me parecia sem propósito, absurdo. Todas as noites procurava amigos para beber; eles compreendiam e, sendo mexicanos, dispunham-se a ir beber comigo, não os mesmos amigos todas as noites, claro, eles se revezavam, eu era o único que bebia como se quisesse transformar meu sangue em tequila. Dias de ressaca silenciosa e atordoada. Ia à ginástica, depois às *cantinas*. Certa vez, depois da meia-noite, como não havia ninguém por perto com quem beber, e eu só queria beber mais um pouco, e todos os lugares já estavam fechados, fui ao El Closet, o glorioso clube de striptease e dança de Condesa — um *teibol*, como são chamados — que ficava aberto até o amanhecer, às vezes até mais tarde. Eu não tinha voltado mais a esse lugar desde que encontrara Aura. Subi a escada, passei pelo andar da cozinha, onde muitas vezes se viam as *teiboleras* com seus reluzentes tapa-sexos, devorando refeições, e pelo andar seguinte, onde, de pé na entrada do vestíbulo escuro que dava para os quartos reservados para transar, fiquei surpreso ao ver Blanca, a senhora simples e atarracada que atendia a esses quartos — levando preservativos e toalhas, fazendo a limpeza — com aquela mesma velha roupa branca desleixada de zeladora e casaco escuro andrajoso. Blanca fez uma careta para mim e exclamou, *¡Pero Fraaank! ¡Esto es PECADO! ¡Tu estás CASADO!* Isso é PECADO! Você está CASADO! O que me surpreendeu, o que me deixou momentaneamente sem palavras foi não só ela se lembrar do meu nome depois de todo aquele tempo como eu constatar que a notícia de eu ter encontrado o amor e uma mulher de alguma forma tinha chegado a ela, e que ela dava importância a isso. Blanca, que certa vez eu tinha avistado indo para casa por volta de nove da manhã pelas ruas arborizadas de Condesa, andando com dificuldade, curvada, as pernas curtas, depois de afinal terminar suas tarefas no El Closet, provavelmente seguindo para alguma estação de metrô que a levaria a algum *barrio* pobre distante — aquela mulher um tanto disforme que fazia um trabalho horrível tinha ficado feliz em saber de mim e Aura, tinha ficado feliz por mim. *Eis um homem que precisa se casar, que daria um bom marido.* Teria sido isso que Blanca pensou ao me ver no El Closet quando comecei a frequentá-lo? Agora, ao me ver subindo aquela escada depois de cinco anos, ela estava indignada por eu trair suas ilusões. *¡Tu estás CASADO!* Mas Blanca, repliquei por fim, não é o que você está pensando, verdade. Só vim tomar um drinque, eu disse, e fui para o clube.

Sentei-me a uma mesa de canto, longe do palco. Como sempre, as *teiboleras* estavam sentadas em grupos às mesas e banquetas encostadas nas paredes, em suas panelinhas, conversando entre si, tentando fazer o tempo de seus longos e tediosos turnos passar, de vez em quando olhando para o outro lado da sala à procura de clientes a quem talvez valesse a pena pedir uma bebida ou até mesmo uma *lap dance*, se não algo mais; algumas se levantavam para percorrer a sala como sonâmbulas provocantes ou então iam para os vestiários, porque em breve se apresentariam no palco. Algumas achavam-se sentadas com os clientes à mesa deles ou dançavam em seus colos na penumbra dos cantos da sala. Garçons de camisa branca e calça preta circulavam sem parar, insistindo que os clientes comprassem bebidas para as dançarinas, uma mulher de meia-idade vendia cigarros, balas, bichos de pelúcia pequenos e perfume barato numa bandeja; mulheres com desajeitados uniformes de colegiais circulavam pela sala vendendo bilhetes de *lap dance* ou levando *teiboleras* pela mão para os clientes que as tinham pedido. Às vezes uma *teibolera* ia para os quartos dos fundos de Blanca com um cliente. No palco, na periferia da minha visão, quase como se eu as visse pelo lado errado de um telescópio, *teiboleras*, uma por vez, faziam suas coisas: dançavam, tiravam o sutiã, jogando-o para os clientes, algumas, não todas, tiravam a calcinha, contorciam-se no chão, fazendo sua *pole dance*. Perfume barato, um almíscar enfumaçado feminino, o ar quente e pesado como uma emanação íntima de toda aquela volúpia nua na sala. Nos meus tempos mais solitários de pós-Z e de pré-Aura, às vezes alimentava a fantasia de me casar com uma *teibolera*. Vez por outra, encontrava-se uma que estava indo para a faculdade. Um dia, em outro *teibol*, conheci uma *teibolera* que estudava literatura na Unam, que falava sobre Dostoiévski e Rimbaud e que me pediu que eu lhe mandasse um exemplar de *Finnegans Wake* quando eu voltasse para Nova York, porque ela não conseguia encontrar um no México, e de fato mandei, apesar de nunca ter recebido uma resposta dela e duvidar que o endereço que me deu fosse o seu verdadeiro, em Las Portales, ou até que aquele fosse seu nome verdadeiro; eu sabia disso, mas mandei o livro mesmo assim. Ali no El Closet, certa noite, havia muito tempo, chamei a um canto a vendedora com a bandeja, conhecida por todos apenas como Mami, e perguntei-lhe quem, dentre todas as moças que estavam trabalhando ali naquela noite, daria uma boa esposa. Mami levou a minha pergunta a sério, correu os olhos devagar pela sala, de uma *teibolera* a outra, se virou para mim com o sorriso alegremente malvado de uma prostituta aposentada fazia muito tempo e disse, *Ninguna.* Nenhuma.

Naquela noite, a vendedora de cigarros não era Mami, e também não reconheci nenhuma das dançarinas de cinco anos antes; todas tinham ido para outros lugares durante aqueles anos, desde que eu havia conhecido Aura. Recusei todos os pedidos de bebida e deixei claro que não procurava companhia. Mas então uma mulher muito jovem, de lingerie vermelha, braços finos e brancos como cera, cabelo negro e longo, um rosto bonito e suave, maquiagem emplastrada nas faces marcadas pela acne, sentou-se à minha mesa e disse baixinho, Eu estava observando você. Por que está tão triste? Disse-lhe que uma coisa terrível tinha me acontecido, mas que não queria falar sobre aquilo, só queria beber sozinho. No entanto, ela provavelmente me fez falar um pouco, porque me lembro de ela ter dito que tinha dezenove anos, o que podia ser mentira, que era protestante e que só estava trabalhando lá para sustentar a filha, a mesma razão, eu sabia, pela qual quase todas essas mulheres, as mexicanas com certeza, trabalhavam ali. Pouco antes de se levantar para ir embora, ela disse, Dá para ver que você tem um coração nobre. Alguma coisa boa vai acontecer com você.

Agradeci suas palavras e disse a mim mesmo, Foi como se um anjo tivesse me aparecido. Admito que, pelo menos nos anos em que vivi com Aura, meu coração amou de uma forma que podia ser chamada de nobre. Parecia possível que um coração partido ainda pudesse ser nobre, mas não acredito que um totalmente destruído possa ser. Se a *teibolera* anjo pudesse me ver agora, passados dois anos, será que ainda diria o que me disse naquela noite? Restaria alguma coisa do meu nobre coração quando me escondi em nosso apartamento durante o inverno nas semanas depois do acidente? Será que a profecia dela algum dia se tornará realidade? A verdade é que *teiboleras* e prostitutas costumam estar erradas em muitas coisas.

Aura desconhecia meu passado nos *teibols*. Havia coisas sobre si mesma que ela também não me contou e que só vim a saber depois — nada tão sórdido quanto os *teibols*, apenas as moderadas transgressões da adolescência de uma menina levada. Não conte ao Frank como eu era, ela implorou a Brasi, seu antigo colega do colégio Guernica, puxando-o para um lado na *cantina* aonde fomos assistir uma transmissão de um jogo da Copa do Mundo da Alemanha com Fadanelli e seus amigos, inclusive Brasi, que Aura não via fazia anos. O que ela queria dizer? O que não queria que eu soubesse? Brasi contou-me mais tarde, quando voltei ao México um ano depois da morte dela, que no curso secundário, por algum tempo, Aura teve dois namorados simultaneamente. Um deles era o cara mais convencido da turma: bonito, rico, um atleta, falso e vazio — sim, eles também existem no México. Segundo Brasi, o sujeito caiu de amores por Aura, mas ela o fez de palhaço publicamente: mentindo para ele, ridicularizando-o, pondo-lhe chifres, revelando a todos suas confidências vaidosas e idiotas, uma espécie de julgamento de cartas marcadas que só ele ignorava. Havia uma espécie de justiça naquilo, mas, caramba, foi muito cruel, disse Brasi, embora isso não o impedisse de rir, passados catorze anos e tanto. O outro namorado, no entanto, não ficou muito contente com isso. Era Dos Santos?, perguntei. Brasi disse que não sabia, que não se lembrava. Difícil acreditar que Aura tivesse agido dessa forma, algo mais devia ter justificado sua atitude. Mas Brasi conhecia Aura desde o curso fundamental, agora era professor de filosofia na Unam, eu sabia que não estava inventando. Aura, pobre querida, nunca tinha sequer me falado de Brasi até o encontrarmos naquela noite, como se realmente temesse o que ele pudesse me contar sobre a Aura de quinze anos e quisesse esconder a existência dele. Algumas vezes, depois da morte de Aura, encontrei pessoas que a tinham conhecido — em geral não tão bem —, pessoas que encontrei em lugares como aquela *cantina* cavernosa em Colonia Roma, La Covadonga, que ficou muito na moda e onde pessoas mais ou menos da idade de Aura vinham até mim do nada para se apresentar, para oferecer seus pêsames e às vezes partilhar lembranças dela. Algumas usavam palavras como *contestatária*, impertinente, atrevida, cortante, sarcástica, distante ou indiferente. Falavam como se todo mundo soubesse essas coisas de Aura, apesar de eu nunca ter ouvido ninguém descrevê-la assim quando viva. Normalmente, essas lembranças eram apresentadas num tom de afetuoso respeito, como se dissessem: Ah, pois é, a Aura era muito inteligente e engraçada, mas a gente realmente precisava tomar cuidado, porque, menino, ela tinha uma língua rápida e afiada. De vez em quando, eu experimentava uma dose dessa rapidez afiada. Não fale comigo como sua mãe fala com Rodrigo, eu geralmente reagia, e às vezes isso a fazia recuar, envergonhada, a não ser quando rebatia, Então não seja tão idiota quanto Rodrigo.

Nenhum de seus amigos mais íntimos, contudo, jamais a descreveu assim — seus companheiros de faculdade mais próximos, os que continuaram amigos dela pelo resto da vida, falavam de Aura como alguém precoce, de como era uma menina inteligente e afetuosa, uma grande e leal amiga. Em Nova York, em Columbia e no programa do MFA, Aura era conhecida por seu temperamento afável e tímido, alguém que em sala de aula sempre precisava ser incentivada a dar sua opinião. Ela até sofreu por causa disso; num de seus cadernos de Columbia, descreveu-se como "um ratinho tímido e fechado". Por que tamanha mudança? Talvez ela tenha identificado aquela personalidade anterior — agressiva, sempre atacando antecipadamente com palavras cortantes — como algo herdado da mãe ou que associava à sua mãe. Aura não queria ser igual a ela, assim como eu não queria ser igual a meu pai. Em Nova York, foi como se ela arrancasse essa personalidade de armadura cheia de ferrões e a largasse no chão.

Aura e eu nunca conversamos muito explicitamente sobre nada disso, embora talvez devêssemos tê-lo feito, porque sabe-se lá se um autoconhecimento acelerado, mais categórico, talvez — a física do nosso destino sendo cineticamente compactada dentro de nós, reativa às menores alterações e mudanças —, tivesse tido o poder de levar Aura para outra sequência de decisões e escolhas, resultando, de alguma forma, em ela nem mesmo estar na praia de Mazunte naquele dia de julho por ter preferido ir a uma colônia de verão para escritores, a fim de trabalhar em seu romance; ou em ter ficado em casa porque, uma vez tendo decidido ter um bebê, àquela altura estava grávida demais para ir à praia; ou em ela ter rompido comigo; ou ainda, se de qualquer maneira estivéssemos naquela praia naquele dia, em ela ter ido para a água uma hora depois, porque talvez naquela última manhã o livro a tivesse mantido presa à escrivaninha da casa de praia por mais uma hora; ou, absorta em seus pensamentos — pensando consigo mesma, Foi isso mesmo que eu fiz? Eu realmente arranquei e joguei fora a armadura cheia de ferrões da minha mãe? —, em ela ter caminhado mais devagar da sua cadeira de praia na areia até a água, apenas o suficiente para perder aquela onda, ou então, distraída, a mente ainda refletindo, ter mergulhado por baixo dela em vez de, entregue ao momento, naquele último impulso fatal de prazer, decidir subir nela exatamente como eu tinha feito na onda anterior.

Uma coisa nunca mudou naqueles quatro e tantos anos que ficamos juntos: assim que Aura passava do seu limite de dois ou três drinques, começava a declamar poesia. Claro que às vezes ia bem além desses dois ou três drinques comigo ou com as amigas, especialmente com Lola. Era conhecida entre elas por sempre telefonar no dia seguinte, a voz grossa de ressaca e remorsos, e pedir desculpas, e elas lhe diziam que não tinha nada de que se desculpar, pois todas tinham bebido e se divertido muito. Comigo, por outro lado, sempre que Aura bebia demais, a noite geralmente terminava com ela enroscada em algum canto no chão, chorando pelo pai. Eu não tive um pai, gemia, com aquela voz arrastada da menina que parecia possuí-la nesses momentos. Meu pai me abandonou! Nos deixou sozinhas! Ele não se importou comigo! E chorava, enquanto eu fazia o melhor possível para acalmá-la. Claro que às vezes isso me exasperava, Será que Aura vai chorar assim por causa do pai o resto da vida? Ao mesmo tempo eu ficava pensando, assombrado, com pena e perplexidade, no buraco que o abandono do pai havia deixado dentro dela.

Meu pai, por outro lado, tentando manter seu rígido controle sobre a família, não tinha feito favor nenhum a nós. Minhas irmãs costumavam implorar que minha mãe se divorciasse dele, especialmente depois de um de seus rompantes de insultos. Ele não batia em minhas irmãs como fazia comigo, mas as agredia com palavras. Elas nunca tiveram força ou determinação para ficar o mais longe possível de casa, porque eram apegadas demais à minha mãe e sempre queriam estar perto dela; ele as denegria constantemente. Não sei qual das duas — se a que se casou três vezes, rica, corretora de imóveis ou se a pobre, que nunca se casou, recepcionista do Holiday Inn — agora amaldiçoa a memória de meu pai com mais amargura ou é a mais paranoide, hostil e emocionalmente mutilada. Quando você tinha treze anos, minha mãe me disse um dia, não o víamos mais, você estava sempre na rua com seus amigos, e depois do curso secundário você se foi de vez. É verdade, mamãe, e isso me salvou. Se os pais de Aura tivessem ficado juntos, se ela tivesse crescido em um lar estável, a filha adorada de um respeitado político e advogado de Bajío, a princesa da Terra dos Morangos, quem seria Aura e onde estaria agora?

Nos dois últimos anos que passamos juntos, Aura parou de chorar por causa do pai. Seria por ter encontrado em mim um pai substituto confiável? Um exemplo banal demais da psicologia; até imagino Aura dando uma boa risada por causa dessa frase. Ela estava convencida de que era a mais madura de nós dois. Mas isso não significa que não possa haver um pouco de verdade nessa afirmação. Eu era mais do que uma coisa só para Aura. Desempenhei vários papéis para ela, assim como ela para mim.

Na recepção da casa funerária Gayosso, fora da capela onde Aura jazia em seu caixão esmaltado de branco, vi chegar um homem com um terno cinza amarrotado. Nunca o tinha visto. Mais do que sua expressão transtornada, sua postura me chamou a atenção, a maneira como seus braços estavam estendidos ao lado do corpo enquanto caminhava. Ele parecia alguém voltando às pressas a uma sala de onde acabara de sair, ansioso por mais uma oportunidade de defender sua opinião. Ou como se tivesse andado por horas à procura de alguém para abraçar e agora seus braços doessem de cansaço. Tinha um nariz comprido e adunco, e um emaranhado de cabelo castanho-acinzentado caía-lhe sobre a testa. Deduzi que procurava Juanita. Era o pai de Aura, Héctor, eu soube antes mesmo de ouvir uma das *tías* comentar. De uma curta distância, presenciei seu longo abraço em Juanita. E fui até ele. Sou Francisco, marido de Aura, eu disse. Ah, então você é o marido da Aura, ele repetiu com voz fraca. Embora tivesse visto Aura apenas duas vezes nos últimos vinte e seis anos, ele parecia profundamente abalado com sua morte, quero dizer, tanto quanto qualquer pessoa, como se também não soubesse o que seria de sua vida dali em diante. Senti-me estranhamente protetor em relação a ele, mas de que eu poderia protegê-lo? Não tínhamos muito a dizer um ao outro, não ali, naquele momento. Porém, sentei-me ao lado dele num sofá a um canto, quase sem falar, e me senti aliviado quando Vicky se aproximou para conversar com ele. Fiquei sabendo que Héctor e sua segunda mulher tiveram apenas uma filha; Aura me dissera que tinha duas meias-irmãs que jamais conheceu, apesar de nunca ter tido muita certeza disso. Seis semanas depois, no final de agosto, quando afinal me preparava para voltar sem Aura ao nosso apartamento do Brooklyn, eu a ouvi dizer, em silêncio mas enfaticamente, dentro dos meus pensamentos: Francisco, antes de você ir embora do México, tem de ir ver meu pai e saber o que realmente aconteceu entre ele e minha mãe. Descubra também por que a calça dele estava suja de lama — escutei claramente Aura me pedir, como se fosse sua última oportunidade de solucionar aquele mistério, o que lhe permitiria enfim terminar de escrever seu conto sobre o dia em que ele foi àquele restaurante em Guanajuato para o primeiro e único encontro deles em dezessete anos.

No velório, Héctor me deu o número de seu telefone e me convidou para ir visitá-lo. Telefonei para ele e, alguns dias depois, tomei um ônibus para aquela parte do México chamada El Bajío, onde Aura nasceu e nós celebramos nosso casamento, San José Tacuaya. Aura e eu fomos a San José Tacuaya juntos apenas uma vez, no fim de semana anterior ao nosso casamento, levando uma cesta de ovos a um convento de freiras enclausuradas para que elas rezassem para não chover no dia do nosso casamento. Também era tradição local fincar facas na terra na noite anterior a um casamento, e fizemos isso. Mesmo assim choveu no dia do nosso casamento, mas não muito, e apenas por um curto período de tempo. Naquele dia, em San José Tacuaya, Aura não quis tentar encontrar a casa com quintal onde morou em seus primeiros quatro anos de vida, não tendo lembrança de como ela era do lado de fora nem mesmo nenhuma ideia do bairro em que se localizava.

A viagem de ônibus da Cidade do México a San José Tacuaya é de cinco horas. Saí de madrugada. Os monitores de vídeo exibiam filmes sem parar, o que tornava difícil dormir. Acabei assistindo quase todo o segundo filme, sobre um operário da Filadélfia que faz um teste para o Philadelphia Eagles e é selecionado. Era dublado em espanhol mexicano, com jogadores de futebol, brancos e negros, rosnando *chinga tu madre* e *cabrón* um para o outro e cantando ¡*Viva los Aguilas!* no vestiário. Então me lembrei de Aura e de seu recuo de *quarterback*, o lançador e líder do ataque. Quase toda a minha vida tive um hábito irrequieto de menino americano de imitar o recuo de três passos de um *quarterback* para a posição de passagem da bola. Às vezes eu fazia isso repetidamente enquanto assistia ao noticiário na televisão ou enquanto estava pensando em alguma coisa, uma forma de andar para lá e para cá. Um dia, Aura me pediu que lhe ensinasse a fazer isso, como se fosse um passo de dança interessante que quisesse aprender. Não é nada de mais, são só três passos para trás. Você segura a bola aqui, junto do queixo, assim, disse eu, e dá um passo para trás, o primeiro passo com o pé que está do mesmo lado do braço que vai lançá-la — assim expliquei e assim o fiz, dando em seguida os outros dois passos e fazendo o lançamento. Mas Aura deu o primeiro passo para trás com o pé *oposto* ao braço de lançamento, o que fez seu corpo girar de tal modo que ela ficou virada para a frente, oscilando de um lado para o outro como um pinguim desequilibrado tropeçando para trás enquanto tentava terminar o recuo, a bola de futebol americano invisível debaixo do queixo, os dentes mordendo o lábio inferior, olhos arregalados. Foi hilariante. Parecia Giulietta Masina de palhaço em *La Strada*. Ela deve ter acabado aprendendo a maneira certa, mas continuou fazendo errado. Às vezes, quando achava que eu estava triste ou instável, anunciava, *Mira mi amor*, e executava seu desajeitado recuo do *quarterback* só para me fazer rir.

À medida que o ônibus se aproximava de San José Tacuaya, a paisagem foi se transformando em terrenos planos de campos de morango marrons e verdes que se estendiam até o horizonte, e à margem da estrada viam-se pequenos restaurantes e barracas de madeira vendendo morangos frescos com creme. Mais perto da cidade, na periferia industrial, gigantescas fábricas de automóveis e outras fábricas menores. O pai de Aura morava perto do antigo centro colonial da cidade, numa rua comprida com lojas de fachadas sem vida; seu endereço podia facilmente passar despercebido, pois era apenas uma porta de madeira simples entalada entre as fachadas de dois estabelecimentos comerciais: uma farmácia e uma lavanderia. Um ou dois minutos depois de eu tocar a campainha, Héctor veio ao meu encontro e me conduziu por um corredor estreito que dava para um pequeno pátio úmido e uma casa antiga de quatro andares, que originalmente devia ter sido a casa de uma família próspera, mas que agora estava dividida em apartamentos. Héctor e sua família moravam no térreo, num apartamento parecendo apertado, com o tipo de mobiliário maciço e antiquado que me lembrou o da casa de meus avós na Cidade da Guatemala. Fomos direto a um escritório que era também a sala de estar, onde Héctor sentou-se numa poltrona e eu num sofá junto a estantes abarrotadas de uma considerável coleção de livros de direito e outros volumes, na maior parte acadêmicos, sobre política e história. No entanto, reparei que os livros estavam cobertos de poeira e aparentemente datavam dos anos 70 ou antes; parecia que nenhuma outra obra fora acrescentada ali durante vinte e cinco anos. Héctor me contou que estava semiaposentado, lecionando direito apenas em meio período numa faculdade comunitária na cidade. Naturalmente, não mencionei sua suposta coleta de garrafas para revenda no mercado. Sua mulher também trabalhava, contou, e sua filha mais nova, a meia-irmã de Aura, estava morando no DF e trabalhando como garçonete. Isso foi uma surpresa. Tive vontade de perguntar onde, mas percebi que não devia.

A última vez que viu Aura foi naquela ocasião próxima do Natal, em Guanajuato, há alguns anos?, perguntei. Eu sabia que sim. Senti, com algum espanto, o jornalista ardiloso acordar em mim, pensando em estratégias, fazendo uma pergunta aparentemente inócua a fim de levá-lo a falar. Ele me contou sobre aquela tarde, quando Aura foi encontrá-lo depois de ter tido dificuldade de sair da casa da mãe de Vicky Padilla, com aquela despedida confusa e abrupta no final; mais tarde, quando Aura entrou e encontrou a mãe e Vicky bebendo tequila, algo na atitude delas a fez não querer falar do pai. Com a voz se elevando, cheio de indignação, Héctor me disse que Juanita e Vicky tinham zombado dele naquela tarde, razão por que foi embora em vez de ter ficado e passado algum tempo com Aura. Juanita e Vicky estavam se queixando da falta de dinheiro. Então Juanita disse, Não é nenhuma surpresa nós sermos pobres, mas você, Héctor, você não tem desculpa; a esta altura deveria ser um homem rico e poderoso, mas olhe só, você está ainda mais pobre do que nós! E Juanita e Vicky tinham rido dele. Ele fez esse relato com sua voz baixa, cansada, as mãos frouxamente entrelaçadas entre os joelhos, olhando para a frente em vez de direto para mim. Para mostrar solidariedade, eu disse, Sei como Juanita e

Vicky podem ser quando estão juntas. Então encaminhei a conversa para a outra vez em que ele se encontrara com Aura, alguns anos antes, quando ela tinha vinte e um anos e os dois se viram num restaurante. Foi durante uma das férias na Universidade do Texas. Foi realmente a primeira vez que a viu depois de dezessete anos?, perguntei. Não ficou surpreso ao ver que sua filha se tornara uma jovem tão bonita e inteligente?

Depois de um momento, Héctor disse, Sim, bonita mesmo, claro, uma menina maravilhosa, e balançou a cabeça enfaticamente e disse que não, não o surpreendeu, ele sempre soube como Aura era excepcional, mesmo quando criança. É evidente, continuou, que Juanita fez um trabalho magnífico educando Aura.

Ah, sim, concordei. Era o momento pelo qual eu vinha esperando. E eu disse, Mas você sabe, Héctor, Aura nunca aceitou realmente Rodrigo como pai, porque nunca superou o fato de ter perdido você. Nunca fez segredo do amor que sentia por você. E nunca entendeu por que você e Juanita se separaram. Aura era obcecada por esse mistério, mas também por que você ficou tão completamente afastado dela depois. Ela conheceu muitos filhos de pais divorciados que ainda tinham contato com ambos os pais. Por que ela não podia ter o mesmo?

Héctor vinha se mantendo imóvel e inclinado para a frente enquanto escutava, como para se concentrar melhor em todas as minhas palavras, mas então perdeu a concentração; endireitou o corpo e cobriu o rosto com as mãos, estremecendo interiormente com soluços secos, ásperos. Quando se recompôs, explicou a razão daquela distância. Era a mesma razão que dera a Aura: Juanita casara-se outra vez e ele achou que Aura devia ter apenas um pai. Mas por que, perguntei, você nem sequer respondeu às cartas que Aura lhe mandou? Héctor disse que nunca recebeu tais cartas. Talvez a expressão do meu rosto fosse claramente cética, porque ele deixou escapar, Juanita, sabe, sempre foi meio maluca. E então, sem mais nem menos, Héctor revelou o segredo do passado deles, o que esconderam de Aura a vida inteira, embora ela o tenha testemunhado, acontecimentos que ela parecia intuir e talvez lembrar vagamente, mas que nunca encontrou um meio de revelar ou sequer expressar.

Ele *não* tinha abandonado Juanita, contou Héctor. Quaisquer que fossem os problemas conjugais deles naquela época, ele jamais teria feito isso, pois adorava Aura, a sua menina, disse. Não, *Juanita* é quem o tinha abandonado. Fugiu para a Cidade do México com outro homem, um político rival, e levou Aura. Depois disso, contou Héctor, tive de arrancá-la do meu coração. Arranquei Juanita do meu coração. E por isso também arrancou Aura do seu coração?, pensei. Mais tarde, Juanita tentou voltar para ele, Héctor disse. Regressou de carro para San José Tacuaya com Aura e, quando ele foi ao encontro delas, Aura, com quatro anos, anunciou de dentro do carro, Podemos ir para casa agora, Papi! Mas Héctor não quis Juanita de volta; ele a arrancara de seu coração.

Fiquei sentado ali, estupefato. Seria a isso que Aura aludia em seu diário? *Há ruído demais em minha cabeça, a memória fazendo o seu trabalho,* lembranças que *eu teria preferido esquecer voltam, voltam.* Suas lembranças da infância, silenciadas e negadas, substituídas por uma narrativa fragmentada de mentiras, mágoa, culpa e falta de sentido. Lembranças que ela mantinha em segredo, como se não tivesse palavras para elas, ou porque não tivesse.

Héctor estava calmo e com os olhos secos agora, como se exaurido. Senti que lhe perguntar mais alguma coisa seria uma intrusão brutal. O que ele me dissera, com todas as suas implicações, devia ser absorvido em silêncio, e muito lentamente. Porém eu tinha outra pergunta, e o momento de perguntar era aquele.

Naquela vez em que vocês se encontraram no restaurante, eu disse, quando Aura tinha vinte e um anos: não estava chovendo, era um dia seco, pelo menos era como ela se lembrava, mas você entrou no restaurante com uma das pernas da sua calça cheia de lama. Forcei um sorriso. Aura sempre se perguntou por quê, eu disse. Isso foi outro grande mistério para ela.

Ele assentiu e explicou, No caminho para lá, o pneu do meu carro furou e saí para trocá-lo. Tinha chovido naquele trecho da estrada, um caminhão passou numa poça e espirrou lama em mim.

Logo depois, ele se levantou e foi à cozinha fazer um café para nós. Dei uma olhada no meu BlackBerry. Havia uma mensagem marcada como urgente de um amigo de Nova York, Johnny Silverman, meu amigo advogado de empresa, um sujeito extrovertido e cativante que fizera amizade com Juanita no nosso casamento. Juanita o designara meu advogado, o que ele não era, e o advogado dela, um dos advogados da universidade, enviara um e-mail a Johnny avisando que eu tinha dois dias para desocupar o apartamento de Escandón. Quando Héctor regressou, eu lhe disse que achava melhor tomar o próximo ônibus de volta para o DF. Mas você não vai ficar para comer?, ele perguntou num tom melancólico e ansioso. Contava que eu ficasse para almoçar, sua mulher, que em breve chegaria do trabalho, tinha preparado uma refeição especial, uma *mole de olla*. Pedi desculpas e disse: Eu não tenho a menor ideia do que fazer sobre esta situação, então é melhor eu voltar e tratar dela. Contei-lhe parte da história: do apartamento que a mãe de Aura havia comprado para ela e de como eu me oferecera para ir pagando as parcelas enquanto tentava juntar dinheiro para comprá-lo. Parecia legalmente questionável que eles pudessem despejar o viúvo dessa maneira. Mudar-me de lá em dois dias parecia impossível! Héctor disse que, de acordo com a lei mexicana, ele tinha certeza de que eu possuía direitos legais, que eu não era meramente um *terceiro interessado*, como Juanita e seu advogado alegavam. Desculpei-me e digitei uma mensagem rápida para Johnny, pedindo-lhe que solicitasse a autorização de Juanita e do advogado dela para eu me mudar em quatro meses, em janeiro, e que enquanto isso eu continuaria pagando as parcelas ao banco. Depois disso, escrevi, eu faria minha mudança e iria embora, e Juanita não me deveria nada; se Juanita não se mostrasse disposta a aceitar isso, eu poderia pelo menos ficar mais uma semana? Mesmo que conseguisse juntar dinheiro para comprar o apartamento, percebi, Juanita provavelmente não o venderia a mim. Fui para a rodoviária me sentindo culpado por não ficar para o almoço. Prometi a Héctor voltar a San José Tacuaya assim que pudesse, o que nunca fiz. A caminho do DF, telefonei para Gus em Nova York e contei-lhe tudo.

Lembre-se, é só a versão dele, ela me advertiu. O que não a torna inteiramente verdadeira. Abandoná-lo pode ter sido a melhor coisa que a mãe de Aura fez. Ele me parece um molenga. Ela provavelmente sabia que ele iria perder o pé e arruinar a carreira.

Um político tem a mulher roubada por outro político numa cidadezinha mexicana machista, aleguei, onde todo mundo conhece todo mundo, você não acha que isso poderia prejudicar a carreira política dele?

Ah, faça-me o favor!, rebateu ela. Pegue sua mulher e sua filha de volta, ora, e vá transar com a mulher de outro político se for preciso. Há dois lados nessa história. Como sempre. Não se abre mão de uma filha como Aura *por razão nenhuma*, ela gritou ao telefone.

Depois que desligamos, fechei os olhos e encostei a cabeça na cortina de tela da janela do ônibus e acabei cochilando, caindo num desses estados de sonho em que se está semiadormecido e em que eu fazia uma viagem solitária de trem como na versão cinematográfica de *Doutor Jivago*, através do deserto árido da Sibéria cheio de lobos uivando, que tanto me assustou quando vi o filme quando criança. *Juanita é como uma floresta escura* — pensei ou sonhei; parecia que as letras da frase eram soletradas uma de cada vez. Ela é a floresta, mas também a mãe da floresta, sua rainha, sua grande caçadora, sua maga lançando feitiços. Ela é os lobos, os ursos, os peixes nutritivos dos rios. Ela é o pica-pau que assombra a floresta, despedaçando crânios e devorando lembranças como se fossem larvas. Agora estou preso dentro dessa floresta, enquanto a cada dia que passa vou lembrar menos quem eu era antes, até que em breve não restará mais nada para o pica-pau devorar. Será que Aura está aqui também, presa dentro desta floresta? Nunca vou descobrir, não há respostas nesta floresta.

Eu ainda estava no ônibus, a cerca de uma hora da periferia da Cidade do México, quando chegou um e-mail de Johnny me encaminhando a mensagem que tinha acabado de receber de Juanita:

> Prezado advogado Silverman, em resposta ao seu atencioso pedido, gostaria de observar que não faço nenhuma objeção a que Frank permaneça mais uma semana, até a data que o senhor indicou, no entanto é muito importante que ele saiba que a partir dessa data vou tomar posse total e absolutamente da minha casa.

Nem sequer me dei conta, até quase dois anos depois, quando reli e-mails antigos e encontrei os que foram escritos nesse dia e nos que se seguiram, que devo também ter pedido a Johnny para transmitir este recado, que na ocasião ele copiou para mim:

> Querida Juanita:
> Agora que li com cuidado sua correspondência anterior sobre

Frank, vejo que devo ter omitido algo muito importante. Frank me pediu que perguntasse a você se pode dar a ele apenas uma pequena porção das cinzas de Aura para ele levar para o Brooklyn. Peço desculpas por perguntar isso de modo tão abrupto, mas não sei como se deve fazer uma pergunta como esta.

Mais tarde, fiquei sabendo que, dois dias depois do velório, quando telefonei para o apartamento de Juanita para lhe dizer que iria passar por lá, Juanita disse às pessoas reunidas em sua casa que fora obrigada a esconder as cinzas de Aura porque eu iria buscá-las para levar embora. Loucuras da dor de uma mãe — isso golpeia meu coração indignado com pena, se é que essa pena vale de alguma coisa.

O velho alfaiate disse que Aura não gostaria de me ver arrastando minha tristeza por aí vestido com um pesado terno de lã preta e sugeriu um cinza-carvão. Quando Chucho, o nosso segurança favorito do edifício em Escandón, um cinquentão atarracado de olhos bondosos, quase femininos, me viu pela primeira vez depois da morte de Aura, ele saiu de sua cabine na minha direção e disse:

Resignación, señor. Resignación.

No que deveria ter sido a primeira segunda-feira depois das férias na praia, o carpinteiro apareceu, como tínhamos combinado, para entregar nossas belas estantes novas. Fazia doze dias que Aura tinha morrido. O carpinteiro morava na distante periferia da cidade e, apesar de suas origens e da vida de pessoa da classe trabalhadora, tinha cabelo cor de ferrugem e olhos azuis no rosto encarquilhado. Na manhã em que veio medir nossas paredes, ao notar que tanto Aura quanto eu estávamos de ressaca depois de uma noite nas *cantinas*, nos fez um discurso rudemente paternal sobre seu alcoolismo juvenil e como parou de beber para sempre quando se tornou pai. Quando voltou, contei-lhe sobre Aura. Depois de um longo momento de silêncio, ele colocou o jornal que trazia na mão — um dos muitos tabloides da cidade sobre crimes e escândalos — em cima da mesa e o abriu na página de uma história sobre uma mulher de Polanco que havia sido atropelada e morta por um carro. Havia uma foto dela deitada de bruços na rua, com um vestido azul, as mãos abertas no calçamento, uma poça de sangue em torno da cabeça.

O carpinteiro disse: Olhe esta mulher, atropelada por um carro e morta, mãe de dois filhos pequenos. Essas coisas acontecem a qualquer pessoa, Francisco, e acontecem todos os dias.

Três homens sábios: o alfaiate, o carpinteiro e o segurança. Naqueles primeiros dias e semanas depois da morte de Aura, ninguém me disse palavras mais sensatas.

Cinza-carvão em vez de preto.

Resignación, señor, resignación.

Essas coisas acontecem todos os dias.

Dei ouvidos pelo menos ao alfaiate.

Em 17 de janeiro de 2009, no Brooklyn, em Nova York, nossa filha Natalia não nasceu. Como celebrei esse dia? Quando dei por mim que aquele era o dia, a tarde já ia longe. Fiz um curativo na minha orelha, que parecia estar sarando de forma a ficar parecida com a orelha deformada de um boxeador. Trabalhei um pouco, fui dar uma volta. Pensei em parar numa igreja para me sentar e pensar um pouco em Natalia e em Aura, mas não parei.

Logo depois, numa noite gélida e enevoada, quando voltava de um restaurante, vi, na árvore do final do nosso quarteirão, entre os galhos molhados e nus que brilhavam à luz dos postes, Aura sorrindo para mim do jeito que sorriu algumas noites depois de sua morte, quando parecia estar flutuando dentro de seu halo de luar sobre o Zócalo. Felicidade e espanto dissiparam minha descrença e parei na calçada sorrindo para ela, aquecendo-me com meu próprio ardor amoroso. Fui até a árvore, pousei minhas mãos no tronco e a beijei.

Achei crível que Aura escolhesse uma árvore do bairro para se esconder, e em especial aquela árvore, a maior do nosso quarteirão, um bordo prateado vigoroso, de folhagem exuberante no verão, mas naquela época sem folhas em seus ramos extensos e galhos intricados. Na primavera, Aura tinha andado para cima e para baixo pelas ruas fotografando as árvores e suas folhas e flores novas; havia comprado um guia de campo sobre as árvores do Nordeste norte-americano para poder identificá-las e saber seus nomes. Nos dias seguintes, toda vez que vinha andando pelo quarteirão, encontrava Aura naquela árvore, seu sorriso e olhos brilhantes flutuando entre os galhos, e sentia a felicidade dela ao me ver, e eu sempre parava para beijar o tronco. Uma tarde, entretanto, vim andando por ali com outra coisa ocupando minha mente e esqueci de olhar para a árvore; assim que passei por ela, senti uma força puxar minha cabeça para trás como se estivesse me agarrando pelo cabelo. Desconcertado, repreendido, virei-me e voltei até a árvore, desculpei-me e a beijei. Gostaria de saber o que os vizinhos devem ter pensado do meu comportamento. A árvore ficava bem em frente ao *brownstone* onde, no apartamento do porão, morava um sujeito corpulento e já envelhecido que parecia um ciclista, com bíceps de defensor-maior de futebol americano e uma barba espessa preto-acinzentada. Eu me perguntava o que ele iria pensar quando percebesse que eu parava sempre na frente do portão de seu apartamento para beijar a árvore. Não me preocupava que ele pudesse me fazer algum mal, mas o imaginava saindo para perguntar algo como: Que diabos você está fazendo?, e eu pensava no que iria responder. Assim, depois de cerca de uma semana, caso houvesse gente na calçada ou se eu visse as luzes da casa do ciclista acesas e as cortinas abertas, eu só estendia a mão e fazia cócegas no tronco ao passar, sussurrando *Hola, mi amor ¿cómo estás hoy? Te quiero.* Senti uma leveza emocional incomum, quase como felicidade, durante esses dias. Estaria ficando meio louco? Não é realmente Aura na árvore, eu dizia a mim mesmo. No entanto, numa noite fria, acordei por volta das três da manhã e lembrei que não tinha parado para cumprimentar a árvore uma vez sequer naquele dia. Pulei da cama, vesti meu casaco acolchoado por cima do pijama, calcei o tênis e saí. Tinha sido uma noite de chuva gelada. A calçada estava escorregadia por causa do gelo e me lembrou como Aura nunca havia aprendido a andar em calçadas geladas, sempre escorregava e deslizava, e eu implicava com ela, dizendo que estava parecendo o Bambi no lago congelado. A árvore de Aura nunca me pareceu tão linda como naquela noite, esmaltada e fulgurante, como se uma mistura de diamantes liquefeitos e luz de estrelas tivesse se derramado sobre ela.

Francisco, ela disse, não me casei para passar meu tempo sozinha numa árvore!

¡Claro que no, mi amor! Abracei o tronco e comprimi os lábios na casca áspera e congelada.

Minha orelha sarou, foi como se Aura tivesse saído de sua árvore para vir lhe dar um beijo milagroso no meio da noite, ou então foram as propriedades do xampu de tratamento de hortelã com melaleuca. No mínimo, a orelha parecia um pouco mais macia e viçosa do que a orelha sã, como se tivesse adquirido uma nova camada de pele fina como a de um bebê, a única cicatriz na forma de algumas bicadinhas quase imperceptíveis ao longo da borda cartilaginosa. E isso me fez pensar nas orelhas grandes e bonitas de Aura e de como Natalia já deveria ter nascido, com suas próprias orelhas grandes e bonitas de bebê.

Poucos dias depois, chegou pelo correio um cheque de 17.612 dólares da companhia de seguros da adolescente que tinha me atropelado com seu carro.

Em 29 de janeiro, acordei antes de amanhecer e encontrei Aura estendida ao meu lado em nossa cama, quase invisível, uma escuridão mais clara dentro da escuridão do quarto, mas com sua forma distinta. Eu estaria acordado? Seria saudade? Ou o resultado de ter lido naquele dia um livro escrito por um psiquiatra que tinha estudado sobreviventes de experiências de quase morte? O que eu tinha vivenciado depois de ser atingido por aquele carro se encaixava nos detalhes recorrentes e coincidentes dos testemunhos que convenceram o psiquiatra a postular a possível existência de algum outro mundo espiritual além deste. Talvez o livro fosse bobagem, mas era sugestivo.

Você acabou de vir da árvore?, perguntei a Aura.

Não, disse ela. *Mi amor*, é sua imaginação. *Pobrecito*. Ela deu uma risadinha. Por que eu iria querer me esconder dentro de uma árvore em pleno inverno?

Quer dizer que isto agora também é minha imaginação?

Não, sou realmente eu. Claro que sou.

Aura, você jura?

Sí, mi amor, sou eu.

Não entendo. Se você pode me visitar como agora, por que não vem o tempo todo? Tenho estado tão sozinho sem você.

Não podemos fazer isto com frequência, ela disse. Se eu ficasse aqui o dia inteiro, eu seria um fantasma, e não quero ser fantasma. Fantasmas sofrem.

Faz sentido, eu disse. E pensei que fazia mesmo sentido.

Havia tanta coisa que eu queria perguntar a ela. Bem, imagine só. Mas antes que eu pudesse pronunciar outra palavra, Aura disse, Frank, eu vim agora porque preciso que você me faça uma coisa. Quero que vá a Paris procurar minha mãe.

Sua mãe está em Paris?

Mas Aura fora embora, dispersara-se outra vez no ar, na luz fria da madrugada.

Escrevi um e-mail para Brasi e pedi que descobrisse se a mãe de Aura estava em Paris. Ele respondeu no mesmo dia, dizendo ter certeza de que Juanita estava no México. Ele a vira naquela manhã na Unam.

22.

Nas semanas seguintes ao meu atropelamento, li um romance publicado recentemente: divulgaram-no como um livro sobre o Onze de Setembro, sobre o horror daquele dia, seus sombrios desdobramentos sendo a causa da separação entre o personagem principal e sua mulher traumatizada, que o deixa em Nova York e volta para a Europa com o filho deles. Era uma história de solidão narrada por um protagonista deprimido; contudo, perto do fim do livro, quando a mulher e o filho voltam para ele, sua situação parece melhorar. Eles fazem uma viagem para uma praia tropical, onde o narrador descobre o surfe de peito e incentiva a mulher a praticá-lo também. Ele diz a ela que é fácil. O que ele descreve como uma onda um tanto ameaçadora se aproxima e ele diz algo como, Lá vamos nós, e levanta os braços, abaixa a cabeça, pega a onda e emerge muitos metros adiante, exultante. Mas a mulher não saiu do lugar. Não se interessa nem um pouco pelo surfe de peito. Quando ele lhe diz para pegar a próxima onda, ela responde que prefere nadar, e sai boiando tranquilamente de costas.

Muito esquisito, uma coincidência impossível. Será que o autor sabia? Quando fez a mulher recusar o convite do marido para pegar a onda e sair apenas nadando, será que sabia que estava salvando a vida dela?

Intolerável, se a resposta a essa pergunta for mesmo "sim".

23.

No nosso casamento, deixamos uma câmera descartável de papelão em cada mesa, mas depois guardamos as câmeras que recolhemos dentro de um saco plástico de lixo, que ficou no apartamento de Escandón. Só algumas semanas depois da morte de Aura, eu finalmente as levei, no total umas quinze câmeras de papelão, a um laboratório na Cidade do México para os filmes serem revelados. Fiquei surpreso com a quantidade que havia de fotos íntimas de Aura e de mim entre os duzentos instantâneos que voltaram. Nós dois nos beijando, sussurrando um com o outro em nossa mesa, de pé juntos nas sombras em cantos da festa, dançando juntos. Era como se detetives particulares tivessem se escondido entre os convidados, nos espionando para reunir provas. Essas fotos pareciam de alguma forma terem *chegado mais perto* de nós do que as tiradas pelo fotógrafo profissional do casamento. No entanto, nenhum daqueles espiões com câmeras descartáveis nos flagrou com outra expressão no rosto que não fosse de felicidade, nem de relance. Meu instantâneo favorito, tirado perto do fim da festa, é de Aura sozinha, de costas, levando na mão seu sapato de noiva de salto de plataforma, igual a um sapato de discoteca, como uma atleta saindo de campo, um pé descalço erguido para trás ao andar, segurando a bainha do vestido, a sola do pé empolada e manchada de tinta do sapato, de transpiração e até de sangue depois de tantas horas de dança. Descobri que o olho rápido e os reflexos que captaram a imagem do pé descalço de Aura na hora exata em que se ergueu para trás não pertenciam a nenhum amador sortudo, e sim à nossa amiga Pia, uma fotógrafa cujo trabalho é exibido em todo o mundo. A fotografia em preto e branco do nosso convite de casamento também era de Pia — os convites foram o presente de casamento dela e de seu marido, Gonzalo —, tirada numa rua próxima do apartamento deles em Montmartre. Mostra Aura da cintura para baixo com seu casaco de inverno e bota, uma das minhas pernas à esquerda e nossas mãos juntas no meio; o centro da imagem, porém, são nossas sombras puras e simples nos paralelepípedos iluminados pelo sol, de mãos dadas.

Só começamos a procurar um padre católico para nos casar três meses antes do casamento. A mãe de Aura queria isso, e achei que minha mãe também ficaria contente. Antes de mais nada, eu queria apaziguar Juanita. O planejamento da cerimônia estava saindo do controle. Houve um bocado de conversas tensas sobre dinheiro, e discordâncias, sobretudo entre Aura e a mãe, que tinham ideias diferentes. O casamento foi a pedra fundamental da minha dívida no cartão de crédito. Juanita e eu estávamos mais ou menos dividindo os custos. Ela queria convidar pelo menos umas cem pessoas, familiares, amigos e colegas de todo o México, e Aura e eu estávamos convidando cerca de sessenta amigos. No final, vieram mais de duzentas pessoas. Os organizadores do nosso casamento, uma empresa de San Miguel de Allende, de expatriados americanos, tinha muitas sugestões decerto perfeitas para o tipo de casamento que eles costumavam promover e que tentavam nos empurrar sem descanso, e que eu tinha constantemente de empurrar de volta, procurando ao mesmo tempo não dar a impressão, para os organizadores do casamento e também para Juanita, de que eu estava sendo sovina porque não podia pagar. Não, não queríamos mesmo o grupo de música *cover* que os organizadores sempre contratavam para festas de casamento; contratamos nosso próprio DJ no DF. Não, não queríamos *thundersticks* iluminados, nem dança do chapéu mexicano, nem fogos de artifício. Sim, queríamos o burrico ao vivo com garrafões de tequila pendurados na sela. Queríamos estandartes de *papel picado* mexicanos pendurados dentro da tenda, acima das mesas, com as palavras "Aura & Frank" recortadas neles. Foi ideia de Juanita também pedir alguns que diziam: "Viva Red Sox", em homenagem à memória do meu pai. Queríamos *mariachis* para depois da cerimônia e no final da festa. Queríamos que a tequila durasse até o amanhecer. Eu disse a Aura que queria que nosso casamento fosse como a cena da *fiesta* na aldeia do filme *Meu ódio será sua herança*, mas sem o massacre. Eu brincava com ela dizendo que meus padrinhos, Saqui e Gonzalo, e eu chegaríamos para a cerimônia de casamento a cavalo e vestidos com trajes de *charro*, como Steve Martin, Chevy Chase e Martin Short em *Três amigos*.

Acabou sendo muito mais difícil do que esperávamos encontrar um padre que pudesse ou quisesse nos casar. Os casais mexicanos geralmente reservam seus sacerdotes com um ano de antecedência e devem frequentar aulas, e os sacerdotes esperam realizar a cerimônia de casamento dentro de uma igreja. Nada disso estava em nossos planos. Não poderíamos encontrar algum sacerdote mais flexível, de esquerda? Aura conhecia um colégio e mosteiro católico dirigido por dominicanos no sul da cidade que, por seu ativismo em bairros pobres e em Chiapas, tinha algum tipo de envolvimento não oficial com a universidade, e ela marcou uma hora lá. A recepção da escola ficava num corredor aberto ao lado de um pátio de cimento. O sacerdote que nos recebeu parecia o treinador de futebol da escola: um homem de ombros largos vestindo blusão impermeável e calça jeans, cabelo grisalho bem penteado, óculos de armação prateada. Ele era francês, o padre Jacques. Sentou-se na beirada da mesa da recepção, braços cruzados no peito, e nós nos sentamos diante dele, como alunos da escola, em cadeiras de plástico. Explicamos o que desejávamos: que, se possível, ele fosse a Atotonilco, antiga cidade santa e católica fora de San Miguel, no dia 20 de agosto para nos casar. Mas, em vez de ser dentro da própria igreja, nosso casamento seria numa antiga *hacienda* restaurada que tínhamos alugado; se, nessas circunstâncias, ele não pudesse celebrar uma cerimônia completa — nós realmente não queríamos uma missa nupcial —, ficaríamos gratos se pudesse nos dar uma bênção. Pagaríamos as despesas da viagem, é claro, e qualquer coisa mais que ele cobrasse.

Na infância, Aura recebera a educação católica habitual — um pouco de escola dominical, aulas de catecismo, primeira comunhão — e eu tinha sido batizado e crismado quando bebê. Admitimos que estávamos fazendo aquilo principalmente para agradar nossas mães. Padre Jacques pareceu entender e não nos sondou mais. Porém, tinha muito a dizer. Seu espanhol, por mais fluente que fosse, soava como francês, a boca fazendo os esforços vigorosos de um agitado falante francês, o queixo apontando para nós. Exigia apenas seis semanas de aulas de preparação. Ainda tínhamos tempo. Cristo também revela sua união conosco através do sacramento do matrimônio — assim começou parte da lição. *Misterio Sacramental hasta la muerte*, me lembro sem dúvida dessas palavras. O casamento, como todos os sacramentos, era mais bem compreendido como uma preparação para o sacramento final da morte e para a graça eterna da salvação — esse o ponto principal do discurso do padre. Era sobre a preparação de nossos filhos para a graça eterna da salvação, e os filhos dos filhos deles. E assim ele prosseguiu, repetindo sem parar as palavras "Cristo", "morte" e "salvação" em todas as combinações possíveis, tornando-se cada vez mais exaltado e abstrato. Por alguma razão, aquela arenga fez eu me sentir como Woody Allen em *Noivo neurótico, noiva nervosa*, quando ele senta para o jantar de Ação de Graças com a família Wasp (branca e protestante anglo-saxã), todos rezam antes de comer e de repente ele se transforma num judeu ortodoxo. Eu mordia com força o interior da minha bochecha para conter o riso. Aura se esforçava para parecer atenta e séria, mas quando vi seus olhos muito abertos e os lábios finos percebi que também estava tentando não explodir numa risada. Morte, Cristo, morte, casamento, salvação, o Espírito Santo, a Trindade, e ele não parava. Obrigado, padre, sim, nós entendemos, nosso casamento é uma preparação para a salvação eterna. Mas de qualquer forma o padre Jacques não poderia nos casar, não no final de agosto. Não, *c'est impossible*. Ainda assim, precisaríamos ir às aulas de preparação. Lá fora, na calçada, Aura e eu nos encostamos no muro caiado, gargalhando, *jajaja*. Que padre mais bizarro! Ah, *mi amor*, eu estava fazendo tanta força para não rir, eu também, foi hilária a maneira como ele não parava de falar da morte! *Jojojo*.

Acho que não vamos encontrar um padre para nos casar, eu disse. Estou pronto para desistir. E Aura disse, isso mesmo, nem quero mais um padre. Ela nem tinha certeza de que queria uma festa de casamento, não uma grande festa. Ficaria mais feliz, insistia, se apenas nos casássemos na prefeitura de Nova York.

Como foi então que todos nós, e Aura também, no final, ficamos tão envolvidos? Talvez Juanita começasse a vê-lo como o tipo de casamento que sempre sonhou realizar para a filha, pelo menos naquela dimensão, ainda que outras coisas estivessem aquém de sua fantasia, a começar pelo noivo; um casamento que ela nunca poderia bancar sozinha. O casamento era também uma nova maneira de eu provar a Juanita o quanto amava sua filha. Juanita, que certa vez pegou meu BlackBerry em uma mesa de restaurante, examinou-o e segurou-o no alto, enquanto declarava que eu não poderia ser tão apaixonado por Aura como alegava porque não tinha uma única foto dela no telefone. Só que aquele BlackBerry não tinha câmera, e se eu nunca enviara, pelo correio eletrônico, fotografias do meu computador para baixá-las no telefone, foi porque jamais me ocorreu fazer isso. Lembro de ter me assombrado por Juanita dar atenção àquela ninharia num amor que eu tinha sempre tanto orgulho em exibir, como se aquele proverbial lapso minúsculo fosse capaz de desvendar o crime perfeito. O planejamento da cerimônia foi mais uma coisa que deixou Aura tensa, mesmo assim ela também acabou se envolvendo, e passava horas organizando e atualizando o site que criou para isso em seu laptop. Gravou CDs com músicas para serem tocadas antes da cerimônia e que sempre incluíam canções pop espanholas encantadoras, femininas, de sua adolescência, como Jeanette e Mecano, como se quisesse evocar o clima de devaneios de uma menina sobre o casamento. Planejar os lugares onde os convidados se sentariam, desenhando um diagrama depois do outro, analisando por que tal pessoa ou casal devia ou não se sentar na mesma mesa com alguém, era como transformar mexericos num jogo de tabuleiro.

Aura e eu sabíamos por que queríamos nos casar; não era apenas impulso romântico, como sobretudo havia sido para mim na primeira vez, nos meus vinte e poucos anos. Sabíamos que havia maneiras de assumir um compromisso, de nos "sentir casados" sem passar pelos trâmites oficiais. Se Aura e eu fôssemos boêmios mais radicais, se planejássemos constituir uma família em Berlim ou em algum lugar desses, poderíamos ter prescindido do casamento. Mas tivemos motivos práticos também, como a situação de imigrante de Aura. E ainda: o casamento como uma expressão-aceitação-comemoração pública com a família e os amigos. *Eu* encontrei a minha cara-metade. *Nós encontramos um ao outro.* Vamos nos unir de todas as formas possíveis, inclusive pelo casamento. Vamos ter filhos.

Nosso gordo álbum de casamento com sua capa de couro que Natalia vai gostar tanto de folhear na infância, na adolescência desdenhosa: Olhe só a mamãe ao lado daquele burrinho de chapéu de palha, rindo, cabelo esvoaçando no rosto — O.k., ela está linda mesmo —, uma garrafa de tequila na mão, uma alça do vestido de casamento caída no ombro e mostrando aquela tatuagem horrorosa que ela tinha e que depois tirou com laser antes de eu nascer, para que o mundo inteiro não a visse toda vez que ela tivesse de me amamentar. Mamãe boquiaberta vendo papai cortar o bolo de casamento com um facão! *Tía* Fabis e *tía* Lida jogando pétalas de rosa em mamãe, e ela está sorrindo e pulando em meio a uma nuvem de pétalas que caem, mãos para cima, de modo que parece estar levitando. Mas, eca, papai tingiu o cabelo. Dá para ver que ele tingiu o cabelo, porque está muito sólido e preto, e não como nas outras fotos da época. Mamãe o fez pintar o cabelo. Ela disse, Pois é, fiz Papi tingir o cabelo. Está vendo como seu pai fazia qualquer coisa por mim? Coitado do Velho. Mamãe queria que ele parecesse mais jovem, especialmente na frente dos amigos, colegas e parentes distantes de Mama Juanita. Isso foi antes da minha mãe finalmente obrigar minha avó a ir para o AA, dizendo que não a deixaria tomar conta de mim se não fosse. Agora faz quinze anos que Mama Juanita não toma nenhuma bebida alcoólica! O que não a impede de se divertir às custas de papai, que ela trata como um avestruz gigante com cérebro danificado, mas ela se diverte às custas de todo mundo, ela é hilária, eu a adoro; quando vou passar as férias da escola com ela na casa de Taxco, eu me esbaldo! Depois que mamãe escreveu aquele livro famoso sobre a garota mexicana que foi morar com o marido psiquiatra numa clínica de doentes mentais na França e inventou o sapato robô, ela e papai compraram de volta a casa que a minha bisavó Mama Violeta tinha deixado para uma antiga criada dela. Essa é outra história que já escutei um zilhão de vezes.

O vídeo e as fotografias coloridas do casamento foram um presente do primo de Juanita. Mas não aguento ver o vídeo. Qualquer um pensaria que gosto de vê-lo o tempo todo, pois é o único vídeo de Aura que tenho. Esse vídeo já me dava vontade de gritar de vergonha quando Aura era viva. Por que muito mais cenas de mim do que de Aura? Por que a pessoa com a câmera ficou tão fascinada por mim? Porque parecia que eu tinha acabado de ser milagrosamente curado de uma cegueira, dirigindo meu sorriso esticado de Muppet para todos os lados. Minha exuberância é pura — não é porque eu me sentisse indigno, ou tivesse me livrado de alguma coisa desagradável. O fato é que eu tinha deixado de esperar ou imaginar — muito antes de Aura — que um dia como aquele iria chegar à minha vida, e isso está evidente demais no vídeo. Havia um quê de descuido, de descontrole, de infâmia em meu comportamento que irrompia entre os convidados como um cachorro brincalhão, fazendo-me exibir a todos meu enorme sorriso.

Não havia ninguém da minha família no casamento. Nove dias antes, minha mãe levou um tombo e quebrou o quadril, e minhas irmãs estavam cuidando dela. Mas senti alívio por não ter de me ocupar das duas. A cerimônia foi numa ilhota no meio do lago da *hacienda*, com os convidados assistindo do gramado. O juiz era um rapaz de vinte e seis anos com cara de bebê, e estava em seu primeiro ano de prática. Pia tirou uma foto de Aura andando sozinha — antes de chegar até seu padrasto, que a esperava e que iria acompanhá-la no restante do caminho — pelo gramado em direção à ilha, o véu branco escondendo-lhe o rosto, segurando o buquê; acima dela, nuvens escuras, furiosas, podem ser vistas por cima de outras ainda banhadas pelo sol, lançando sombras e luz nos álamos. É uma fotografia solitária e inquietante, a última daquele rolo de filme, e lágrimas pontiagudas perfuram a imagem do lado direito, como garras escaldantes. Chovia, uma garoa com vento, e os convidados refugiaram-se na varanda da *hacienda*, mas o chuvisco parou antes do fim da cerimônia. Eu fiz os juramentos com um sorriso largo e balançando a cabeça como um boneco de mola. Aura parecia atenta, séria, um pouco acabrunhada. A cerimônia civil mexicana é tradicional, Velho México, longa mas não tão poética. Não há frases memoráveis como "amar, honrar, dar carinho e proteção", embora o juramento número quatro determine que o homem, como fonte principal de coragem e força, deve dar proteção à mulher, juntamente com o alimento e a orientação. A mulher é louvada por sua beleza, renúncia pessoal, compaixão e compreensão intuitivas; deve sempre tratar o marido, diz o juramento número cinco, com delicadeza e respeito. Depois, Aura brincou que poderiam editar os juramentos em uma linha e poupar um bocado de tempo — dizendo com sua voz baixa: A Verdade do Mestre é o Escravo, e a Verdade do Escravo é o Mestre.

Quando acabou, os *mariachis* começaram a tocar, e dois meninos conduziram o pequeno burrinho carregado de tequila pelo gramado molhado. Os mexicanos entraram todos na grande tenda branca aberta e sentaram-se onde quiseram, ignorando por completo nossa distribuição de lugares meticulosamente planejada. Quando o nosso DJ mexicano moderno iniciou sua primeira sequência de músicas com Pérez Prado e algumas tecno-cumbias, provocou uma debandada de mexicanos de meia-idade, o pessoal de Juanita, para seus carros estacionados; eles voltaram correndo com CDs dos Beatles e do grupo ABBA nas mãos, que o DJ, embora a princípio protestando — "Então você não pode dizer que DJ OXO tocou no seu casamento" —, gentilmente misturou no seu roteiro pelo resto da noite. A dança continuou até quase o amanhecer. Há uma tradição mexicana entre garçons de casamentos de deixar a noiva e o noivo totalmente embebedados, talvez em outros tempos um grande benefício num país onde a noiva deveria chegar virgem ao casamento. Toda vez que eu me virava, um garçom estava esperando para encher meu copo com tequila. Tive a sensação de estar sendo caçado. Caí para trás na lama, rindo, quando Aura e eu subíamos numa das camionetes que esperavam para levar os convidados de volta a San Miguel.

Um amigo rico de Juanita de Guadalajara deu de presente uma boa parte da tequila. Um amigo meu que é dono de restaurantes no Condesa me forneceu o vinho a preço de atacado. E assim por diante. E foi como celebramos nosso grandioso casamento. O sucesso da festa ajudou a estabelecer um sentimento de unidade familiar, um pouco de confiança e um abrandamento, acho eu, da angústia maternal de Juanita. Ainda que Aura continuasse afirmando que teria ficado igualmente feliz em ter se casado na prefeitura.

Como deveríamos ser agora que estávamos casados? Deveria haver uma mudança? Houve alguma timidez ou confusão sobre isso, que se manifestou como um constrangimento no primeiro dia e meio da nossa lua de mel em um distante resort ecológico em Nayarit, na costa do Pacífico, onde existe uma incubadora de filhotes de tartarugas marinhas. Que bela manhã de sol! Hora de nos dedicarmos a esse negócio sério que é uma lua de mel e lermos literatura séria em nossas redes! No segundo dia, fomos andar a cavalo. Meu cavalo disparou comigo a galope para longe na praia, ignorando meus gritos e puxões de rédeas. O tom bem-humorado da nossa narrativa foi restabelecido: Aura se divertiu lembrando de mim pulando indefeso na sela enquanto o cavalo corria, sob as gargalhadas do nosso guia cavalariço. Nossa *cabaña* era no mar, iluminada à noite apenas por velas e lampiões; não havia eletricidade. Caranguejos azuis corriam por toda a parte e tiramos fotos deles encurralados em cantos, erguendo suas garras de samurais. Havia uma lagoa por onde íamos remando num bote pequeno para a ceia à noite. Na sala de jantar, tomávamos *margaritas* e fazíamos Palavras Cruzadas, usando palavras em inglês e espanhol. Aura jogava com um livro no colo para lê-lo ao mesmo tempo. Os outros hóspedes do hotel também se mantinham reservados, dando a impressão de ser estrelas de rock e criminosos financeiros de segundo escalão que necessitavam muito de afastamento, que nunca tiravam os óculos escuros nem seus bonés de beisebol com abas puxadas para baixo e que ficavam longe do sol. O mar era muito bravo e traiçoeiro para nadar; o hotel tinha cartazes na praia proibindo que se entrasse no mar. Havia uma área de piscina esculpida de modo a dar a impressão de ser parte da praia. Fui nadar no mar assim mesmo, embora talvez fosse melhor dizer que só mergulhei numa onda, depois me virei e saí da água lutando contra a vazante através da áspera subida de pedras irregulares. Com ar de desaprovação, um funcionário do hotel me observou voltando da praia depois de sair da água. Apontou para a placa e disse, *Está prohibido nadar, señor.*

Seja como for, Aura contou à sua amiga Mariana que sabia que podia contar comigo para protegê-la. Sentia-se segura comigo. Eu sempre estava atento a ela. Eu me arriscaria para não deixar que nada acontecesse a ela, Aura disse a Mariana na Cidade do México poucos dias antes de irmos a Mazunte, em julho de 2007, e que esse era um dos motivos de ela estar feliz no casamento.

Mesmo assim, antes disso, naquela primavera, eu quase matei Aura. Tínhamos ido a New Bedford, onde eu queria fazer pesquisas para um romance que estava começando. Como muitos nova-iorquinos que não têm carro na cidade, eu raramente dirigia. Sou mais nervoso ao volante agora do que quando dirigia com mais regularidade, embora não seja um motorista inseguro. Na Cidade do México, onde Aura tinha um Chevy vermelho hatchback que ela deixava na casa da mãe, ela sempre dirigia, parecendo um besouro alvoroçado em disparada naquele tráfego anárquico e engarrafado. Em nossa viagem para New Bedford, porém, era eu quem dirigia um suv alugado. Perdi um retorno e, num impulso nervoso, tentei pegá-lo tarde demais, cruzando bruscamente a pista à minha direita. O carro que vinha nessa pista deu uma freada estridente, o motorista enfiou a mão na buzina aos gritos de *Seu cretino desgraçado* e me vi rodeado de olhares atônitos e zangados.

Aura estava sentada no banco do passageiro, onde o carro a teria atingido. Abalada, desabafou em inglês, Você é um idiota, um idiota.

Ela nunca tinha se dirigido a mim com tamanho desprezo. Envergonhado, continuei dirigindo, imitando uma pessoa normal que nem sequer tivera a intenção de regressar. Alguns minutos se passaram antes de Aura me pedir desculpas, baixinho, quase murmurando, Eu não devia ter dito aquilo. Nesse tipo de situação, as pessoas dizem coisas que não pensam. É a adrenalina, disse ela.

Um idiota, um idiota. Eu não conseguia tirar isso da cabeça, ficou me incomodando por dias a fio, e sempre que lembrava me sentia triste de novo. Foi uma estupidez, uma coisa estúpida de se fazer, tentar virar sem sequer olhar para a outra pista. Por que aquele impulso de pânico por causa de um retorno perdido?

24.

Apanhei o maço de Camel Lights de Aura na gaveta do armário da cozinha, peguei os fósforos, vesti meu casaco acolchoado e saí. Passava das dez da noite e estava gelado; quando me sentei na escada da entrada, o cimento ardeu como gelo seco através da minha calça jeans. Em alguns carros estacionados ainda havia camadas duras da neve que caíra pesadamente na semana anterior, ou então eles ainda não tinham sido desencavados, estavam presos em seus icebergs, mas nas calçadas e no meio da rua a neve se reduzia agora a sobras e a neve suja meio derretida. Acendi um cigarro. Trancada do lado de dentro da grade preta de ferro, em frente à entrada do andar de baixo, estava a bicicleta de Aura, meio enterrada num monte de neve, sem o selim, enferrujando. Eu não conseguira encontrar a chave do cadeado. A cada duas semanas, aparentemente, alguém roubava o selim da bicicleta dela. Onde estariam esses selins agora? Até onde o tráfego de selins de bicicleta roubados alcançava? Alguém na Moldávia estaria andando no selim da bicicleta de Aura? Era o primeiro cigarro que eu fumava depois de treze anos. Traguei e tossi. Traguei novamente, segurei a fumaça. Tontura; uma náusea subindo devagar dentro de mim. Dedos e orelhas doendo de frio. Olhei para o final do quarteirão, para os galhos pretos retorcidos e finos da árvore dela contra a lua que pairava bem atrás. Dois entregadores vieram pedalando suas bicicletas pela rua, capuzes de moletom sob os casacos, o ruído dos pneus triturando a lama gelada, o borbulhar suave de seu espanhol mexicano, a cada poucas palavras um *güey*. Quero minha amiga de volta, pensei, falávamos por sinais e formávamos uma grande dupla. Talvez eu esteja cansado de ninguém entender como é isso, mas também não desejo que ninguém passe por isso. Apaguei o cigarro de Aura e acendi outro.

Abrace-a com força, se você a tem; abrace-a muito, pensei, é meu conselho para todos que estão vivos. Respire o perfume dela, encoste o nariz em seu cabelo, respire profundamente o perfume dela. Diga o nome dela. Será sempre o nome dela. Nem a morte pode roubá-lo. O mesmo nome, viva ou morta, sempre. Aura Estrada.

25.

Faz tanto frio no Alasca…

Você ia virar uma estrela do rock. Ainda não tinha se dado conta, mas ia deixar Columbia — e provavelmente acabar me deixando também — em troca do glamour esmolambado da vida na estrada e por um estrelato pelo menos modesto. Raul, um garoto que você conheceu na Cidade do México e que também estava em Columbia, estudando arquitetura, montou uma banda que estava tocando em clubes do centro da cidade e pelo nordeste do país. A banda tinha decidido que eles precisavam de uma vocalista feminina para poderem passar "para o próximo nível", e por isso estavam fazendo testes. Raul a convidou para experimentar. Durante dias, você fechou as janelas francesas do nosso quarto e ficou sentada no chão ouvindo aquela música em seu laptop e cantando junto:

Stephanie diz…

Faz tanto frio no Alasca…

Eu sabia que eles iriam escolher você. Você não tinha uma voz espetacular, mas nem precisava. Só tinha de ser afinada e falar cantando, suavemente, a letra, como Nico. A banda, eu tinha certeza, estava procurando acima de tudo um rosto, e você parecia uma Björk mexicana. Tive que aceitar. Tinha jurado jamais me tornar a caricatura do amante mais velho controlador. A última coisa que você iria querer era um Tommy Mottola. De qualquer forma, você não achou que participar de uma banda de rock seria o nosso fim; apenas significaria um ou outro fim de semana longe de mim e as horas de ensaio. Eu sabia todas as coisas que poderiam significar e que provavelmente significariam, mas fiquei de boca fechada.

Isso foi durante o nosso primeiro inverno juntos. Fui com você ao Lower East Side no dia do seu teste, uma sombria tarde de sábado de fevereiro. Enquanto você estava no estúdio de gravação que a banda tinha alugado, esperei num café ao lado do museu Tenement. Sentei-me junto à janela, tomando café e dizendo a mim mesmo para ficar feliz por você, "Stephanie says" tocando sem parar dentro de mim como a canção mais triste de adeus. Senti uma espécie de luto, não a coisa pesada e mutilante em si, mas sua sombra predatória, como a sombra de um tubarão, passar por mim nesse dia. Tudo estava prestes a mudar. Eu tinha de aceitar. Por fim, você entrou no café com aquele sorriso apertado de pateta, sentou-se num banquinho ao meu lado, tomou um gole do meu café — a incrível mancha de batom vermelho que deixou na borda esbranquiçada da xícara — e, em seguida, depois de devorar grande parte do meu segundo pedaço de bolo de cenoura, seu sorriso com a fenda entre os dentes do meio se ampliou em um sorriso de enorme constrangimento, e você anunciou, alegre: *¿Te cae, güey?* Raul disse que eu tenho a pior voz do mundo, que não faço a menor ideia do que seja cantar. Mas eles foram simpáticos. Ah, e a menina que se apresentou antes de mim era muito boa, ela tem de ser a escolhida. Eles fizeram vídeos de todos os cantores que vieram para o teste. Frank, precisamos conseguir meu vídeo de volta e destruí-lo.

Eu disse como achava que você tinha sido corajosa por tentar, e como estava orgulhoso de você, e que eu adorava o jeito como você cantava "Stephanie says", e que daria tudo para ver aquele vídeo.

Você sempre se sentiu destinada ao estrelato de uma forma ou de outra. Mas o medo de que talvez isso não fosse verdade não a deixava. Que você não fosse mais do que as aulas que tivera, as escolas que tinha frequentado, os livros que havia lido, as línguas que falava, suas bolsas de estudos, sua dissertação de mestrado em Borges e os escritores ingleses, e assim por diante, e ninguém especial, com um talento só seu. Você estava ansiosa por algo somente seu. Eu era só seu, mas não era isso que você queria dizer.

26.

Chamávamos a universidade de Columbia de *"La Casa Grande"* e o programa do MFA de *"La Casa Chica"*; a primeira era a forma como no México um homem se refere à casa na qual mora com a mulher e os filhos, e a segunda, a moradia secreta que mantém para sua amante. Três vezes por semana, Aura dava aulas em Columbia para universitários que ainda não tinham colado grau, ao mesmo tempo que trabalhava em sua proposta de tese e ajudava a organizar uma conferência acadêmica patrocinada por seu departamento. Tinha aulas no MFA duas noites por semana e um fluxo constante de leituras e trabalhos por escrito. Aceitava todos os convites para escrever para revistas mexicanas e revisões esporádicas de literatura de língua inglesa. Seria possível assumir uma carga de trabalho tão pesada sem, de vez em quando, sentir-se assoberbada? Não mesmo.

Temos apenas de aguentar até o verão, um de nós animava o outro. Neste verão, vamos passar duas semanas em Mazunte — nossa praia favorita no Pacífico. Nenhum de nós dois jamais tinha ficado mais de uma semana numa praia. Nossa lua de mel durou seis dias.

Em Columbia, só alguns amigos mais próximos de Aura sabiam que ela participava de um programa de escrita. Se fosse descoberta, provavelmente seria expulsa, podia até ser processada ou deportada. A deportação era o nosso maior medo. Aura estava nos Estados Unidos com um visto de estudante obtido através de Columbia. E se o visto fosse revogado? A política do City College para estudantes sem documentação era não perguntar, não contar, não saber; Aura estar matriculada lá não pesaria em nada para os agentes da Imigração. O casamento com um cidadão americano não dava direito, automaticamente, a um *green card*, e tínhamos sido avisados que obter um era agora um processo extremamente lento, cheio de armadilhas. Sabíamos que o melhor seria arranjar um advogado especializado em imigração, mas até então tudo que tínhamos feito fora colar na geladeira o número do telefone de um advogado recomendado por Silverman.

O fato de Aura estudar em Columbia não precisava ser mantido em segredo no programa do MFA, mas ela procurava ser o mais discreta possível. Diversos alunos do curso de escrita, Aura logo descobriu, não liam muito. Ou liam principalmente obras de escritores da mesma panelinha de ficção americana contemporânea, alguns ingleses, irlandeses ou coisa parecida. Quando o Famoso Escritor Australiano indicou o capítulo de abertura de *O retrato de uma senhora* na aula prática como um exemplo de "como introduzir vários personagens e a relação de uns com os outros", alguns alunos se queixaram. O que é isto? Que chato e antiquado. Como isto vai nos ajudar a lidar com múltiplos pontos de vista de maneira contemporânea? Mas Aura e sua amiga Wendy mergulharam naquelas páginas, encontrando-se à noite antes da aula para repassar linha por linha. Para Aura, poder estudar dessa forma novamente, deixando cada palavra transmitir significado e emoção sem que se sentisse pressionada a levar aquilo em consideração para o futuro, foi uma revelação. Acredito que estar no MFA deu a Aura uma nova perspectiva sobre Columbia; a combinação das duas coisas representava o que ela originalmente esperava da pós-graduação. Aplicar suas leituras de doutorado, mesmo que de modo impróprio, à sua ficção levou a algo parecido com adquirir novos músculos; padrões e camadas mais profundos. Sua escrita em inglês estava superando a imprecisão de uma segunda língua; ela assumia riscos com mais confiança.

> E aí você pensou: Claro! Deus gostaria da harpa e do acordeão de Baby D tanto quanto gosta da música dos anjos andróginos; e talvez você descubra, quando for para o céu, depois da dança no Departamento de Imigração de Xangai. E talvez encontre sua fantasia de urso num armário lá no céu...

Este trecho é parte de um exercício em classe da oficina do FEA, e quando Aura leu seu trabalho em voz alta fez-se silêncio na turma, todos impressionados, desconcertados; e senti meu coração se despedaçar outra vez, mais de um ano depois, quando escutei o FEA lê-lo em voz alta na cerimônia de homenagem a Aura — "um fragmento... de um fragmento... de um fragmento de uma vida", ele o chamou —, aquele fragmento de uma vida que ainda era tudo para mim.

Entretanto, ler seu projeto de tese é doloroso. Lá, ela dá a impressão de ser uma borboleta se debatendo num papel pega-moscas ou uma patinadora artística laboriosamente cumprindo as etapas obrigatórias da fase preliminar da competição: "performatividade em crise", o "fascismo larval da subjetividade", o mercado, a globalização, e assim por diante. Mas ideias de Deleuze, como a literatura ser parte da doença que combate, estão infiltradas na ficção de Aura em tom brincalhão, como na história "O artista belga", em que o artista está lendo um livro chamado *A história dos germes*, uma jovem vai ao apartamento dele, repleto de estantes cheias de livros, e diz: "Detesto livros. Eles me deixam nervosa". Ela estava trabalhando em seu romance e também começando a ter trabalhos publicados com bastante regularidade: um ensaio sobre Bolaño e Borges que chamou a atenção de jovens escritores de Nova York; e mais contos. Naquela primavera, em maio, para a *Gatopardo*, uma espécie de *Vanity Fair* da América Latina, ela fez um perfil de um alfaiate mexicano de Nashville que costumava desenhar roupas para Elvis Presley, e também para Bob Dylan. Foi a primeira vez que viajou para um lugar por conta de uma revista para escrever um artigo. Nas fotos que vi de Aura em Nashville, na festa anual do Cinco de Mayo promovida pelo alfaiate, ela parecia muito segura de si e misteriosa, como se fizesse parte daquele meio, entre aqueles estranhos do Sul com seus trajes estilosos de vaqueiro do Oeste, um mundo onde eu jamais me sentiria à vontade.

Ainda assim, à medida que seu aniversário de trinta anos se aproximava, nada disso — matérias publicadas, trabalho, ambição — era suficiente para acalmá-la. Aura citava o nome de todos os escritores mais ou menos da sua geração que já haviam publicado um romance, um livro de contos ou ensaios em inglês ou em espanhol antes dos trinta anos, e começou a se pressionar e a me enlouquecer com essa contagem. Aura, minha querida, esse desespero era algo que você teria de superar. Esses escritores não tinham passado dos vinte aos trinta anos estudando para um doutorado que nem sequer queriam, eu vivia dizendo a ela. Eles dedicaram pelo menos parte desses anos à literatura. Estava tudo bem! Ela havia começado um pouco tarde, mas estava indo muito bem! Mais do que bem! Será que não via o quanto estava se saindo bem? Não percebia que todo mundo estava vendo como ela era talentosa?

Bem, nem todo mundo. Ela fora duramente criticada numa oficina por alguns alunos e não levou isso numa boa. (Um conto que foi publicado postumamente na *Harper's*, nada menos.) Se um aluno dizia algo negativo, ela se fixava naquilo e esquecia todos os elogios.

Este verão, *mi amor*, duas semanas na praia em Mazunte. Vamos alugar uma casa de praia. Só faltam três meses!

Ela passou por mais uma daquelas fases em que todas as manhãs acordava antes do amanhecer e ficava se preocupando. Saía da cama sentindo-se tonta e exausta. Às vezes, colocava pó de café na cafeteira, mas esquecia de pôr a água antes de ligá-la, ou punha a água, mas não o café. Seria tudo isso um sintoma normal da virada dos trinta? Ela telefonou para Lola, que em breve também faria trinta anos, e perguntou qual era a primeira coisa que lhe vinha à cabeça quando acordava de manhã, e Lola respondeu, Ir fazer xixi.

Não ajudava muito o fato de eu estar concluindo meu livro, o que me deixava distante e absorto. Às vezes, Aura sentava-se à sua mesa no quarto ao lado tamborilando bobagens em seu teclado barulhento só para abafar o meu digitar incessante. Minha falta de atenção a irritava e a magoava. Todo dia ela me repreendia por eu ter esquecido de arrumar a cama ou por ter deixado alguma sujeira na pia depois de lavar a louça, ou por não ter fechado uma gaveta da cômoda no quarto. Minha carga de trabalho não era tão brutal quanto a de Aura, mas eu também estava sob pressão. Eu dava aulas para duas turmas e o livro, que deveria ser entregue em maio, estava atrasado. Era um livro de não ficção sobre um assassinato político na América Central, que resultou em árduas batalhas nos tribunais e que tinha ligações com o crime organizado. O caso era repleto de violência — testemunhas, testemunhas potenciais e outras pessoas relacionadas com o caso continuavam sendo assassinadas ou desapareciam — e tinha um elenco de personagens sinistros, até psicopatas, inclusive alguns que de certa forma tinham se enredado na minha vida, ainda que a uma distância convenientemente segura. O trabalho de reportagem estava quase terminado; fiz uma última viagem curta naquela primavera e em seguida continuei apenas acompanhando pela internet. Esse livro às vezes se apoderava da minha vida interior de uma maneira que eu odiava, impregnando-a de um frenesi obcecado e silencioso e de emoções violentas que me faziam sentir isolado num mundo do qual eu queria resguardar Aura. Eu me preocupava com vinganças também, com assassinos que soubessem que fazer mal a Aura seria a melhor maneira de acabar comigo. Era improvável que tal coisa acontecesse, mas meu receio de que pudessem chegar até nós com facilidade no México, se quisessem — alguns tinham ligações com traficantes, com o Cartel del Golfo e com Los Zetas —, exigia precauções. Foi por isso que eu disse a Aura que, como o livro sairia no outono, aquele seria nosso último verão no México por pelo menos dois anos. Em três anos, eu calculava, o mais perigoso daqueles inimigos, se ainda estivesse vivo, teria alvos mais frescos.

Passaríamos o verão seguinte na França; daríamos um jeito, prometi a ela. E neste verão iríamos ao México, com duas semanas em Mazunte, alugaríamos uma casa de praia lá, prometi também. Mas acontece que Aura estava em dúvida até mesmo sobre passar aquele verão no México. Disse que queria tentar pelo menos um verão em Nova York. Quando eu contei que o verão em Nova York era horrível, quente, barulhento, malcheiroso, ela disse que queria descobrir isso por si mesma e que eu não tinha o direito de estragar o prazer dela só porque já morava ali fazia tanto tempo. Os amigos dela adoravam o verão em Nova

York! Às vezes cismava, de novo, em querer se mudar para outro apartamento, um com jardim, onde pudéssemos ter um cachorro. Passava horas navegando pelos imóveis da Craigslist, procurando um lugar onde fosse permitido ter animais de estimação. O que ela realmente desejava, para variar, era dedicar suas energias a si mesma, queria escrever. Eu devia ter percebido logo por que ela não queria ir ao México. Ainda que Aura achasse que naquele verão ela não precisava estar perto da mãe — acho impossível ela ter pensado isso; mas teria sido *mesmo* impossível? —, eu poderia ter insistido que fôssemos passar lá apenas um mês. Não deveríamos ter ido de jeito nenhum. Eu deveria tê-la incentivado a ser cruel e egoísta pela primeira vez, como talvez ela estivesse ansiando ser. Eu poderia ter encontrado um apartamento com jardim para alugar num bairro mais barato. Nossos vizinhos do andar de baixo se mudaram em abril e o apartamento ficou disponível por um curto espaço de tempo. Houve um espaço de cerca de cinco dias em que poderíamos tê-lo abocanhado. O quintal tinha roseiras, duas macieiras e uma figueira, arbustos, canteiros de verduras, de flores e parreiras em cima do muro, a maioria exigindo manutenção constante, de modo que não teríamos podido sair no verão e deixar a grama virar mato, tudo ser sufocado por ervas daninhas, murchando ao sol do verão. No entanto, o aluguel do apartamento custava mil dólares a mais por mês do que o nosso. E ainda por cima não era permitido ter animais de estimação. Não, *Ow-rra*. Eu queria ir ao México. Júri universal, se quiser me condenar por alguma coisa, condene-me por isso. Deveríamos ter ficado em Nova York naquele verão, cuidando do nosso jardim. *¿Le gusta este jardín?*

Por anos a fio, Aura receou que Rodrigo abandonasse sua mãe. A inclinação de Juanita por bebida, que havia aumentado, era o que ele costumava alegar como a razão dos problemas conjugais deles, embora houvesse outros. Com mais insistência do que antes, Aura vinha pedindo e repetindo que a mãe deveria procurar ajuda. Durante seus telefonemas quase diários e conversas pela internet, muitas vezes brigavam furiosamente por causa isso. Uma noite, no México, nos feriados de Natal, Juanita e Rodrigo foram nos encontrar num bar-restaurante de Condesa. Estávamos sentados a uma grande mesa redonda bebendo com amigos. Quando chegou a hora de ir embora, Juanita inclinou-se para a frente, pegou os copos da mesa para beber as sobras, olhos fixos em cada bebida como se preparasse uma tacada de bilhar. Jaime, o espanhol de voz profunda, murmurou uma de suas piadas espirituosas em tom indulgente, *Ay, caray*, ela ganha de mim nisso — algo assim. Aura tentou ser estoica, mas presenciar sua vergonha e raiva me doeu como uma punhalada. Seu rosto ficou quase cinza e, com sua expressão severa, uma sóbria tristeza nos olhos, lábios tensos e curvados para baixo, foi como se eu tivesse um lampejo de como Aura seria na meia-idade caso sua vida se tornasse uma amarga decepção. Ela fulminou o padrasto com um olhar, ele parado ali com ar impotente e culpado, e aproximou-se da mãe. Rodrigo havia deixado um livro de autoajuda sobre divórcio no banco traseiro do carro de Juanita pelo menos um ano antes, e o livro continuava lá, como um gambá adormecido que ninguém se atreve a acordar. Aura estava convencida de que o pavor de sua mãe de ser abandonada pelo marido era o que estava por trás da sua compulsão por bebida, juntamente com o longo rompimento com a própria mãe, uma ferida aberta. E ainda havia Aura em Nova York, agora uma mulher, casada, indo atrás de suas próprias ambições e com menos tempo para ela. Abandono, solidão, desamparo, medo, tudo girando em torno dela, era o que a vida de Juanita se tornara. Apesar de todas as ameaças e insinuações de Rodrigo sobre ir embora, Aura não acreditava muito que ele levasse isso adiante; por um lado, porque não ganhava dinheiro bastante para viver em algum lugar decente por conta própria. Ele ficava quase a semana inteira fora de casa, a trabalho, e ultimamente nos fins de semana também. Sendo um homem de aparência ainda jovem, atlético, em boa forma, difícil acreditar que não tivesse uma amante. E quando estava em casa podia ser muito cruel com seu jeito passivo-agressivo, duro, arrogante. Apesar de tudo, percebia-se que ele gostava de Juanita, que não estava com ela apenas por causa do teto que ela lhe proporcionava. Havia uma alta voltagem inegável no caráter dela da qual ele, quase sempre um sujeito de poucos watts, não conseguia se desligar. Ela o mantinha em suspense.

Mas também percebemos que Rodrigo, agora avô, ansiava passar mais tempo com os netos — dois meninos e uma menina, os meninos com quatro e dois anos, a menina, recém-nascida. Nos velhos tempos, Rodrigo passava férias com Juanita e Aura, escolhendo os momentos de telefonar discretamente para a filha, Katia, havia muito banida, ou de sair para estar com ela. Porém, depois que os netos chegaram, as prioridades de Rodrigo mudaram. O crescente apego à sua família contra a recusa constante de Juanita de até mesmo reconhecer a existência de Katia seria, para grande aflição de Aura, o que finalmente levaria o padrasto a se afastar de sua mãe de uma vez por todas. Caso a família pudesse se reunir pelo menos nos feriados — Natal, Dia dos Pais —, isso ajudaria a manter Rodrigo em casa? Fui eu que apresentei essa teoria e, depois de dar um polimento nela com Aura, falei com Rodrigo. E foi como nossos encontros secretos com ele e Katia começaram. Banquei o enviado especial nessa rodada diplomática de importantes questões em jogo. Fazia doze anos que Aura não via sua meia-irmã. Sua mãe não podia saber das nossas negociações, insistiu Aura. Até aquele momento, tínhamos nos encontrado com Rodrigo e Katia duas vezes, uma no verão anterior e depois no inverno, em dois restaurantes diferentes. Nas duas vezes, Katia apareceu com o marido, que tinha um cargo gerencial de nível médio numa fábrica multinacional de aparelhos situada fora da cidade. Vestiam-se como um jovem casal de classe média: Katia, no primeiro encontro, com um vestido cinzento sem mangas sobre uma blusa branca, brincos de ouro e colar discretos; o marido, de suéter vermelho e calça escura. Katia ainda tinha o ar convencido da menina popular da escola. O cabelo castanho era comprido, lustroso e bem-arrumado. Tinha um sorriso simpático — pelo menos foi o que pensei —, mas por trás da vivacidade de seus olhos havia muita cautela. Pressenti algo de sombrio dentro dela, de sua infância, de seus tempos de rebeldia, que ela provavelmente nunca discutia com ninguém, a não ser com a dra. Nora Banini. Acho que foi o que me fez pensar que eu gostava dela; fiquei interessado nela, senti uma cumplicidade instintiva entre nós. Eu também tinha um bocado de coisas no meu passado que mantinha ocultas. Nós dois tínhamos nos saído bem em sobreviver a nós mesmos e estar onde estávamos agora. Eu disse a Aura que não conseguia entender como um pai e uma madrasta podiam expulsar de casa uma menina de dezenove anos de modo tão definitivo, sempre se recusando a qualquer reaproximação. Claro que Katia também nunca tinha procurado perdoar ou ser perdoada. Isso tudo foi antes de eu saber da crueldade de Katia com Aura na infância; antes de Fabis me contar sobre isso mais tarde, e como me revelaram os diários de Aura.

Contudo, não pude deixar de notar, pela alegria mal contida de Katia, como nosso primeiro encontro com ela lhe foi profundamente gratificante. Fomos até ela pedindo ajuda para salvar o casamento de Juanita. Katia nos deu a entender que, em princípio, não era contra a ideia. Olhou para Aura do outro lado da mesa e disse que tinha sentido falta da sua irmã mais nova. Aura devolveu-lhe o sorriso e disse que também tinha sentido falta dela, afundando um pouco mais na cadeira. Em melhores circunstâncias, disse Katia, ela podia ver todos nós reunidos no Natal, mas... mas... Para incentivar Katia, fiz um pequeno discurso entusiasmado sobre a importância da família, definindo a mim mesmo como uma "pessoa para quem a família vem em primeiro lugar". Rodrigo e Aura me olharam boquiabertos, e Aura deu uma risada, dizendo, Você o quê? Senti meu rosto corar. Eles sabiam que eu não era uma pessoa para quem a família vinha em primeiro lugar, sabiam que ninguém da minha família tinha ido ao nosso casamento e que eu não dera a mínima importância a isso. Olhem, estou tentando ser diplomático, eu poderia ter argumentado, nem Moisés nem Jesus. O que eu quis dizer, expliquei a Aura, é que, no que se refere a *você* e à *sua* família e à família que *nós* vamos constituir, eu *agora* sou uma pessoa para quem a família vem em primeiro lugar, e sempre serei. O rosto de Katia se iluminou, Aura, você vai ter um bebê? Nããão, respondeu Aura, ainda não. Algum dia, interrompi e Aura concordou, balançando a cabeça. Rodrigo sorriu para nós com carinho e prazer, e disse, *Órale.*

Foi o marido de Katia quem se opôs abertamente ao que estávamos propondo. Ele parecia ter opiniões bem definidas, ser resoluto, um pouco sombrio, mas quando tinha algo a dizer era direto. Por que eles deveriam correr aquele risco?, perguntou. Ele sabia que Juanita era difícil. Por que deveria expor sua mulher e seus filhos, a tranquilidade de sua família, ainda mais no Natal, àquela situação difícil e àquela mulher difícil? Realmente, era tarde demais para isso, uma iniciativa com anos de atraso. Não era vantagem nenhuma para Katia tentar salvar o casamento de seu pai, ela não tinha nenhuma razão para não querer ver seu fim. A expressão levemente nauseada no rosto de Aura — como se ela tivesse engolido um sanduíche de pastrami inteiro de novo — revelou que ela sentia estar traindo a mãe apenas por estar ali. Aura poderia ao menos ter se permitido tripudiar um pouco em silêncio: era ela quem morava em Nova York, estava fazendo um doutorado e a caminho de se tornar escritora como sempre sonhara. Mas duvido que Katia tenha pensado que estava pior vivendo uma vida de classe média, já começando com uma pequena casa própria em um bairro residencial nos arredores da cidade. Tinha filhos lindos, um marido jovem e dedicado, um trabalho de meio período como analista de dados de uma empresa de pesquisa de mercado. No nosso encontro seguinte, o marido de Katia disse que Juanita é que teria de pedir desculpas e dar o primeiro passo para a reconciliação. Ele provavelmente achou que era uma proposta conciliadora. Se foi uma ideia apenas dele, de fato era conciliadora.

Aura disse: Só estou aqui por uma razão, para ajudar minha mãe. Se Papi deixá-la agora, quando ela está tão vulnerável, isso vai destruí-la. Se houver um jeito de consertar a nossa situação que contribua para Papi ficar, eu só posso tentar pedir a sua ajuda. Mas se você conhece bem a minha mãe — ela olhou direto para Katia —, sabe que ela nunca vai se desculpar primeiro.

Katia e o marido concordaram em continuar as negociações quando voltássemos de Nova York no verão seguinte. Acabou sendo tudo em vão. Na primavera, quase um mês antes do aniversário de trinta anos de Aura, Rodrigo foi embora. Num final de manhã, enquanto Juanita estava trabalhando, e ele também deveria estar, Rodrigo voltou ao apartamento, acomodou apressadamente suas coisas em caixas, levou-as para o carro e foi embora. Escapuliu sorrateiro como um rato, disse Ursula, a empregada, ao telefone com Aura. Nem mesmo fugiu em seu carro; levou o pequeno Chevy vermelho de Aura, que recentemente ele vinha usando como se fosse seu. Onde é que ele vai morar?, caçoou Aura. Debaixo de uma ponte? Essa piada passou a ser a maneira que ela encontrou de tornar a perda mais leve. Espero que Rodrigo esteja dormindo confortavelmente esta noite, debaixo da sua ponte. Não sabíamos onde ele estava morando; talvez com Katia, deduzimos. No início, fiquei surpreso por essa segunda deserção paternal não afetar Aura tanto quanto eu receava, reatiçando velhos traumas, mas o que Aura sempre repetiu acabou sendo verdade: só havia uma narrativa de Pai em sua vida. Para ela, Rodrigo era antes de tudo "o marido", e agora deixaria de ser. Alguns dias depois de ele se mudar, pegamos um avião para o México, a primeira de duas viagens que fizemos naquela última primavera, saindo na sexta-feira à tarde depois da última aula de Aura. Nesses fins de semana, em vez de irmos à noite para o nosso apartamento de Escandón, ficávamos com Juanita. Eu dormia sozinho no sofá-cama do escritório e Aura dormia com a mãe na cama dela.

Embora, supostamente, ninguém tenha estado em nosso apartamento de Escandón desde que Juanita e seus advogados me obrigaram a desocupá-lo, Fabis, que morava do outro lado do corredor, contou-me num e-mail que algumas noites viu luz no nosso quarto. Numa delas, quando voltou para casa bem tarde com Juanca, seu namorado, e arranhou sentimentalmente com sua chave o painel de aço da porta — era como ela e Aura costumavam chamar uma à outra —, pronunciando o nome de Aura, as luzes, ela contou, se acenderam e se apagaram. Espíritos na eletricidade, enviando sinais ao acender e apagar luzes... aquilo não era um clichê das histórias de fantasmas? Naquele último verão, Aura e eu viajamos no dia 3 de julho. Um ano depois, quando fui sozinho para o México para passar lá o aniversário da morte dela, também viajei no dia 3 de julho, no mesmo voo noturno que saía de Newark, e segui direto para o apartamento de Fabis.

Nosso apartamento tinha uma longa janela horizontal de vidro fosco que dava para o corredor e no andar de cima, no loft que era o nosso quarto, uma janela vertical com uma cortina. As luzes estavam apagadas quando cheguei, mas parei à nossa porta, acariciando-a com a mão, sussurrando para Aura. As luzes não se acenderam e apagaram. Fabis disse ter visto as luzes acesas pela última vez mais ou menos um mês antes. Era difícil acreditar que Juanita tivesse ido dormir lá, na nossa cama, que eu havia deixado lá. Contudo, em algum momento, nas últimas semanas, alguém tinha desligado a secretária eletrônica. Eu vinha telefonando do Brooklyn havia meses para escutar a voz rouca e chilreante de Aura, até que um dia ninguém atendeu, e daí em diante nunca mais a ouvi. Mas Fabis descobrira, por uma das *tías*, o que tinha acontecido. Rodrigo levara a secretária eletrônica para seu novo apartamento alugado, em algum lugar da cidade. Ainda estava usando também o Chevy vermelho de Aura. Nas semanas seguintes à morte dela, Rodrigo ficou ao lado de Juanita; apoiou-a tanto quanto podia, mas isso não os fez se reconciliarem. Antes de encontrar seu próprio apartamento, teria se metido no nosso para dormir?

Uma parede de concreto de cerca de dois metros e meio de altura servia como divisória entre os fundos da garagem do pequeno pátio ajardinado e o nosso apartamento. Vi nossos bambus erguendo-se acima dela, escondendo a lateral do prédio da velha fábrica ao lado. Os bambus tinham crescido a uma altura equivalente ao do apartamento acima do nosso, que também possuía uma parede de vidro daquele lado, mas não um pátio. Portanto, a vista deles eram os nossos bambus, a densa folhagem macia daqueles enormes penachos verdes tremulando ou se inclinando ao sabor da chuva ou do vento, os delicados brotos projetando-se como vários louva-a-deus agitando as pernas no ar. Eu não conhecia nossos vizinhos do andar de cima, mas tenho certeza de que todo mundo no prédio soube da garota do térreo que morreu. E me pergunto se pensaram em Aura quando olharam para os nossos bambus.

Na missa do velório de Aura, na capela da casa funerária, Katia assumiu com firmeza o papel de irmã, pelo menos para mim. Praticamente nos penduramos um no outro; ou, melhor dizendo, ela deixou que eu me pendurasse nela. Enquanto o padre, junto ao caixão branco repleto de flores, nos dizia maquinalmente o quanto Aura estava em paz e feliz agora "que seu sofrimento terminara e ela estava finalmente ao lado do Senhor", Katia permaneceu ao meu lado, seu braço passado com firmeza no meu. Levou-me para a fila das pessoas que esperavam para receber a comunhão e me ajoelhei, abri a boca e deixei o padre pôr na minha língua a hóstia, leve como o ar e sem gosto, pela primeira vez em décadas. Mais tarde, me senti um tolo por ter feito isso, mas praticamente não foi um ato da minha vontade; fui conduzido, eu queria ser conduzido, poderia ter sido levado até a me jogar de um penhasco. Quando minha mãe, ao telefone, também me disse que Aura estava em paz e feliz ao lado do Senhor, me irritei tanto que fiquei meses sem falar com ela.

Dois anos antes, depois que minha mãe quebrou o quadril, minhas irmãs venderam a casa de Namoset e minha mãe se mudou para uma residência para idosos na Flórida, onde tinha seu pequeno apartamento próprio. Quando fomos visitá-la, ela passou sua mão frágil pela cabeleira de Aura — isso foi quando ela o deixou crescer — e disse, Mas por que você nunca penteia o cabelo, Aura? Por que o deixa caindo em cima dos olhos? Vamos, me dê uma escova. E minha mãe fazia Aura abaixar a cabeça e, com uma concentração e dedicação cheias de perplexidade, passava devagar a escova no cabelo de Aura. Depois de umas poucas escovadelas, desistia, como se estivesse exausta, e devolvia a escova a Aura, dizendo com um risinho abafado, Bem, você mesma pode escovar, não pode? Ou então minha mãe dizia: Por que você se veste assim, Aura? Onde já se viu pôr uma calça jeans por baixo de um vestido?

Mais tarde, Aura me dizia, *Ay*, Francisco, sua mãe, ela não é a dama delicada que todo mundo pensa que ela é. Ahhh, ela gosta de *joder* — que quer dizer mais ou menos *me sacanear*. Aura sempre chamava minha mãe de "*Señora*". Eu lhe pedia que não fizesse isso, parecia que minha mãe era a chefe dela. Eu não chamo a sua mãe de *Señora*, chamo? Chame a minha mãe de Yolanda ou de Yoly. Aura prometia, mas quando falava de novo com minha mãe voltava ao "*Señora*".

Quando Aura teve cabelo comprido? Quando o usou curto? Por que não consigo lembrar? Isso é uma coisa que eu deveria ser capaz de rastrear na memória, do mesmo jeito que sigo as viagens de Aura olhando os carimbos do passaporte dela: junho de 2005, curta; fevereiro de 2007, longa...

Meu plano era estar em Mazunte no primeiro aniversário da morte de Aura e depois, na mesma tarde do dia 24, voltar de avião à Cidade do México. Tinha encomendado uma missa pela memória dela na manhã seguinte numa igreja em Condesa. Quando Juanita e Leopoldo começaram a me ameaçar com advogados logo depois da morte de Aura, alguns amigos providenciaram um advogado para mim também. Chamava-se Saúl Libnic e tinha escritório com um sócio perto da embaixada dos Estados Unidos. Em geral cuidavam de casos de crimes do colarinho-branco, mas também eram especializados em clientes com problemas legais no México. Naquele verão do primeiro aniversário, subloquei um apartamento do tipo estúdio em Condesa. Libnic morava no mesmo bairro e, sempre que precisava falar comigo, nos encontrávamos numa casa de sucos da Amsterdam para um café da manhã bem cedo. Ele tinha trinta e poucos anos, era mais ou menos da minha altura, estava em boa forma, cabeça raspada e olhos cheios de zelo, claros como água. Naquela manhã, Libnic explicou que, como fora aberto um processo e eu iria para o litoral, eu deveria marcar uma hora para conversar com o promotor público de Puerto Ángel. O processo tinha sido aberto na Cidade do México, mas depois fora enviado para Puerto Ángel. O que significava um processo ter sido aberto? Significava, explicou ele, que cabia ao promotor público de Puerto Ángel iniciar uma investigação sobre a morte de Aura. Podíamos deduzir, é claro, que não havia surgido nenhuma prova contra mim. Não havia nenhum mandado pendente. Porém, como formalidade, eu deveria prestar depoimento, porque nunca o fizera. Mas eu prestei depoimento, lembrei a ele, que só não foi aceito porque eu estava sem meu passaporte. Sim, concordou ele, mas para encerrar o processo eu deveria prestar um depoimento. Levando em conta o comportamento anterior do tio e da mãe de Aura, disse Libnic, era interesse meu ver o caso encerrado. Ele achava recomendável me acompanhar a Puerto Ángel. Eu teria de arcar com as despesas, além dos honorários legais. Quando ele me disse quanto custaria, perguntei se era absolutamente necessário ele ir comigo, e ele respondeu: Não, claro que não. Contei que não dispunha de recursos para levá-lo. Libnic disse que marcaria uma hora para mim lá e sondaria o promotor para saber em que pé estava o processo. Além disso, precisava receber pelo trabalho feito até aquele momento, em espécie. Claro, eu disse. Saúl, perguntei, você acha que há alguma possibilidade de eu cair numa armadilha? O estado de Oaxaca era governado pelo PRI. Com a influência do tio de Aura ou daqueles advogados da universidade que Juanita mencionou, o promotor público poderia receber uma ordem para me prender ou ser subornado para isso? Eles poderiam plantar testemunhas falsas? Libnic disse duvidar que isso fosse acontecer, embora, levando em conta a realidade da justiça mexicana, não era impossível; por isso havia sugerido ir comigo, por precaução. Vou pensar no assunto, eu disse, mas realmente é uma despesa que não posso fazer. Ele disse que eu não deveria me preocupar demais com aquilo: pelo jeito, o pior já havia passado. Na verdade eu podia arcar com a despesa da viagem dele, mas não queria um advogado comigo em Mazunte no primeiro aniversário da morte de Aura.

Os pais de Fabis organizaram um jantar na casa deles e convidaram Rodrigo e eu. Não nos víamos desde o velório, mas tínhamos mantido algum contato por e-mail. Fomos ao escritório do pai de Fabis para conversar em particular. Sim, admitiu Rodrigo, Juanita ainda me culpava pela morte de Aura. Entretanto, já não afirmava que eu havia cometido um crime. Segundo Juanita, contou Rodrigo, eu não tinha sido capaz de proteger Aura de sua própria impulsividade. Agora, ela me acusava de irresponsabilidade fatal.

Apenas assenti. Sabia que Rodrigo não queria discutir comigo se aquilo era ou não verdade. De qualquer maneira, pensei, não há como dizer que eu *de fato* a protegi. Certamente não a protegi. Durante a vida inteira de Aura, a mãe se preocupou e tentou protegê-la de sua impulsividade. Alguma vez pensei em Aura como uma pessoa especialmente impulsiva? Poderia defini-la como impulsiva?

Juanita não tinha mais contato com as *tías* nem com Vicky. A razão, Vicky me contou num e-mail, era Juanita ter deixado de se relacionar com quem quer que não concordasse que eu era o culpado pela morte de Aura ou se atrevesse a afirmar, como escreveu Vicky, que eu tinha sido "o amor da vida de Aura". E pensei que Juanita decerto precisava considerar nosso casamento como um episódio insignificante na vida de Aura; algo como uma porta dos fundos deixada aberta por descuido, pela qual o assassino dela entrou. Juanita possuía mais de vinte anos de lembranças de Aura, nas quais uma estava no centro da vida da outra. O que era isso comparado com os quatro anos meus e de Aura? Ouvi de um velho amigo de Aura que ainda estava na Unam que Juanita andava dizendo que Aura — o fantasma ou o espírito dela, suponho — estava morando com ela em seu apartamento. Não havia nada de estranho nisso. Pelo menos por algumas semanas, fiquei convencido de que Aura estava na árvore do final do nosso quarteirão, e desde então não consigo passar por aquela árvore sem me sentir culpado, como se estivesse traindo Aura por não me esforçar o bastante para manter viva aquela crença e por não parar mais ali para beijar o tronco nem sussurrar para ele.

Juanita ainda não tinha feito nada com as cinzas de Aura, até onde Rodrigo sabia.

Eu lhe disse que se em algum momento ele achasse que eu falar com Juanita pudesse ajudá-la de alguma forma, eu o faria.

Ele respondeu que tinha certeza de que Juanita não queria falar comigo. Se *eu* tivesse necessidade de falar com ela, eu mesmo poderia mandar um e-mail a ela, pedindo-lhe isso, sugeriu. Deu-me o novo e-mail de Juanita: era o nome de Aura seguido de números. Eu também estava usando um novo e-mail, AUFRA, com alguns números. Como somos parecidos, pensei; sob alguns aspectos, total e pateticamente parecidos.

Não tenho nenhuma necessidade de falar com Juanita, eu

disse. Eu só o faria se a ajudasse, e apenas porque Aura iria querer isso.

Mas o que eu diria se falasse com ela? Não matei sua filha. Ela não quer nem ouvir uma coisa dessa. Matei mesmo sua filha, sinto muito. A culpa é minha. Você tem razão em me acusar. Será que aliviaria o sofrimento dela?

Existe alguma coisa que eu possa dizer a você, Juanita, que a livre de ter de pensar em mim, que a livre da sua acusação desgastante, supondo que seja o que você faz, supondo que seja desgastante e que você queira se livrar disso? Talvez não queira. Certas pessoas precisam de alguém para culpar, como se isso fosse a chave da sua sanidade ou um estímulo para continuarem vivas. E da mesma forma, Juanita, existe alguma coisa que eu possa dizer que me livre de precisar pensar sempre em você, que impeça você e sua acusação de se meterem entre mim e Aura, de invadirem todos os cantos do meu luto?

Todas as noites vou para a cama esperando que seja uma das noites em que vou sonhar com Aura, mas algumas vezes tenho é pesadelos com Juanita.

No jantar, Rodrigo nos deixou passar seu celular de mão em mão para podermos ver fotos de sua nova namorada. Era loura, talvez uma falsa loura, e parecia bem mais nova do que ele; numa das fotos, ela estava enrolada em um lençol, um ombro nu. Ele nos observou passando o telefone de um para o outro com expressão solene, sacerdotal. Que bom para ele, pensei. É o que um homem deve fazer depois de se divorciar. Ele também havia escaneado e baixado para o seu celular algumas fotos de Aura quando criança, que no dia seguinte me enviou por e-mail.

Por três verões consecutivos, Aura e eu tínhamos oferecido um churrasco de fim de semana no nosso pátio para a família e amigos. Mais ou menos uns cem hambúrgueres toda vez, além de linguiça, costela e cachorros-quentes para as crianças. Eu fazia o churrasco e Aura e Fabis se encarregavam do resto, das saladas e do *fideo seco*. Três verões consecutivos — o suficiente para estabelecer uma tradição familiar própria, acho. Agora, naquele verão, eu faria o mesmo no pátio de Fabis, depois da cerimônia em memória de Aura. Convidei Rodrigo e Katia. E lhe disse para convidar Juanita também, mesmo sabendo que não haveria a menor possibilidade de ela ir. Ele me contou que Leopoldo levaria Juanita para fora da cidade naqueles dias.

Durante a cerimônia, Fabis, a mãe dela e eu nos sentamos num banco atrás de Rodrigo, de Katia, do marido dela e de seus três filhos. A menininha de rabo de cavalo a todo instante saía de perto da mãe, se agarrava no encosto do banco e ia para o colo de Rodrigo, pegando o rosto dele com suas mãozinhas. Ele sorria com o orgulho de um jovem avô. O marido de Katia segurava a mão dela toda hora e dava-lhe beijinhos no rosto. Ela estava linda. Apesar de eu raramente ver Katia, pensei, sempre que a vejo sinto mais carinho por ela. Ela me comove. As pessoas mudam, crescem, e também ajuda ter um marido que é um bom sujeito e adora você.

27.

No verão anterior àquele último, Aura e eu ficamos alguns dias com Jaime e Isabel e os filhos pequenos deles em San Agustinillo, a praia vizinha a Mazunte. Junto com outro casal — um professor de poesia e sua mulher — e alguns amigos de Madri, eles haviam alugado uma fileira de bangalôs na praia. Aura tivera algumas aulas com o professor na Unam. Ele se portava com uma branda galanteria. Imagino que não fosse segredo ele ter tido uma queda por Aura dez anos antes, quando ela fora sua aluna — Aura soubera disso. Eu o observei olhando de soslaio para ela com uma expressão demorada, ligeiramente atordoada, e sabia que ele estava pensando algo como, Parece que foi ontem. Mais tarde, quando nos calamos e ficamos ouvindo as ondas, o professor falou sobre seu amigo, o poeta Manuel Ulacia, que havia se afogado numa noite, alguns anos antes, em algum outro lugar da costa do Pacífico.

Na praia, grandes pedras arredondadas e rochedos projetavam-se e juntavam-se no mar, bloqueando as ondas de tal maneira que, perto da margem, havia uma faixa de água rasa onde as crianças podiam brincar.

No entanto, na extremidade do promontório, funda e recortada pelas pedras, havia um torvelinho de correntezas. No dia seguinte, o professor estava nadando ali, quando escutamos seus gritos estridentes, em pânico, pedindo socorro, *Auxilio, auxilio!* Jaime e eu andamos com dificuldade pelas pedras e pulamos desajeitados na água, longe demais do professor para ajudá-lo, mas Aura correu para o alto de um grande rochedo, atirou-se no ar e caiu como um raio vindo do céu ao lado do professor, levando-o a nado, com um braço passado pelo peito dele, para um ponto seguro. Se o professor não correu perigo nenhum de ser arrastado pelo mar, se apenas se acovardou ao ser puxado pela correnteza e ficou muito encabulado depois, isso não diminuiu o heroísmo de Aura. Aura salvou minha vida, o professor repetia sem cessar, com ar atônito, como se quisesse não dar grande importância ao fato mas não conseguisse. Aura salvou sua vida!, nós todos exclamávamos. *Mi amor*, o que você pensou? Escutei os gritos de socorro, disse ela, e simplesmente reagi! Impulsiva, sim, sem tempo para fantasiar ou refletir. A rápida e intrépida impulsividade de um ser humano superior, foi o que sinceramente pensei. Minha Aura! Que mãe ela vai ser! Demos boas gargalhadas, também de mim e de Jaime, pois o professor teria se afogado se dependesse de nós dois. Fiquei desapontado quando todos, mais tarde, depois do almoço e das *siestas*, não queriam mais comentar sobre como Aura salvara a vida do professor, como se agora fosse mais importante proteger os sentimentos do professor ou talvez os de sua mulher e de seus filhos, não mencionando mais o incidente.

Mas e se realmente uma correnteza muito forte tivesse arrastado o professor e Aura para o largo e os dois se afogassem? O que estaríamos falando agora sobre a impulsividade de Aura?

Impulsividade: um excesso ingovernável que transborda borbulhando de dentro para fora.

Primeiro, pretendíamos ir ao México no final de maio ou em junho, mas Aura decidiu dar aulas de espanhol num período de verão em Columbia. Com isso ela reforçaria seu CV, o dinheiro extra viria a calhar, e ela também não estava com pressa nenhuma de chegar ao México. Como nosso apartamento lá precisava de algumas reformas, combinamos que eu iria para o México no início de junho e ficaria por aproximadamente uma semana para ajeitar tudo. Aura listou minhas tarefas: eu precisava encontrar um marceneiro para fazer estantes; instalar mais alguns pontos de luz; precisávamos de uma porção de coisas para a cozinha; ela precisava de uma escrivaninha. Eu estava ansioso para ficar sozinho no México como nos velhos tempos. No entanto, depois de umas poucas noites reprováveis nas *cantinas* e terríveis ressacas, espantei-me comigo. O que eu estava querendo? Sentia falta de Aura; ela sentia falta de mim. A conta dos nossos celulares seria enorme, e me queixei disso num e-mail. Ela respondeu, É para isso que trabalhamos e ganhamos nossos salários, Francisco. Comprei-lhe uma mesa para servir de escrivaninha, de madeira escura num tom avermelhado. Procurei um marceneiro que parecia ter as melhores referências, encomendei as estantes, depois peguei um avião de volta para casa.

No dia 3 de julho de 2007, mais ou menos às duas e meia da tarde, Aura cruzou a porta do nosso apartamento no Brooklyn pela última vez e eu desci com nossa bagagem até o carro que nos esperava. Sua nova colcha multicolorida ficou dobrada dentro do armário; sua bicicleta sem selim estava presa com cadeado do lado de dentro da grade de ferro. Às quatro da tarde, estávamos no saguão da companhia aérea em Newark, da qual ganhei um upgrade graças às minhas milhas acumuladas em décadas de viagens constantes. Eu disse a Aura que ela poderia ir na primeira classe, é claro; eu iria na econômica. Tomamos champanhe e brindamos ao verão.

Lá pelo final da nossa primeira semana no México, Aura começou a se sentir mais livre e a se divertir. Saímos, encontramos amigos. Ela estava lendo *A vida breve*, o romance de Juan Carlos Onetti. Tinha passado a primavera inteira devorando a obra de Onetti. O conto que ela estava escrevendo em espanhol era sobre um rapaz que abandona um curso de doutorado nos Estados Unidos para ir trabalhar como professor numa escola secundária num lugar distante do México; a escola e o corpo docente parecem imaginados por um Kafka mexicano — mais tarde, um revisor escreveu exatamente isso depois que foi publicado —, assim como conversas telefônicas noturnas do personagem principal com seu pai na Cidade do México, cheias de intensidade. O título desse conto é "La vida está en otra parte". Ela trabalhava em sua nova mesa lá embaixo, perto da porta de vidro corrediça que se abria para o pátio. Adorava seu apartamento. Estava certa de que em um futuro próximo passaríamos mais do que apenas verões e férias da universidade ali, e eu achava isso ótimo. Se a carreira de escritora dela iria ser principalmente em espanhol, como Aura àquela altura tinha decidido que seria, fazia sentido morar no México por algum tempo, e, se fôssemos ter um bebê, ela ia querer estar perto da mãe.

Um shopping center novo em folha foi inaugurado na Patriotismo, bem perto de onde morávamos. Nosso bairro ficava a cerca de meia hora de caminhada de Condesa, e antes não tinha nem mesmo uma loja de conveniências ou algum lugar próximo onde comer, a não ser uns poucos lugares muito simples de *comida corrida* e balcões na calçada, mas nenhum onde se pudesse tomar um café decente. Agora tínhamos uma Starbucks, um Sanborns, um Italianni e outros restaurantes de grandes redes dos quais Aura sentia uma nostalgia de infância, todos debaixo do mesmo teto, além das lojas habituais dos shoppings. Fomos almoçar lá algumas vezes, subindo de escada rolante até a praça de alimentação, e uma vez ficamos para assistir a um desses filmes de artes marciais que estava passando na gigantesca parede de painéis de vídeo, estrelado pelo falecido Brandon Lee. Uma noite, Aura comprou um jogo de pega-varetas chinês no Sanborns e o levamos para o T.G.I. Friday do shopping, onde jogamos entre tequilas e cervejas. É um jogo surpreendente, fascinante, que exige a destreza de um batedor de carteiras e firmeza de toque. Aura ganhou todas as disputas, por larga margem. O tubo de papelão do jogo de pega-varetas está agora no altar. Entretanto, quando espalhei as varetas na mesa de jantar, em vez do brilho numinoso que eu talvez esperasse surgir do tubo aberto, algum vislumbre remanescente daquele momento doce ou vestígio do toque de pluma e da risada de Aura, nada aconteceu. Apenas me vi ali sozinho com um monte de varetas de plástico.

Talvez a memória seja supervalorizada. Talvez seja melhor o esquecimento. (Mostrem-me o Proust do esquecimento e começo a lê-lo amanhã.) Às vezes é como fazer malabarismo com cem mil bolas de cristal no ar de uma só vez, tentando manter todas essas lembranças em movimento. Cada vez que uma cai no chão e se quebra, vira pó, outra fenda se abre dentro de mim, através da qual mais um pedaço de quem nós dois éramos desaparece para sempre. Eu não venderia esse tubo de varetas nem por mil dólares.

Na Starbucks, Aura parou nas prateleiras onde os produtos de varejo ficam expostos, ergueu no ar uma cafeteira turquesa e me lançou aquele sorriso, com sobrancelhas levantadas, suplicantes, que ela exibia sempre que desejava que eu comprasse algo não muito sensato. Ela já tinha uma cafeteira no apartamento, só que preta. Perguntei quanto custava. Ela me disse. Quer dizer que temos que gastar quarenta dólares só para dar esse toque de turquesa-brilhante à nossa cozinha?

Você tem uma igualzinha, eu disse.

Ela fez uma cara decepcionada e colocou-a de volta na prateleira. A cafeteira surge agora como outra pista ou um sinal estranho do qual já não me lembro e que não consigo decifrar. Considerando o papel que a antiga cafeteira dela estava destinada a representar em nossa viagem para Mazunte, parece mais uma pista ou prova, embora não no sentido legal.

Se eu tivesse comprado a cafeteira turquesa para ela?...

Dia 3 de julho de 2008, um ano depois do dia em que Aura e eu saímos do aeroporto de Newark para o México, e estou de volta: mesmo voo noturno para o México, mesmo upgrade. No voo para a Cidade do México, tenho que preencher o formulário de imigração, o que exige que eu me identifique como casado ou solteiro. Assinalo casado, como sempre faço em tais formulários. Três semanas depois, em 22 de julho, voo para Puerto Escondido e, no dia seguinte, tomo um táxi para o escritório do promotor em Puerto Ángel, numa rua lateral, saindo do porto rançoso.

Numa placa pregada em uma porta fechada no fim de um corredor curto, se lê *Oficina de Investigación Criminal*. Mas o promotor me leva a um pequeno escritório sem janelas, à esquerda, onde há uma mesa com o velho e desajeitado computador de sempre. A luz da sala parece tremular, intermitente, como se o próprio ar piscasse rápido. Há uma razão: as pás de plástico do ventilador de teto foram parafusadas *abaixo* das duas lâmpadas da luminária do tipo plafonnier que as fazem girar. O promotor é um jovem magricela com um rosto cinzelado moreno-escuro e cabelo negro lustroso penteado para trás. Vou contar-lhe minha história daquele dia como nunca contei a ninguém desde aquelas horas depois da morte de Aura, em que a relatei à mulher na *delegación*, que digitou tudo, e que não valeu como testemunho porque eu não estava com meu passaporte. Essa história vem correndo silenciosamente dentro de mim desde então, mas também mudando, buscando e encontrando seu caminho, como uma torrente impetuosa que se estreita num fluxo: uma história na qual eu assumo o que me parece ser a parcela adequada de responsabilidade e culpa, não tanto quanto Juanita e Leopoldo atribuíram a mim, provavelmente não o suficiente para me mandar para a prisão sob quaisquer circunstâncias a não ser as corruptas, mas o bastante para garantir que nunca meus sentimentos de autoacusação, horror e vergonha me darão trégua. Mas o que o promotor distrital em Puerto Ángel vai me dizer nesse dia, quando eu chegar ao fim, vai modificar outra vez essa narrativa.

A casa que alugamos em Mazunte era grande o suficiente para acomodar os vários amigos que esperávamos fossem passar pelo menos parte das duas semanas lá com Aura e comigo, sua prima Fabiola e o namorado dela. Inicialmente, Mariana, amiga de Aura, também iria. Mariana trabalhava em seu pequeno apartamento como massagista e terapeuta mística de tradição hindu; na universidade, estudava para ser psicanalista lacaniana, até que um dia, como ela mesma diz, admitiu a si mesma que, em vez de sublimar o ego, queria se livrar dele. Estávamos em

Pata Negra quando Mariana nos disse que não poderia ir. Estava tendo dificuldade em administrar suas despesas e não podia se permitir tirar férias. E disse que, de qualquer maneira, não queria ir a Mazunte porque as ondas eram muito fortes.

O quê? Mas Mazunte é uma praia segura! Foi o que nós — Aura, eu, Fabis e Juanca — respondemos em uníssono a Mariana. Por Mazunte estar sabidamente situada numa enseada curva, que obriga as ondas vindas do oceano a diminuírem de tamanho, impulso e força, é considerada segura para os banhistas. Ventanilla, e até San Agustinillo, abertas para o oceano, são as praias perigosas. Arrisca-se a vida quando se toma banho de mar em Ventanilla, para não falar de Puerto Escondido ou, mais abaixo na costa, de Zipolite, famosa por suas correntezas de retorno e conhecida como La Playa de la Muerte, porque muitos se afogam ali todos os anos, embora as pessoas a continuem frequentando e ainda seja a praia favorita de hippies, drogados errantes, nudistas e outros assim.

Sei que Mazunte é considerada segura em comparação com esses outros lugares, disse Mariana, só que a gente não pode simplesmente dar um mergulho tranquilo lá. Talvez eu esteja ficando velha, mas não gosto de ser espancada e envolvida pelas ondas, e acabar sempre saindo da água com areia no maiô, no cabelo e até nos dentes.

Aura argumentou que, quando se nada para além da arrebentação, a água é calma. Era onde Aura sempre nadava. Mariana disse que preferia muito mais o Caribe, sobretudo Tulum com seu mar calmo, seus retiros de ioga. Sim, também gosto de Tulum, eu disse. Todos nós gostávamos de Tulum. Mas quem podia se dar ao luxo de alugar uma casa de praia em Tulum por duas semanas? Além disso, a passagem aérea era mais cara, tanto partindo da Cidade do México quanto de Nova York. E todos nós adorávamos Mazunte. As ondas podiam ser fortes, mas não me assustavam. Ao entrar na água, nunca senti aquela palpitação na boca do estômago que eu sentia só de pensar em nadar em Puerto Escondido. As ondas em Mazunte pareciam mais ou menos iguais às de Wellfleet, em Cape Cod, onde eu tinha aprendido a praticar surfe de peito quando jovem.

Nas primeiras vezes que fomos àquele litoral, Aura e eu ficamos em Puerto Escondido, por causa dos hotéis, mas de manhã pegávamos um micro-ônibus até Mazunte e sua praia, num percurso de cerca de quarenta e cinco minutos, e voltávamos de táxi à noite. Anos antes de conhecer Aura, passei o Ano-Novo do milênio em Puerto Escondido com Jaime e Isabel, e, quando chegamos, as pessoas estavam comentando sobre a onda traiçoeira que no dia anterior tinha engolido três surfistas nos rochedos da extremidade da praia, matando-os. Na minha primeira manhã, depois de ter ido nadar, segui direto para a minha primeira refeição num café situado na praia, onde um garçom italiano desmazelado me disse que, na última vez que havia entrado no mar ali, saiu com as duas orelhas sangrando. E Isabel me contou sobre um ex-professor seu do curso secundário que estava de férias em Puerto Escondido. Ele caminhava pela praia à noite, quando uma onda assustadoramente grande o arrastou para a água e o afogou. À noite, em meu quarto, eu ficava deitado na cama ouvindo as ondas, que para mim agora soavam como se estivessem moendo ossos. Só entrei na água novamente em Puerto Escondido mais de quatro anos depois, quando Aura e eu tivemos uma aula de surfe lá durante os três dias de um fim de semana e a pedi em casamento. Uma onda me pegou de surpresa, me jogou para a frente quando eu estava na prancha tentando me ajoelhar, e minha cabeça bateu no fundo de areia com tamanha força que me atordoou, enviando um forte abalo pela minha coluna; trêmulo e cambaleante, saí da água e me sentei na praia. O instrutor riu. Disse que Aura tinha mais jeito para surfista do que eu. Ela estava estendida em cima de uma prancha segurando-a e o instrutor, com água pela cintura, a puxava como se fosse uma criança num trenó e a soltava para deslizar na espuma das ondas que tinham quebrado mais longe. Acontece que ele não era um instrutor autorizado. Mentiu para nós e pegou as pranchas de surfe, sem permissão, da loja de um amigo que dirigia uma escola de surfe legalizada. Nossa aula terminou quando a mãe do amigo chegou correndo à praia, gritando que ele iria nos matar e mandando-o levar as pranchas de volta naquele mesmo instante.

Estávamos hospedados no Santa Fe, um dos melhores hotéis da praia. No jardim do pátio do hotel, um coco maduro despencou de um coqueiro alto e aterrissou no caminho asfaltado a centímetros de mim, espatifando-se com um forte barulho. Rimos daquilo, mas ele poderia facilmente ter me matado se me atingisse na cabeça.

Na frente do hotel, do outro lado da rua, havia um mirante de pedra, ou ponto de observação, de frente para o mar, e pensei em fazer meu pedido ali, mesmo parecendo demais um cenário de cartão-postal. Mas o mirante não era tão ideal assim, pois dava para uma formação rochosa encimada por uma estátua sinistra que representava a mão de um afogado saindo da água. A estátua fora colocada ali pelas famílias de banhistas e surfistas, mexicanos e estrangeiros, que haviam morrido naquelas ondas.

Escondi o anel de diamante do noivado no cofre do quarto. Ainda não tinha encontrado o momento ou o lugar perfeito em Puerto Escondido para pedi-la em casamento e pensei em tentar fazê-lo em Mazunte, quando fôssemos para lá durante o dia. Mas em que lugar seguro eu poderia esconder o anel quando fosse nadar? Estava sempre preocupado com drogados que roubavam naquela praia. Na última noite em Puerto Escondido, eu ainda não havia pedido Aura em casamento. Meu pescoço estava rígido e dolorido por causa da pancada na cabeça na nossa aula de surfe, eu pegara um resfriado e, pior, o camarão que eu tinha comido na noite anterior estava me dando dores de estômago. No jantar, só tomei uma tigela de canja e bebi devagar apenas uma margarita. Ainda assim, eu tinha de fazer aquilo. Não podia voltar à Cidade do México sem tê-la pedido em casamento. Desculpei-me, saí da mesa e fui até o quarto. Caía uma chuva fina, um desses típicos chuviscos tropicais mornos que dão a impressão de se estar dentro de uma nuvem com seu ar saturado de umidade, suave como a seda mais fina em contato com o rosto. Poderia ser ainda mais romântico fazer o pedido lá fora, na praia, sob aquela chuva. Entrei no banheiro e, ao sair, tirei do cofre a caixinha com o anel e a coloquei no bolso. Aura entrou no quarto. Vamos para a praia, eu disse. Por quê?, ela perguntou. Não quero ir para a praia, está chovendo. É só um chuvisco, respondi, vamos, a gente precisa ir para a praia. Tenho de lhe pedir uma coisa. Ela olhou para a minha mão dentro do bolso e sorriu. Peça aqui, disse, rindo. *Ay, mi amor,* o que você tem aí no bolso? Isto é sério, eu disse, tirando a caixinha do bolso e me ajoelhando diante dela.

Então, Puerto Escondido, onde ficamos noivos, olhando agora para trás, parecia nos enviar sinais, um aviso que foi ignorado. Mas não tão ignorado assim. A não ser para a aula de surfe, não entramos mais no mar lá, e sim em Mazunte, onde acreditávamos estar seguros. E o que dizer de Mazunte? Houve episódios e sinais premonitórios lá também? A relação de premonições e sinais de evidências — como determinar o que não foi corretamente interpretado ou considerado e deveria ter sido? A sucessão de evidências como pegadas na neve derretida.

Numa das manhãs em que Aura e eu pegávamos o micro-

-ônibus para Mazunte, conhecemos dois passageiros que embarcaram em Puerto Escondido: um mexicano que tinha estudado na Suécia e lá se estabelecido e que voltava com sua mulher sueca para um período de férias. Ele era programador de computadores, ou técnico, algo assim. Sentou-se perto de Aura do outro lado do corredor e, na meia hora e tanto até Mazunte, desatou num monólogo entusiasmado sobre o México e suas praias. A Suécia tinha muitas coisas boas, mas nenhuma praia como Mazunte! Ele até recitou uma longa lista de frutas tropicais cultivadas naquele litoral, nela incluindo, enfático, cinco tipos diferentes de banana. Nunca tinha ido a Mazunte. Ele e a mulher usavam chapéus de vaqueiro feitos de palha que pareciam novos em folha. Nós dois iríamos descer no cruzamento onde se pegava uma camionete para Mazunte, San Agustinillo ou Ventanilla; o casal desceu um pouco antes, para ir conhecer o pequeno museu e incubadora de tartarugas marinhas de Mazunte antes de irem para a praia. Aura deliciou-se com o inexaurível estilo *nerd* caipira do mexicano — *As melhores praias do mundo! Cinco tipos diferentes de banana!* Várias estradas de terra que cortavam a mata iam da aldeia até a enseada curva. Quiosques com telhado de palha, restaurantes, hotéis rústicos baratos e lugares cheios de redes sucediam-se nos fundos da praia; na frente, cadeiras de praia e mesas com guarda-sóis para alugar por dia — onde Aura e eu estávamos sentados quando irrompeu um tumulto, gritos de socorro e banhistas correndo para ajudar alguém que tinha sofrido algum acidente. Fomos também e vimos o mexicano da Suécia na beira da água, de bruços em apenas uns poucos centímetros de água, batendo braços e pernas como se estivesse se afogando. Ele foi carregado para a praia e deitado na areia, onde ficou tossindo, cuspindo e arquejando, com sua mulher agachada a seu lado. As pessoas os rodeavam, observando. Alguém tinha visto o que acontecera. Ele fora derrubado por uma onda, parecia ter se desorientado com a investida da espuma, engoliu um pouco de água e entrou em pânico, mesmo depois que a onda recuou, praticamente o depositando na praia. Ele estava bem. Voltamos a nossas cadeiras. Mais tarde, ele e a mulher passaram por nós, chapéus na cabeça outra vez, carregando suas coisas. Dissemos tchau para eles, mas só a mulher respondeu; ele seguiu taciturno, de olhos baixos e fixos na areia. Nos anos seguintes, de vez em quando nos lembrávamos do mexicano-sueco — uma história cômica e triste sobre o perigo implícito em um certo tipo de entusiasmo tocantemente ingênuo, e não sobre o perigo em si; e sempre ríamos.

Reservamos e já pagamos as passagens para a noite da segunda-feira 23 de julho na primeira classe do ônibus noturno para Puerto Escondido, que tinha assentos que quase se transformavam em camas. Decidimos não ir de avião porque Fabis precisava economizar dinheiro; de qualquer maneira, ela e Aura sempre iam para a praia de ônibus. Foi uma novidade esse planejamento parcimonioso antecipado e eu estava contente por economizar no preço das passagens aéreas. Juanca precisava trabalhar na primeira semana e se juntaria a nós no fim da semana seguinte. Cerca de sete dias antes da nossa partida, fui ao médico da família de Aura fazer um checkup e, pela primeira vez na vida, exames de sangue para analisar o colesterol e coisas assim. No ano anterior, Aura tinha me amolado o tempo todo para eu fazer isso, mas eu sempre dizia que não tinha tempo. Iria buscar os resultados dos exames no sábado e levá-los ao médico na segunda-feira. Enquanto isso, pela internet, monitorávamos o tempo em Puerto Escondido — não conseguíamos informações sobre o tempo em Mazunte —, e todos os dias a previsão era de tempo nublado e chuvas. Naquela manhã, Aura me deu para ler um rascunho de sua história sobre o professor inconstante, "La vida está en otra parte". Encontrei muito o que elogiar, mas também lhe disse que achava que ela havia apressado o final. No dia seguinte, dia 21, pouco depois da uma da tarde, eu estava saindo da ginástica, aonde fora para uma aula de *spinning*, quando recebi uma mensagem de Aura no meu BlackBerry:

fabiola está aqui dando um telefonema e preparei um café da manhã com ovos e café para ela. Ainda estou tomando café e trabalhando na minha história, que já mudou um bocado. Você estava falando sério ontem à noite quando disse que sou uma artista? Ou estava só flertando e me excitando????... a que horas você volta? Você precisa ir buscar os resultados dos seus exames.

Respondi: *Claro que eres una artista, mi amor, de maxima sensibilidad e inteligencia.* (Claro que você é uma artista, meu amor, da máxima sensibilidade e inteligência.)

Ela escreveu: *Gracias mi amor, ¿pero a qué hora regresas?* ([...] mas a que horas você volta?)

Respondi: *Ya en un ratito, mi amor* (Daqui a pouco [...])

À 1h29, ela escreveu: *Ya ven estamos viendo de irnos hoy!* (Venha já, estamos vendo se podemos ir hoje!) Estamos perdendo todo esse tempo bom.

E esse foi o último e-mail que Aura me escreveu.

Quando cheguei em casa, Aura e Fabis estavam num estado de grande excitação. Fabis estivera ao telefone com um amigo que tinha acabado de voltar de Mazunte e que contou que o tempo estava ótimo — nossos boletins meteorológicos on-line estavam todos errados. Era melhor irmos naquele dia mesmo porque, de acordo com o tal amigo, iria chover no fim de semana. Elas não conseguiram trocar nossas passagens de ônibus porque não havia mais lugar, mas Aura e Fabis tinham montado um plano tortuoso. Pegaríamos um ônibus para a cidade de Oaxaca, pernoitaríamos lá e de manhã iríamos de avião para Puerto Escondido, um pulinho por cima da cordilheira, através de uma pequena companhia aérea chamada Aerovega. Perderíamos as passagens de ônibus, mas precisávamos chegar à praia enquanto o tempo ainda estava bom. Eu poderia levar os resultados dos meus exames ao médico quando voltássemos. Corra, vá fazer a mala!

Será que eu deveria ter me oposto a esse novo plano? Não, *Ow-rra*, já pagamos as passagens de ônibus, precisamos parar de jogar dinheiro fora! E minha hora marcada no médico? Eu poderia e deveria ter dito isso; e disse, na realidade, mas com pouco vigor. (Juanita me criticava por sempre ceder muito depressa à vontade de Aura.) A mulher de quem estávamos alugando a casa já me dera as chaves. Estávamos perto da porta quando Aura lembrou que esquecera de pegar a cafeteira. Vamos precisar, não vamos? Como não cabia na mala dela, colocou-a dentro de um saco plástico preto e fomos para o táxi.

Em El Tapo, o terminal de ônibus, antes de o ônibus sair tivemos tempo suficiente para comer na lanchonete lá embaixo deliciosas tortas gordurosas. Deveria ser uma viagem de cinco horas até Oaxaca. Quando chegássemos lá, ainda haveria tempo para irmos ao El Central beber alguma coisa. Mas a viagem demorou bem mais do que cinco horas. Quando chegamos a Oaxaca, as ruas e praças estavam desertas e escuras, e precisávamos estar de pé às cinco e meia para ir ao aeroporto. Estávamos levando nossas malas do táxi para o albergue, quando Aura percebeu que tinha deixado a cafeteira no ônibus. Em El Tapo, quando ela colocou a cafeteira no bagageiro acima das nossas poltronas, onde logo ficou escondida atrás das nossas outras bolsas, achei que poderia ser facilmente esquecida lá e disse a mim mesmo para me lembrar; só que esqueci.

Bem, então agora podemos comprar a turquesa, eu disse. Mas eu tenho aquela cafeteira desde Austin, Aura suspirou com ar triste. Eu não estava nada satisfeito por dormir num albergue. No meu dormitório masculino, alguns viajantes já estavam dormindo em seus beliches e me movimentei o mais silenciosamente que pude, sem acender nenhuma luz. Seria um albergue *da juventude?*, eu me perguntei, ou um albergue comum? Eu tinha apenas um cobertor fino, e dormi de camiseta e jeans. Deitado na cama estreita e dura, senti raiva de mim por ter concordado tão facilmente com a reviravolta toda e com o desperdício de dinheiro daquela correria para a praia. Por que Aura era tão impaciente?

Nessa noite, enquanto dormíamos, onde estava a onda de Aura em sua longa jornada para Mazunte? Tendo depois pesquisado um pouco, estou certo de que aquela onda já existia. A maioria das ondas de superfície de tamanho considerável, e até as de tamanho moderado, que chegam a Mazunte num dia normal, viajaram milhares de quilômetros. Um vento sopra e provoca ondulações num mar calmo e essas ondulações, proporcionando ao vento algo onde obter tração, são sopradas e se transformam em ondas, e, conforme a altura delas cresce, o vento as sopra para a frente com mais força, acelerando-as, tornando-as mais altas. Não é a água em si que viaja, claro, mas a energia do vento; no meio turbulento entre o ar e o oceano, as partículas de água se movem em círculos, algo como pedais de bicicleta, constantemente transferindo a energia delas para adiante, da elevação para a crista e de volta para a depressão entre duas ondas e para a frente de novo. Ondas curtas e encrespadas, como as vistas em lagos, vêm de perto. Ondas grandes se lançam adiante com constância em ventos de alta velocidade que vieram viajando pelo mar aberto por muitos milhares de quilômetros e durante dias; são as ondas vistas nas praias do Pacífico, formando elevações que, ao se aproximarem das praias, empinam-se em cristas curvadas que alcançam por fim um ponto máximo e quebram. A onda de Aura poderia ter começado a se formar uma semana ou mais antes, durante uma tempestade nos mares quentes do oceano Índico, onde ventos fortes sopram constantemente numa única direção. Quanto mais velha a onda, mais perigosa ela é; a altura de uma onda, seu grau de inclinação, de acordo com o que li, estão relacionados com sua idade: "À medida que uma onda envelhece, vai ficando mais alta, mais longa e, portanto, mais rápida". Onde estaria a onda de Aura naquela noite, enquanto dormíamos nos beliches do albergue de Oaxaca? Já seria uma velha onda assassina ou ainda era relativamente jovem, nascida na noite anterior numa tempestade tropical em alto-mar, talvez a apenas mil e poucos quilômetros dali? Há um poema de Borges que termina com os versos:

¿Quién es el mar, quién soy? Lo sabré el día
Ulterior que sucede a la agonía.

Quem é o mar, quem sou eu? Saberei no dia que se segue à agonia — *agonía*, nesse contexto, pode ser mais bem traduzida como "nos estertores da morte".

Serei eu a onda?

Chegamos à casa de Mazunte aproximadamente ao meio-dia do dia seguinte. Eu tinha um mapa desenhado à mão que o motorista do táxi teve dificuldade em decifrar, mas enfim encontramos o *callejón* que procurávamos: uma ruela margeada de uma vegetação que corria abaixo de um restaurante pendurado num barranco íngreme; no final dela, havia um portão, que destrancamos. Em seguida, subimos vários lances de escada até a casa, parecida com a casa na árvore da família de *Robinson suíço*, aninhada entre galhos espalhados em uma floresta tropical. Havia alguns pátios cobertos, e Aura escolheu o maior, empurrando móveis de um lado para o outro a fim de rapidamente criar um lugar isolado para escrever. Ocupei um pequeno terraço sombreado menor, um andar abaixo. Fabis, designer gráfica, estava irredutivelmente de férias e não precisava de um local de trabalho. Havia quartos com janelas teladas e camas cobertas por mosquiteiros, e redes por toda parte, mas o melhor lugar para dormir era na laje do teto, de onde se podia ver, por cima da floresta, a baía e o mar. Com grande esforço, levamos dois colchões finos do tipo futon escada acima. Fabis também iria dormir conosco lá até Juanca chegar.

Nadamos no mar naquela tarde. O céu estava nublado e tinha havido uma tempestade na noite anterior — a primeira chuva das últimas semanas. Ninguém com quem falamos ouvira falar que haveria mais chuva nos dias seguintes, mas a tempestade era a razão de a água estar turva e cheia de restos de plantas, galhos e pequenos feixes de capim. Apesar de ter estado tantas vezes nessas praias e adorar ir para a água, Aura sempre teve medo das ondas; naquele dia, elas não estavam muito grandes. Aura agarrava-se em meu braço e me fazia esperar com ela na beira da água, analisando os grupos de ondas, cronometrando-os, e só então entrávamos correndo no mar. Boiando na água, ela jogava os braços em volta do meu pescoço e esperava até se sentir pronta para nadar, mergulhando sob as ondas além do ponto de arrebentação, onde a água era mais calma, as ondulações embalando-a com suavidade quando passavam antes de formar a crista. Aura gostava de ficar lá adiante, nadando incansavelmente de um lado a outro, eu sempre pensava, parecendo uma foca amistosa.

El agua está picada hoy, disse Aura. Entre as elevações, havia muitas ondas pequeninas, pequenas erupções com respingos, como se do céu estivessem atirando pedras em torno de nós. Havia mais gente nadando nas ondas, pegando jacaré, o surfe de peito, rapazes na maioria, adolescentes e meninos. Aproximei-me, nadando, para pegar uma onda. Perdi algumas e então calculei bem uma, deixando-a me envolver e carregar, corpo e braços estendidos, cabeça levantada e fora da água precisamente na frente da sua extremidade que avançava rugindo, sendo por fim engolido por ela, vibrando com a força e a velocidade com que me impeliu quase até a praia. Ao nadar ao encontro de Aura, ela exibia um largo sorriso orgulhoso.

É perigoso?, perguntou Aura. Ela realmente me fez essa pergunta. Sua curiosidade sobre o surfe de peito tinha sido despertada. Era uma nadadora muito melhor do que seu marido cinquentão. Se ele podia pegar jacaré, por que ela não poderia?

É perigoso, eu disse, se você bater a cabeça na areia. Você tem sempre de manter a cabeça erguida. Foi como respondi à pergunta de Aura, tenho certeza, não dizendo nem mais nem menos do que isso.

Ao sair da água, ela também se segurava em mim até que a onda menor que esperava a impelisse para a frente, aí ela se soltava e corria para a praia no meio da espuma agitada. Às vezes era difícil sair da água que recuava. Éramos puxados para trás, e então era preciso deixar que a próxima onda nos lançasse para a frente.

Naquela noite jantamos no restaurante Armadillo, empoleirado logo acima do *callejón* que levava à nossa casa. Mal tendo dormido na noite anterior, fomos para a cama cedo e subimos para o nosso lugar de dormir na laje, protegidos com repelente de insetos. A brisa vinda do mar fazia as folhas das árvores ao redor de nós farfalharem com o som do jovem mar inquieto. Acordamos de manhã com uma cacofonia de cantos de pássaros e grasnidos e com uma vista do arco arredondado da baía — arrematada numa extremidade pela Punta Cometa e na outra pelas curvas distantes das colinas que separam Mazunte de San Agustinillo — e do oceano Pacífico se estendendo à frente, fundindo-se com a névoa azulada do céu. Víamos barcos de pesca e um cargueiro. Descemos, deixando Fabis dormindo. Aura estava ansiosa para trabalhar em seu computador. Havia uma cafeteira na cozinha; tínhamos comprado pó de café, com nossos mantimentos, na tarde anterior. Aura cortou um pouco de papaia. Quando lembro desse dia, o único dia inteiro que passamos na praia, tenho a sensação de que foram dois ou três dias, porque pareceu durar muito e passar tão devagar, da maneira que o tempo passa na praia.

Em que trabalhei naquela manhã? Não me lembro. Talvez no romance que estava tentando começar. Também tinha um livro para resenhar, uma nova tradução do português de um romance de seiscentas páginas do século XIX escrito por Eça de Queirós, *Os Maias*. Li até a parte em que o indolente mas inteligente jovem Carlos Maia está começando seu romântico caso de amor com madame Gomes numa Lisboa decadente e debilitada. Sentei-me a uma mesa de madeira rústica na sombra, ouvindo os pássaros, observando o burburinho dos beija-flores em torno das flores, me levantando e andando de um lado para o outro, sentando-me novamente, sentindo um pouco de inveja da concentração com a qual Aura já estava trabalhando e de como o local de trabalho que ela criara para si era tão mais agradável que o meu. Por volta das dez e meia da manhã, fomos todos tomar o café da manhã no Armadillo. Depois fomos para a praia.

Um antigo namorado de Aura, J., era agora proprietário de um bar popular em Mazunte onde muitas vezes havia música ao vivo à noite. Esse namorado era uma lenda obscura para mim. Tudo o que eu sabia era que, quando Aura tinha dezoito ou dezenove anos, ele partira seu coração. Um dia, ele desistiu da Unam e foi viver uma vida de hippie em Mazunte. No verão anterior, tínhamos assistido ao jogo França e Itália, pela Copa do Mundo, na televisão de tela plana de seu bar, e eu o conheci, um rapaz de compleição compacta, cabelo cortado curto e um porte militar, que claramente tinha se saído bem nos negócios. Agora estava casado e tinha um filho. Ele e Aura conversaram naquela tarde pela primeira vez depois de anos.

Em algum momento, enquanto eu lia *Os Maias*, Aura e Fabis foram dar uma caminhada, provavelmente até o café com internet do vilarejo. Quando Aura voltou, parecia chateada. Você não vai acreditar, disse, deixando-se cair em sua toalha de praia. Só me faltava essa. E me contou que, quando elas pararam no bar de J. para dar um oi, a mulher dele disse que J. estava no DF. E adivinha o que ele foi fazer lá?, perguntou Aura. Quando respondi que eu não tinha a menor ideia do que ele estaria fazendo lá, Aura contou que J. tinha ido à cidade ver o projeto gráfico da capa do livro dele. J. ia publicar um livro. Um livro de contos sobre Mazunte.

Até o meu ex-namorado hippie e dono de bar que abandonou os estudos vai publicar um livro antes de mim, queixou-se Aura.

Bom, eu disse, isso não quer dizer que esse livro vá ganhar o Prêmio Juan Rulfo ou coisa assim. Histórias sobre hippies italianos e maconheiros em Mazunte? Quem vai querer ler sobre isso?

A questão não é essa, disse Aura. Talvez até seja ótimo. Não interessa sobre o que é. Sou um fracasso.

Ah, Aura, deixe disso, você não é nenhum fracasso. Está escrevendo um ótimo conto. E lá fui eu, com a minha habitual arenga animadora. Mas aquela fórmula repetitiva me irritou. Não vá estragar o dia, pensei, depois de ter esperado tanto por isto. Contudo, parecia mesmo um acaso estranho o ex-namorado dela estar publicando um livro e ela descobrir isso no seu primeiro dia na praia. Evidentemente, desde então fiquei de olho naquele livro, e nunca o vi em nenhuma livraria nem encontrei nenhuma referência a ele em lugar nenhum.

A vantagem de Aura, porém, é que ela sempre se recuperava depressa dessas pequenas crises e derrotas. Fomos nadar. Ela nunca ficava fora d'água por muito tempo. Logo estávamos namorando e nos beijando dentro d'água. Não me lembro de ter praticado surfe de peito naquele dia; se o fiz, não foi nada memorável. Mazunte não era uma grande praia para surfistas, mas sempre havia alguém pegando jacaré ou fazendo body-boarding. Os poucos surfistas iam embora no final da tarde. A bandeira vermelha de advertência sobre o perigo de nadar ali devia estar em seu mastro, porque sempre estava, todos os dias. Mas nem o garçom da praia a quem eu de vez em quando perguntava sobre ela sabia por que estava ali nem quem era responsável por ela.

Naquela noite, jantamos na praia. Por força do hábito, levei meu BlackBerry; não havia funcionado o dia todo, mas agora à noite tinha um sinal fraco. Havia um e-mail de minha amiga Barbara, que trabalha numa editora. Escreveu para me dizer que meu livro de não ficção sobre o assassinato havia recebido um comentário estrelado em uma das resenhas de pré-publicações. Que bom, oba! Foi uma noite maravilhosa: noite de profundo azul-fosforescente, os fios de luzes cintilantes brilhando em torno dos restaurantes ao ar livre, as tochas de butano com sua claridade de um alaranjado incandescente. A noite foi escurecendo com um tom púrpura, até por fim encobrir o oceano. O rock nos alto-

-falantes dos restaurantes misturado com a percussão constante das ondas, muito mais suave ali do que em Puerto Escondido. Dividimos duas pizzas medíocres, duas jarras de margaritas aguadas, e nos sentimos muito felizes. Era como se possuíssemos uma espécie de riqueza, uma pequena fortuna guardada em noites na praia como aquela.

De manhã, Fabis saiu para alguma incumbência, deixando-nos sozinhos por algum tempo, e Aura e eu fizemos amor, ainda que não por muito tempo, docemente mas ansiosos — Aura estava nervosa, Fabis podia chegar. Quando, depois de nos vestirmos e descermos a escada, estávamos na cozinha, ela agarrou minha virilha, encostou os lábios na minha orelha e me disse que em breve faríamos amor o tempo todo para fazer o nosso bebê. *Ay, ya quiero un bebí!*, ela exclamou. E aquilo tudo fez eu me sentir muito cheio de energia e otimista. Logo mais, pela primeira vez na vida de cada um de nós, faríamos sexo para procriar!

Aura estava trabalhando bem naquela manhã. Subi e a vi digitando no laptop, os fones nos ouvidos. Mais tarde, por volta das dez, fomos ao Armadillo novamente para o café da manhã, nos sentamos a uma mesa coberta com uma toalha enxadrezada de azul e branco, em frente a uma estátua de madeira pintada da Virgem de Guadalupe e a uma outra, sem pintura, de uma cabeça de grifo. Comi *enchiladas* com um molho vermelho-vivo, ovos fritos e feijão-preto. Aura pediu frutas e iogurte, como no dia anterior, e dividiu uma porção de *enchiladas* com Fabis. Nós três tomamos copos grandes de suco de laranja, cenoura e beterraba que serviam lá, canecas de café forte e também, por ser tão bom, dividimos uma porção de pão caseiro torrado, servido com o mel da região.

Estávamos indo para a praia quando Aura disse: Estou escrevendo um conto realmente bom.

Claro, esse não era o estilo de Aura, talvez fosse inédito ela falar dessa maneira, mas ela falou com uma tímida convicção. É inegável que no dia seguinte ela poderia se sentir desanimada outra vez. Mas algo estava sem dúvida acontecendo com Aura. Isso me pareceu evidente mais tarde, quando percebi o quanto seu conto sobre o professor tinha mudado e melhorado em apenas poucos dias; naquela última manhã, ela o deixou quase pronto — tanto que ele acabou sendo publicado depois de alguma edição. Ela havia trabalhado de tal maneira o ano todo, nada mais natural que tivesse acontecido: aquele "clique", quando se tem a impressão de que uma porta antes trancada se abriu, e palavras e frases parecem subitamente existir em uma nova dimensão localizada em algum lugar entre seu cérebro e a tela ou a página, conduzindo você através de uma casa infinita cujos cômodos têm formas geométricas estranhas que você nunca viu, ainda que de alguma forma você sempre saiba onde está. Não fazia muito tempo, havíamos conversado meio às cegas sobre essa sensação, procurando descrevê-la.

E pensar que ela ainda teria duas semanas daqueles dias gloriosamente longos na praia! Talvez, ela declarou, alguns dias ela passasse a tarde toda trabalhando em vez de ir para a praia.

Acho razoável, disse eu. Estava feliz por termos, afinal, decidido vir alguns dias antes. Se tivéssemos tomado o ônibus na segunda-feira à noite, talvez estivéssemos chegando naquele momento a Mazunte, esgotados, só querendo saber de uma cerveja gelada e de um cochilo.

Um aspecto inesquecível desse dia ensolarado e quase sem nuvens era o número surpreendente de pessoas na praia e na água, inclusive crianças pequenas — nadando, mas também pegando jacaré. As ondas, imagino, deviam estar convidativas. Ondas moderadas, talvez não tão *velhas*, afinal. Mas as ondas viajam pelo oceano em grupos, ou séries, e nunca é somente uma série delas que chega à praia, porque ao longo do caminho outras séries de ondas se encontram, ou convergem, ou ultrapassam umas às outras e se misturam, ondas mais velhas com as um pouco mais jovens. Mas até mesmo uma onda moderada, conforme aprendi depois, quebra e avança em direção à costa com a força de um automóvel pequeno a toda a velocidade.

Sentados em nossas cadeiras, observávamos o pessoal pegando jacaré, o surfe de peito. Aura parecia particularmente interessada, e comentava as habilidades deles. Lembro em especial de uma dupla de rapazes de pele clara e corpo bem-feito que achei que deviam ser irmãos e que eram os melhores, deslizando sobre a superfície do mar habilmente posicionados na extremidade das ondas, braços estendidos, parecendo super-heróis voadores. Já havíamos entrado na água pelo menos umas duas vezes e tentado pegar ondas. Não acho que Aura e Fabis tenham conseguido pegar alguma; no mais das vezes, tentaram se colocar na posição e então, quando uma onda se erguia à frente delas, mergulhavam por baixo dela. Eu só peguei uma, bem curta. Raramente eu calculava o tempo direito.

Não gostei da aparência asquerosa do rapaz — cabelo comprido, magro como um galgo, toscamente tatuado, um piercing sob o lábio inferior — que ocupou a cadeira ao lado da nossa. Por que sentara tão perto? Depois, chegou um amigo dele e estendeu uma toalha na frente da cadeira. Aura disse que queria voltar para a água. Outra vez? Essa já era a terceira! Eu queria ler. *Os Maias* estava ficando interessante, o leitor percebendo, muito antes dos personagens, que Carlos Maia sentia um amor ilícito por sua irmã há muito perdida, madame Gomes — além disso, uma ótima leitura de praia. No dia anterior, Aura tinha acabado de ler um livro de contos de Fabio Morabito — que adorou — e agora estava indo e vindo, inquieta, de Silvina Ocampo a Bruno Schulz, e conversando com Fabis.

Mas olha só quanta gente na água, argumentei. Ainda me espanta que todas aquelas pessoas no mar não tenham causado aversão a Aura. A água realmente parecia pontilhada de cabeças de banhistas, e Aura, de maneira curiosa, costumava ser hipersensível a isso — ela quase nem conseguia olhar para qualquer superfície com padrões decorativos densos como aquele, pontilhados, rebocados, estriados, sem que um arrepio de repulsa percorresse seu corpo, e então ela me mostrava a pele de seus braços, fazendo uma careta. Foi assim que a água me pareceu naquele dia, exatamente o tipo de superfície empolada que Aura não suportava!

Cochichei para ela que eu não queria ir para a água e deixar nossas coisas ao alcance dos sujeitos esquisitos ao lado. Aura me cochichou que tinha certeza de que eles não roubariam nada. Eram só hippies de praia.

Vão vocês duas, eu disse.

Vamos, insistiram Aura e Fabis. A água está ótima hoje. Venha conosco!

Não, repeti, vou pular esta vez. Quero ler.

Aura estava usando as botinhas de mergulho que tinha comprado para essa viagem e que lhe conferiam um andar ligeiramente bamboleante, ficando mais difícil para ela acompanhar Fabis, muito mais alta e voluptuosa, quando elas caminharam até a beira da água, Aura balançando um pouco os braços para acelerar a marcha, com a cabeça levantada e inclinada para Fabis enquanto falava com a prima, feliz, entusiasmada. Vista de trás em seu maiô todo azul, ela parecia um pouco ovalada, muito mais do que era. Que pessoa adorável, engraçada e bonita é a minha Aura, pensei. Esse foi o momento que decidiu tudo: se eu fosse a onda, seria quando começaria a encapelar, com um arroubo doloroso de amor dentro do peito; mesmo que tivesse sido apenas o prelúdio de um mergulho inconsequente, tenho certeza de que ainda me lembraria dele. Pensei: prometo parar de me aborrecer com Aura, com suas inseguranças, com sua constante necessidade de ser tranquilizada, que se dane tudo, meu Deus, vou amá-la mais do que nunca, e é claro que vou nadar com ela agora mesmo. Em seguida, procurei proteger minhas coisas contra roubos sem ser demasiado óbvio ou ofensivo. Guardei a carteira, a camiseta, a sandália e o livro que nunca mais abriria (abrirei) na minha sacola de pano da livraria Gandhi e enrolei as alças da bolsa numa perna da cadeira, que levantei e enfiei com firmeza na areia. Via Aura e Fabis com água até os ombros, uma de frente para a outra, conversando, furando ondas, voltando à tona. Levantei e corri pela praia, pela areia ardente, para o mar.

Se você entrar no YouTube e digitar "Mazunte" e "ondas", vai encontrar vários vídeos curtos feitos nessa praia. As ondas nesses vídeos de viajantes não são muito diferentes daquelas em que estávamos nadando, embora provavelmente as nossas, devido à quantidade de pessoas que estavam na água naquele dia, estivessem mais calmas. Se você digitar "Zipolite", vai ver que as ondas lá são muito mais fortes, mais ameaçadoras. Antes eu não conhecia as diferentes classificações de ondas, não sabia que existem as ondas "de derrame" ou "transbordantes", consideradas as mais seguras para surfar e encontradas em "áreas relativamente abrigadas"; ou as "mergulhantes", que ocorrem quando há uma elevação no fundo do oceano bem antes da praia, ou com ventos fortes, consideradas mais perigosas do que as ondas de derrame; e existem ainda as ondas "oscilantes" ou "em vagalhão", as mais perigosas de todas. Mesmo depois de ter aprendido tudo isso, eu ainda não sabia bem que tipo de onda havia em Mazunte. A praia era relativamente abrigada, mas havia também uma elevação no fundo do mar que se estendia para o declive da praia. O site do Seafriends Marine Conservation Center, na Nova Zelândia, tinha boas informações sobre ondas, portanto mandei um e-mail para eles com links dos dois vídeos do YouTube sobre as ondas de Mazunte, pedindo-lhes uma opinião sobre que tipo de ondas seriam. O diretor do centro respondeu:

> Os dois vídeos mostram sem dúvida ondas "mergulhantes", mesmo com o mar ainda razoavelmente calmo. As ondas mergulhantes são de fato perigosas porque criam uma praia muito íngreme de areia solta, de onde é difícil sair. As ondas também, de repente, a uma curta distância, dissipam toda a sua energia em uma violenta mistura de velocidades de água. Acredito que Aura não teve sorte e deve ter batido a cabeça no fundo. Talvez tenha se esforçado para sair e se desesperado. Como saber? Sinto muito sobre esse triste destino. Mas ainda podemos alertar as pessoas sobre a natureza traiçoeira das ondas mergulhantes.

O diretor parece ter pensado que Aura se afogou, mas não foi o que aconteceu. As ondas *estavam* razoavelmente calmas. Os banhistas, e até crianças pequenas, não demonstravam nenhuma dificuldade de sair da água naquele dia, ou pelo menos eu não notei. Ondas se dissipando com violência — isso, sim, parece ter sido exatamente o que aconteceu, assim como ela "deve ter batido a cabeça no fundo".

Assim que alcancei Aura e Fabis na água, parece que de imediato nós três decidimos fazer surfe de peito. Logo peguei uma onda do melhor jeito como sempre consigo pegar e fui sair uns quinze ou vinte metros adiante, animado, levantando os braços, vitorioso. Eu não era igual, ou quase igual, em energia, audácia e bom humor, àqueles rapazes mais jovens do que eu na praia? Fabis tentou pegar a onda seguinte, mas não conseguiu. Outra onda subiu em nossa direção, como se empurrada por trás por uma escavadeira invisível, e ouvi Aura gritar:

¡*Esta es mía!* — Esta é minha!

¡*Esta es mía!* — sua voz alegre e valente, plena do seu último impulso de prazer.

Eu não estava em boa posição para pegar a onda, mas vi Aura se lançar e pensei, enquanto mergulhava, que aquela onda parecia maior, mais pesada, de alguma forma mais morosa do que as outras, e senti uma pontada de medo (ou isso é apenas um truque da memória?). Emergi em meio a uma larga faixa de espuma fervilhante — a água parecia estar em ebulição. Fabis estava perto de mim. Você pegou a onda?, perguntei, e ela respondeu, Não, e você? Mas eu já olhava em volta à procura de Aura. Onde está Aura? Eu não via Aura. Corri os olhos pela superfície borbulhante, de um lado a outro, esperando ver a cabeça dela vir à tona de repente, arfando, as mãos tirando o cabelo e a água dos olhos. A mais extraordinária frustração, medo... ela não estava na água. Então eu a vi. A espuma que recuava descobriu-a como um cobertor branco sendo lentamente puxado para trás: suas costas lisas e redondas e os ombros boiando; ela estava boiando, absolutamente imóvel, o rosto virado para a água. Alcancei-a segundos antes de três ou quatro outros banhistas, e nós a puxamos e levamos para a praia. Como estava pesada. Nós a deitamos na areia. Estava inconsciente, com água escorrendo das narinas. Mas então abriu os olhos. As pessoas gritavam, Não mexam nela! Ela falou de modo ofegante que não conseguia respirar. Alguém gritou, Faça respiração boca a boca, e encostei meus lábios nos dela. Soprei e senti a respiração quente voltar devagar para mim. Espantei-me com o declive íngreme da praia; era como se estivéssemos numa vala. (Estava assim antes? Teria alguma coisa a ver com a maré?) Veio uma onda e quase a encobriu. Vários pares de mãos a pegaram, ela escorregou de todas as nossas mãos, nós a seguramos outra vez e a carregamos para cima, para a areia quente e seca. Um médico, uma ambulância, eu suplicava. Precisava ficar junto dela. Ela disse, Me ajude a respirar, e de novo colei meus lábios nos dela. Ela suspirou, Esta foi com muita força, e depois da respiração seguinte, Assim. Alguém, talvez Fabis, disse que o susto é que estava dificultando a respiração dela, que quando Aura se acalmasse iria conseguir respirar direito, e repeti isso a ela, Aura, você levou um susto tremendo, por isso não está conseguindo respirar, assim que se acalmar vai conseguir. Pensei que Fabis tivesse ido telefonar para pedir uma ambulância, mas depois soube que ela fora procurar um médico. Pouco antes dela sair, Aura me disse, *Quiéreme mucho, mi amor.* Me ame muito, meu amor. Não conseguia mexer braços e pernas nem tinha nenhuma sensibilidade neles. Ela me disse isso com a maior serenidade, como se acreditasse que, ao se manter calma e imóvel, aquele horror resolvesse abandoná-la e fosse atacar outra presa. Eu lhe disse que era apenas temporário, que logo a sensibilidade começaria a voltar. Eu segurava sua mão, apertando-a, mas ela não sentia nada. Estava coberta de areia. Uma das pessoas ajoelhadas em torno dela tocou sua perna e perguntou se estava sentindo alguma coisa. Onde diabos estava a ambulância? Alguém com sotaque alemão não parava de dizer em tom de autoridade que não devíamos removê-la dali. *Aire*, dizia Aura sempre que queria minha ajuda para respirar. A palavra saía de seus lábios como uma bolha estourando em silêncio.

No quiero morir, ela disse. Não quero morrer.

É claro que você não vai morrer, meu amor, não seja boba. Apertando sua mão, afastando o cabelo de sua testa. Meus lábios nos dela, dentro, fora, esperar, dentro, fora, esperar...

Fabis não encontrou o médico. De algum modo, o médico nos encontrou primeiro. Era um jovem mexicano rijo que parecia um surfista. Talvez fosse estudante de medicina, não um médico. Àquela altura, Fabis estava tentando chamar uma ambulância, mas encontrava dificuldades. No início, os donos do restaurante não queriam deixá-la usar o telefone, ou não sabiam dizer para onde ela deveria ligar para chamar uma ambulância. Por fim, ela voltou com a notícia de que não havia ambulância. Só existia uma ambulância naquele trecho da costa, informou, e no momento ela estava a duas horas dali. Portanto, nada de ambulância.

Aire, sussurrou Aura.

O jovem médico assumiu o controle da situação. Não podíamos esperar duas horas, precisávamos levar Aura para o hospital mais próximo, em Pochutla, a cerca de trinta quilômetros em direção ao interior. Alguém se ofereceu para levar Aura ao hospital em seu suv. Usaríamos uma prancha de surfe como maca e a colocaríamos na traseira do utilitário. Quando o médico pediu ajuda, alguns rapazes parados à nossa volta afastaram-se como se alguém tivesse apontado um maçarico para as pernas deles, mas outros se adiantaram para se ajoelhar em torno de Aura e levantá-la com cuidado enquanto uma prancha de surfe era empurrada por baixo dela; em seguida a levamos para o carro. Eu segurava a prancha debaixo da cabeça dela. Na traseira do utilitário, agachei-me atrás de sua cabeça e segurei-a com as mãos, tentando impedir que cabeça e pescoço se movessem, enquanto me curvava continuamente para lhe dar ar. O carro balançava devagar de um lado a outro da estrada irregular de terra, cada sulco parecendo uma montanha ou uma vala funda; era impossível mantê-la imóvel. Outro rapaz estava agachado na extremidade da prancha de surfe não só para impedir que ela escorregasse como para manter firmes as pernas de Aura. Não sei como, ele tinha uma pena verde na mão, que roçava nas solas dos pés de Aura e perguntava se ela estava sentindo alguma coisa. Ela sussurrava que sim, e eu não parava de lhe dizer que, se estava sentindo a pena, significava que tudo iria ficar bem. O rapaz com a pena rezava para Aura. Você parece um anjo, eu lhe disse. Por fim surgiu o asfalto. Cerca de quarenta e cinco minutos depois de termos saído de Mazunte, chegamos ao hospital de Pochutla. Eram umas três da tarde.

Pochutla é uma pequena e movimentada cidade comercial. O hospital ficava na periferia da cidade, uma construção de aparência frágil, de um só pavimento, semelhante a uma escola primária rural. Permitiram que eu entrasse no setor de emergência com Aura. Era pequeno e extremamente espartano. Mantiveram-na na prancha, que puseram em cima de uma cama. Colocaram nela um colar cervical. Mas o hospital não tinha sequer um respirador. Eu ainda precisava ajudá-la a respirar.

O primeiro médico que veio examinar Aura era claramente alcoólatra: desgrenhado, de olhar turvo e totalmente indiferente. Fora do setor de emergência, havia uma pequena sala de espera com janelas de tela e cadeiras de plástico. Fabis estava lá, fazendo umas últimas ligações em seu celular antes que a bateria acabasse. Ela tentou ligar para a mãe de Aura, mas a ligação caía na caixa postal. Também não conseguiu contato com Rodrigo. No final daquele longo dia, Fabis teria registradas quarenta e uma chamadas não atendidas para Juanita e Rodrigo. O carregador de seu celular tinha ficado na casa em Mazunte. Ela pediu se o dono do suv poderia ir buscá-lo e ele disse que sim. Ela desenhou um mapa e deu-lhe as chaves. Ele voltou com o carregador pouco mais de uma hora depois. Dirigira dessa vez muito mais rápido do que pudera ao transportar Aura.

Aura me perguntou: Eu vou morrer?

Não, meu amor, claro que você não vai morrer. Você vai

ficar bem, juro. Isto às vezes acontece com jogadores de futebol também, eu disse. Eles saem carregados de campo exatamente como carregamos você, e aos poucos a sensibilidade das pernas e dos braços deles vai voltando. Você já não está sentindo um pouquinho seus membros?

Sí, mi amor.

Por fim, trouxeram um respirador manual, e uma enfermeira segurou a máscara sobre os lábios de Aura enquanto eu, com as mãos, pressionava ritmicamente o balão ovoide de plástico que bombeava o ar. Quando me disseram que eu precisava preencher formulários, outra enfermeira se incumbiu do balão, eu fui levado a um cubículo minúsculo onde havia uma mesa com uma máquina de escrever, e esperei pelo médico. Peguei meu Black-Berry e vi que havia sinal. Liguei para Juanita e não obtive resposta, então lhe mandei um e-mail dizendo que Aura sofrera um acidente no mar, estava no hospital e que, por favor, me telefonasse ou telefonasse para Fabiola imediatamente. A bateria do meu celular também estava quase acabando. Mandei e-mails para Silverman, meu editor em Nova York, Gus, Saqui, e não me lembro para quem mais, pedindo que me ajudassem a conseguir o resgate aeromédico de Aura para os Estados Unidos. Eu estava de calção de banho, camiseta e descalço. Fabis me entregara minha camiseta. Ela teve a presença de espírito de correr e recolher todas as nossas coisas onde as tínhamos deixado na praia.

O médico que finalmente entrou no cubículo onde eu aguardava era um homem idoso, de cabelo branco e bigode. Ele diagnosticaria que Aura não tinha água do mar nos pulmões — uma boa notícia que mais tarde, porém, se revelou errada. Ele me fez perguntas para seus formulários e digitou lentamente minhas respostas; o processo parecia interminável. Pensei ter ouvido Aura chamando por mim e me levantei abruptamente e saí. Quando voltei ao lugar onde Aura estava, havia um novo médico lá, um rapaz alto e robusto com rosto rechonchudo e um ar de inteligência benevolente. Era ele quem estava operando o respirador manual agora, apertando-o com calma entre as mãos e olhando atentamente do rosto de Aura para o monitor ligado a ela. Perguntei se Aura tinha chamado por mim e as enfermeiras disseram que não, que ela estava tranquila. O médico mais jovem entregou o balão a uma enfermeira e fomos para o corredor; lá, ele, Fabiola e eu discutimos o que fazer. Decidimos levar Aura o mais rápido possível em uma ambulância aérea para um hospital da Cidade do México e não para o hospital da cidade de Oaxaca, que havia sido mencionado como uma possibilidade. Aura precisava ser transferida naquele mesmo dia, nos disse o médico. Quando voltei, as enfermeiras me pediram que eu tirasse o maiô azul de Aura, como se isso fosse um ato que, mesmo num hospital, só pudesse ser realizado pelo marido. Elas a levantaram um pouco e eu desenrolei de seus ombros o maiô cheio de areia, descendo por seu corpo e suas pernas, e as enfermeiras a cobriram com um lençol. Com um alicate próprio para cortar arame, elas romperam a pulseira de berloques de Juanita e a tiraram do pulso de Aura. Assumi o respirador manual, beijei sua testa e suas faces, ela abriu os olhos e depois os fechou. O médico mais jovem me disse que a pulsação e os batimentos cardíacos dela haviam diminuído consideravelmente, mas que tinham lhe dado uma injeção de adrenalina e que agora eles estavam quase normais. Disseram-me para ficar de olho no monitor e que, se o batimento cardíaco dela caísse abaixo de quarenta, eu os avisasse. O médico idoso pegou a mão de Aura e a soltou, e ela caiu molemente. Quando ele bateu com um martelo abaixo de seus joelhos, houve um pequeno movimento reflexo. Ele correu o martelo pela sola do pé e perguntou se ela sentia alguma coisa, e ela disse que sim. As enfermeiras e eu trocamos sorrisos.

O médico fingiu que fazia isso de novo, descendo o martelo

para baixo mas sem tocar a pele, e quando ele perguntou a Aura se ela sentira alguma coisa, ela voltou a afirmar que sim.

Minhas lembranças de tudo o que aconteceu nesse dia interminável sempre serão nebulosas e incertas. Sei que Fabiola estava constantemente ao telefone. As *tías* tentavam localizar Juanita e Rodrigo, embora só fossem conseguir bem mais tarde, encontrando primeiro Rodrigo. O plano agora era conseguir uma ambulância aérea para levar Aura de volta ao DF, saindo de Puerto Escondido ou de Huatulco, mas também era preciso encontrar uma ambulância para levar Aura até um desses dois aeroportos. As duas tarefas estavam se revelando difíceis. Quando fui para o corredor pegar minha sandália e a carteira na minha mochila, que eu tinha deixado embaixo de uma cadeira, descobri que alguém, provavelmente ainda na praia, havia roubado todo o dinheiro da carteira e a colocado de volta na sacola. Eu tinha um cartão de crédito, que o ladrão havia deixado — um cartão AmEx, inútil em qualquer ATM mexicana. Meus outros cartões estavam na casa de Mazunte. Ouvi Fabis em seu celular dizer em tom queixoso mas urgente, Mas, Ma, imagine se fosse eu. Odette perguntara a Fabis se não podíamos esperar por uma ambulância aérea até o dia seguinte. Fabis disse, Ma, ela não vai aguentar até amanhã, o médico disse que ela precisa ir hoje. Nesse momento, uma enfermeira veio me dizer que Aura estava me chamando e voltei para dentro.

Odette e a irmã de Fabis encontraram um serviço de resgate aeromédico em Toluca, nos arredores da Cidade do México, que voaria para Huatulco. O tempo era curto, já era final de tarde, e as duas foram correndo a uma agência bancária que ainda estava aberta para retirar os doze mil dólares em dinheiro que o serviço de ambulância exigia.

Lá dentro, Aura disse que suas *nalgas*, sua bunda, estavam doendo de tanto ela ficar na prancha. Isso significava claramente que ela não iria ficar paralisada. Cheio de paixão, sussurrei em seu ouvido que ela ficaria bem e beijei seu rosto até que uma enfermeira disse para eu me afastar. Era estranho observar as enfermeiras que estavam com Aura, operando o respirador manual, controlando o monitor, conversando umas com as outras sobre o cotidiano delas. Mas agora estávamos todos animados porque, se Aura reclamava que sua bunda doía, com certeza a sensibilidade de seus membros estava voltando — era impensável que ela não se recuperasse. Uma ambulância aérea viria buscá-la. Já passava do anoitecer. Supostamente, uma ambulância da Cruz Vermelha também estava a caminho. Na Cidade do México, a irmã de Fabiola tinha encontrado um especialista em medula espinhal, pai de um amigo dela, que era um dos melhores da cidade e que estava aguardando Aura no Hospital Ángeles, em Pedregal, uma das regiões mais ricas da capital.

Mas havia um novo problema: a ambulância aérea não poderia decolar de Toluca porque o aeroporto de Huatulco estava negando a permissão para o pouso — eles iam fechar para a noite.

O médico mais jovem disse que Aura não sobreviveria se passasse a noite em Pochutla.

A funcionária responsável pelo aeroporto de Huatulco também se chamava Fabiola. Pelo telefone, Fabis lhe disse, Se a minha prima morrer, você vai carregar isso na sua consciência pelo resto da vida. Johnny Silverman, meu amigo advogado em Nova York, também pressionou. Seu escritório havia trabalhado em causas corporativas com um dos advogados mais poderosos e bem relacionados do México, e ele convenceu esse advogado a telefonar para o aeroporto de Huatulco. Depois da ligação dele, a Fabiola de Huatulco cedeu e disse que o aeroporto ficaria aberto até meia-noite.

A ambulância chegou por volta das nove, duas horas depois do que o combinado. O hospital de Pochutla não poderia abrir mão de seu único colar cervical, assim Fabis e eu precisamos correr para uma farmácia e comprar um. O respirador da ambulância da Cruz Vermelha não estava funcionando. O médico mais jovem, que na verdade era um estagiário de Guadalajara recentemente designado para o hospital, se ofereceu para nos acompanhar com o respirador manual. Por fim, Aura, envolta num lençol, foi retirada da prancha e posta na maca da ambulância. O dono daquela prancha pelo jeito a tinha dado para Aura.

O aeroporto de Huatulco ficava a cerca de trinta e dois quilômetros de distância por uma estrada lenta e sinuosa. Demoramos quase uma hora para chegar. Entramos no aeroporto por uma porta dos fundos, em meio a lâmpadas de vapor e ao ar tropical úmido, e ouvi o barulho de um motor a jato. Estávamos de volta ao século XXI ou tínhamos pulado para o próximo, porque a ambulância aérea me pareceu algo saído de um filme de ficção científica; na minha lembrança, a tripulação de médicos jovens usava trajes reluzentes de voo, embora duvido que isso seja verdade. A médica-chefe era uma jovem bonita com o jeito alegre e tranquilizador da Bruxa Boa do Norte. O médico jovem de Pochutla não aceitou dinheiro de Fabis para voltar de táxi a Mazunte; depois de uma rodada de despedidas comovidas e esperançosas, lá se foi ele, levando o respirador manual, ficar na casa de um amigo. Aura foi transferida para uma nova maca e coberta confortavelmente com uma manta térmica prateada. A bela médica disse que os sinais vitais de Aura eram bons e que tinha certeza de que ela iria ficar bem. Uma vez no ar, disse que Aura não precisava de um respirador. Verdade: ela estava conseguindo respirar sozinha. Aura olhou para mim e perguntou:

Mi amor, ¿me puedo dormir un poquito? Posso dormir um pouquinho?

Essa pode ter sido a última frase completa que Aura me dirigiu; não me lembro de nenhuma outra. Ela dormiu por algum tempo. Para não acordá-la, parei de sussurrar palavras amorosas e tranquilizadoras em seu ouvido.

A última ambulância nos levou de Toluca, através da Cidade do México, a Pedregal, no sul. Fui atrás com Aura, e Fabis sentou-se na frente com o motorista. Essa última ambulância era austera e básica, com um interior metálico. Aura voltou a usar um respirador. Atrás, conosco, havia um médico que parecia ter pouco mais de vinte anos, de movimentos rápidos e seguros; ele parecia alerta, sério e capaz, pálido, de traços delicados e acentuados, de óculos, judeu provavelmente. Observava com atenção o monitor, lendo os sinais vitais de Aura. Então disse, com voz abrupta e tensa, Não estou gostando nada disto. O otimismo da ambulância aérea — hoje um mistério para mim — foi-se embora. Não sei dizer se sou grato por aqueles últimos momentos de esperança e alívio ou se acho que fomos cruelmente enganados. Nem uma coisa nem outra, creio.

Juanita e Rodrigo nos esperavam do lado de fora da entrada de emergência do hospital. Algumas *tías* também estavam lá. Eram mais ou menos duas da manhã. Juanita, de braços cruzados, olhando com severidade para mim, fez sua acusação. Foi desse jeito que eu trouxe sua filha de volta, a filha que ela tinha me dado em casamento para eu proteger, o que eu havia jurado fazer. Foi desse jeito que eu trouxe Aura de volta à sua mãe.

Aura estava acordada. Foi como se tivesse poupado toda a sua energia para poder dar à mãe esta última declaração num tom de alegre valentia: *Fue una tontería, Mami.* Foi uma idiotice, Mami.

Acho que o renomado cirurgião especialista e sua equipe de médicos soube quase de imediato. Não me lembro quanto tempo levou até eles saírem para falar conosco na sala de espera. O cirurgião especialista era um homem alto e corpulento. Ele nos disse que Aura tinha quebrado e deslocado a segunda, a terceira e a quarta vértebras da coluna vertebral, e que essas vértebras haviam pressionado a coluna e cortado os nervos que controlam a respiração, o tronco e os membros. Era provável que ela ficasse completamente paralisada o resto da vida. Eles estavam tentando estabilizar a medula espinhal para diminuir o inchaço. Em seguida, iriam decidir se havia alguma forma de operá-la. Ela também havia ingerido água do mar, e eles estavam trabalhando para tirá-la dos pulmões. Argumentei com o médico. Contei que durante o dia todo a sensibilidade das pernas de Aura ia e vinha, que na ambulância aérea seus sinais vitais estavam bons e que ela até tinha respirado sozinha. Eu disse ao médico que ela iria ficar boa, que ele precisava acreditar em mim, e me lembro do olhar penalizado dele sobre mim, impotente — eu de calção de banho e com a minha camiseta suja e suada.

Nenhum de nós foi autorizado a entrar na UTI para ver Aura. As equipes médicas precisavam trabalhar sem interrupção. Fabis foi para casa com Juanca dormir. Não me lembro de mais ninguém na sala de espera além de Juanita e Rodrigo. Eles não falavam comigo. Sentaram-se num dos lados da sala de espera, nos sofás de vinil, e eu fiquei sentado sozinho no outro. A luz da sala era muito fraca. Estávamos em um andar alto. Eu não podia telefonar para ninguém porque estava sem o carregador do celular. Juanca prometera me trazer um de manhã. Em certo momento, saí e andei pelos corredores compridos e vazios e parei numa pequena capela para rezar. Jurei que se Aura sobrevivesse eu viveria uma vida firmemente religiosa e mostraria minha gratidão a Deus todos os dias. A não ser pelo fato de ter percebido Juanita e Rodrigo distantes de mim, não me lembro de ter pensado nada sobre a atitude deles. Meus pensamentos estavam apenas voltados para Aura. Se ela ficasse paralisada por algum tempo, eu encontraria uma forma de levá-la para a melhor clínica de reabilitação dos Estados Unidos. Leria para ela todos os dias e ela ditaria suas obras para mim; eram esses meus pensamentos. De vez em quando, eu me levantava e ia até a janela fechada da UTI, pegava o fone, apertava o botão e perguntava se podia entrar para ver minha mulher, e toda vez me diziam que só seriam permitidas visitas de manhã.

28.

Em que você pensou durante aquela longa noite, meu amor, quando estava morrendo, ferida de modo tão horrível quanto um soldado na guerra, e sozinha?

Você me culpou? Pensou em mim com amor ao menos uma vez? Você viu, ou escutou, ou sentiu eu amando você?

29.

Foi somente na manhã seguinte, quando Aura estava em coma, que por fim me deixaram vê-la. A assistente do eminente cirurgião, uma mulher parecida com um buldogue, me disse que durante a noite Aura sofrera duas paradas cardíacas. Pude enfim encostar meus lábios na linda orelha de Aura e lhe agradecer pelos anos mais felizes da minha vida e dizer a ela que eu jamais deixaria de amá-la. Então, bruscamente, a cirurgiã-assistente me mandou sair. Dez ou quinze minutos depois, ao voltar e passar pela cortina branca, senti no mesmo instante um silêncio e uma imobilidade de vácuo em torno da cama de Aura, uma claridade de explosão nuclear, e a cirurgiã-assistente me disse que Aura tinha morrido minutos antes. Aproximei-me dela. Seus olhos sem luz. Beijei suas faces já iguais a argila fria. Meus soluços devem ter sido ouvidos em todo o hospital.

30.

Juanca acabou não indo ao velório porque foi com um amigo a Mazunte buscar nossas coisas. Encontraram a casa exatamente como a havíamos deixado. Trouxeram tudo, até o xampu de Aura. Aura sempre fechava apenas a tampa de seu laptop quando acabava o trabalho do dia, por isso, quando o abri mais tarde, encontrei a tela como ela a deixara. Havia dois documentos abertos, a última versão de sua história sobre o professor e algo novo, provavelmente o início de mais um conto, intitulado "¿Hay señales en la vida?", ou A Vida nos Envia Sinais?

31.

A princípio, o promotor público parece entender mal por que vim vê-lo e por que meu advogado marcou esta hora. Parece pronto a se defender de, percebo, acusações de uma investigação negligente ou malconduzida. Em seu pequeno gabinete, sob a enervante iluminação causada pelo ventilador instalado de modo canhestro, o promotor insiste que ele e seus assistentes investigaram meticulosamente o acidente fatal de Aura em Mazunte. Interrogaram testemunhas — os proprietários e empregados dos restaurantes da praia, a equipe médica do hospital em Pochutla — e nada encontraram que indicasse se tratar de outra coisa que não um acidente. Digo-lhe que sei ter sido um acidente e que estou aqui para prestar meu depoimento, exigido pela lei. Quero contar-lhe a minha história, aquela que, no decorrer do último ano, tenho incessantemente refinado em uma narrativa em que minhas próprias ações e minha falta de ação, passivas demais, assertivas demais, intrínsecas demais à minha personalidade, todas pesam como provas. Há muito mais que eu não digo a ele — os sinais premonitórios, as fixações na morte registradas nos diários de Aura durante a adolescência e, mais tarde, a atração misteriosa que esse trecho de praias no litoral de Oaxaca exercia sobre ela, como se seu destino estivesse de alguma forma prenunciado na geografia desse lugar. O que eu estava fazendo, na minha idade, praticando surfe de peito naquelas ondas? Deveria saber o quanto era perigoso. Eu conhecia os argumentos contrários a isso, que, se eu fosse o tipo de homem que "age de acordo com a idade", eu seria uma pessoa diferente, e uma pessoa como Aura não teria se apaixonado por mim. É verdade. Ela quebrou o pescoço nas ondas como resultado direto de eu ser quem eu sou. Nesse sentido, *eu* fui a onda.

Mas e o que dizer do livre-arbítrio? Aura nadava melhor do que eu, ela quis pegar jacaré, ela quis pegar aquela onda; foi um impulso que partiu *dela*. Durante toda a sua vida adulta, e até mesmo antes, ela combateu as tentativas de outras pessoas de controlá-la e defini-la. Portanto, será que você ou eu temos o direito de tentar controlá-la na morte? Tudo isso é verdade, mas o fato permanece: se eu não tivesse ido ao encontro dela na água quando o fiz, se eu não tivesse surfado numa onda primeiro, se eu não estivesse lá sendo eu mesmo, ela não teria se atirado naquela outra onda.

Há praias perigosas nesta costa, diz o promotor público. Zipolite é chamada de La Playa de la Muerte porque todos os anos muitas pessoas morrem ali. Puerto Escondido, Ventanilla e até mesmo San Agustinillo podem ser perigosas. Mas não Mazunte. Ah, claro, você pode ser embolado pelas ondas, bater no fundo e se machucar. Mas Aura foi a primeira vítima fatal em Mazunte em anos. Uma incrível falta de sorte, o que aconteceu com sua mulher, diz o promotor. Bem, é como isso me parece.

Ele tem os números. O promotor recita a lista de praias e menciona quantos morreram em cada uma nos últimos anos — não me lembro dos números, exceto que em Zipolite houve muitas mortes, e pelo menos umas duas mortes ocorreram em todas as outras praias. A exceção era Mazunte, onde não tinha havido nenhuma, até o caso de Aura.

Um acidente de tal modo singular que aconteceu com apenas uma pessoa, Aura, e com nenhum dos inúmeros banhistas que já praticaram surfe de peito em Mazunte por anos e anos, dia após dia. Aura não teve sorte. Ela morreu porque eu estava sendo eu mesmo, um eterno adolescente, um *niñote*. Ela morreu porque eu, explodindo de amor, decidi acompanhá-la na água. Mas tudo isso também é uma evasão da VERDADE, contra a qual minha narrativa diligentemente construída desmorona como uma enorme onda de Nada, de Coisa Nenhuma. Eu ser eu mesmo não deveria ter sido suficiente para matar Aura. Aura sendo ela mesma ao se lançar naquela onda *por qualquer que fosse a razão* também não deveria ter sido suficiente para matá--la. A total singularidade e falta de sentido da coisa — eis a VERDADE. Naquele dia, depois que saio do gabinete do promotor público, isso me parece ainda mais difícil de suportar do que a minha responsabilidade.

Isso transforma a morte de Aura em algo que jamais vai parar de acontecer, como se o ventilador absurdo do gabinete do promotor público estivesse sempre soprando a morte dela em direção ao universo, como se o sol e a luz do mundo fossem agora como a luz daquele gabinete, rangendo freneticamente na terra, na noite, na minha visão, estejam meus olhos abertos ou fechados.

32.

Os degraus da frente do nosso prédio no Brooklyn eram extraordinariamente íngremes, e, como tenho um joelho meio capenga por causa de uma antiga lesão num jogo de futebol na escola, eu descia todos os degraus primeiro com a perna desse joelho, mantendo-a rígida, abaixando-a como se fosse uma muleta. Quando descia ao meu lado, Aura me imitava, exagerando, mancando como uma aleijada, o rosto virado para mim com um olhar engraçado de tensa concentração. Em dias de frio e umidade, quando meu joelho doía, eu mancava um pouco, e Aura, caminhando ao meu lado, imitava o meu andar, sincronizando seus passos com os meus. Para as pessoas atrás de nós na calçada, isso devia parecer bem cômico.

Em toda a minha vida, eu fui dessas pessoas que tropeçam e dão topadas. Frankie, levante os pés quando andar, não arraste os pés — quando eu era garoto, meu pai estava sempre me chamando a atenção para isso. Mas Aura achava hilariante eu tropeçar no meio-fio ou numa rachadura da calçada; ela ria como se eu tivesse levado um tombo de palhaço de circo de propósito, só para ela. Ela só via muita graça naquilo, eu pensava, porque ela mesma nunca tropeçava. Tinha leveza nos pés. Calçadas geladas, porém, lhe causavam problemas, então era a minha vez de rir. Eu tropeçava e dava minhas topadas, mas nunca caía: sempre recuperava rapidamente o equilíbrio, como um atacante de futebol americano saltando para evitar o bloqueio do adversário. Pelo menos eu ainda era flexível o suficiente para isso.

Quando voltei ao Brooklyn após a morte de Aura, apenas uma ou duas semanas depois daquele primeiro regresso sem ela, ao subir as escadas, vindo do fedorento forno de verão da Broadway-Lafayette Station, tropecei e caí como nunca, de bruços, com um impacto impressionante — meu corpo todo bateu na escada e deslizou vários degraus abaixo, joelhos, tronco e mãos chocando-se com violência contra o ferro duro e imundo. A maioria das pessoas continuou andando de um lado para o outro, me ignorando, mas algumas tentaram me ajudar, estendendo as mãos, perguntando se eu estava bem. Um homem de terno chegou a se ajoelhar ao meu lado, pôs a mão no meu ombro e perguntou: Você se machucou? Quer que eu peça ajuda? Estou bem, respondi. Por favor, obrigado, pode deixar, estou bem. Fiquei de pé e voltei a subir a escada. Meus joelhos e mãos doíam como se tivessem sido marretados e eu sentia o sangue escorrer pela canela. Havia um pequeno rasgão na minha calça jeans, acima do joelho. Meu rosto ardia e havia lágrimas em meus olhos, tanto de humilhação como por tudo mais.

O que isso significava? Será que esse tombo forte na escada do metrô marcava, finalmente, o início de ser velho? Talvez, mas não foi essa a lição que decidi tirar do fato. Mais tarde me pareceu ser uma lição sobre o luto. Um dos tropos e queixas mais comuns nos livros que li sobre luto é a solidão em que se fica no luto profundo, porque as outras pessoas e a sociedade parecem incapazes, pelas várias razões sempre enumeradas nesses livros, de acomodar tanta dor. Mas o que alguém poderia dizer ou fazer para ajudar? Estar inconsolável não significa que você às vezes possa ser consolado. A maneira como as coisas são me parecia certa; era tudo como deveria ser ou como se não pudesse ser de outra maneira. Chego a me sentir grato por algumas coisas estarrecedoras que me disseram — Por que você não pode voltar a ser como era antes de conhecer Aura? —, porque elas demarcam nitidamente uma fronteira, mostrando-lhe a verdade sobre onde você está, enquanto um comentário supostamente sensível pode apenas suavizar um pouco essa fronteira, mas nunca torná-la menos impenetrável. Você precisa, e só você pode, viver isso sozinho.

33.

Quando, um ano depois, falei com Rodrigo e Fabiola após a cerimônia em memória de Aura, descobri que ele e Juanita *tinham sido autorizados* a entrar na unidade de terapia intensiva para ver Aura naquela última noite. Rodrigo me agradeceu. Ele me agradeceu por tudo o que Fabiola e eu havíamos feito naquele último dia e noite para trazer Aura à Cidade do México a fim de que sua mãe pudesse se despedir dela.

Quando lhes deixaram ver Aura, ela ainda estava consciente.

O que ela disse?, perguntei-lhe.

Rodrigo respondeu:

Aura disse, Não quero morrer. Há tanta coisa que quero fazer. *No quiero morir.*

34.

Não sei como Juanita suporta. Eu me preocupo com ela, e não digo isso para parecer menos frio. Tento imaginar Juanita em seu apartamento, onde mora com as cinzas de Aura, tento segui-la através de seu dia, e tenho medo. Preocupo-me em carregar a culpa por outra morte. Ela nem sequer fala mais com as *tías*. Se estivesse vivendo esse luto de alguma outra forma, de uma forma que parecesse mais positiva pelo menos para os outros, isso faria diferença no modo como ela se sente? Talvez ela sobreviva com uma força sobre-humana. Ela acredita que vai se encontrar com a filha na vida após a morte. Espero que tenha achado um novo amigo, um muito íntimo, com quem possa falar como nunca pôde nem com as *tías*, que possa até mesmo fazê-la rir, que a faça sentir-se amada e perdoada ou compreendida, e que sempre esteja perto dela não importa o que aconteça, que de alguma forma sempre saiba como puxá-la de volta do abismo.

É claro que era com Aura, sempre com Aura, que Juanita tinha um relacionamento assim.

35.

Uma amiga minha — um pouco mais velha do que eu e mãe de uma filha recém-casada — disse que Aura ainda pertencia mais à mãe do que a mim, que Juanita ainda era a "legítima curadora" de Aura. Ela não pretendeu ser cruel, só estava expressando o que lhe parecia óbvio.

Você não teve tempo de tornar Aura toda sua, disse. Quando tivessem um filho e começassem uma família própria, a metamorfose estaria completa.

As melhores amigas de Aura, principalmente Lola e Fabiola, ao longo dos anos observadoras próximas da relação de Aura com a mãe e elas mesmas filhas de mães com personalidades fortes e carreiras próprias — mães mexicanas, se isso faz alguma diferença —, não concordam.

Aura não pensava mais na mãe como sua curadora, disse Lola. Se é que não seria o contrário. Aura já andava com as próprias pernas, tomava suas decisões e já tinha começado a sua própria família com você.

Será que Lola ainda vai pensar assim quando, daqui alguns

anos, sua filha, o bebê Aura, der *seus* primeiros e aparentemente decisivos passos, que talvez nada mais sejam que apenas desafiadores?

Se quisesse, Juanita ganharia essa discussão?

36.

Por mais que se tente justificá-la, pensei, não está certo impedir um marido de ter os restos mortais de sua mulher. Muitas religiões certamente proíbem isso. Mesmo que se deixe a religião fora do debate, um marido tem o sagrado direito e dever de enterrar o corpo, os ossos, as cinzas de sua mulher. Eu deveria ter ido buscar as cinzas, como Juanita temia que eu fizesse. O que há de errado comigo? Por que não fui? Por que sou tão covarde?

Mas também pensei o que costumo pensar, Pobre mulher, deixe que ela fique com as cinzas. Aura não é suas cinzas, vou guardar a Aura que tenho.

Confusão, não sei como resolver essa questão, não sei o que está certo ou errado, mas procuro respostas onde costumo procurar, nos livros. A primeira mulher de Ralph Waldo Emerson morreu em tenra idade, após uma longa luta contra a tuberculose; por dois anos, ele ficou melancólico e as pessoas temeram por sua sanidade. Por fim, ele mandou desenterrar e abrir o caixão de sua mulher para poder enfrentar o fato físico de sua morte e decomposição. Em seguida, foi para a Europa. Não consegui enfrentar essa verdade, mas será que preciso? Costumo me imaginar pegando as cinzas de Aura nas mãos e esfregando-as no rosto todo, nos olhos, no nariz, até na boca.

Fui para a Europa também, usando o dinheiro que recebi do seguro por ter sido atropelado. E, dentro de uma igreja, tive uma espécie de revelação. A igreja ficava numa cidade medieval fortificada a cerca de duas horas de trem de Paris. Na parte mais antiga da nave, no alto das paredes, havia dois vitrais intactos desde o século XIV. Durante a Segunda Guerra Mundial, os habitantes da cidade removeram os vitrais, desmontaram tudo cuidadosamente e guardaram em lugar seguro. Foi assim que os vitrais sobreviveram às bombas que mais tarde destruíram grande parte da igreja. A missa tinha acabado e eu estava perambulando pela nave restaurada, lendo o panfleto em inglês que contava a história dos vitrais e lembrando do tempo em que Aura e eu visitamos igrejas e catedrais antigas de Paris. Aura dizia-se católica, embora nunca fosse à missa ou praticasse a religião em sua vida diária. Porém, sempre acendia velas quando visitava essas igrejas, benzia-se e às vezes rezava em silêncio. Parei em uma pequena capela lateral dedicada à Virgem, deixei cair um euro na caixa de metal, acendi uma vela e fiz minha própria oração silenciosa, Virgem, se você existe, por favor, cuide bem de Aura, enquanto, no mesmo instante, outra voz interior zombava de mim.

Então parei embaixo de um daqueles vitrais antigos e tentei imaginar os habitantes da cidade segurando nas mãos peças de vidro colorido de setecentos anos tão frágeis e preciosas, embrulhando-as com cuidado e pondo-as dentro... dentro do quê? Por um momento me fixei nisso. Jornais velhos, roupas velhas, toalhas de mesa, trapos, talvez paramentos dos sacerdotes e coisas assim? Roxo, vermelho, azul, amarelo, verde, o vitral era um círculo translúcido dessas cores combinado num complexo padrão geométrico que ao mesmo tempo dava a impressão de uma alegre simplicidade. Setecentos anos, o vitral parecia dizer, isso não é nada, é provável que daqui a mil anos eu ainda esteja neste lugar com a mesma aparência de agora. Na vastidão de tempo que o vitral e o interior escuro dessa igreja propunham, eu era apenas um pontinho, mais um ser humano que tinha perdido alguém entre os milhares e milhares de seres humanos que por mais de setecentos anos haviam se sentado ou andado nessa igreja olhando para esses mesmos vitrais, pensando em seus entes queridos perdidos. Eu realmente não tenho muito tempo, pensei. Tudo vai acabar num piscar de olhos. Pensei em Juanita e em Leopoldo e no ódio deles por mim, em sua determinação em apagar da história de Aura nosso amor e nosso casamento. De certa forma, pensei, é como se eles tirassem aqueles vitrais dali e, em vez de guardá-los e mantê-los seguros, os roubassem e escondessem. Então estas palavras me ocorreram: o ódio de vocês pode me salvar. O ódio de vocês pode até me libertar. Porque deixa um vazio que me sinto na obrigação de preencher por Aura e por mim. Essas foram as palavras que me vieram dentro dessa igreja.

Fui até o outro vitral. O céu devia estar um pouco menos nublado naquele lado da igreja, porque foi como se um dedo tivesse pressionado o ícone do sol em um teclado de computador, infundindo naquele vitral um pouco mais de luz. Ficou mais fácil distinguir os motivos de calidoscópios antigos, os círculos coloridos dentro de círculos e outras formas, imagens de plantas e pequenas figuras humanas e animais. Aquela forma oblonga amarela ali embaixo, perto da base, pensei, se parece com uma baqueta de tambor.

Saí da igreja e andei pelas ruas em direção ao rio, marcando meus passos com *folhagem, anéis, isolada, lasciva, meada, rajadas, fenda, baqueta...* em 2009, Aura Estrada faz trinta e dois anos. O aniversário dela seria em pouco mais de um mês. Eu vestia meu casaco acolchoado e um boné novo de aviador comprado em Chinatown, com protetores de orelha de pelo sintético. Havia escadas que desciam da calçada até o rio. Um capim alto crescia ao longo da margem, e pisei numas pedras lisas grandes no meio dos juncos, com a água rasa fluindo ao meu redor. As pontes sobre o rio, a fileira longa e uniforme de telhados negros das casas de cor parda na margem oposta, a fumaça das chaminés, o céu cinzento, patos.

37.

Fui para Paris. Eu queria ficar do lado de fora do viveiro de anfíbios no Jardin des Plantes, ir à Cité Universitaire, onde Aura e eu uma vez nos hospedamos num quarto sem janelas num porão da Maison du Mexique, e à rue Violet, número 15, onde sublocamos um apartamento pequeno por um mês nas férias de 2004-2005. Queria ir ao mercado de bairro onde compramos o capão que ela preparou para o nosso jantar de Natal e à pequena lavanderia onde lavamos, secamos e dobramos nossas roupas, algo que nunca havíamos feito uma vez sequer nem em Nova York nem no México, porque lá sempre mandávamos lavar a roupa fora. Refiz a longa caminhada — descrita por Aura em um dos capítulos acabados de seu romance — que Marcelo Díaz Michaux, o futuro psicanalista e então um estudante mexicano na Sorbonne, faz numa tarde em que está nevando em 1972, quando recebe uma carta de Julieta, sua namorada e futura mãe de Alicia, dizendo-lhe que vai se casar com outro homem — começando na Rue du Bac, descendo para o Boulevard Saint-Germain, atravessando o Sena na Pont de Sully, seguindo para a Place des Vosges e continuando até o Boulevard Voltaire com a Rue Oberkampf, onde Marcelo para no Le Bataclan e compra uma entrada para o concerto do Velvet Underground daquela noite.

Eu queria ir a um desses cineminhas cheirando a mofo onde costumávamos assistir a filmes em línguas que nenhum de nós dois falava — árabe, tailandês —, embora Aura não tivesse nenhuma dificuldade de acompanhar as legendas em francês. Eu adorava estar perto de Aura no escuro, sem entender o que os personagens estavam dizendo, tentando decifrar e juntar os pedaços da história como se fossem algo que eu daria a ela mais tarde, como um presente feito por mim. Um dos filmes era sobre uma família libanesa na Beirute devastada pela guerra. Depois, lá fora, na calçada, eu disse:

Bem, aquela menina tinha pais e irmãos realmente cruéis, pela forma como eles nem sequer a deixavam sair de casa. Não é à toa que terminou assim, pobre menina.

Frank, ela era uma *escrava!*, disse Aura. A questão toda é essa! Ela é uma escrava cristã libanesa e a família à qual ela pertencia era muçulmana. ¡Ay, *mi amor!*

Fui a um desses cinemas sem Aura, vi um filme finlandês mortalmente entediante e dormi durante um terço da história. Estava hospedado sozinho no mesmo hotel pulguento perto de Les Gobelins, onde Aura e eu ficamos certa vez. Um amigo nos recomendou o Jeanne d'Arc, mas depois descobrimos que uma porção de hotéis tinha esse nome, e aquele não era o que meu amigo indicara. Estávamos prestes a embarcar em nosso voo de volta para Nova York, quando no balcão informaram a Aura que seu visto de estudante havia expirado. Sob um frio intenso, perto do Arco do Triunfo, esperei do lado de fora do consulado dos Estados Unidos, enquanto Aura estava lá dentro. A polícia francesa me dizia que eu não podia ficar ali com a nossa bagagem possivelmente carregada de bombas, mas continuei me recusando a sair. Havia mais malas do que eu podia carregar e, além disso, como Aura iria me encontrar? Pode me prender, eu disse, exaltado, não vou sair daqui, estou esperando minha mulher — peguei meu passaporte americano e o sacudi diante dos rostos deles — e ninguém vai me dizer que eu não posso esperar minha mulher aqui fora, no consulado do meu próprio país! Disse "mulher", embora Aura ainda não fosse minha mulher. Depois disso a polícia me deixou em paz. Por causa da confusão com o visto, tivemos três dias extras em Paris, que passamos no Jeanne d'Arc que nosso amigo havia recomendado, no Marais.

Claro que existe uma Paris simpática e uma Paris extremamente desagradável; as pessoas são consignadas a uma ou a outra, e essa é a Paris que conhecem. Era assim que me parecia, mas ir a Paris com Aura era como passar Através do Espelho. Os garçons se postavam junto de nossa mesa fazendo camas de gato com as mãos e lutando com seu terrível espanhol para traduzir para Aura itens obscuros do cardápio francês. Se pedíamos informações, os franceses praticamente se transformavam em cordiais mexicanos, *Paris es tu casa*. Ficavam encantados em pegar nossas câmeras para tirar fotos de nós. Os franceses realmente gostavam de Aura, embora um número desconcertante deles dissesse que ela se parecia com Amélie, aquela personagem bonitinha mas irritante do filme parisiense.

Agora eu estava de volta à Paris pré-Aura. Jovens valentões franceses com trajes esportivos me seguiram na saída de um trem de metrô, tentando me provocar e imitando música egípcia estereotipada *dada-dah-dah-dahhh*. Ah, e assim por diante. O mundo, e não apenas Paris, é muito idiota e odioso para se estar sozinho nele. Lembro de um casamento em Nova York a que fomos, quando Aura acabou sentada ao lado de um escritor branco glamuroso e rico. No meio da conversa que estavam tendo, ele exclamou, Você é mexicana? Então como é que você fala inglês? Aura começava a perceber o que significaria ser uma escritora mexicana nos Estados Unidos. Essa foi uma das razões por que ela decidiu fazer sua carreira principalmente em espanhol.

Assim como vinha acontecendo em todo o inverno em Nova York, continuei me vendo preso num filme mudo, tudo em preto e branco e tremido. Entrei num bar, Le Sully, que alguns mexicanos que conheci em Paris costumavam frequentar, mas não reconheci ninguém; sentei-me sozinho num canto e pedi uma bebida, depois outra. Tudo tremulava. A pele de todo mundo, rostos e mãos, era como bengalas doces de Natal já lambidas, sem suas listras. Olhos radioativos. Em cada expressão, uma conspiração desprezível. Pessoas esfregando as mãos sob o queixo, franzindo os lábios, trocando olhares. Um homem chorando com o rosto entre as mãos, como uma escultura de Rodin. Chamas nos espelhos, e o bar inteiro parecia estar derretendo como uma película de celuloide prestes a entrar em combustão. Então paguei a conta e fui caminhar.

A razão principal pela qual eu viera a Paris, entretanto, foi para visitar La Ferte, a clínica psiquiátrica que serviu de modelo para a clínica do romance inacabado de Aura. Para que Aura pudesse pesquisar La Ferte, planejávamos ir até lá na primavera de 2008. Agora, quase um ano depois, achei que devia a Aura satisfazer essa sua ambição. O que eu já sabia sobre La Ferte através dela, complementei com uma pesquisa própria. Eu sabia que era uma clínica experimental utópica de um tipo muito francês, onde, no romance de Aura, o psicanalista Marcelo Díaz Michaux iria trabalhar. La Ferte situa-se num *château* do século XVII, onde pacientes, profissionais de saúde mental, enfermeiros e outros funcionários devem todos viver lado a lado, como iguais, fazendo a clínica funcionar. Na cozinha, psicanalistas cortam salsa ao lado de psicóticos que cortam cebola. Na teoria, os pacientes de La Ferte nem sempre sabem quem entre os outros pacientes é um psicanalista, e assim por diante. Li em algum lugar que até um psicanalista pode nem sempre saber se está falando com um paciente ou com outro psicanalista incógnito.

No final daquele último outono, seu primeiro semestre no programa de MFA, Aura escreveu uma carta para La Ferte, endereçada ao diretor de longa data da clínica, o dr. Olivier Arnaux, de oitenta e sete anos, perguntando se poderia fazer uma visita. Uns dois meses depois, recebeu a resposta por correio: um simples envelope pardo com nosso endereço do Brooklyn manuscrito em tinta verde e, dentro, numa folha de papel sem timbre com a mesma caligrafia e a mesma tinta verde, algumas linhas convidando Aura a visitar La Ferte. No entanto, em vez de assinada pelo dr. Arnaux, a carta estava assinada por Sophie Deonarine. Seria a secretária do dr. Arnaux? Nenhum título profissional a identificava. A caligrafia parecia a de alguém que, com mão trêmula, tivesse traçado com esmero cada letra de um alfabeto rudimentarmente feito de arame fino. Seria Sophie Deonarine apenas uma paciente que, com ou sem permissão, respondia as cartas do dr. Arnaux? Essa possibilidade nos fez vibrar.

Aura e eu ficamos na Cité Universitaire porque fui convidado por meu amigo Juan Ríos a falar na oficina noturna de escrita que ele orientava no Instituto Cultural do México. Uma das alunas era uma jovem francesa, Pauline, que morava no Equador havia alguns anos e trabalhava para uma organização que tentava salvar uma espécie ameaçada de urso andino. Ela também fazia doutorado, mas estava matriculada na oficina para manter sua escrita em espanhol. Depois da oficina, saímos todos para jantar, e Aura e Pauline estavam conversando, quando ocorreu uma dessas coincidências que às vezes fazem um escritor, sobretudo um escritor jovem como Aura, sentir que o cosmos pode estar se alinhando para ajudar a trazer seu livro à vida. Acontece que quando Pauline era muito pequena, cerca de vinte e cinco anos antes, sua mãe tinha trabalhado em La Ferte. Algumas das primeiras lembranças de Pauline eram quando criança em La Ferte.

Mais tarde, encontrei anotações da conversa com Pauline num dos cadernos de Aura. Psicóticos podem parecer bastante normais, registrou Aura, até deixarem de ser. Como o paciente que costumava dar à mãe de Pauline uma lista de compras de coisas que ele queria que ela lhe trouxesse da cidade. Ela guardou uma dessas listas como lembrança e Pauline leu: *Le Monde*, fumo para cachimbo, pilhas, cereja em conservas, sêmen...

Peguei um trem no domingo de manhã para a cidade mais próxima de La Ferte. No banco à minha frente, havia um menino vestido com uma fantasia de Homem-Aranha viajando com seus pais. Eu deveria me vestir assim, pensei. Talvez amanhã eu me vista. Por um momento, pareceu tão plausível e até razoável que no dia seguinte eu pudesse me vestir de Homem-Aranha que fiquei um pouco assustado.

Na estação ferroviária, parei numa banca de jornal e, com o meu francês de terceiro ano, tentei perguntar à mulher idosa que trabalhava lá onde eu poderia pegar um táxi para La Ferte. Sua resposta foi fantasticamente longa, e não entendi. Um jovem negro e alto que estava comprando um jornal virou-se e disse em inglês, com sotaque do Caribe: Ela está dizendo que você não precisa de táxi. Há uma camionete que vem de La Ferte. Você só precisa telefonar. Está indo para a clínica, correto?

A mulher da banca de jornal tinha um cartão com o número do telefone de La Ferte impresso nele, e depois que o sujeito do Caribe me fez o favor de telefonar para La Ferte no meu celular, ele me explicou, Virão buscá-lo à uma da tarde. Você deve esperar na frente da estação. É uma camionete azul.

Era um pouco antes das onze da manhã. Andei pela cidade, parei na igreja e depois desci até o rio.

Um psicanalista, sentado em sua cadeira, vê um novo paciente entrar em seu consultório pela primeira vez, observa-o por um momento e diz, Ah, você não está aqui, não é? Ainda está no jardim.

Li essa piada num ensaio do dr. Olivier Arnaux publicado em inglês. A maioria das personalidades, escreveu Arnaux, é organizada em torno de um único ponto que mantém o ego unido. Mas os esquizofrênicos têm muitos desses pontos espalhados, e é por isso que seus egos não se limitam apenas a seus corpos ou ao mesmo espaço fechado dentro do qual seus corpos estão. Os psiquiatras e psicanalistas de La Ferte, com seu famoso método de Diagnóstico Poético Intuitivo, são treinados para reconhecer tais condições à primeira vista. Foi assim que o psicanalista soube que, embora o paciente estivesse em seu consultório, ele estava na verdade no jardim, ou na praia, ou em algum outro lugar um século ou alguns anos antes.

O método do La Ferte é tratar psicóticos, esquizofrênicos e pacientes gravemente acometidos por melancolia como pessoas normais que, mesmo medicadas, ainda possam responder a terapias baseadas em conversas, participar de uma comunidade, ter tarefas, aulas e assim por diante. O objetivo, de acordo com o que li, é poder *enxertar* em tais pacientes pelo menos um desses pontos de autoancoragem que, em meio ao caos de todos os outros pontos, o paciente será capaz de alcançar, ou pelo menos ter uma oportunidade de fazê-lo. Não é uma cura, mas pode mitigar o sofrimento e proporcionar a um paciente ocasiões sem precedentes, ainda que fugazes, de repouso e até de contato humano. Tênue como uma teia de aranha, assim imaginei, ou delicada como um tímpano, uma prótese de alma pacífica, artisticamente enxertada no meio de um torvelinho de ilusões, dor, perda, terror. Gostei dessa ideia, parecia tirada de um conto de fadas, os sapateiros elfos saindo à noite para fazer, em vez de sapatos novos mágicos, um eu ou uma alma. O que Aura achou dessa ideia quando se deparou com ela? Quando Marcelo Díaz Michaux viu Irma — empregada de Julieta e da pequena Alicia — pela primeira vez, o que ele viu que o fez querer levar Irma de volta para a França e colocá-la em La Ferte? Seria possível enxertar a sombra de um fac-símile da alma ou do ego de Aura na minha alma? Será que ele já estava lá e eles perceberiam?

Uma grande camionete azul parou diante de mim. Havia duas pessoas na frente e uns poucos passageiros espalhados nas três fileiras de assentos atrás, inclusive um homem bem no fundo que me observava pela janela, rosto comprido muito pálido, boca de lábios finos, um chapéu de feltro escuro, parecido com William Burroughs. Pacientes passeando domingo pela cidade, pensei. Mas talvez aquele homem de chapéu de feltro não seja um paciente.

O vidro da janela da frente foi abaixado. Uma mulher de cabelo encaracolado preto e espesso, sobrancelhas marcadas e pele morena, uma mulher vistosa de uns trinta anos que usava um colete acolchoado sobre um suéter, disse meu nome. Apertei sua mão delicada pela janela, abri a porta da camionete e entrei. Uma mulher idosa ao meu lado, com um casaco de lã amassado, estava sentada com o corpo curvado para a frente, olhando resolutamente para fora; no assento entre nós, havia uma sacola plástica de compras com algumas coisas dentro. O motorista, um homem ruivo com um gorro de malha de marinheiro, me perguntou alguma coisa, e imediatamente ficou estabelecido que eu não falava francês. A mulher da frente, no entanto, era uma estagiária brasileira que visitava o hospital e sabia falar espanhol.

Seu nome era Luiza. Estávamos saindo da cidade quando Luiza perguntou, Que paciente você está vindo visitar? Respondi que não estava vindo visitar nenhum paciente. Ela traduziu isso para o motorista, que olhou para ela com ar interrogativo, mas nenhum deles disse nada. Seguíamos por uma estrada margeada por bosques, árvores finas sem folhas que passavam rápidas, parecendo obeliscos. Eu tinha certeza de que Luiza ensaiava em silêncio como me dizer que eu não poderia entrar em La Ferte. Esperava pelo menos conseguir ver a clínica, pensei. Virei-me e olhei para o homem pálido de chapéu, que olhou para mim com o olhar triste e trêmulo de um cachorro na chuva.

E qual é o motivo de sua visita?, Luiza me perguntou.

Contei a ela sobre Aura, seu romance incompleto e nossa correspondência com o dr. Arnaux. Aura tinha recebido um convite para uma visita, eu disse, da secretária do dr. Arnaux.

Mas o dr. Arnaux não trabalha aos domingos, disse Luiza, nem a secretária dele. Não há praticamente ninguém da equipe médica lá hoje.

Se eu apenas pudesse dar uma olhada por ali, eu disse. Fiz uma pausa e acrescentei, Assim, quando eu tiver a oportunidade de falar com o dr. Arnaux, vou ter uma ideia melhor do que perguntar.

O *château* era como um castelo numa floresta, com paredes de arenito, empenas, telhados escuros de ardósia, um pórtico com colunas, longas fileiras de janelas e uma torre encimada por um telhado cônico de cada lado.

A pessoa responsável naquele domingo, Luiza me informou, era Catherine, e eu teria de falar com ela. Catherine era uma mulher franzina de cabelo grisalho amarelado e rosto enrugado, vestida com um suéter e calça jeans e usando um batom vermelho-escuro. Nós a encontramos fumando um cigarro na parte de trás do salão principal, numa janela de sacada da qual eu podia ver outras construções da propriedade, algumas com fumaça saindo das chaminés, e bosques invernais e campos mais adiante. Catherine, que falava inglês, interrogou-me sobre minha visita. Repeti o que contara a Luiza na camionete. O tempo todo, sentia seus olhos azuis bem pequenos me observando. O que ela viu? Não poderia ter sido algo tão terrível, poderia? Ela me deu permissão para passar o dia lá. A camionete me levaria de volta à cidade a tempo de pegar o último trem noturno para Paris.

E foi assim, meu amor, que consegui autorização para entrarmos em La Ferte. O que vi lá foi o que imagino que você pensava ou esperava ver. Acho que estaria à altura das suas expectativas. Eles têm sua própria pequena padaria, onde os pacientes se aglomeram, de pé, junto ao calor do forno a lenha e com aquele cheiro de fermento úmido no ar, cantando músicas infantis, enquanto esperam subir as bisnagas cobertas com gaze; e eles têm uma espécie de estábulo para cabras, e cavalos, e todos os tipos de aula, de arte, música, até aulas de escrita criativa na antiga capela de pedra. Você sabe o que o *château* lembra? Mohonk Mountain House, porém sem troféus de caça nas paredes, e mais surrado, com um mobiliário mais gasto, sendo uma clínica, claro, e não um hotel-spa. Mas havia um fogo aceso na lareira de pedra. Havia um bar — com paredes revestidas de painéis de madeira escura e um teto abobadado, pintado, completamente diferente do Mohonk — que oferecia refrigerantes, xaropes de frutas, biscoitos e doces, e onde todos os sábados, segundo Luiza me contou, Marie, uma cantora folclórica da cidade, vem se apresentar das duas da manhã até pouco antes do amanhecer. Foram os próprios pacientes que escolheram esse horário. É quando eles estão acordados e com disposição para ouvir música e cantar junto. Se eu pedisse a Marie que cantasse

"Stephanie says", será que ela cantaria? Tive muita vontade de estar lá com eles, cantando, pensando que talvez eu descobrisse algo, algo importante, se pudesse fazer isso. Os pacientes, é claro, não eram como os hóspedes do Mohonk. Mas vou poupá-la das descrições dos loucos pitorescos.

Luiza, no primeiro quarto em que me levou, abriu um armário e começou a distribuir remédios para uma grande quantidade de pacientes reunidos lá. Entre eles, havia um homem que não queria sair do chão. Estava prostrado de bruços e com a cabeça virada para o lado, de vez em quando até conversando, apesar de pouco e com uma voz torturada, com os outros pacientes que andavam e se movimentavam em torno dele.

Eu não sou como aquele homem, pensei. Vim aqui por você e por mim.

Então, *o que Aura acharia* de La Ferte? Por que Marcelo Díaz Michaux ia levar Irma para lá com ele?

Quando eu estava subindo a escadaria curva de madeira para o segundo andar do *château*, notei que havia poeira em todos os degraus e teias de aranha nos cantos e no corrimão. Pena que Irma não esteja mais aqui, pensei, ela jamais deixaria este lugar ficar tão sujo. Essa não foi minha voz. Foi a de Marcelo. Eu era Marcelo, o psicanalista, subindo a escada para ir trabalhar com alguns pacientes. Minha jovem esposa não está me esperando em casa? Será que ela não me ama? Então por que me sinto tão só e abandonado? Será que é porque Irma não está mais em La Ferte? Mas ela ainda mora na França, não mora? Onde está Alicia? Ela também não está mais aqui, não é? Para onde ela foi? *Où sont les axolotls?*

Como posso saber ou imaginar o que Aura teria achado de La Ferte? Faça com La Ferte o que você quiser, meu amor. Sei que vai ser ótimo. Mantive minha promessa e trouxe você aqui.

ESTA OBRA FOI COMPOSTA EM ELECTRA PELO ESTÚDIO O.L.M./ FLAVIO PERALTA
E IMPRESSA EM OFSETE PELA PROL EDITORA GRÁFICA SOBRE PAPEL PÓLEN SOFT
DA SUZANO PAPEL E CELULOSE PARA A EDITORA SCHWARCZ EM MAIO DE 2014